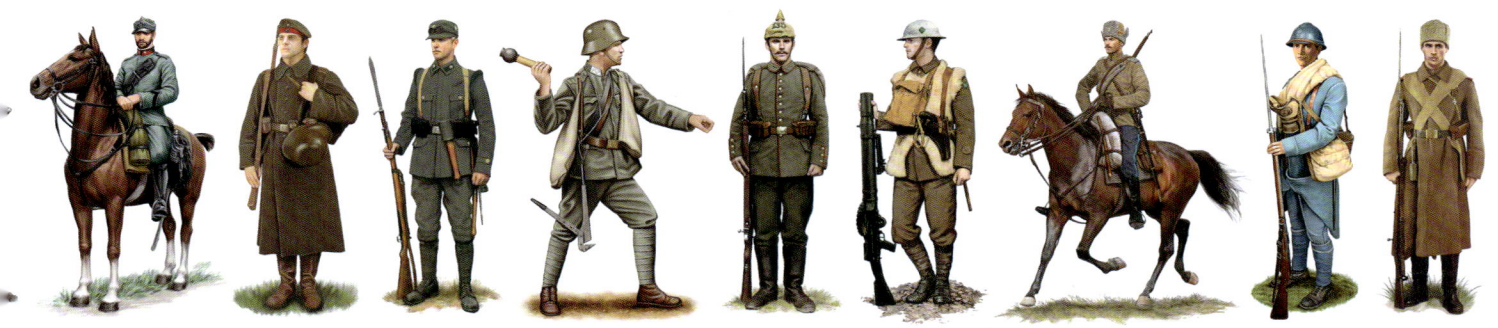

AN ILLUSTRATED ENCYCLOPEDIA OF UNIFORMS OF WORLD WAR I

第一次世界大战
军服、徽标、武器图解百科

英国、法国、俄国、美国、德国、奥匈及其他协约国与同盟国

一战时期诸多参战国军队制服及相关装备的专业指南
超过 550 幅精美彩色手绘插图以及 150 多张战场实地照片
战争中的制服、装具、武器、徽标、作战计划

【英】乔纳森·诺思 著　　刘萌 译　　刘晓 顾问
【英】杰里米·布莱克（大英帝国勋章获得者）顾问

吉林文史出版社
JILINWENSHICHUBANSHE

AN ILLUSTRATED ENCYCLOPEDIA OF UNI-
FORMS OF WORLD WAR I by Jonathan North

中文简体字版权专有权属吉林文史出版社所有
吉林省版权局著作权登记图字：07-2019-0005

图书在版编目（CIP）数据

　第一次世界大战军服、徽标、武器图解百科：英国、
法国、俄国、美国、德国、奥匈及其他协约国与同盟国/
（英）乔纳森·诺思著；刘萌译. -- 长春：吉林文史出
版社，2019.3
　ISBN 978-7-5472-6019-7

　Ⅰ.①第… Ⅱ.①乔… ②刘… Ⅲ.①第一次世界大
战－史料 Ⅳ.①K143

中国版本图书馆CIP数据核字(2019)第047730号

DIYICI SHIJIE DAZHAN JUNFU、HUIBIAO、WUQI TUJIE BAIKE
YINGGUO、FAGUO、EGUO、MEIGUO、DEGUO、AOXIONG JI QITA XIEYUEGUO YU TONGMENGGUO

第一次世界大战军服、徽标、武器图解百科
英国、法国、俄国、美国、德国、奥匈及其他协约国与同盟国

著 /【英】乔纳森·诺思　译 / 刘萌
责任编辑 / 吴枫　特约编辑 / 童星
装帧设计 / 周杰
策划制作 / 指文图书　出版发行 / 吉林文史出版社
地址 / 长春市福祉大路 5788 号　邮编 / 130118
电话 / 0431-86037503　传真 / 0431-86037589
印刷 / 重庆长虹印务有限公司
版次 / 2019 年 4 月第 1 版　2019 年 4 月第 1 次印刷
开本 / 889mm×1194mm　1/16
印张 / 16　字数 / 370 千
书号 / ISBN 978-7-5472-6019-7
定价 / 169.80 元

目录

AN ILLUSTRATED ENCYCLOPEDIA OF UNIFORMS OF WORLD WAR I

第一次世界大战
军服、徽标、武器图解百科

英国、法国、俄国、美国、德国、奥匈
及其他协约国与同盟国

前言

始于1914年的第一次世界大战是人类犯下的一个可怕错误，并对他们自己造成了永远无法估量的损失。这场战争由一系列各国在政治、军事和外交上的误判所引发，最终以被卷入其中的国家和民众陷入巨大悲剧而收尾。这就是一场彻头彻尾的"悲剧"——除此之外，还有什么词语能够形容战争中发生的一系列事件呢——比如欧洲，在战争刚刚结束的1919年，保加利亚这个小国竟然增加了208641个寡妇（该国女性总共才2426187名）；在法国动员到前线的男性中，也有高达73%的人出现了伤亡。

这是一场让胜利者破产，失败者的经济则完全崩溃的战争，战后的惩罚性和约更是加剧了它所带来的痛苦。这场大战中断了西方国家民主体系的缓慢发展，

▲ 一战前欧洲形势手绘示意图。1914年，欧洲列强分成了三个集团：协约国、同盟国和中立国。其中，协约国和同盟国之间进行着激烈的竞争。

各国在战后更是迎来了独裁者专制的时代，失控的政治家们开始肆无忌惮地滥用暴力。一系列的长期消耗战和大规模战役彻底改变了欧洲原有的面貌，战争摧残了这片大陆的文明。相比之下，似乎之前的它反而处在一个"黄金时代"。

然而，战前爱德华七世时期的欧洲实际上并未处于这样一个时代。对当时大多数人，尤其是那些生活在社会底层的人来说，他们的生命是短暂和痛苦的。这个事实否定了当时一个流行的观点——即把1914年前的欧洲视为一片朝气蓬勃、先进，而且无比繁荣的乐土。

说起本书将要探讨的主题——一战中各参战国军队所穿的军服——事实上，它们在战前的1913年和战后的1919年是完全不同的，甚至可以说发生了翻天覆地的变化。在1900年，欧洲的军队大多使用着深蓝色、红色、绿色和白色的军服；到1919年，他们的大部分军服已经统一成了卡其色——这是一个旨在挽救士兵生命的过程，并且伴随着作战战术的迅速发展而不断取得进步。

▼ 欧洲军服从1853年到1915年的变化：图左，1853年，法军第2枪骑兵团，上尉；图中，1858年，英军第2轻骑兵团，上尉；图右，1915年，德军第17步兵团（第4威斯特伐利亚步兵团），中士。

技术的发展和军服的进步

大约在1910年，为了在敌人越来越猛烈的火力下保护己方士兵的安全，欧洲各国军队普遍换装了中性颜色的军服。这是一个非常明智的举措，而对此不适应的人将会在未来发生的战争中付出失去生命的代价——那些最适合服役以及最训练有素的士兵通常会首当其冲被敌人杀死。各国军队使出了浑身解数来发展新型武器——马克沁机枪、法制75毫米野战炮，以及配备光学瞄准镜的毛瑟步枪等新锐武器纷纷破茧而出。其中，新式军服也是各国装备革新的一个重要组成部分。

那么，颜色鲜艳的军服是怎么被它那些看上去黯淡无比（譬如绿色或棕色）的同类所取代的呢？徽章和配饰的外形是怎样从华丽变得朴素的呢？还有，个人防护设备又是如何逐渐适应现代战争需要的呢？这些研究课题都是令人着迷的。在此举一个小例子：师级或者旅级部队徽章的使用。当大部分国家的军队发现对敌军保守秘密至关重要时，便纷纷更换了一系列新的徽章和标志。使用它们的主要目的是迷惑敌人，但这也同时使历史学家对其的研究变得更加困难。

本书包含和未列入的内容

本书将叙述重点放在欧洲军队上，包括他们部署在本土和殖民地的部队，同时也介绍了美国和日本的军队。限于篇幅，我们不得不将其他一些有趣的内容排除在外——其中一个未被列入书中的是巴西军队（该国曾在1918年将一支医疗队派往法国），他们的制服起初受法军影响，但不久后改成了浅棕色，与葡萄牙军队相似。此外，以下内容也未被列入本书：在利比亚对意大利发动战争，同时在埃及给英军制造了不少麻烦的塞努西教团（Senussi）；从1918年到1919年，高加索地区那些独立国家（格鲁吉亚、亚美尼亚和阿塞拜疆）军队的制服；那些被派往西线，作为观察员的暹罗（今泰国）或中国军官的制服；波

斯（今伊朗）军队的制服值得单独写一本，本书就不列入了；另外，驻扎在波斯的欧洲武装力量，包括哥萨克和协约国宪兵的制服也未被列入本书。

即使有一些国家的海军部队参与了陆战，但由于本书篇幅所限，对海战和海军制服的着墨也相对不多。这并非是对诸如德国海军陆战队（Seebatallione）或英国第63（皇家海军）师之类的部队不屑一顾，相反，海上战争对各国来说都是非常关键的——英国皇家海军对德国的封锁限制了后者的补给和粮食输入，对打击德军士气发挥了极大作用；德国发动的无限制潜艇战则是将美国拖入战

争的重要和直接诱因。另外，军事航运也在很大程度上影响着战争的进程。

本书力求将第一次世界大战中多种多样、纷繁复杂的各参战国军队制服一一展现给读者。根据那时各国军队的着装条例，再结合当时的照片和相关回忆，我们就可以勾勒出这场世界大战中，参战官兵们的真实形象。因此，即使战争中没有哪两个士兵身穿的军服和携带的单兵装备一模一样，也不会跟本书的描述大相径庭，而这种无穷无尽的题材源泉也正是研究一战军服的乐趣所在。在这场战争中，各国军服从争奇斗艳的不同色彩发展成了整齐划一的卡其色和原野灰色，这其中经历了怎样的过程呢？本书将尝试进行一次，对此广阔领域的有益探索。

值得一提的是，在第一次世界大战中，同盟国指德国、奥匈帝国、奥斯曼帝国和保加利亚，他们的对手协约国则包含了较之数量更多的国家。

▼ 德法两军攻防态势手绘示意图。德军（红色箭头）意图集中兵力，穿过法军防区攻打巴黎，就像他们在1870年普法战争中做的那样——以一次强力突击粉碎法军的抵抗，从而结束这场战争；有英国远征军和比利时军队加强的法军（蓝色箭头）被部署在通往其首都的交通要道上，以阻挡德军进攻。

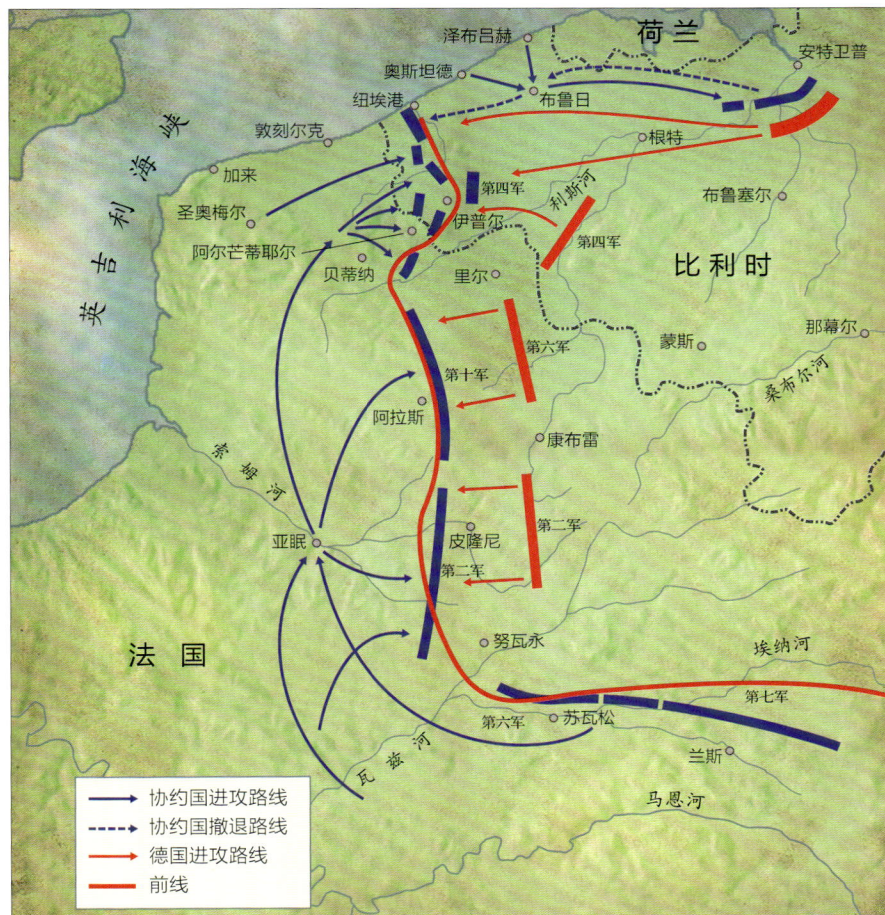

1914年的政治舞台

从某种意义上来讲，1914年的欧洲是一个"兴旺昌盛"之地——其4.67亿的人口享受着他们祖先无法想象的繁荣、健康和政治自由。新兴的妇女和工人阶级登上政治舞台，开始展现自己的力量，那些把持权力的旧贵族和精英遭遇了空前挑战。然而，人口的不断增长给乡村和城市带来了极大压力，也导致大量移民从欧洲的一些边缘区域（北欧、意大利南部、苏格兰）流向美国和南美。因此，尽管总体生存环境正在改善，但大多数欧洲人的生命仍然短暂且悲惨。

对一个（殖民）国家来说，财富的多寡取决于其工业化程度、购买力和从殖民地流入本土的资金，这些对它的政治和人民日常生活都有着至关重要的影响。对有幸掌握上述要素的国家来说，这无疑为它们打开了一扇通往新世界（从旅行到高级工艺品）的大门；而那些被排除在财富大门之外的国家，就常常会是政治动荡、风波不断的。旨在消灭不平等的社会主义运动在大多数国家呈上升趋势，尤其是德国、意大利和俄国，它们已成为本国国内一股不可忽视的力量。不过，各国的最高

▼ 1909年5月13日，在伦敦举行的妇女博览会上，一群女鼓手正在表演。妇女解放运动是20世纪初新兴的政治运动之一。

政治权力仍被掌握在那一小部分（资产阶级）精英手中。

英国

作为当时世界上最大帝国（占世界陆地面积五分之一）的统治中心，英伦三岛享有独一无二的地位。在那时，人们绝对有理由相信英国国内的经济会持续增长到1919年。当时，英国人口共计有4600万，并且在稳步上升；加拿大、澳大利亚、新西兰的人口根据预测也会出现小幅度上涨；英国最大殖民地——印度的人口增长最为迅速，或许能在1920年达到3.3亿。不过这时，在英国的殖民地中，只有印度还完全依赖其宗主国，而加拿大、澳大利亚、新西兰和南非已经分别于1867年、1901年、1907年和1910年获得了一定程度上的独立。

德国

20世纪初，德国国内经济蓬勃发展，人口不断增长（在1914年达到6800万人），被公认为欧洲大陆上最强的国家。它疆域辽阔，从阿尔萨斯（Alsace）和洛林（Lorraine）一路延伸至现在的波兰北部，以及沿波罗的海的海岸线直达现今的立陶宛。此外，德国还拥有不少太平洋上的小岛屿，并控制着非洲一些重要的殖民地。德意志第二帝国由皇帝（Kaiser）作为国家元首，普鲁士上层贵族作为政治上的主导者。为了统一德意志诸邦，普鲁士曾与法国、丹麦和奥地利进行过短暂的战争，并赢得了上述战争的全部胜利。

社会民主党或许是德国国内最受欢迎的一个政治派别，致力于对当时压迫性的政治体制进行改革。从1912年开始，它成为德国议会中的第一大党。不过，权力的天平在很大程度上仍然是向保守势力倾斜的。

▲ 照片中距镜头最近的就是德国皇帝威廉二世。这张照片拍摄于1914年，某次他正与随从出行的途中。

法国

法国是欧洲大陆上最重要的共和制国家，拥有3970万人口。自从在1870年被普鲁士打败，它就将全部热情投入到了拓展海外殖民地当中（截至1914年，法国已经把阿尔及利亚、摩洛哥以及非洲中部和西部的大部分土地纳入了自己的势力范围）。但其国内要求向德国复仇，夺回被德吞并的阿尔萨斯和洛林地区的呼声一直不绝于耳，特别是在雷蒙·普恩加莱（Raymond Poincaré）当选总统后。普恩加莱来自洛林，收回在普法战争中失去的土地和声望是他政策的基石。但法国北部与脆弱的比利时（居民讲法语或佛兰芒语）相邻，这就成了他的一大软肋。

意大利和葡萄牙

直到19世纪60年代，意大利才在萨伏依王朝的凝聚下完成统一。1914年时，其全国人口数已达3530万，但南北经济发展极其不平衡——北部已经进入繁荣的工业时代；南部却停留在传统的农业社会中，赤贫折磨着庞大的文盲人口。政治上，意大利王国政府并未取得民众的

▲ 1906年，俄国沙皇尼古拉二世与皇后亚历山德拉走在前往国家杜马的路上。

多少支持，但由于它为争夺殖民地（阿比西尼亚、利比亚和多德卡尼斯群岛）发动了几场对外战争，这倒是或多或少激起了民众的爱国主义热忱。在当时，意大利的主要对手是法国和奥匈帝国，前者与它争夺北非，后者则因为拥有庞大的意语人口而对其保持戒心。葡萄牙的状况和意大利相似——尽管拥有面积庞大的海外殖民地，但其国内的大多数民众仍在贫困线下挣扎，土地高度集中在地主手里，一小撮精英利用暴政统治着国家。

奥匈帝国

由各民族拼凑而成的奥匈帝国是德国在欧洲最重要的盟友。其领土范围相当广阔，包括现今的斯洛伐克、捷克、奥地利、匈牙利、克罗地亚、斯洛文尼亚、波斯尼亚、波兰南部和罗马尼亚大部分地区。不过在政治体制上，这个帝国是落后于时代的——它采用独特的二元君主制，统治者既是奥地利的皇帝，也是匈牙利的国王。在这种体制下，奥匈帝国被分成了两个部分——除奥地利作为统治中心外，匈牙利的首都布达佩斯也有一个自治政府，由它统治帝国东部的大部分领土（包括特兰西瓦尼亚这片主要居民为罗马尼亚人的地区，当地人很想从奥匈帝国分裂出去，加入边境以东独立的罗马尼亚王国）。奥地利和匈牙利拥有一支由国内各民族组成的联合军队及共同的外交政策。

俄国

沙俄帝国的领土比奥匈帝国还要广阔。它仅在欧洲部分的人口数就达到了1.428亿，经济也在高速发展——在1880年到1914年间，俄国的钢铁产量增加了1000%。在政治上，它是一个高度集权的国家，由沙皇独裁统治。随着国内众多不满的人民（大多躲在城市里的贫民区）在高压政治下变得日益愤怒，暴力和暗杀行动层出不穷，统治阶层对欧洲自由主义的憎恨也在不断加深。俄国在1904年到1905年间发生的日俄战争中惨败，这导致它在国内进行了一些政治改革，比如设立国家杜马——但这其实只是一种对议会制度的拙劣模仿。

然而，俄国真正的权力仍掌握在沙皇和他一小部分亲密顾问的手中。在当时，除现今的俄罗斯外，沙俄治下的土地还包括波兰的东半部分、摩尔多瓦、芬兰和波罗的海国家；在高加索地区和亚洲，它攫取大片土地后仍不满足，不断因边界划分问题与波斯、奥斯曼帝国，以及英国发生冲突。

▼ 1895年，奥斯曼帝国陆军军官使用的一些制服。

奥斯曼帝国

从1911年到1913年，古老的奥斯曼帝国经历了一个急剧衰落的过程。在意土战争中，它被意大利击败，从而丢掉了位于北非的一些殖民地，以及爱琴海的部分岛屿；在第一次巴尔干战争中，奥斯曼军队败于塞尔维亚、保加利亚和希腊的联军，这次惨痛失利使帝国的控制范围缩小到了历史名城君士坦丁堡及其周边地区。和以往一样，军事上的惨败迫使这个帝国进行了一些政治上的缓慢改革。在当时，奥斯曼政府濒临破产，本国大部分财富都掌握在欧洲列强手中（法国握有它全部外债的62%）。但它还是力图推进军队的现代化，比如从德国聘请陆军技术专家，从英国请来海军顾问，大刀阔斧地对军队进行改革。另外，当时这个帝国仍然控制着中东的大部分地区，包括现今的伊拉克、叙利亚大部分领土、黎巴嫩、以色列和沙特阿拉伯。在第一次世界大战中，该国军队主要由3名帕夏指挥，分别是穆罕默德·塔拉特、伊斯梅尔·恩维尔和艾哈迈德·杰梅尔。

在奥斯曼的衰落中获利最大的是希腊和塞尔维亚，两国在随后爆发的第二次巴尔干战争中打败了与它们争夺遗产的保加利亚。其中，塞尔维亚兼并了科索沃和马其顿大部分领土，一跃成为该地区的强权国家，并因此对另一个摇摇欲坠的帝国——奥匈形成了严重威胁。

战争的起源

当弗朗茨·斐迪南大公倒在一辆格拉芙–斯蒂夫特豪华轿车的后座，鲜血不断涌出并慢慢死去时，战争就已经不可避免了。但当时很多人以为即将来临的战争会只是一场局部冲突——然而，这场战争是由欧洲政治的本质所决定的，一旦爆发起来，规模很快就会不受控制，并演变成一场史无前例的大浩劫。它的起源可以追溯到几个世纪之前，但直到1914年，也就是战争爆发前夕，整个欧洲才弥漫起一股用战争来解决外交问题的狂热气氛。

政治方面的压力

1914年的危机对欧洲来说并不陌生，但由于近几十年来一直没有爆发大规模战争（这是因为当年拿破仑的法兰西第一帝国释放出了极大的破坏力）。因此，自拿破仑战争之后，欧洲列强（英国、奥地利、俄国和普鲁士）一致同意保持长久的和平。然而，由于德国统一和奥斯曼帝国衰落打破了之前的权力平衡，各国之间的友好关系已不可能维持下去。普鲁士（邦国）在击败拿破仑的过程中扮演了关键角色——它不但夺取了大片土地，还获得了对小邦国发号施令的权力；1866年普奥战争的胜利

▼ 图为1896年6月，法国杂志《小日报》上刊登的一幅讽刺德国、奥匈和意大利结为三国同盟的漫画。

▲ 图为1878年柏林会议召开时的场景。这次会议的主题是遏制沙俄在奥斯曼帝国领土范围内的扩张，并为后者早已腐朽衰落的政府提供支持。

更是奠定了它的国际地位；在1870—1871年的普法战争中，普鲁士击败了当时的欧陆第一强权——法兰西第二帝国，不仅占领阿尔萨斯和洛林，还成立了德意志帝国，从此迈上强国之路。德国对外宣称它应该拥有与自己实力相匹配的国际地位，为此开始争夺殖民地并享受着经济的高速增长。

1879年，德国与奥匈帝国结盟，从而在中欧形成了一个军事集团（即未来同盟国的雏形）；3年后，意大利也加入其中，这个集团发展成了所谓的"三国同盟"。德国采用了"铁血宰相"奥托·冯·俾斯麦（Otto von Bismarck）的战略，即在现有的政治框架下追求自己的目标，他老练的外交技巧使得德国在很大程度上显得相对克制，不是那么咄咄逼人。但对邻国而言，这个新兴强权不断增长的实力和日益膨胀的野心令它们倍感不安——法国与俄国在1892年签署了一项军事合作条约，并在1894年结成更为紧密的联盟；英国对德国（施行）的政策也颇感焦虑，尤其震惊于后者对殖民地的野心和海军的飞速扩张。于是，它分别在1904年和1907年与法国和俄国结成同盟。英国之所以与法俄结盟，从某种程度上来说是因为法国作为其最大的殖民地竞争对手，俄国也正在亚洲的大部分地区扩张，它与两者都产生了不少利益冲突。因此，英国有必要

确保同这两个国家保持和平状态，以便专心应对来自德国的威胁。随着对抗日趋白热化，英德试图拆散对方联盟的努力都导致了与之相反的效果——两方盟国之间的关系变得越来越紧密。此时，同盟国家之间的友好已经不仅仅是一个安全的保证，更是对抗敌方阵营的唯一希望；因此，各国政府不但采取了种种措施保卫本国，更是用实际行动来保护自己的盟国。当政治局势骤然紧张，超出了各国通过外交谈判所能控制的范围时，这种状况就只会导致不同阵营间的敌意不断升级，最终不受控制。

巴尔干问题

19世纪时，当罗马尼亚、希腊和塞尔维亚相继从奥斯曼帝国的束缚中挣脱出来，并宣布独立之后，作为继承国的土耳其在欧洲的领土范围就一直在缩小。在19世纪70年代发生的一系列颇具戏剧性的事件后，塞尔维亚扩大了它在原奥斯曼帝国中的影响力，保加利亚趁机成为一个独立国家；奥匈帝国更是趁火打劫，占领了波斯尼亚（Bosnia）和黑塞哥维那（Herzegovina）。

在列强干预下，1878年召开的柏林会议规定了各国的新疆界。不过到

▲ 在被普林西普刺杀的一小时前，弗朗茨·斐迪南大公和夫人索菲正乘坐轿车驶过萨拉热窝的街道。

1908年，局势再次变得紧张起来——先是一群改革派控制了奥斯曼帝国政府；随后，奥匈帝国在当年10月吞并了波斯尼亚——此举令整个欧洲震惊不已。反应最激烈的是沙俄和塞尔维亚，后者甚至开始进行战争动员，但来自德国的警告迫使沙俄（在1905年的日俄战争中被严重削弱）接受了这个现状，塞尔维亚也只好作罢。1911年，奥斯曼帝国在意土战争和第一次巴尔干战争中相继败于意大利和巴尔干地区国家；而塞尔维亚在这次胜利中扩张了领土，洗刷了自己1908年时不战而退的耻辱。

对巴尔干半岛局势发展感到担忧的奥匈帝国为"保护"波斯尼亚，于1912年在本国临近塞尔维亚的边境地区进行了局部动员（1913年5月，奥匈宣布该地区进入紧急状态，这更加剧了当地的紧张态势）；随后，俄国也在波兰进行了局部动员，双方剑拔弩张的对峙只能依靠艰苦而漫长的外交斡旋来化解了。但就在这个时候，奥匈为阻止塞尔维亚将势力拓展到亚德里亚海，建立了一个新的独立国家——阿尔巴尼亚。为支持盟友，德国坚持要求塞尔维亚从阿尔巴尼亚的领土上撤军。

对维也纳的决策层和他们在柏林的支持者而言，很显然，巴尔干危机是可以用武力解决的，奥匈帝国没有理由向得寸进尺的斯拉夫人让步（帝国皇位继承人弗朗茨·斐迪南大公也持着同样的强硬观点）。而且，沙俄已经屈服于德国，因此奥匈觉得它可以自由地发号施令了。另外，沙俄自身还面临着在巴尔干半岛失去影响力的问题——保加利亚是一个亲奥匈国家，奥斯曼为重整其衰败的武装力量也转向了德国；亲俄国家只剩下了塞尔维亚，尽管两国之间都没缔结过正式的同盟条约。

引爆炸药桶的火星

1914年6月，在复杂而紧张的政治局势下，弗朗茨·斐迪南大公对波斯尼亚和黑塞哥维那的行政首都萨拉热窝（Sarajevo）进行了国事访问。自1909年大公首次访问波斯尼亚以来，一个被称为"青年波斯尼亚"（Young Bosnia）的反奥激进组织就一直在策划对他的暗杀。1910年，斐迪南大公遭到这个组织一颗炸弹的袭击；1914年1月，该组织计划在巴黎刺杀大公，但因故没有实施；不久后，有消息称他会在夏季参加军事演习，并于6月28日访问萨拉热窝（当天是个对塞尔维亚来说非常重要的节日——国庆日）。这一情报使暗杀策划者们欣喜若狂，他们这次志在必得了。

激进组织"青年波斯尼亚"曾与塞尔维亚的一个秘密团体"黑手社"有过紧密合作，前者中的一些人曾前往塞国接受后者训练，因此他们共同策划了这个刺杀斐迪南大公的阴谋。6月28日当天，该计划一开始进行得并不顺利，两个组织派出的杀手都在近距离上错失目标。但其中一名来自"青年波斯尼亚"的活跃分子——加夫里洛·普林西普（Gavrilo Princip）抓住了一个千载难逢的机会——当大公的轿车为了回到主干道而必须转弯的时候，就正好会经过他的身边！

这名刺客首先向大公夫人——来自捷克的索菲（Sophie）开了一枪，子弹命中腹部，导致她当场毙命；接下来的第二枪击中大公本人，子弹穿透了他的颈部。在被送到医院时，弗朗茨·斐迪南大公就已经失去知觉，不久后因失血过多而死去。

▼ 刺杀斐迪南大公及其夫人的加夫里洛·普林西普在开枪后就被逮捕，图为他被拖进萨拉热窝警察总部时的场景。

沸腾的世界

奥匈帝国政府中的很多人都把这场刺杀视为解决塞尔维亚问题的大好机会，毕竟这个国家有朝一日很可能会使哈布斯堡王朝治下广袤却脆弱的帝国分崩离析。不过，如果奥匈和塞尔维亚发生局部冲突，俄国很可能会进行干预——它在巴尔干半岛的影响力日益衰退，因此势必不会坐视不理；这是一个显而易见的风险，但人们普遍认为德国的支持会将其抵消。因此，奥匈决定先以这些波斯尼亚叛徒的恐怖行径为借口，来惩罚塞尔维亚。

维也纳的首要任务是确保德国方面对它的支持。于是，当年（1914年）7月6日，在维也纳要求下，柏林宣布无条件支持奥匈帝国。7月25日，奥匈向塞尔维亚递交了一份十分苛刻的最后通牒；后者也几乎接受所有条件，仅仅拒绝了"派遣奥地利官员参与针对刺杀案件的官方调查"一项。塞尔维亚当天就将答复交给了奥匈帝国大使，但后者宣布这是不可接受的，并立即离开了贝尔格莱德（Belgrade，即塞尔维亚首都）。面对如此形势，塞尔维亚人在第二天就疏散了首都居民，并动员军队，积极备战。

德国进退两难

德意志帝国政府内部对时局有两种

▲ 在1914年8月，塞尔维亚国王彼得一世面临着令人绝望的局势。

不同观点——一种是趁俄国还没有完全缓过来与之开战，另一种则不愿承担战争所带来的风险。奥匈帝国对塞尔维亚开战的胜算本来很大，但俄国的反应给这场战争蒙上了一层不确定的阴影——它这次显然会对塞尔维亚支持到底。俄国驻维也纳大使于7月22日发表了一份友好但坚定的声明，称俄国不会坐视塞尔维亚的尊严受到损害；然而，奥匈的最后通牒也表示，无论面对何种困难，它都不会停止战争的脚步。俄国一边积极寻求其他列强进行外交干预，一边建议塞尔维亚"不要采取任何抵抗行动"。

俄国的应对措施

7月26日，俄国做出了第一个战争举动——将士兵召回兵营——虽然还没有全面动员战争力量，但它也通过行动适时

▼ 为抵抗奥匈帝国的侵略，塞尔维亚人纷纷参军。图为1914年，一小群塞尔维亚志愿者在征兵处门口报到的场景。

地对奥匈发出了警告。作为应对局势的第二个步骤，俄军共计动员13个军（虽然他们预计，如果与奥匈发生战争需要16个军），为此涉及了包括基辅（Kiev）、敖德萨（Odessa）、喀山（Kazan）和莫斯科（Moscow）的驻军（特别强调尚未动员位于俄奥边境的华沙军区部队）。7月28日，俄国将局部动员的消息以第1539号电报的形式通告了世界。

德国对此警告说："俄方继续进行军事部署的行为将引发战争。"7月31日，神经紧张的沙皇尼古拉二世在一封电报中提醒德国皇帝威廉二世："即使完全动员也不一定意味着发动战争。"然而，任何一名军队指挥官都知道这样一条战争的基本准则——在这个崇尚进攻的时代里，先动手的人将占据全部优势，为此他们甚至不惜欺骗本国的政客。不久后，奥匈军队炮击了贝尔格莱德。俄国将军们敦促沙皇立即下令，进行全国总动员；虽然犹豫不决，尼古拉二世最终还是在7月31日发布命令，让全国各地以张贴布告的形式进行总动员。第二天，德国对俄国宣战。

德国知道，战争一旦爆发它就会同时面临两条战线。因此，该国的全部战争计划都是以这个假设为基础来制订的——即德国与俄国开战的话，法国也会参与其中——事实上，法国是比俄国还要危险的敌人。在这次危机中，法国一直支持着俄国，法军总参谋长约瑟夫·霞飞（Joseph Joffre）甚至亲自提醒后者，说协约国需要它立即进行全国总动员，并对东普鲁士展开进攻。俄国人曾希望法俄联盟的存在能威慑德国，但他们错了——德国的目标是先在西线打败法国，再转到东线对付俄国。俄国的迅速动员让德国很快反应了过来，柏林要求法国保持中立；但法国人没有对此做出任何回应，还在8月1日进行了总动员；8月3日，德国向法国宣战，并立即

▲ 1914年，一队哥萨克骑兵正准备向西开进。

展开了入侵后者的各项准备行动。

英国的危机

　　德军选择了一条通过比利时入侵法国的路线，但一份签订于1839年的条约确保了它（比利时）的中立——尽管在战争爆发后，不论德国还是英法都无视了此条约的存在。不过，第一个无视比利时中立国地位的无疑是德国。在1914年8月2日下达最后通牒后，德军于8月4日清晨越过德比边境，进入比利时。

　　英国最初曾寄希望于外交途径来解决这一问题，但随后就对德国未能阻止或至少延缓奥匈帝国的行动而感到失

▼ 协约国于1915年推出的一张爱国明信片，名为"联合反抗野蛮"，它描绘了一名法军士兵和一名英军士兵并肩战斗的场景。

望透顶。对它而言，无论如何都要履行对法国和俄国的同盟义务，因为这两个国家一旦在战争中失败，德国将毫无疑问地成为欧洲的统治者。事实上，在德军入侵比利时之前，英国的阿斯奎思政府就已经决定参战，只是对战争是否为国内选民所认可还存在担忧。不过，此时遭到严重威胁的比利时解决了所有问题——它的境况不但统一了英国国内的公众舆论，还提供了一个完美的战争借口。8月4日，英国对德宣战。

战争步伐加快

　　各参战国不约而同地展开了两场竞争——第一是迫不及待地用火车运兵，第二是争先恐后地将那些尚处于中立状

▼ 图为1916年，伦敦市民向即将开赴前线的英军士兵献花的场景。

态的国家拉入战争。在1913年战败后，奥斯曼帝国对德国雪中送炭般的军事援助和贷款万分感激，并因此在1914年11月与后者结为同盟。意大利虽然在名义上与同盟国站到了一边，但它在战争伊始就保持中立，不久后由于受到协约国利诱——后者允诺将奥匈帝国的部分领土割让给它（而同盟国只提供了很少的东西）——更是转换了阵营，并于1915年作为协约国加入战争。保加利亚则沿着和意大利相反的道路行进着，为了向塞尔维亚复仇，它于1915年加入了同盟国的阵营。

　　总之，这场战争并不能说是因为偶然才发生——不论小国还是大国，它们都有着自己的如意算盘。然而，各国最终的战争策略都殊途同归地陷入了一种疯狂的赌博模式中，只是这一点直到战争结束时才逐渐显现出来。

全球战争

不可避免的事情终于发生了——在列强鼓动下，1914年被点燃的战火最终越过欧洲大陆的边界，开始向全世界蔓延。欧洲列强在国际上的影响力以及它们面积广大的殖民地，使得这场战争在非洲、亚洲和多处公海上同时爆发。

欧洲以外的战场

自然而然地，那些被卷入战火的国家和地区的内部力量或是采取措施积极应对威胁，或是趁机制造更剧烈的冲突，并从中捞取好处。到后来，为报复遭到的"无限制潜艇战"，美国也对德国宣战。

陷入混乱的殖民地

随着战争规模不断扩大，欧洲列强的各处殖民地也相继燃起战火。不论同

盟国还是协约国都试图令他们敌人的注意力远离主战场，或是从敌人的手中抢夺领土。因此，德国在非洲的殖民地很快就成了战争前线，德皇威廉二世在太平洋上的私人领地也因面对日军的压倒性优势而迅速投降。

此外，欧洲列强还竭力从它们的殖民地和海外领土那里搜刮人力资源。在欧洲作战的很多部队中都充斥着来自非洲和亚洲的士兵，还有一些海外兵员被派往非洲和中东，或在新征服的土地上作为占领军服役。法国陆军中就有大量塞内加尔人，他们被派到了西线、巴尔干半岛、加里波利，以及非洲战线。法国人并非第一次这样做——早在1870年，它就驱使自己的非洲臣民与普鲁士血战。但现在，更大规模的征兵导致整个西非社会都陷入了动荡。

▲ 在美索不达米亚地区，一顶观测气球正准备从地面升起，注意观测员已经就位。

▼ 在1914年9月的马恩河战役中，一群法国殖民地步兵正在检查从德军那儿缴获的装备，他们很可能是阿尔及利亚人。

值得一提的是，欧洲列强不仅在海外殖民地为武装部队招募人员，也招揽了大量平民担任劳工（尤其是在非洲），从事后勤运输工作。这些劳工有些是征召的，有些是自愿的。在战争期间，英国一共雇佣了超过100万这样的劳动力。由于战场环境非常恶劣，再加上疫病肆虐，这些劳工中有成千上万人的最终结局都是死亡或者残废。

战时经济、贸易和民族主义

欧洲列强的殖民地和海外领土也为它们提供了源源不断的财力支持（比如印度在1918年就为英国提供了整整1亿英镑），还有实物支援（从粮食到制作靴子的皮革）。亚非人民的经济状况不可避免地由于受到战争影响而每况愈下，因为一个地方的经济往往与全球经济发展紧密联系在一起。从1914年开始，因战争爆发带来的经济困难很快就在西非蔓延开来，南美也受到由于进口中断和熟练劳动力供应短缺而产生的不利影响。为支持战争，日常的航运活动开始减少，这就意味着至关重要的国际贸易被边缘化，反过来更是导致了各国关税收入的下降。在印度和中东地区，当地货币汇率受到影响，黄金和白银的匮乏迫使印度必须从美国购买白银，以此稳定汇率。也有些经济体从中受益——美国工业品开始向新兴市场渗透；日本企业则在中国和印度的经济体系中扮演了重要角色，甚至开始向沙俄出售武器。

随着战争的持续，这样的贸易危机不断增加着殖民地的财政负担，连同搜刮兵员和劳工所产生的巨大社会压力，导致各宗主国对其殖民地的依赖性进一步加强。于是，印度被迫引入了英国的地方税收系统。一些特定的食物开始出现短缺（比如盐，也有时是谷物），导致这种状况的原因要么是庞大的出口需求，要么是农作物歉收，还可能是缺乏有效的分配手段。殖民地中那些人口密集的城镇（特别是在印度），无一不被商品短缺和恶性通货膨胀所困扰。类

▲ 一战中的海上战争主要是协约国为对抗德国潜艇并保持海上交通线通畅而进行的，其目的是为欧洲提供重要的食物和补给。

似的经济危机导致俄国爆发革命，也让印度出现了一系列罢工和大规模抢劫。这些问题迫使大英帝国在1919年对印度的宪法改革做出了让步。在印度国内，战争使公众的舆论变得越发激进，并在某种程度上催生出了民族主义的萌芽。同样的情况也可以在加拿大和澳大利亚

▼ 1914年，一队驻扎在法国战区的印度士兵，他们是英国远征军的一部分。

观察到。随着这些国家被越来越深地卷入在欧洲的战争，其国内有越来越多的人开始反对完全由宗主国发号施令的情况，这就导致殖民地的离心倾向愈发强烈；即使在非洲这种社会凝聚力普遍较弱的地区，也可以看到类似情况出现。

为推动在阿尔及利亚征兵工作的进程，法国给予这个殖民地在经济和政治上的特殊豁免权，并保证这些特权在战争结束后仍然有效。战争期间，不少欧洲工人和管理人员从殖民地撤离，他们的岗位也由当地人接替。不过，这种政治上的让步（譬如英国给予印度人的）在英属非洲就完全没有推行，法国的殖民地中也仅限于北非。

中立国

除了交战双方在战场上奋力拼杀，竭力追求各自的战略目标外，这场战争也对中立国产生了影响。由于食物短缺和大量难民涌入，荷兰此时经受着艰难困苦的折磨；斯堪的纳维亚半岛也出现了类似的情况。除此之外，中立国的商船船员也遭受了大量伤亡。这场战争集中体现出了人类的贪婪，它是第一次"全球战争"——因为没有一场之前的欧洲战争像它这样，震撼了一个远离佛兰德斯地区，远离意大利山脉，以及远离波兰平原的世界。

人力资源和征兵

由于交战区域极其广阔，并涉及众多国家、边界和地形，人力资源很快就成了每个参战国最亟需解决的问题。

不论世界处于战争还是和平，在1914年，为国服役都是当时大多数欧洲男性无法改变的命运。英国曾是个例外，它依靠的是一支专业的志愿军队。但英军只注重质量而缺乏数量（这使得俾斯麦曾经讽刺说，如果英军入侵德国，那么他会派警察去逮捕他们），而且随着伤亡人数的攀升，他们最终也被迫采用了征兵制。

免征条件

对1914年的欧洲列强来说，迅速武装自己才是上策。但就某些特殊群体而言，实际上还是存在着很多免于服役的条件。

一般来说，各国军队的应征入伍者往往以某一特定年份进行编组或划分群体。战争爆发后，和平时期的征兵制度会被战时动员机制所取代，后者首先动员预备役官兵，然后针对某些地区进行全面动员。在战时，不仅预备役人员会被召回军队，还可能提前一年就进行征兵——比如一些于1915年被投入战场的士兵很可能在1916年才达到征兵年龄。

随着战争规模扩大，进入战场的兵力也越来越多，欧洲各参战国不得不提高免征条件，并将尽可能多的劳工投入到支撑战争的工业体系中。因此，各国平民不是上战场当兵，就是进工厂做劳工，而且这两个选择的结局往往都很不幸。比如在奥匈帝国派往前线的一个团（第104步兵团）中，其兵员全是患有眼部疾病的人；英国也在1918年将第10皇家苏格兰团第2营（由大量经医学鉴定，被认为不适合服役的士兵组成）派往俄国北部，与布尔什维克交战。

俄国的征兵情况

在1912年，俄国的征兵体系遵循着3个步骤（和平时期）——年满21岁的男性会先在军队里服役3年，然后加入预备役，最后去地方民兵组织。在一些特殊情况下，服役义务也可以被减免——比如独生子以及受过教育的人，他们可以缩短在军队中服役的时间。还有些宗教群体和少数民族甚至被免除了兵役。

按照传统的兵役制度，大量军火工厂急需的工人最初也被招入军队，但后来不得不把他们送了回去。1914年时，俄军不仅兵员大量缺编，而且新兵的身体素质普遍较差，因此也导致了军中疫病的流行。由于战场上的伤亡人数太多，俄军被迫多次将征兵年龄提前，并把伤员送回前线作战。这对农村地区来说是毁灭性的——由此导致了此类地区的持续动荡，并最终引发革命。与之矛盾的是，俄国在招揽外国志愿者这一方面做得很好，共招来2个塞尔维亚师和1个罗马尼亚志愿者军团，以及最著名的那一个——捷克军团。

▲ 1914年8月1日，两名德军军官正在柏林街头张贴动员海报。

法国的兵源

与俄国相比，法国人在战争中所能获得的免征条件更少。到1915年，法国18岁到46岁的男性中已有80%的人在武装部队服役。这对其社会稳定造成了严重影响，政府也被迫寻求解决方案，比如加大从殖民地搜刮兵员的力度并在其他国家征召劳工。法军还在国外招募志愿军——意大利人、秘鲁人、捷克人和波兰人都在法国境内组建了外籍军团。

法国的海外殖民地为它提供了大量兵员。1912年，多处法属殖民地引入征兵制度，并在1914年时覆盖到了其余地区（殖民地）。然而，由于殖民当局经常强征一些病人或在社会上制造麻烦的人入伍，借此充数，因此在非洲征兵的实际效果很差。大多数在殖民地军队中服役的士兵都会面临多种困难，例如较低的薪水，不能成为军官，退役后的养老金也相当微薄。但法国政府还是尽力解决了殖民地士兵饮食需求特殊和作战地域冬季过于寒冷（这些殖民地士兵普遍来自温暖地区）的问题；此外，它还做出了其他方面的让步——1917年时，

▼ 一幅敦促平民购买战争债券的俄国战争海报，上面的文字意为"为了战争！为了胜利！"

▲ 在1914年，就如图中的德国海报所示，勇武的骑士成了一个常见的形象。

▲ 一幅德国要求其民众支持潜艇部队的海报。上面的文字意为"为U艇募捐"。

殖民地士兵中表现优异者可以获得法国公民的身份。

意大利的士兵

作为一个相对年轻和脆弱的国家，意大利到1870年才真正团结起来，但仍然缺乏必要的凝聚力。因此，该国政治家认为可以通过征兵来增强平民的归属感。不过，由于北方地区的工业化水平较高，征兵的重任就主要由南方农村承担（后者的闲置劳动力多于前者）。另外，作为签署三国同盟协议的一方，意大利却在1914年选择了中立。

在军事上，意大利确实还没有做好准备，其国内的社会党也趁着战乱不断煽动闹事，造成社会动荡。1915年2月，社会党组织了一次席卷全国的反战抗议示威。规模如此庞大的游行使该国统治阶层倍感忧心，因此在1915年3月参战时，他们选择了一个折中策略——只对奥匈帝国宣战。即使如此，由于缺乏明确的战争目标，大部分意大利人都对政府的参军号召表现得很冷淡（其中有些人甚至选择到国外工作以逃避兵役）。在宣战当天，意大利将14个军派往战

场，其中的大部分被部署在欧洲战线，在它刚刚占领的殖民地——利比亚也维持着一支总计43000名官兵的大军。直到当年7月，意军投入战场的兵力共计有31037名军官和1059042名士兵。

德国的征兵体系

自19世纪70年代以来，德国就一直被国际社会视为一个军国主义国家。在此期间，德国政府不断对其征兵法规进行完善——到1904年，德军在和平时期的兵力已保持在50万人左右。不过，保守派不愿进一步扩张军力，因为他们不希望传统的军官（贵族）阶层被稀释；温和派则认为扩军会使德国在国际社会中变得不受欢迎。1912年，德国政府实施改革，将军队扩充到75万人，但其中只有53%的人是实际服役的。

德军士兵一般会在20岁的时候应征入伍，然后一直服役到45岁。德国的征兵系统非常灵活，而且相对而言比较公平——军队中既有年轻，也有年长的士兵。与俄国的征兵制度相比，德国的免征条件更少，因此其实际动员的人数超过了前者（当然，军队占总人口的比例

也更大）。在战争的头几个月里，大批志愿者踊跃参军，德军因此扩充了大约30万人。其中一些志愿者出于责任感，从很远的地方赶来——比如第26龙骑兵团中有2人来自耶路撒冷，1人来自阿根廷。在战争的第一个月里，德军兵力为290万人；到1918年，也就是战争的最后一年达到约700万人——当然，此时的征兵对象已经包括了那些符合免征条件者、年轻人，以及健康状态不佳者。

奥匈帝国与奥斯曼帝国

在战争刚爆发时，奥匈帝国的征兵制度还相对宽松。萎靡的经济条件限制了该国军队的规模，在1914年，帝国国内只有占总数不到1%的人口在军队中服役。在奥匈，服兵役是普遍不受人民欢迎和支持的。尤其在某些部队，比如帝国国防军、奥地利地方防卫军和匈牙利地方防卫军，很多人都对军方领导层的腐败深感不满。帝国的性质导致军队中的军官大多是德裔（值得一提的是，1914年的奥匈军官中有2个是中国人）；即使在非德裔部队里，这些跨国的主体民族（德裔）也掌管着那些非主体民族官兵的入伍和晋升。

▼ 奥匈帝国陆军的新成员。装饰华丽的帽子和佩戴于胸前的花环象征着他们获得的新地位。

相比其他欧洲大国而言，奥斯曼帝国在征兵过程中面临着更大的挑战。由于该国只有2300万人口，因此无法征召到一支像其他欧洲列强那样的大规模军队。地方腐败、经济萧条以及资源缺乏意味着战争动员成了一项极其复杂的任务；而且，由于他们的军队必须同时在4到5条战线上进行战斗，这也加剧了征兵的难度。1912年到1913年，奥斯曼帝国在欧洲的富饶领土已经丧失了大部分，这更使得（征兵）情况雪上加霜。

1908年上台的改革派政府主要由青年土耳其党人构成，尽管组织涣散，但他们还是试图进行根本性的改革。比如在1909年，该执政党赶走了军队里大量年迈的将军，由此带来的空缺被他们新提拔的年轻将领填补。青年土耳其党还明确表示会推行强制兵役制度——全体国民不论其宗教信仰，都将被强制在军队中服役。针对帝国境内占大多数的阿拉伯人口的征兵法得到了强化，君士坦丁堡的市民也将首次被强制进入军队。即便如此，还是有一些报道指出：只有75%被强制征兵的人真正履行了这一职责。战时总动员使奥斯曼帝国军队的规模扩充到了80万人，但考虑到仅加里波利一役的伤亡人数就高达30万，这点兵力显然还是捉襟见肘的。到1918年3月，该国军队兵力仅剩20万，而且由于军中开小差的情况相当普遍，实际数量比这还要更少。

尽管奥斯曼帝国正规军的宪兵部队愿意招募库尔德人，但他们中的一些人通过贿赂军中腐败官员逃避了兵役。不过，还是有很多诸如犹太人等较小人口群体被迫为帝国打仗，他们与那些来自东安纳托利亚（帝国中心区域），目不识丁的农民并肩作战，共同构成了奥斯曼参战部队的主力。

英国的志愿军

英国的军制在欧洲列强中是个特例。尽管其决策层已经知道，在现代化的全球战争中人力资源具有无与伦比的重要性，但军队还是奉行着那套传统的自愿入伍制度。英军包括一支高度专业化的正规军、一支小规模的预备役和具有兼职性质的地方部队。其中，预备役可以作为正规军的补充力量，地方部队则通常不承担在海外服役的义务。在

▲ 一幅英国陆军的征兵海报，旨在通过展示新的技术兵器来招募兵员。

战争伊始，得益于大量志愿者加入，英军正规军尚能应对最初的挑战——仅在1914年9月的第一个星期里，就有175000人自愿报名参军。这些志愿者大多来自中产阶级，这一点和德国是一样的。然而，到1915年冬天，很明显，英军就只能通过某种形式的强制征兵来维持或扩大现有的兵力规模了。它在1916年1月颁布的兵役法中规定：在英格兰、苏格兰和威尔士全面征召单身男子和无子女的鳏夫。到1916年5月，征兵范围甚至扩大到了已婚男性。1918年，英军兵力扩充至500万人，其中一半是志愿者，一半是应征入伍者。

大英帝国的兵力除了来自英伦三岛，也得到了它海外殖民地的强力补充。在战争中，有大约280万英军士兵征自海外领土，其中一半来自印度。澳大利亚从本国军队中派出了41.6万名志愿者前往欧洲参战，但拒绝进行征兵；新西兰在1916年夏季引入征兵制（但豁免了毛利人的兵役）；南非更倾向于依靠志愿兵参战。1917年5月，加拿大也开始实行征兵制，但遭到国内上下普遍抵制；因此，在总兵力达36.5万人的加军参战部队中，大多数人仍是志愿兵。印

▼ 伦敦萨瑟克区，一场由德贝勋爵举行的征兵活动得到了民众的积极响应。

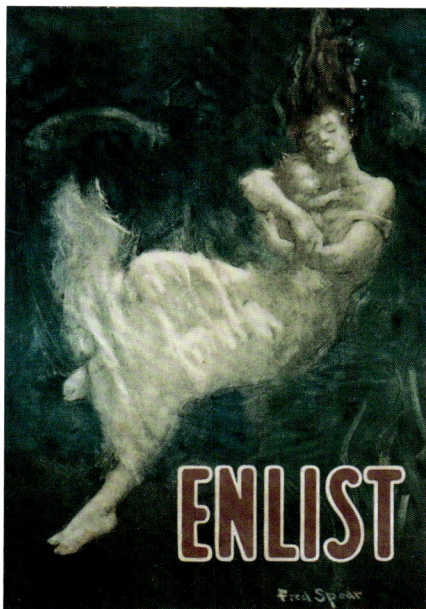

▲ 一幅美国海报，要求新兵牢记卢西塔尼亚号沉没事件。

度士兵主要来自旁遮普和尼泊尔，他们按照民族进行分类，组建了多支部队。

小国的兵役制度

欧洲大多数小国都遵循着标准的征兵模式。值得一提的是，保加利亚采用俄国的征兵体系，动员了其国内绝大多数人口。除那些丧失公民权利的人，该国每一名男性都要履行服兵役的义务；没有能力服役的人可以支付一定数量的金钱以求豁免，比如符合一定条件的人即可通过缴纳500法郎税金免于兵役。新兵通常会在2月份正式入伍。在战时，原则上一名男性会在过完他18岁生日之后自动执行参军程序；直到46岁之前，他都要履行这样或那样的军事义务。

美国的政策

在战争中，美国再一次显得与众不同。直到1917年初，美军仍只保持着和平时期的兵力——10万人，并且对其领土以外发生的战争毫无准备。1917年5月，美国通过《义务兵役法案》（Selective Service Act），这也意味着一个针对21岁到30岁男性的征兵体系开始形成。最终，有大约2400万名适龄男性被记录在

案，其中的280万人被实际征召入伍。但美军的一些特定部队仍只招募志愿兵，比如海军陆战队。时任美国总统的伍德罗·威尔逊（Woodrow Wilson）将战前兵役制度升级成了义务服役的法案——他认为这是最民主的形式，但实际上该法案意味着大量少数民族和新移民将成为士兵，并且奔赴前线作战。

在美国国内，人们争论着征兵局是否愿意接收黑人志愿者，要是愿意的话，白人就可以安然待在家里了。无论正确与否，这就是事实——陆军领导层自然倾向于将黑人新兵集中到工兵部队，或特定的黑人部队（如第369步兵团）中去。但是，由于美军内部的一些政策所致，这些黑人部队实际上被借给了法国人，就连他们的大部分装备和补给都是由盟友而非美国军方提供的。另一方面，美洲的土著印第安人已经被白人完全同化，尽管他们中的很多人还不是美国公民（直到1924年，美国的所有印第安人才获得公民身份）。

从1914年到1918年，不论美国还是其他被卷入战争的国家对人力资源的持续需求都导致其军队越来越欢迎各种各样的志愿者，并不惜为此从社会的各个阶层中无差别地吸收他们进入军队。征

▲ 一幅招募志愿兵的美军海报，上面的山姆大叔呼吁众人"不要等到征兵！"

兵制度是民主和独裁政府的共同工具，它意味着在战争爆发后，健康与热情的人将会同病恹恹、不情愿的那些人并肩战斗。迫切需要人力资源的情况也出现在工厂和田地里——似乎整个国家都正在为战争而服务。

▼ 加拿大人反对从英国引入的征兵制，但正如图中多伦多市政厅外人山人海的情景所显示的那样，有很多人是自愿参战的。

武器和新技术

19世纪的工业化和由它带来的新技术给战场留下了不可磨灭的印记，那些被大规模应用的新技术永久性地改变了战争的面貌。

重型火炮

在第一次世界大战中，大约有67%的人员伤亡是由火炮造成的——炮兵主宰了战场，重新塑造了地形，给所有亲身参与战争的步兵留下了持久的可怕印象。

到19世纪末，各国军队均已开始大规模更新手中的火炮。1896年，法军开始列装75毫米野战炮，这将是一次重大的变革——它采用了一套巧妙的液压系统，可以吸收炮弹发射时产生的反冲力（后坐力），并很快再次装填，因而可在一分钟内发射约20发炮弹（榴霰弹）。德军则装备了一些威力强大的重炮——如420毫米榴弹炮，其射程达6英里（约9.6公里），在战事处于胶着状态时非常管用；他们还有305毫米臼炮（这也是堑壕战中的一大杀器）。

在战争期间，各国军队对炮兵的使用强度越来越大。比如在1916年7月1日，索姆河战役发动前，英军在7天内使用1431门大炮，发射了约170万发炮弹。

步兵武器

在19世纪40年代，后膛装填式步枪开始出现，它可以让步兵快速装填子弹，并以卧姿向目标射击。从此以后，带弹仓的步枪迅速发展起来。在布尔战争中，交战双方都已经用上了相当精良的速射步枪。其中，布尔人使用的是德制毛瑟，英军则装备着李–恩菲尔德。当时的毛瑟步枪可以一次装填5发子弹，这一优势导致英国在1902年研发了经过改良的李–恩菲尔德短步枪（SMLE）与之

▼ 1915年时，由法国军队装备的（世界上）最早的防毒面具（之一）。

匹敌——这是一种通过手动装填，采用旋转后拉式枪机的弹仓步枪。其弹仓可容纳10发子弹，由双排弹夹装弹（在使用中弹匣不拆卸，子弹由两个5发弹夹通过机匣顶部填装）。这种步枪可以在短时间内倾泻大量子弹，但只有在训练有素的职业士兵手中才能发挥它的最大威力——大多数普通应征士兵往往只能达到每分钟约10发的射速。

在此之后，更轻便的半自动武器也登场了——这就意味着在1915年，即使是只经过匆忙训练的士兵也可以使用这些武器制造出持续且猛烈的火力。

重机枪和手榴弹

重机枪在19世纪50年代迅速发展起来，到1862年，加特林机枪的出现更是标志着战争进入了一个新阶段。尽管这种机枪实际上是手动装填的，但它的确开启了一场技术竞赛，并最终在1884年结出丰硕果实——马克沁机枪。德国人的反应最快，他们很快就在1901年推出了一款基于马克沁重机枪的自动武器，并从1908年开始装备经过改进的MG 08（Maschinengewehr 08）重机枪；英国人紧随其后，于1912年推出维克斯MK1重机枪；法国人则研制了哈奇开斯，它可以在一分钟内打出600发子弹（如果持续射击的话，则是每分钟450发）。这些重机枪对战争贡献巨大，对步兵来说却是一种毁灭性的大杀器。

陷入堑壕战的各国军队急需一些可以适应长期据壕对攻的武器，首屈一指的便是手榴弹。早在日俄战争期间，交战双方就在战场上使用过原始的手榴弹。德国陆军于1913年装备了第一种手榴弹（Kugelhandgranate），它呈球形。不过他们装备数量最大的还是木柄手榴弹；1917年，德军对其进行改进，将大型的木柄手榴弹发展成更小也更易于携带的卵形手榴弹，可通过人力投掷或使

用战壕迫击炮掷射——普通堑壕工事的火力因此得到了极大加强。

毒气

在战争初期,法军就使用过警察装备的催泪弹,但率先将"窒息性毒气或致死性毒气"用于战场的却是德军(这一行为很快就被愤怒的协约国军队所效仿)。1915年初,德军对俄军使用了毒气弹,不过收效甚微;1915年4月22日,德军在伊普尔附近施放了5700瓶氯气,氯气引发了协约国前线部队的恐慌,但德军还是没能利用混乱取得突破。不过从这时起,毒气和防毒装备之间的较量就已经陷入了"魔高一尺道高一丈"的循环之中——从催泪瓦斯到窒息性毒气(如氯气和光气),再到于1917年投入战场的可怕芥子气,这场战争中共有30多种不同的化学物质被当成有效的毒气来使用。战争结束后,协约国军队还在埃及和伊拉克使用过毒气这一武器,尤其是攻击当地的反叛部落。

陆路运输

从1897年奥匈帝国陆军购买了那一辆戴姆勒卡车起,整个世界就悄无声息地展开了一场军事运输的革命。尽管铁路曾让军队的调动和运输方式发生了根本性变化,但公路车辆也开始在运送物

▲ 波兰战场上的德军正准备升起一顶观测气球。

▼ 停在军事学院门外的"马恩河出租车"。1914年,法国军方派遣约600辆出租车,在第一次马恩河会战开始前将6000名预备役步兵运到了前线。

资和拖曳火炮等方面扮演着越来越重要的角色,并同样发挥着至关重要的作用(不久后,随着装甲车和坦克相继投入战场,公路在火力投送方面也起到了关键作用)。另外,它对人员载运也是不可或缺的,因为不论摩托车还是卡车都依赖于通过公路行进。

1913年时,保加利亚已经可以组织起一支有150辆军车的运输队,而整个奥斯曼帝国总共只有不到300辆机动车。到1914年,各国军队中的卡车大多都是从平民手里征用(在1914年里,巴黎的出租车甚至直接将部队送到了马恩河前线)。但慢慢地,各国军队的后勤部门

也配备了车辆,并组建了专门负责维护它们的部队。

飞机

汽油发动机的诞生使人类制造飞行器成为可能。早在18世纪90年代,气球就已经被广泛用于战场观测(在1914年到1918年的一战期间,它仍在扮演着相同角色)。到19世纪90年代末,飞艇开始出现;1900年时,第一艘著名的齐柏林硬式飞艇试飞成功。

当时的飞机虽然在速度和机动方面很快就超过了飞艇这一空中猛犸,但它还不能在空中停留较长时间。1909年7月25日,法国飞行员路易·布莱里奥(Louis Blériot)驾驶飞机首次成功横越英吉利海峡;仅仅2年后,意大利飞行员就在利比亚向奥斯曼帝国军队投下了炸弹,而且空袭在随后的巴尔干战争中也变得屡见不鲜。德国人一直饶有兴趣地关注着航空技术的发展,并利用设计制造飞艇引擎过程中积累的技术转而制造出了飞机;英国则显得犹豫不决,直到1911年才组建了第一个航空营。

随着战争爆发,用于观察敌军动向的轻型飞机逐渐演变成侦察机和战斗机;执行远距离轰炸任务的重型飞机也在不久后出现在了战场上空。

军服

一个普遍的观点认为：现代军服是在第一次世界大战期间诞生的。事实上，在1914年之前，绝大部分欧洲列强的军队就已经采用了与现代军服非常相似的设计；那些对此反应滞后的国家（如法国、比利时和奥匈帝国）也很快在1914年末迎头赶上。

鲜艳色彩的弊端

早在七年战争（1756—1763年）期间，普鲁士轻步兵（jägers，即猎兵）就表现出了对深绿色制服和黑色皮制装具的偏爱；在炎热气候条件下服役的欧洲军人则普遍配备了实用的白色、浅黄色或棕色制服。在当时硝烟弥漫的战场上，交战双方使用的都是精度不高的武器，因此伪装向来都不是什么棘手的问题（即使发现了目标也不容易打中）。在这种情况下，一个将军能从远距离认出并控制自己的军队才是最重要的。这就导致欧洲步兵们穿着异常鲜艳的制服，并在战场上排着整齐而紧密的纵队和横队；就连拿破仑麾下的大军也以其色彩绚丽的军服而闻名，他们用灰色和棕色的大衣盖住里面鲜红或亮蓝颜色的

▼ 1879年1月22日，在祖鲁战争的伊桑德瓦纳战役中，英军士兵仍然穿着他们标志性的红色外衣。

制服——这些制服的布料都是用天然色素染的色，所以很容易褪色。

美国内战（1861—1865年）期间，南北两军的制服色彩都比较暗淡，这在一定程度上要归咎于双方仓促之间扩大了军队规模，导致装备难以跟上。到了普法战争（1870—1871年），交战双方再次身着鲜艳的制服，还因此出现了大量人员伤亡——1870年8月，在格拉沃洛特（gravelotte）战役中，普鲁士禁卫军在向圣普里瓦（St Privat）推进时，以密集的队形冲向法军阵地，遭到法军后膛步枪火力的猛烈攒射。这支普军几乎被摧毁殆尽，伤亡数高达20163人。普法战争结束时，德国人已经意识到他们必须尽可能缩小己方目标，而穿着鲜艳军服显然就是一种反其道而行之的手段。

变革

鉴于布尔战争（1899—1902年）中的惨痛经历，再加上在印度服役的军官们所施加的压力，英军终于在1908年装备了卡其色军服。此后，其他国家也纷纷效仿英国，或采用由本国设计的"低能见度"军服（譬如保加利亚人就选择了一种棕色制服）。当时兵力最为庞大的是德国和俄国，前者于1910年采用原野灰作为军服的主色调；后者在1904年

▲ 战争中，不是所有英军部队的制服都改成了卡其色——比如图中所示，开战之初的这支印度部队。

至1905年的日俄战争中落败后，使用了浅绿作为军服的颜色。1911年，法国人仓促地为他们的新军服选择了一种褐绿色布料，但仅仅停留在试验阶段，而且没有得到官方的支持。到1914年夏天法军奔赴战场时，他们身上仍穿着蓝色和红色的制服——法国国内的保守派为这一愚蠢之举辩称，说伪装是一种懦弱的行为（当时法军的核心战术是以步兵近距离刺刀冲锋来威慑并攻击敌人，鲜艳的军服确实能起到一定积极作用）。然而，事实将会证明他们为这一做法付出的代价有多么昂贵。

着装条例

值得一提的是，战场上士兵们所穿的制服并不能做到和着装条例完全一致，而且常常在激烈的战斗中变得与之迥异。各国军队都有关于着装的规定，通常也非常详细，包括了各种场合所穿的制服（如礼服、作战服等），但这些规定在战场上往往很难遵守。比如英军的条例要求（军人）在身着军常服时要穿棕色短靴，但事实上穿黑靴子的人也不少。一般来说，这些"改装"都是由士兵自发进行的，不过可以从当时的照片或回忆录和信件的详细描述中得知的是——私下改动军服的行为有时候能得到军官认可，有时候却不能。

迅速扩充的兵力给所有后勤补给部

▲ 图为1917年，一名英军士兵正在战壕里吃晚餐的情景。这幅照片也显示出了士兵们是如何自己改造制服，以适应战壕中极端恶劣条件的。

门都带来了难题，在新兵中经常出现这样的情况：被不断派去前线的士兵不得不使用着那些早已过时的制服和个人装具。在1914年，德军一些后备部队前往西线参战时，他们身上还穿着以前的深蓝色外套。涉及皮革装具（被军队长期使用）时，这种情况就更明显了——各种各样的（老式）皮带、弹夹包和背包被一股脑带上了战场，但相应的替换物品（新装具）只能零星地抵达前线；即使送来了新装具，大多数部队最后也只能达到新旧混装的状态。

由于自身补给不足，一些军队只能通过缴获敌军装备或盟友补充来继续作战。保加利亚军队就使用着他们在巴尔干战争中缴获自奥斯曼军队的德式装备（后来德国与保加利亚结为盟友，就直接用自己的库存来补充保军）；1916年后，整支塞尔维亚军队几乎都被法国人重新武装了一遍。

即使如此，一些军队的装备供应仍然严重不足，以至于他们不得不使用民用物品。特别是靴子——军方常常付钱给应征入伍的士兵，要求他们提前买好靴子，因为一旦进入军营就很难得到补充了，只能继续穿从家里带来的。有的士兵甚至在整场战争期间都使用着从家里寄来的东西。为了御寒，战壕里的士兵戴着手套和巴拉克拉瓦盔式帽，穿着羊皮夹克。军官可以穿私人购买的制服，他们在大衣款式、防水材料，甚至制服的精确剪裁和布料颜色上都拥有比士兵更大的选择自由度。

战争中，各国军队还引入了一些新式单兵装备——比如钢盔，虽然不能及时且普遍地发放到前线部队。就如一幅摄于1915年秋，内容为一个法国步兵团向前线行进的照片所示，士兵们既有戴钢盔的，也有戴布制军帽的。英军最初只有在战壕时才戴钢盔，当战事趋向缓和后，他们甚至将其留在了后方。

事实上，军服本身也是按照不同标准来制造的。大部分制造军服的布料都是在1914年，以人工合成的染料来进行染色；但是当需求量太大或合成染料短缺时，天然染料也会被使用。这种大批量生产的布料本应遵循统一的染色标准，但由于有很多不同的工厂甚至作坊都在加班加点赶制布料，颜色出现偏差也是在所难免的。天然染料非常容易褪色或被洗掉颜色，不过当时的合成染料也强不到哪儿去，尤其是法军的地平线蓝色制服（容易很快褪成浅灰）。

战地制服的发展

各国的军服都在野战条件下得到进一步发展，并逐渐形成了我们今天所说的"现代军服"。前线的恶劣环境使得各国对制服的改造势在必行——比如军官们很快就发现，要想避免成为众矢之的，他们就得尽量遮掩住自己的军衔。

▲ 图为几名英军军官的合影，其中左数第一个是沃尔特·洛兰·布洛迪中尉，他获得过维多利亚十字勋章。这张照片很好展示了英国陆军军装的外观。

一些人因此改穿低级军官的制服，并通过佩戴一个小徽章来表明真实身份。钢盔很可能在阳光下闪闪发亮，从而引起敌人的注意，对此的解决办法就是给它们（钢盔）表面涂上没有光泽的涂料或用布覆盖。根据士兵们在战壕中的经验，军方对军靴的部分设计和衣物的防水性（在潮湿天气里，羊毛大衣会变得非常沉重）进行了改善，还将制服上那些五颜六色的饰带换成了普通布条或小而精致的滚边。

1918年的士兵已经与1914年，刚刚开赴前线的那些人大不相同了，尤其是在穿着上。

▼ 一幅由艺术家所创，关于英军和法军联合作战的画作，画中法军正为英军伤员的撤离提供掩护。

战役

1914年7月，在欧洲外交官和政治家们正忙着用战争来威胁彼此时，塞尔维亚和奥匈帝国之间的敌对行动已经真正开始；非洲也爆发了一些战斗。最初，这些小规模冲突都是由于盟友之间沟通不畅，以及对盟约中的义务理解不准确造成的，但它们仍然传达了一个明确信号——两大阵营之间的敌对正在愈演愈烈。在接下来的内容里，笔者将对第一次世界大战中的重大战役进行简要总结。

1914年，塞尔维亚的战斗

7月29日，多瑙河中的奥匈军炮艇连同岸上的大炮轰击了塞尔维亚首都，但因为一系列失误，针对塞方的地面进攻被迫推迟。由于奥匈的首要任务是阻挡俄军进攻，因此它只能把军队主力暂调到本国位于波兰的领土去。直到8月12日，奥斯卡·波蒂奥雷克（Oskar Potiorek）将军才率领奥匈军队发动进攻（萨拉热窝事件发生时，他曾与被害的大公夫妇同乘一辆轿车巡游）；然而，在接下来的2周里，奥匈方面的首次攻势就被塞军击退了。

不过，塞尔维亚和蒙特内哥罗（Montenegro，即黑山王国）随后也遭受了挫折，其攻入波斯尼亚的军队表现孱弱，很快就被奥匈军击退。波蒂奥雷克虽然能力不足，但极具决心和毅力，当年秋天他再次率军发动进攻，并于12月2日成功夺取贝尔格莱德。不过好景不长的是，在12月15日，塞尔维亚军队通过一次坚决的反击又重新夺回了首都。尽管伤亡惨重，但塞军还是成功将奥匈军队赶出了自己的国土。

▲ 1914年夏，一名塞尔维亚妇女正陪着她的丈夫赶往前线。

1914年，德军和法军的行动

此时，德国也已经下定决心，要趁俄国还没有在东线采取行动，通过一次漂亮的总攻摧毁法国——后者正在大大咧咧地沿法德边境线集结自己的军队。不过，法军并没有像德军预料的那样守株待兔，而是主动对阿尔萨斯和洛林展开了进攻；只是其攻势完全失败，只短暂攻入过米卢斯（Mulhouse）；而且，由于他们采用了密集队形和刺刀冲锋的战术，因此在德军机枪的猛烈火力下造成了惨重伤亡。

继阿尔萨斯和洛林战役后，双方很快又将注意力转到了佛兰德斯（Flanders）。德军的战略方案名为"施利芬计划"，是专门为他们进行两线作战设计的，预计在40天内取得最终胜利。为执行这一计划，德军攻进比利时，占领了列日的堡垒群，甚至拿下了首都布鲁塞尔，但他们的后勤补给线也在这时告急。此后，德军就陷入了一系列激烈的遭遇战，其中包括于8月22日开始的蒙斯战役。在这场战役中，德军和刚刚抵达战场的英国远征军（BEF）展开了血腥对战，双方互有胜负；不过到8月25日，英法军经过协商后，开始从前线撤退。

比利时
布鲁塞尔
阿尔贝一世的比利时集团军
沙勒罗伊
默兹河
克鲁克的第一集团军
科隆
莱茵河
布罗的第二集团军
阿登森林
科布伦茨
巴斯托涅
汉森的第三集团军
卢森堡大公国
郎勒扎克的第五集团军
色当
阿尔布雷希特的第四集团军
卢森堡城
德国
朗格勒的第四集团军
吕费的第三集团军
凡尔登
德国皇储威廉的第五集团军
梅斯
摩泽尔河
兰斯
埃纳河
法国
塞纳河
默兹河
巴伐利亚王储普雷希特的第六集团军
卡斯泰尔诺的第二集团军
黑林根的第七集团军
马恩河
迪巴伊的第一集团军
戴姆林
阿尔萨斯

◀ 1914年西线战场态势手绘示意图。该图显示了战争初期，交战双方在西线的集结情况。

尽管德军施加了很大压力，英法军队的撤退仍然算是井然有序，但法国随后就将其政府从巴黎迁到了波尔多（Bordeaux）。紧跟在英法两军后面的德国人尝到了胜利的滋味，此时甚至可以分出两个集团军去东线对付俄国人。德军统帅赫尔穆特·冯·莫尔特克（Helmuth von Moltke）将军决定直取巴黎，此时他已率军攻到了巴黎以东不远处的马恩河。然而，德军最终也没能打到河对岸去——无路可退的法军发动了孤注一掷的疯狂反攻，不但第一次挡住了德国人前进的脚步，还迫使他们后撤到了埃纳河（Aisne river）。

协约国军队紧紧跟在撤退的德军后面，并试图包抄后者的侧翼——双方就此展开了一场奔向海岸的赛跑。在撤退途中，德军还设法攻占了比利时城市奥斯坦德（Ostend）和泽布吕赫（Zeebrugge）。为将英国远征军赶下海去，德军发动了一场旷日持久的消耗战，史称"第一次伊普尔战役"。他们在这场战役中付出了伤亡8万人的代价，其中很多都是年轻的志愿兵。在这次战役失利后，德国人开始掘壕据守。随着寒冷多雨天气的来临，西线的进攻战也开始变成堑壕战。尽管没能拿下巴黎，德军还是牢牢控制了法国大部分工业区，而且随着安特卫普（Antwerp）的陷落，比利时也被他们征服。从目前形势来看，任何一方都难以在西线迅速取得胜利。

1914年，东部战线

在东线，俄国仍然信守着它对法国的承诺——派兵入侵东普鲁士，从而发动其对德国的战争。此外，为对付奥匈帝国，俄军总司令、沙皇的叔叔尼古拉耶维奇（Nicholas）大公还向加利西亚（Galicia，即奥匈帝国在波兰的领土）派出了4个集团军。在最初2周内，俄军在东普鲁士北部作战顺利；并且得益于对手所犯下的错误，他们挫败了德军老将冯·普里托维茨（von Prittwitz）的抵

抗。这导致德军高层用保罗·冯·兴登堡（Paul von Hindenburg）和埃里希·鲁登道夫（Erich Ludendorff）换下了原来的东线指挥官，并很快就拟好了一份反击计划。

德军截获了大量来自俄军的未加密电报，且从中受益良多；俄军则因为他们各支部队指挥官之间发生的严重分歧而分散了注意力。德国人巧妙地诱使俄第2军深入东普鲁士腹地，并在8月28日将其团团围住。俄军被困入一个"陷阱"之中，进退失据，在这场载入史册的"坦能堡战役"中被彻底击败——第2军全军覆没，第1军勉强逃回俄属波兰。

德军试图挟大胜之威直捣华沙，但随着战线的拉长逐渐心有余而力不足，只能往后撤。不过，这场胜利还是极大缓解了奥匈帝国的压力——由于俄国人把注意力放在了进攻东普鲁士上面，奥匈军队趁机攻入了俄属波兰。然而，由于缺乏组织和后勤补给不足，这次进攻并没有取得任何实质性战果，奥匈军很快就被赶回了出发时的阵地，而且这次他们即将面临俄军的猛烈反攻。最终，奥匈帝国属地——加利西亚的大部分地区反而被俄军占领。

奥匈军队伤亡惨重（总计约35万

▲ 东线德军指挥官群像。站在照片中间的是保罗·冯·兴登堡，站在他左手边的是埃里希·鲁登道夫。

人），而且还是因为德军对俄属波兰再次发动攻势，才勉强挡住了俄国人前进的步伐。当保罗·冯·兴登堡被任命为东线同盟国军总司令（负责指挥东线全部德国和奥匈军队）时，他正面临着这一不利的形势。因此，到1914年底，不论西线还是东线的德军都在为度过漫长又寒冷的冬天而挖掘战壕。

1914年，欧洲以外的战事

在其他战线上，奥斯曼帝国于10月末加入战争。该国军队封锁了达达尼尔海峡，但在攻向俄国高加索地区的过程中遭到彻底失败。防守此地的俄军部队不但拥有强有力的领导力量，还因处在崇山峻岭中具有较大的地形优势。英军继续在美索不达米亚地区（主要是现今的伊拉克）驻扎着军队，还占领了该地区南部的巴士拉（Basra）。

协约国试图夺取德国在海外的殖民地，并获得了巨大成功。日本于8月23日向德国宣战，很快就占领了后者在太平洋上的诸多领地，包括马绍尔群

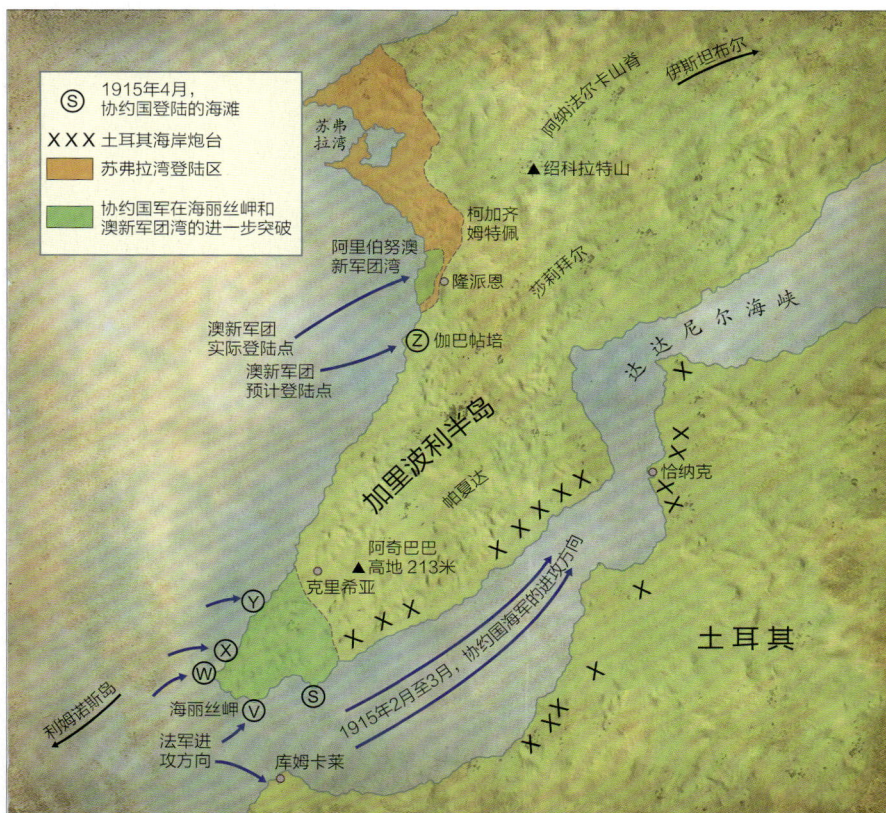

地图图例：
- ⑤ 1915年4月，协约国登陆的海滩
- ××× 土耳其海岸炮台
- 苏弗拉湾登陆区
- 协约国军在海丽丝岬和澳新军团湾的进一步突破

地图标注：
- 苏弗拉湾
- 阿纳法尔卡山脊
- 伊斯坦布尔
- 绍科拉特山
- 柯加齐姆特佩
- 阿里伯努澳新军团湾
- 隆派恩
- 莎利拜尔
- 澳新军团实际登陆点
- 澳新军团预计登陆点
- ⓩ 伽巴帖培
- 达达尼尔海峡
- 加里波利半岛
- 恰纳克
- 帕夏达
- 阿奇巴巴 高地213米
- 克里希亚
- Ⓨ
- 土耳其
- Ⓧ
- Ⓦ
- 海丽丝岬
- 利姆诺斯岛
- Ⓥ
- ⑤
- 法军进攻方向
- 库姆卡莱
- 1915年2月至3月，协约国海军的进攻方向

▲ 达达尼尔海峡之战手绘示意图。协约国军在加里波利发起的两栖作战行动是为了确保达达尼尔海峡开放，并将奥斯曼帝国及其军队赶出战争。但土耳其人坚韧的防御，以及协约国一方的混乱指挥导致了最终进攻失败。

岛、卡罗林群岛和马里亚纳群岛；新西兰则派兵占领了萨摩亚。和上述地区相比，德国在非洲的殖民地面积更广阔，也更难占领——多哥兰（Togoland）于1914年投降，但德属西南非洲的抵抗一直持续到了1915年，喀麦隆的战斗更是到1916年初才结束。在东非，德军指挥官保罗·冯·莱托-福尔贝克（Paul von Lettow-Vorbeck）在地形复杂、难以通行的地区打了一场长久坚决的游击战。在1918年11月25日投降前，他一直是英国人、比利时人和葡萄牙人都难以拔除的眼中钉、肉中刺。

达达尼尔海峡之战

此时，各协约国对下一步战略达成了一致——为牵制同盟国并支援俄国，将战火引入奥斯曼帝国境内就是战略上的一个必要步骤。1914年年末，协约国军高层重新考虑了一个旧的作战计划，即派遣一支舰队强行突破达达尼尔海峡，并炮击君士坦丁堡（Constantinople）。到1915年年初，

相关舰队的准备工作已经基本完成。然而天有不测风云，协约国舰队的船只不久后在奥斯曼军队布设的雷区中遭受严重损失，这个作战计划也只好放弃。经过一个匪夷所思的间隔期后，协约国军才将匆忙集结的登陆部队重新派到这条战线上，包括英国远征军和澳新军团（Anzac），他们将在加里波利半岛（Gallipoli Peninsula）登陆；参战的还有少量法军部队，不过他们会在小亚细亚沿岸登陆。4月25日，协约国军在6个不同的滩头同时登陆，但未能迅速向纵深挺进——由一名德国指挥官率领的奥斯曼防御部队挡在了他们面前；随后，登陆的协约国军队与奥斯曼守军展开了一场长达1年的拉锯战，进攻方不但没有取得任何突破，还损失惨重，最后把他们救出来所花费的时间和精力甚至比将其送上岸还多。

奥斯曼军队在美索不达米亚地区也获得了意想不到的胜利。英印军队在汤森德（Townshend）将军的率领下从巴士拉向北推进，抵达库特（Kut）后，他们又前进了一段距离，但在土耳其人的强力阻击下只能撤回该城。另一部分尾追而至的奥斯曼军队将汤森德的部队包围在库特，英军几次派出援军试图解围，

▼ 1916年，协约国远征军抵达萨洛尼卡。

但都被击退。

但土耳其人在高加索地区的作战不大顺利，这一失利还引发了他们对帝国境内亚美尼亚人的残酷报复。此外，他们还计划对埃及发动进攻。作为三个主要指挥官之一，艾哈迈德·杰梅尔帕夏试图对埃及境内的苏伊士运河发动一次突袭，但由于英军在这一战略要地驻有重兵，他的冒险没有成功，在一番损兵折将之后率军撤退。不过，奥斯曼军队在加里波利获得的光辉胜利还是掩盖了这些小失败——这次大胜甚至促使保加利亚在1915年10月加入了同盟国。

参战后，保加利亚军队从东部攻击塞尔维亚；与此同时，德军和奥匈军分别从其北部和西部发起攻势。如此凌厉的进攻迫使塞方于当年12月宣布战败并投降，这也使得同盟国中的奥匈帝国和奥斯曼帝国之间建立起了一条相对安全的通道。在这年冬天，大量塞尔维亚难民借道（互相）充满敌意的阿尔巴尼亚逃往国外；到1916年初，已有大约14万塞族难民被疏散到科孚岛（Corfu）。

协约国曾派遣一支远征军前往萨洛尼卡（Salonika，希腊中北部港口城市）。最初，该部队仅由英军和法军组

▲ 1916年，在佛兰德斯的荒原上，一队英国炮兵正在泥泞中奋力拉动大炮。

成，不过后来也吸收了来自意大利、塞尔维亚、俄国和希腊的志愿者。协约国原指望这支远征军会在巴尔干战场上发挥积极作用，但随后就因为希腊政府发表的中立声明而陷入尴尬境地——他们甚至完全成了一支孤军。

1915年，俄军的溃败

俄国一直关注着加里波利战局的发展。协约国为这场战役的失利付出了高昂代价，对沙俄这个意图控制整个达达尼尔海峡的国家而言，同盟国势力在巴尔干半岛的扩张无疑是一个巨大威胁。然而，一切都被1915年夏天失去波兰这个更大的阴影所笼罩了。在年初，俄军曾大败奥匈军队（在普热梅希尔战役中抓获12万名战俘），但这场胜利很快就因为他们突破喀尔巴阡山（Carpathians）奥匈军防线的尝试失败，以及德军攻占塔尔诺（Tarnow，波兰东南部城市）而变得黯然失色了。

6月，德军继续发动进攻，并占领了伦贝格（Lemberg，即现今的乌克兰城市利沃夫）。从7月开始，他们利用齐柏林飞艇对华沙展开轰炸；8月，变成一片残垣断壁的华沙落入德军手中，节节败

▼ 一名德军飞行员正在他的战斗机座舱内徒手投掷一枚小型炸弹。该机隶属于帝国陆军航空勤务队（Kogenluft）第909中队。

退的俄军遭遇了相当严重的困难；不久后，波罗的海沿岸的科夫罗（Kovno，现为立陶宛的考纳斯）和白俄罗斯的布列斯特—立托夫斯克（Brest—Litovsk）双双陷落；9月，维尔纽斯（Lithuania，现位于立陶宛）也被德军攻占。面对如此严峻的形势，尼古拉耶维奇大公勉强支撑着，由于德军的疲惫和奥匈军的杂乱无章，俄军才获得了一些喘息时间。随后，他们重新建立了一条从波罗的海到黑海、绵延1000英里长的防线，并很快补充了兵力。当年秋季，听信谗言的沙皇尼古拉二世决定亲自担任俄军总司令，把尼古拉耶维奇大公打发到了高加索战区任职。

1915年，意大利的行动

1915年5月23日，意大利加入战争，这就给奥匈帝国出了一道新难题。虽然意军的战斗力值得怀疑，但由于它的加入，后者将不得不面临三线作战的窘境，这俨然是个重大打击。不过，其实当时意大利军队正在与其国内的政

治集团相对抗，尚未做好进入战场的准备——这也将奥匈帝国从一场灾难中拯救了出来。事实上，意大利国内有关参战的态度也是各不相同，在政客们摒弃"三国同盟"并对哈布斯堡帝国宣战前，意军总参谋长、陆军总司令路易吉·卡多尔纳（Luigi Cadorna）将军多半时间都在准备一场针对法国的战争（计划夺取达尔马提亚地区）。正式参战后，意军沿伊松佐河（Isonzo river）发动了一系列代价高昂的进攻，之后战斗在气候严酷的山区地带陷入了血腥僵局。

西线

此时，西线已经化成一片废墟和焦土——当战争中的第一个可怕冬季结束时，堑壕已经布满战场。双方都在严寒里发动了规模有限的进攻，但由于英法两军还没来得及进行适当协调，而德军不得不将注意力同时放在东西两线，因此他们都没有取得什么进展。所剩无几的比利时军队已经退守伊瑟河（Yser river），德军则开始对占领的（比利时）领土实行铁腕统治。

法国人把注意力放在了夺回他们的

▼ 1916年，驻守山顶阵地的法军士兵正在抛掷石块，以阻挡德军发起的仰攻。

工业区上。他们在香槟（Champagne）地区发动了一次毫无新意的进攻，共投入30万名士兵和2000门大炮，但收效甚微。英国人则继续尝试在新沙佩勒（Neuve Chapelle）镇突破德军的防线，双方在佛兰德斯的伊普尔附近展开了你来我往的对攻战（德军在此战中首次施放毒气）。英军和加拿大军队遭受了共65000人的伤亡。1915年夏天，协约国军发动攻势的频率明显加快，且一直持续到了秋天。其中，英军与法军分别在洛斯（Loos）和阿图瓦（Artois）发动了大规模进攻，但都以损兵折将告终。当年12月，道格拉斯·黑格爵士（Sir Douglas Haig）取代约翰·弗伦奇爵士（Sir John French），成为英军总司令——这也表明他们试图在1916年里重整旗鼓，竭力突破德军的防线。

1916年，凡尔登和索姆河

1915年末，协约国军高层在法国北部城市尚蒂伊（Chantilly）召开了一次作战指导会议。会议传达了这样一个理念——一次计划更周密、规模更大的联合进攻将被发起，它将超出同盟国防线所能承受的最大范围。然而在新的一年里，首先发难的却是德国人。

此时，俄国正从之前的惨败中逐渐

▲ 1916年，一幅协约国军高级将领的合影。其中，照片左侧为法国路易斯·弗朗彻·德斯佩雷将军，中间为意军总参谋长兼陆军总司令路易吉·卡多尔纳将军，右侧为西线法国陆军总司令约瑟夫·霞飞元帅。

恢复力量，看起来已不可能在短时间内发动进攻，德国人也因此能将他们的注意力暂时集中到西线。在德皇威廉二世的支持下，总参谋长埃里希·冯·法金汉（Erich von Falkenhayn）将军计划在凡尔登（Verdun）突出部发动一次大规模进攻，从而歼灭法军的重兵集团，使其彻底流干血液。尽管法军已经在凡尔登设下了密不透风的钢铁防线（早在17世纪，法国的沃邦元帅就开始建造这条防线），德国人仍然不顾一切地向此处推进；到2月底，著名的杜奥蒙堡垒（Fort Douaumont）已被德军攻陷。但从那时起，这场战斗也变成了纯粹的消耗战。执行凡尔登防御任务的是法军指挥官菲利普·贝当（Philippe Pétain），他采取了一种精明的防守策略，即对驻守前沿阵地的各师进行阵地轮换，这样就可以一直用生力军来抵挡德国人。然而，即使如此，他面临的压力也是相当之大。到当年6月，法军已经濒临崩溃，但此时德军的攻势也到了强弩之末，而且继续强攻所要付出的巨大代价也是他们无法承受的；8月，威廉二世解除了法金汉将军的指挥权，其职位由兴登堡和鲁登道夫取代，德军从此又转为了防御状态。

凡尔登战役后，双方都对自己的损失进行了统计：法军伤亡近50万人，德军也有至少37万人伤亡。与巨大损失形成鲜明对比的是，两军的战线几乎没有什么变动，只有极少土地易手，可以说双方都没有取得什么突破。德法之间的血腥厮杀至此仍未结束——1916年年底，刚刚晋升为法国元帅的约瑟夫·霞飞（Joseph Joffre）批准了一次不同寻常的攻势，它由炮兵将军罗贝尔·尼维尔（Robert Nivelle）构思，曼金将军（Mangin，绰号"屠夫"）负责实施。法军共有8个师参与此次行动，其中4个师承担主攻任务，另外4个师负责支援。但由于天气条件恶劣，他们的进攻很快就陷入了停顿。

当凡尔登战役进行得如火如荼时，德军的注意力已经被吸引到了位于该战线更北的地方——英军和法军在那里发动了一次联合进攻，即著名的索姆河战役。战役开始前，英军一直相对节制地使用着炮弹；但（战役）开始后，他们突然对部署在索姆河以北，位于白垩

▲ 1916年，美索不达米亚地区，几名骑马的英军士兵和他们的土著向导正在一起合影。

土壤上的德军阵地发动了史上最猛烈的炮击。尽管在部分地区产生了效果，但英军的炮弹还是没能摧毁德军的防御系统，更没有挫伤他们的斗志（德国人修筑了深层地下掩体）。英军的总攻于7月1日清晨发起，到当天晚上，他们已经损失了6万名士兵，这些人中的大部分都是被机枪（尤其是扛着重装备排成一条直线冲锋的人，他们简直是机枪的

活靶子）或精准炮火所击倒。参与进攻的各支部队均遭受了令人震惊的伤亡——皇家纽芬兰团总兵力为752人，有684人伤亡；著名的"阿克宁顿伙伴"（Accrington Pals）部队几乎全员战死。鉴于此时法军主力仍被困在凡尔登，且正在进行殊死搏斗，黑格将军不得不继续对索姆河战场的德军施加压力（该战役也因此直到7月末仍在进行）。其间，南非人在德尔维尔·伍德（Delville Wood）地区发动了一次代价高昂的进攻。9月，英军在人类历史上首次将坦克投入实战，但还是没能突破位于索姆河的德军防线，双方在战斗中各有胜负；11月，英军终于攻占了他们原定在7月1日拿下的目标——博蒙特·哈默尔（Beaumont Hamel）；最终在11月19日，黑格以天气条件过于恶劣为由，正式结束了索姆河战役。

1916年，俄军的胜利

当德军在凡尔登城下与法国人杀得难解难分时，东线又传来了令他们不

▼ 布鲁西洛夫行动手绘示意图。俄军在整场第一次世界大战中最有效的一次进攻由布鲁西洛夫将军所策划。此次进攻重创了奥匈帝国，只是因为德国及时派兵援救，它（奥匈）才暂时转危为安。这场胜利也让俄军取得了他们急需的战果，从而极大鼓舞了士气。

荷兰
泽布吕赫　奥斯坦德　布鲁日　根特　安特卫普
敦刻尔克　伊普尔
加来　布伦
利斯河
里尔　布鲁塞尔
比利时
第一军
维米岭
第三军
阿拉斯　蒙斯　那幕尔
桑布尔河
康布雷
第五军　巴波姆
阿尔伯特
第四军　皮隆尼
斯卡勒河
亚眠　圣康坦
努瓦永
埃纳河
第三军　贵妇小径
瓦兹河　苏瓦松　贝里奥巴克　莫伦维利耶
法国
第六军　第五军　兰斯
第十军　马恩河　第四军

━ 1917年1月1日的英军战线
━ 1917年1月1日的法军战线
▨ 1917年3月，德军丢失的地区
▨ 协约国军在1917年5月占领的地区

◄ 尼维尔攻势手绘示意图。这次攻势，还有那些为此进行的支援，都是法国人为突破德军防线而进行的代价高昂的尝试。

占领了大片土地；但他们也为此付出了巨大代价——有将近100万人伤亡。奥匈帝国从此沦为德国的小跟班，连德国人自己都觉得，他们好像"被捆到了一具尸体上"。另外，俄国人的这场大胜还直接导致了罗马尼亚加入协约国阵营。

8月下旬，罗马尼亚军队成功侵入匈牙利领土，但很快就遭到德军和奥斯曼军队的反击，保加利亚军队也从南方发起了攻击。尽管俄国提供了大量援助，但罗军还是很快就被击溃，首都布加勒斯特（Bucharest）也于12月沦陷。他们勉强守住了本国东部的一隅之地，并且面临着一个窘迫的形势——大量石油和粮食落入德国人之手，这些物资的获得极大缓解了因协约国海军封锁，对其工业和后方民生产生的不利影响。

俄军发动的"布鲁西洛夫攻势"还减轻了意大利的压力——与后者对峙的奥匈军队一直表现得非常活跃。意军终于有时间为反击做准备了。由协约国派遣到希腊萨洛尼卡的远征军也取得了一些进展，尽管各国仍对如何使用它意见不一，但在法国将军莫里斯·萨勒特（Maurice Sarrail）的率领下，这支孤军

安的消息——俄军不但恢复元气，更糟糕的是还突然发起了反攻（俄国人此举是为了履行他们在尚蒂伊会议上所作的承诺）。尽管由于后勤补给的问题，进攻被迫拖延，但负责此次行动的俄军指挥官是极具勇气和智慧的布鲁西洛夫（Brusilov）将军。6月4日，他率领4个集团军对同盟国军防线发动了一场不同寻常的进攻。尽管这场攻势被普遍认为只是对西线战场的助攻，但俄军的确成功歼灭了约瑟夫·斐迪南（Joseph Ferdinand）大公麾下的奥匈第4集团军，并于6月7日夺取卢克（Luck，又被称为卢茨克）。面对危局，奥匈军不得不动用战略预备队，他们和德军部队一起赶来支撑这条摇摇欲坠的战线，才终于挡住了布鲁西洛夫发动的这场攻势。

大胜之后，布鲁西洛夫发现俄军没

有足够的预备队，以利用他先前取得的优势继续突破敌军防线。当年8月，双方都停止了行动，转为谨慎地观察对方，以寻找敌方破绽。在这次举世闻名的"布鲁西洛夫攻势"中，俄军重创了奥匈帝国军队，不但抓获20万名俘虏，还

▼ 1917年，一队德军正在前往埃纳战场的路上。他们从苏瓦松赶到克拉奥讷，再行至著名的贵妇小径。

▲ 1917年11月，一支隶属于北兰开夏都团的英军巡逻队正在进入化为一片废墟的康布雷城。

▲ 1917年12月，艾伦比将军穿过雅法门，进入耶路撒冷。

还是在与德国—保加利亚联军坚固防线的对抗中取得了一些战果。

1916年，中东

在1916年的中东战场上，奥斯曼军队延续了他们1915年时的强势。继1916年初协约国军撤离加里波利后，1916年4月，被围困在库特城内的英军汤森德部向土耳其人缴械投降。在经历蝇灾、饥饿，以及援军前来解围的希望不断破灭后，他们还得忍受牢狱之苦。然而，这场战争并没有完全按照奥斯曼帝国所期望的样子进行。在英国人提供的黄金支持下，阿拉伯哈希姆家族的首领侯赛因（Hussein）在汉志（Hejaz，位于沙特阿拉伯西部）掀起了反对奥斯曼帝国的斗争。该部占领了麦加（Mecca）和吉达（Jedda），在一群稀奇古怪的军事顾问（其中包括大名鼎鼎的T.E.劳伦斯）帮助下，这群由雇佣兵和土耳其人变节者组成的军队甚至开始向叙利亚进军。

奥斯曼帝国面对的压力还不止于此——先是俄军在高加索地区节节胜利（黑海沿岸的港口城市特拉比松于4月被他们攻陷），随后本国军队又在西奈半岛（Sinai）被英军击败。事实上，后者仅仅是英军一次更大规模进攻中的序曲，这次大攻势将在阿奇博尔德·默里（Archibald Murray）将军的率领下，于1917年初正式拉开帷幕。

1917年，协约国军的攻势

为加强防御，西线德军主动后撤约15英里（24公里），进入了一个特别准备的防御阵地，即所谓"兴登堡防线"。当年春天，协约国军发动了一系列大规模攻势——法国北部，英军在4月对阿拉斯（Arras）展开了进攻；加拿大人则在付出不小代价后攻占了维米岭（Vimy Ridge）；再往南是由尼维尔将军（当时担任西线法军总司令）指挥的香槟攻势，他曾希望德军在凡尔登城下遭受的损失致其伤亡惨重，这样己方就可以轻松突破他们的防线了。然而，事与愿违的是，尽管尼维尔动用大量火炮实施了令人毛骨悚然的猛烈炮击（此举与他的炮兵背景相符），法军却在德军的坚韧防御下一无所获，而且伤亡人数相当之多（达12万人左右）；尤其是在达姆斯岭的贵妇小径（Chemin des Dames ridge），这里的法军士兵更是血流成河。尼维尔的血腥进攻，再加上近期在凡尔登战役中的巨大损失，这些代价过于高昂的战斗在法军内部引发了一连串哗变。当年5月，好几个步兵团拒绝进入前沿阵地；到6月，法军已有54个师参与哗变。为解决此危机，贝当将军向前线官兵作出了以下几项承诺——第一，他慷慨地允许前线部队撤到后方修整；第二，改善前线官兵的生活条件；第三，结束此前毫无意义的进攻。在此之后，法军勉强恢复了一些秩序。

贝当知道，他现在可以守株待兔了——拥有海量人力和物力资源的美国已经于4月对德国宣战。美国总统伍德罗·威尔逊（Woodrow Wilson）被德国实行的潜艇攻击和它在墨西哥耍的阴谋诡计所激怒，愤然加入了协约国一方，他准备派遣一支规模较小，但训练有素且装备精良的远征军前往欧洲。

与此同时，协约国军队继续推行着他们的战略进攻计划。虽然尼维尔已经失败，但在7月，黑格将军率领的英军部队围绕伊普尔突出部，单独发起了一场新攻势。泥泞的战场环境以及德国人的顽强抵抗使英军每前进一步都要付出巨大代价，尽管如此，他们的进攻还是取得了进展——到当年11月，英军已推进至比利时的帕辛德尔镇（Passchendale，位于鲁莱斯附近）；在康布雷（Cambrai）的部队获得了更大成功——他们在此地投入的大量坦克取得了明显成效。但英军没能充分利用这场战斗的胜利，一个明明可以突破德军防线的机会也因此稍纵即逝。

1917年，其他战线

在巴尔干半岛上，位于萨洛尼卡的协约国远征军突破德—保联军防线的尝试再次失败，这条战线的整体态势也很快变成了堑壕战。意大利军队在阿尔巴尼亚获得了极大成功，其不断对奥匈帝国施加压力，并终于和其他协约国部队建立了联系——正是那支被派到萨洛尼卡的远征军，他们已离开该地，与意军接洽时正向马其顿（Macedonia）进军。此时，希腊正式对同盟国宣战，这也让协约国大大松了一口气，经历数月的混乱和内讧后，那支远征军终于可以重整旗鼓，然后大干一场了。但由于保加利亚人的顽强阻击，他们没过多久就再次裹足不前，并且在保军对多伊尔湖（Lake Doiran）周边地区的夜间袭击中伤亡惨重。

无独有偶的是，此时协约国军的其他部队也正犯着一些代价高昂的错误。意大利军队继续沿伊松佐河进攻奥匈军防线，尽管遭受巨大损失，但他们也对守军造成了巨大压力，并迫使其向德军求援。德国人的援助相当凑效，在10月24日到11月19日进行的卡波雷托（Caporetto）战役中，他们利用自己在东线所学的战术，对意大利布置在山区的阵地进行渗透和包抄，并因此摧毁了路易吉·卡多尔纳将军（时任意大利陆军总司令）的部队。意军兵败如山倒，朝后方狂奔了104公里，实际上已经濒临全线崩溃的边缘——在溃退途中，他们不但丢弃了大量武器装备和辎重补给，还有数量众多的士兵开小差逃跑。此时也只有最严厉的措施（包括对逃兵进行大屠杀）才能稍微恢复军队的秩序了。

1917年，俄国巨变

在法国和意大利饱受兵变之苦的同时，俄国爆发了一场史无前例的社会剧变。1917年，德军占领波罗的海地区，从而稳定了"布鲁西洛夫攻势"后一度产生动摇的战线。此时，连年战乱对沙俄国内社会的巨大压力正逐渐显现出来。在一些中心城市，游行和罢工变得越来越频繁和普遍，沙俄政府为恢复秩序而召集的军队却拒绝驱散平民。不久后，这些情况愈演愈烈。尤其是在圣彼得堡（St Petersburg），一些军人甚至也加入到罢工者的行列，来自喀琅施塔得（Kronstadt）海军基地的水手们已经同工人和群众站在了一起。

▼ 图为美军远征军总司令约翰·潘兴将军和第一批美国士兵在法国下船时的情景。

▲ 一幅法国鼓励民众支持战争的海报："敌人不会通过的！有两次我都在马恩河畔屹立不倒，并取得胜利，因为我的兄弟就在国内。在这个回合，一个虚伪的'和平攻势'将向你进攻，你必须像我一样坚定地战胜困难。要坚强和明智——要提防伪善的德国人！"

面对如此严峻的形势，出于对罗曼诺夫王朝延续的希望和对家人安全的担忧，沙皇尼古拉二世选择退位——事实证明，他的选择的确是明智的。然而，当时的俄国政权却落入了亚历山大·克伦斯基（Alexander Kerensky）所领导的临时政府手中。尽管面临着民众要求和平的压力以及国内骚乱频发造成的问题，临时政府仍然打算硬着头皮将战争进行下去。克伦斯基自认是拿破仑那样的伟大人物，在其主导下，疲惫不堪的俄军在当年夏天主动发起了一次大攻势，但这导致了灾难性的后果——俄军战线彻底崩溃，成千上万的士兵自发踏上了回家的路。

1917年，耶路撒冷的陷落

由英军发动，从埃及打到巴勒斯坦（Palestine）的进攻非常具有想象力，他们甚至在战斗中广泛使用了毒气（向加沙发射了2500发氯气弹）。此时，艾伦比（Allenby）将军已经取代默里将军，成为英军在中东战区的最高指挥官。他充分利用骑兵，对奥斯曼军队和帮助

他们的德军技术人员进行袭扰，并且率军一路挺进至耶路撒冷，于当年12月攻占这座圣城。在该年的早些时候，英印军队再次从巴士拉启程，向北发动进攻——他们这次没有重蹈汤森德那次的覆辙，终于攻占了巴格达（Baghdad）。

1918年，德国的豪赌

1918年时，德国人终于结束了自己在东线的战争，可以将全部力量集中到西线，趁美国远征军立足未稳之际，对疲敝的法国和绝望的英国发动致命的最后一击。

事实上，协约国方面已经预料到德军将在1918年春天发动新的攻势。为抵挡进攻，协约国对战争资源进行了重新整合，各国均同意在政治和军事上实行全面协调（为此成立了一个名为"最高战争委员会"的机构）。他们没有猜错，德军已将大批部队从俄国战线调往西线（调动过程中并非全无损失，因为有很多士兵趁机开了小差），其部署在西线的兵力已经从1917年11月的150个师增加到了1918年3月的192个师，完全有能力发动进攻。德军将主力集中在法国北部的康布雷和圣康坦（St Quentin）附近，这次，他们准备利用在西线摸爬滚打多年所总结出的步兵小规模渗透突击战术来打破协约国军防线——这种战术的有效性已经在攻占俄国里加（Riga）的过程中得以验证。

3月21日上午10点左右，德军的总攻开始了——暴风突击队冲在队伍最前面，普通步兵紧随其后。最初，德国人的攻势获得了极大成功，不仅对协约国军造成了巨大伤亡，还俘获了21000名英军士兵。但他们没能充分利用这场战役的胜利，反而连续在不同地域发起了一连串互不相干的进攻，极大分散了己方的力量。最终，协约国军的神经依然没有被德军的猛攻所压垮。当年4月，德军的攻势已是强弩之末，这次豪赌也使其损失惨重。

不甘失败的德国人在香槟地区进

图例：
- 兴登堡防线
- 1918年7月18日的战线
- 7月18日至8月6日，第二次马恩河战役
- 8月8日至26日，亚眠战役
- 9月25日的战线
- 1918年9月，协约联军的总攻路线
- 1918年11月11日，停战时的战线
- 协约国军计划于11月11日发动的进攻

▲ 一战末期战场形势手绘示意图——两大战争集团在1918年夏天及秋天的行动路线。这场战争最后以11月的停战而告终。

行了最后一次突击，但法国人在斐迪南·福煦将军（Ferdinand Foch，后来晋升为元帅）的率领下勇敢发起了反击，德军被迫再次转入防御状态。从此之后，协约国军终于获得了战场主动权。9月到10月，法军和美军对阿尔贡（Argonne）展开了进攻；与此同时，英军和比利时军队在伊普尔地区发起攻势。德国人开始意识到——失败对他们来说已是不可避免了。

1918年，同盟国的崩溃

不过，其实和平的曙光最初来自另一条战线。9月14日，在法国将军路易·弗朗谢·德斯佩雷的率领下，驻马其顿的协约国军对德国和保加利亚军的防线展开了新一轮攻势。在这次进攻发起之前，协约国军进行了长时间的火力准备，不但使用重炮猛轰保军防线，还施放了大量毒气。由于保加利亚人缺乏足够的技术装备来应对如此猛烈的攻击，因此协约国军大获全胜。法军骑兵趁机向北突进，横扫马其顿和塞尔维亚等同盟国军队，保军残兵只得向其首都索菲亚（Sofia）且战且退。2周后，保加利亚成为同盟国中第一个投降的国家。

就在这时，奥斯曼帝国也陷入了水深火热的困境。英军已经成功守住了巴格达和摩苏尔（Mosul）这两座城市，现在最激烈的战斗正在巴勒斯坦爆发。艾伦比将军选择在凉爽的秋天率部对位于巴勒斯坦的奥斯曼军队发起攻势。战斗中，英军连连取胜，先是在美吉多（Megiddo）大败土耳其人，随后于10月

▼ 战争结束时，在白金汉宫外欢呼庆祝的人群。

初突入大马士革（Damascus）。

奥匈帝国的形势稍好一点。由于国内食品短缺和罢工频发，为尽早结束战争，奥匈军对意大利防线展开了一次试探性进攻——但这一行动很快就失败了；到当年秋天，意大利人反而变得咄咄逼人起来。10月，意军最终完成了一次成功的作战行动，他们越过皮亚韦河（Piave river），抵达了维内托（Veneto）的维托里奥镇（Vittorio）。

1918年，停战

德国是下一个目标。协约国坚持不懈地在西线对德军防线持续施加巨大压力，再加上失去所有盟友的事实，终于迫使德国人坐到了谈判桌前。德国国内此时也陷入动荡，由海军水兵带头，政变和暴动在各大城市（尤其是东部地区）此起彼伏。在四面楚歌中，德皇威廉二世被迫宣布退位，随后逃往荷兰。不论是否甘心，德国人最终还是在停战协议上签了字——这意味着两大集团的敌对行动从11月11日11点开始正式停止，德国终于向协约国投降了。

第一次世界大战的硝烟刚刚散尽，欧洲迎来的却是漫长而持久的局部冲突。在东欧，很多新独立的国家纷纷开始混战——芬兰爆发内战，罗马尼亚和匈牙利也因领土争端冲突不休。

巴黎和会与战争善后

停战后，欧洲发生的第一个戏剧性变化就是奥匈帝国的解体。当年（1918年）冬天，匈牙利宣布独立，但随后就被布尔什维克夺取了政权；捷克人和斯洛伐克人整合了波西米亚（Bohemia）、摩拉维亚（Moravia）、斯洛伐克（Slovakia）和西里西亚（Silesia）这四片区域，建立起自己的新国家——捷克斯洛伐克；南部的斯拉夫人则围绕塞尔维亚，成立了南斯拉夫王国（Yugoslav kingdom）。与此同时，罗马尼亚占领了特兰西瓦尼亚（Transylvania）；意大利使出浑身解数抢占领土，还就亚得里亚海（Adriatic）港口城市阜姆（Fiume）的归属问题与南斯拉夫发生了争执；波兰也再次成为一个独立国家，其领土由原属于德国、奥匈帝国和沙俄的一些土地拼合而成。

凡尔赛和约

上述领土的变动在各国派出的和谈代表到达巴黎之前就已经开始了。战胜国之一的首脑、美国总统伍德罗·威

▼ 1918年，在法国北部一座因炮火损毁而废弃的教堂里，一些伤员正在接受治疗。

尔逊于1919年1月抵达巴黎，与其他代表聚在一起主持协约国和参战各国的对德和约（即著名的《凡尔赛和约》）。威尔逊希望建立一个名为"国际联盟"（League of Nations）的组织，来维护国际秩序，并以他提出的十四点和平原则为基础，达成一个公正的解决方案。但是，这些理想主义的观点并不能满足战胜国的要求，它们已经经历了如此艰苦的战争，而且在战争中作出如此之多的承诺，现在正是攫取战利品的时候。以意大利为例，协约国为拉拢该国参战，曾许诺将达尔马提亚（Dalmatia）以及奥斯曼帝国的大部分领土送给它。饱受

▲ 图为1919年6月28日，法方代表乔治·克列孟梭在《凡尔赛和约》上签字的瞬间。从弗朗茨·斐迪南大公被刺杀直到这一天，时间已经过去了整整5年。

内乱困扰的德国派了一个代表团来听取这些条款——战胜国没有给这个失败者讨价还价的余地：阿尔萨斯和洛林归属法国；上西里西亚（Upper Silesia）和普鲁士绝大部分沿海地区割给波兰；比利时获得马尔梅迪（Malmédy）周边的一小片领土，就连中立国丹麦也分到了石勒苏益格-荷尔斯泰因（Schleswig Holstein）地区的一部分。德国位于萨尔（Saar）和莱茵河（Rhine）沿岸的工业中心被协约国军占领，而且它的所有海外殖民地都被战胜国瓜分。根据和约规定，新成立的德意志共和国只能拥有一支总兵力为10万人的军队，并且不得装备现代化武器（潜艇、飞机、坦克和重型火炮）。更要命的是，德国人还得为自己发动的战争买单，它必须向法国、英国和比利时支付巨额战争赔款。然而，有识之士很快就意识到这会是一张空头支票——德国要么重新崛起，拒绝支付赔款；要么一蹶不振，无力偿还。

此外，德国代表还被告知——他们必须在认罪条款上签字，承认他们对自己发动的战争负有全部责任。虽然进行过抗议，但德国人最终还是于1919年6月28日在和约上签了字。

第一次世界大战中各国军事人员伤亡人数估算

	动员总兵力	死亡人数	受伤人数
德国	11000000	1808500	4216058
俄国	12000000	1700000	4950000
法国	8410000	1385000	3620000
奥匈帝国	7800000	1200000	3620000
英国	8904467	908371	2090212
意大利	5615000	460000	947000
罗马尼亚	750000	335706	120000
奥斯曼帝国	2850000	325000	400000
美国	4355000	126000	234300
保加利亚	1200000	87500	152390
塞尔维亚	707300	45000	133148
比利时	267000	13716	44686
葡萄牙	100000	13000	18400
希腊	230000	8365	21000
蒙特内哥罗	50000	3000	10000
日本	800000	1300	907

继德国之后，协约国还对其他同盟国进行了处置。失去绝大部分领土的奥地利被要求不得与德国合并，与当年雄霸中欧的哈布斯堡帝国相比，现在的奥地利共和国已经成了一个只能拥有小规模陆军，还背负着巨额债务的悲惨国家。匈牙利的问题等其国内的红色政权被推翻后才得以解决，1920年6月，协约国与这个支离破碎的国家在特里亚农（Trianon）签订了和平条约，而且条款内容极其苛刻。最后一份和平条约是协约国在1920年8月与奥斯曼帝国签订的，但很快就被后者与希腊之间的战争所扰乱，直到1923年各方才最终达成一致。至此，参战各国中就只剩下俄国尚未签订和约。

尽管和平终于来临（至少从表面上看是这样），不过欧洲也已经筋疲力尽，而且濒临破产了。一场严重的流感突然爆发（后来被称为"西班牙流感"），席卷了病人和那些身体羸弱的人群；长期的战火以及军事封锁毁灭了大量庄稼，使得成千上万的人处在随时可能被饿死的边缘；战后政局的持续动荡也导致了大量难民的背井离乡。

战争的伤亡

人类在这场战争中究竟付出了多大代价已经永远无法得知。据统计，共有4000多万人死亡，但在战争中伤亡的具体人数无法确定。有些国家的记录比较完善，若资料得以保留，我们就可以从中得出合理、准确的伤亡数字；对另一些国家来说，估算就成了唯一可行的方法，尤其是在西班牙流感等其他因素对整体（伤亡）数据产生较大影响的情况下。对沙俄帝国和奥斯曼帝国而言，战争后来还从世界大战变成了内战和对抗干涉军的战斗，因此我们就只能通过推算得出两国的伤亡数字了。

战争纪念

定于11月11日的停战日被美国和大多数欧洲国家设为国家纪念日。在英国，从1919年的第一个停战纪念日开始，人们每年都会（在当天）举行一个2分钟的默哀仪式；法国也遵循着类似传统；在20世纪20年代，德国和保加利亚在每个万灵节（All Souls Day）都会进行连续数天的全国哀悼；其他国家也设立了譬如"澳新军团日"（Anzac Day）这样的重大国家纪念日。

为阵亡将士开展纪念活动对缅怀他们的逝去具有重大意义。在较早时候，在西线战场阵亡的协约国军将士都会由国家负责记录，并葬入专门的军人墓地，这些公墓完全由官方进行运营和维护；还有纪念馆、纪念碑和无名战士墓，它们都是进行国家哀悼的重要区域。

"无名战士"观念的出现是一个巨大进步。1919年11月，法国将一具身份不明的士兵遗体安葬在凯旋门（Arc de Triomphe）下，英国也将一名类似情况的英军士兵遗体安葬于伦敦的威斯敏斯特教堂（Westminster Abbey）里；德国和澳大利亚也分别于1931年和1993年在柏林和堪培拉埋葬了本国的无名战士。

▼ 一战后欧洲各国疆域手绘示意图。战后，欧洲各国的边界发生了巨大变化（1919年）。

英国

　　英国一直有着这样的传统——依靠强大的皇家海军和欧洲大陆的盟友来抵御敌人对其本土发动的进攻。1914年时，英国拥有一支规模不大的陆军，以及一些训练有素但装备不足的预备役部队。由于德国海军在北海活动频繁，对英伦三岛构成的威胁也与日俱增——因此在1914年8月战争爆发时，英军只向海外派出了极少数量的部队；但为履行盟约义务，它还是向法国派遣了一支远征军（British Expeditionary Force，简称英国远征军），最初仅包含4个步兵师和5个骑兵旅。不过，英军高层对部队规模的顽固限制还是被成千上万踊跃参军的志愿者所打破，更何况他们最终也引入了征兵制。到1918年11月，其总兵力已达到350万人，其中有150万人被部署在法国——这就意味着在战争结束之前，英军完全可以从多条战线同时发起反攻。

图例	
	7月1日的战线
	一线目标
	二线目标
	三线目标
	7月1日攻占的区域
	德军防线
	道路

▲ 一战局部战场手绘示意图。1917年秋，协约国军队不顾战场的泥泞环境强行发动进攻，史称第三次伊普尔战役，即著名的帕斯尚尔战役。

◀ 这张拍摄于黄昏时刻的照片描绘出了西线战壕中英军士兵的生活场景。尽管照片上没有标注日期，但从士兵头上所戴的钢盔来看，它应该拍摄于战争中后期。

英国陆军

在战争初期，英军投入的仅仅是其现有的那支小规模、专业化部队，但很快它就发现——在这场规模被迅速扩大的冲突里，兵力数量（的多少）将起到决定性作用。为扩充兵力，英军甚至被迫采取了一些紧急措施。

正规陆军

在整个19世纪里，英国陆军正规部队（Regular Army）都在为国家南征北战。他们驻守的城市和堡垒遍布全世界，对挑战大英帝国权威的国家或地区不断发动惩罚性的远征。这支部队不仅为帝国征服殖民地立下了汗马功劳，还取得了对抗沙俄的克里米亚（Crimea）战争的胜利。但随着德国逐渐打破欧洲的权力平衡，各国都开始扩大本国的军队规模。英军高层也在积极策划，准备制定新的募兵政策来扩充部队。不过，一个显而易见的问题就是——招募新兵的难度极大——在战前，陆军规模还很小的时候，人们普遍是不愿意参军的。

▲ 图为英国陆军元帅道格拉斯·黑格检阅加拿大部队的场景，后者是英军能在西线取得胜利所依靠的重要力量。

▼ 图为1902年7月19日，即布尔战争刚结束时，基钦纳子爵在南非比勒陀利亚陆军总部门前的留影。

尽管人口增长的前景较之法国更好，但由于相当多的英国年轻人选择了移民海外（主要是加拿大和澳大利亚）——这就直接导致了本国潜在入伍人员的减少，以及国内工作岗位的人员空缺（只能让没有技能的人和失业者去填补，但这两者同时也是征兵的主要对象）。1908年时，英国陆军需要至少35000名新兵才能维持现有规模，但它在这一年只招募到约30000人；到1914年5月，陆军已共计缺编11000人。

英军除了士兵外，就连各级军官也存在缺编现象。从传统上讲，陆军中的军官大多是出身军人或贵族家庭的大学生和公立学校毕业生，很少有人来自工人家庭。然而，即使是这些在传统意义上被默认为军官的人往往也会选择从事商业或到政府部门工作，去殖民地寻找工作的人也越来越多。

辅助部队

长期以来，英国一直维持着一支民兵部队（在拿破仑入侵其本土所引发的恐慌中，军方就曾大量集结过此类部队）。一战爆发后，英国本土再次面临着新的入侵威胁，而且这场大规模战争已经无法避免——很明显，军方必须采取措施保卫国土了。但是，如果再把一支远征军派往法国（为对付南非的布尔人，英军就曾派出一支62000人的部队。很明显的是，这场欧洲大战必定会消耗更多兵力），那么其本土兵力将会变得更少，也就更难组织有效的防御了。1907年夏，英军通过合并和改组志愿兵部队（volunteer militia，即"义勇军"）及义勇骑兵队，组建了新的"本土军"（Territorial Force），将其作为陆军的预备志愿部队（总兵力约75000人）。这支部队的组建目的是为那些被派往海外的正规部队提供可轮换兵力。但这些措施仍然不够，因此从1908年4月起，本土军又得到了新补充——大多数志愿步兵单位失去其原有特性，成为正规陆军步兵团中的"本土营"（Territorial battalion）。从这时起，英国陆军常备部队便被称为正规陆军了。在本土军组建后，民兵中的其余部队就更名为"特别预备队"（Special Reserve）。

到当年6月，英国本土军已经拥有步兵、骑兵、炮兵及工程部队，兵力总数达144620人。这些人员中的绝大多数都是从原先的义勇军和义勇骑兵队中调来的。作为一支职业化军队，英军正规陆军部队的兵员主要由那些签署了7年服役合同（合同期满后还可续签），且年龄在18岁到31岁之间的志愿兵构成。该部队在和平时期的兵力约为25万人，部分人员常驻海外。本土军中则多是签署了4年服役合同的志愿者，在国家实施战争动员后，他们有义务到联合王国的任何地方服役，但不会被强迫服役于本土之外的地区。本土军中的任何成员或部队也可自愿到国外服役（Imperial Service obligation，即所谓的履行"帝国服务义

务"，主要适用于本土军）。

尽管在战争开始时也有大量热情高涨的志愿者涌入，但本土军这个新组织很快就面临了和正规陆军一样的难题，即招募新成员变得越来越困难。而且在1912年之前，该部队的实际力量还在被不断削弱——到1913年9月，只有1090名军官和17788名士兵仍然履行着"帝国服务义务"。

这种兵制的局限性在1914年8月时表现得更为明显。英国陆军的主要领导者，包括道格拉斯·黑格爵士（一名职业军人，后来曾担任英国远征军总司令）和霍雷肖·赫伯特·基钦纳（一位广受爱戴的铁腕人物，打赢苏丹战争的英雄，从1914年8月5日起担任英国陆军大臣）都认为战争将是长久而艰巨的，因此只有在短时间内扩充军队规模才能赢得最后的胜利。

基钦纳是一名经验丰富的将军，其观点在英军内部占有相当重的分量，他认为试图利用本土军来打仗是不现实的。因此，基钦纳开始扩大正规军的规模。8月7日，军方呼吁"向国王陛下的正规陆军输送10万人的新鲜

血液"——根据这项呼吁，那些年龄在19岁到30岁之间的男性将会被要求作为志愿者参军入伍，服役时间长达3年或贯穿整场战争。这些人中的大部分会被编成新的步兵营——被称为"服役营"（Service Battalion），再被分别填

▲ 1916年，英军在历史上首次全面推行征兵制。图为示威者在伦敦抗议《兵役法案》的场景。

入现有的步兵团。在英国陆军中，一个标准的步兵团，比如皇家伯克郡团（Royal Berkshire Regiment）有2个正规营（Regular battalions，即第1营和第2营）；第3营是特别预备队；第4营由本土军中的部队组成，即所谓"本土营"；第5营则是一个服役营。

志愿兵

在英国国内，战争激发了百姓的爱国热忱，自愿入伍的人数激增——这些志愿者将被编入正规营或本土营。最初，招募志愿者的进程受到了种种问题的干扰，但英国军方最终还是建立起了一个完整的招募体系。

1914年8月，志愿者纷纷踊跃报名、积极参军。在8月4日到8月8日间，有8193名志愿者入伍，他们中的大多数人涌入位于伦敦的募兵站，甚至使其不堪重负。在1914年8月下旬到蒙斯大撤退期间，招募新兵的工作得到了进一步加强，并在8月底到9月的第一周内达到顶峰（爱国因素肯定要被包含在内，但失业人数持续上升也间接导致了入伍人数的增加）。

与此同时，本土军的兵力也在迅速增长。但是，该部队成员对"帝国服务义务"反应冷淡，即对前往海外服役的意愿相对淡薄，大多数单位（或成员）可以被划分为50％自愿前往海外服役的人和50％希望仅保持原始合同条款（即本土服役）的人。因此，最终只有318个来自本土军的步兵营前往海外作战。

随着战争日趋白热化，前线急需更多兵力来增强阵地的防御力并补充伤亡人员。因此，英军高层开始授权地方机构招募由当地人组成的步兵营。这些新兵被编入了所谓的"伙伴营"（Pals battalions）——其实就是在地方编成的服役营——然后再被编入在前线的各步兵团。例如，由来自赫尔商业广场（Hull Commercials）的志愿者组成了东约克郡团（East Yorkshire Regiment）的第10营。英军还通过这种方式组建了一些炮兵部队。

在1914年夏天和秋天，新的步兵营（不论是不是伙伴营）被投入前线，从正规陆军部队调来的军官负责对他们进行作战组织，一支全新的英国陆军开始崭露头角。在当年8月4日到9月12日，共有478893名志愿者加入了陆军。

征兵制度

然而，志愿者并不是一个取之不尽、用之不竭的人力资源宝库。到1915年，前线的巨大伤亡已经引起了人们的反思。对服役的一些限制也因此被迫解除，例如"矮人营"（Bantam，即身高在服役标准以下的人）的组建。战争带来的压力迫使英军建立了强制兵役制度，时任海军大臣的温斯顿·丘吉尔也督促着政府推行征兵制。不久后，英国政府引入了一份《国家登记册》，册中

▼ 在整个战争期间，征兵都是一个紧迫的问题。照片显示的是在1916年，由一等兵德怀尔领导的一次游行，他是当时最年轻的维多利亚十字勋章获得者。

▲ 1914年11月，第一支前往欧洲战场的加拿大远征部队在斯伯里平原拍下了这张照片。

显示有超过500万符合条件的适龄男子不在武装部队服役，其中有210万人未婚。

1916年1月，英国政府颁布《兵役法案》，并在议院以多数票通过；当年3月，该法案正式成为本国的一部法律。开始时，法案豁免服役的人数极多，因为政府担心公众舆论反对，而且很多人都没有对征兵通知单进行回应（由该法案执行部门调查得知，在最初阶段的193891张征兵通知单中，有57416张没有得到回应）。5月，政府颁布了第二项法案，将已婚男子也列入征兵名单，这项

法案自5月25日起正式生效（爱尔兰除外，因为政府担心这可能会引发当地民众的反抗情绪）。

大约在同一时间，由于英国军方领导人强调新兵的大量短缺及他们（新兵）对发动进攻的重要性，那些服役即将满期的本土军成员现在必须在前线继续服役了。因此，英国实际上于1916年3月加入了其他欧洲大陆国家的行列，成为又一个实行强制征兵的国家。

大英帝国海外领土的情况更为复杂。澳大利亚和南非会派遣相当数量的志愿军参战，但两国拒绝推行征兵制；新西兰则在1916年夏天引入征兵制度。加拿大的情况比较复杂，它虽然在1917年5月引

入了征兵制，但遭到民众抵制，因而没有招到多少新兵；自愿参军的加拿大人倒是很多，但其中只有少数人被派往前线。此外，英军还到印度招募当地的土著士兵，并在非洲强征劳工。

虽然采取了种种措施，但英军人力资源短缺的问题仍然存在，特别是军官和新技术单位所需的人员——比如培训战斗工兵就需要花费数年时间。尽管如此，英国武装部队还是在最大程度上获得了人力资源的支持，并为自己国家和盟国的人民提供了必要物资。比如在1918年，罗马尼亚军队就主要依靠英国进行了重新武装；在战争期间，俄国也获得了数千吨来自英国的军事物资，其中大部分都落到了1918年和1919年的俄国白军手里。

实际上，英国引入义务兵役制的确存在一些阻力，但总的来说，反对者并未采取有组织或协调一致的方式行事——只有工党和"反征兵组织"才激烈地反对强制征兵——而更强大的力量，从全国服役联盟到政府及军队都在全力推动着这项进程。

▼ 在1914年，英军新兵的健康和活力问题显得相当严重。

将军和参谋人员

英国陆军的将军们穿着各式各样的制服，但在战争期间，于前线或靠近前线服役的大多数将军都会穿着标准的军官制服。即使如此，他们在战场上也不会完全按照着装条例行事，就像在战壕里服役的士兵们那样。一般来说，英国陆军的将军包括了元帅、上将、中将、少将及准将。

夹克和裤子

按照英国陆军的传统，将军们一般穿着私人定制的军服，因此就会不可避免地出现裁剪款式和制服颜色的各种变化。通常来说，他们会穿一种于1914年正式采用的夹克，其正式名称为"浅褐色混合毛哔叽"夹克。它采用了单排扣、开领或窄翻领的设计，夹克上有四枚纽扣，以及两个胸袋和两个裙边口袋。值得一提的是，来自苏格兰高地的将军往往穿着与众不同的夹克（下文详述）。按照相关条例，"浅褐色混合毛哔叽"夹克里面要搭配浅褐色（或橄榄绿）衬衫，但实际上，所有色调的衬衫都可以看到（有人在使用）——从浅绿色到深棕色无不包含。

夹克内的衬衫要搭配浅褐色或绿色的领带或领结，并且后者通常会被固定在衬衫衣领上。

一般来说，英国陆军将军的主要特征是其衣领上的猩红色领章，并根据领章图案和金属刺绣的变化来表示不同军衔。其中，元帅、上将、中将、少将和准将的领章上都含有金橡树叶形象的图案。

军衔等级的不同也表现在夹克肩章的内容上。元帅肩章的图案是交叉的权杖、花环和皇冠；上将肩章的图案是交叉的军刀和权杖——位于一枚星章和一顶皇冠下面；中将的肩章没有星章，其余部分和上将相同；少将的肩章与中将基本相同，但用星章取代了皇冠；准将的肩章只含有交叉的军刀和权杖。

灯芯绒马裤受到了将军们的普遍欢迎，它一般用纽扣系紧，裤腿会被掖入靴子或绑腿内。这种马裤通常带有经过强化的内衬，但也有人会在里面另穿一条长裤。

◀ 一名陆军准将，1915年。这名准将身穿标准制服、马裤和靴子，靴子带有马刺。其右臂佩戴的袖带表明他现在服役于陆军总司令部。

▶ 一名陆军中将，1917年。这名中将戴着一顶私人购买的头盔，头盔前部焊有帽徽。他的右肩还挎着一个地图包（包在身体左侧）。

头盔）都被禁止了，他们只能继续戴着部队配发的制式头盔（布罗迪式头盔于1915年8月获得专利，但需要一些时间才能配发到前线部队）。当将军们偶尔佩戴这些头盔的时候，一般会用布料将其覆盖，并将黑色的盔徽印到布料上。

个人装具

将军们通常会佩戴武装带（一些有肩带，一些则没有），并携带手枪、双筒望远镜和地图包。根据个人爱好，各种健走杖、轻便手杖或其他各式各样的手杖也是他们必不可少的点缀物。另外，在当时，留胡须对包括将军在内的英军军官来说几乎是强制性的。

参谋军官

参谋军官也佩戴着猩红色的领章。那些有将军军衔的人的领章上配有金色镶边，在参谋部工作的上校们（的领章）则配有红色丝绸镶边；行政官员佩戴蓝色领章，领章上带有深红色镶边；情报人员则佩戴绿色的领章。另外，参谋军官所用便帽的帽墙也是红色的。

参谋人员——从助理军事秘书到侍从武官，都被授予了使用参谋军便帽的权利。通常，这些军便帽上会绣着刺绣或花纹，有一层浅褐色的布料，以及猩红色的帽墙、帽徽和帽檐。

臂章

在师部或旅部的军官，以及在这两处工作的参谋人员，都会在自己右臂上佩戴一种布制臂带或袖章——尽管在最初的时候，只有在总司令部服役时才能佩戴这些东西。

那些隶属于总司令部的工作人员佩戴着一种含红色字母的蓝底臂章，臂章上部是一项黑色的皇冠，下部是红色的字母"MS"（表示军事参谋）、"A"（副官）或"Q"（军需官）。在师部工作的人员佩戴红色臂带（上面绣着用来表示骑兵的"CD"字母或用来表示炮兵的大炮图案）；旅部的工作人员则

佩戴蓝色臂带（若绣着字母"CB"就表示佩戴者隶属于骑兵）。后来，很多师部人员都给臂带绣上了自己部队的师徽——隶属于坦克部队指挥部的军官们佩戴绿色、红色以及棕色的臂章，上面点缀有白色的坦克图案。各总部所辖的车辆上也配有采用相同设计的四边形旗帜或三角旗。

▼ 一名上校参谋，1917年。这名上校戴着一顶布满凹槽的头盔，看起来应该是私人购买的，但这并没有违反条例。他的右臂上还戴有一条袖带，袖带内容表明其服役于陆军总司令部。

▲ 一名陆军元帅，1917年。这名元帅帽徽的图案里有一只雄狮，此外，还可通过他的肩章和配有橡叶饰品的领章来识别其军衔。

帽子

将军们一般会戴一种有帽檐的军便帽，其内衬由皮革制成，猩红色的帽墙和帽徽表明了佩戴者的具体军衔。这种大檐帽的标准型号往往很僵硬，但可以通过取出帽圈，从而使它的外观显得更宽松。1915年中期，他们在出席正式场合时佩戴的大檐帽帽顶会有两圈金色的圆环。此外，将军们也戴过一些私人购买的头盔，但后来（这类私人购买的

英国皇家禁卫军

皇家禁卫军是英国陆军正规部队中的精英，由（禁卫）步兵团和骑兵团以及一些支援部队组成。1914年时，共有4个步兵团被统称为"皇家禁卫步兵团"（包括禁卫掷弹兵团、冷溪禁卫步兵团、苏格兰禁卫步兵团和爱尔兰禁卫步兵团）；1915年，英军组建了第5个皇家禁卫步兵团——威尔士禁卫步兵团。还有三个皇家禁卫骑兵团（从这些部队中抽调出来的人员另组成了一个步兵营，

即皇室营）。在1918年，英军还组建了皇家禁卫机枪团。

禁卫步兵

英国禁卫步兵团拥有古老的血统，和他们在欧洲大陆的同行（至少跟俄国和普鲁士的同类部队）非常相似，保留了一些历史悠久的传统。不过，他们通常都是完全武装的，所用装备也和一线步兵部队没什么区别。当然，作为禁卫步兵就自然意味着他们的确保留着一些（与普通步兵）明显的不同。

禁卫步兵身穿他们在1902年列装的浅褐色军常服或野战服。其上衣采用单排扣以及向下倾斜领子的设计，有4个可以用纽扣系住的大口袋，上衣本身通过4枚黄色的金属纽扣进行固定。他们上衣的肩膀部位有两条布制肩带（军官在此处佩戴等级徽章，如果穿了其他可配用军衔的外套，也会把自己的徽标转移到新军服上），以表示自己的所属部队。禁卫步兵在上衣两袖肩部的末端佩戴着布制的肩部名称条，这一点与常规的步兵团有所不同（后者一般佩戴在两袖肩部接缝的下方）。1907年11月后，他们（禁卫步兵）基本上就不再使用布料来制作肩带上的徽章，而是用各种样式的黄铜字母加以代替。禁卫掷弹兵团和苏格兰禁卫步兵团成员除佩戴肩章，还会

◀ **禁卫掷弹兵团第4营的一名二等兵，1917年。** 这名禁卫军士兵佩戴的肩部名称条在一线战斗部队中非常罕见。如图所示，禁卫掷弹兵团和苏格兰禁卫步兵团成员都佩戴着含白色字母的红底肩部名称条，并以此表示自己所属的部队。

戴一个额外的含白色字母的红底肩部名称条（苏格兰禁卫步兵团第2营还添加了一个蓟花图案），而且似乎在整场战争中一直使用着。爱尔兰人佩戴含白字母的绿底肩部名称条；威尔士人的肩部名称条为浅褐色底，带有白色字母；冷溪禁卫步兵团成员则不使用肩部名称条。在一些特殊情况下，禁卫步兵们也会佩戴一种采用镀金金属制作的肩部名称条（从1916年开始被正式推广）。

与常服搭配的是一种浅褐色哔叽裤子，以及腰带或背带。军官们（虽然高级军官普遍穿着马裤和靴子）会穿一种军用短靴（ammunition boots），它一般是由黑色或棕色皮革制成的。

与常服配套的军便帽于1905年配发部队，帽上通常带有金属制的皇冠图案和浅褐色帽冠，皮革制的下颚带通过两枚小纽扣与帽子相连（士兵们通常将下颚带拉到帽冠上方而不是勒在下巴处）。值得一提的是，各团成员所用帽徽的样式都是互不相同的。

一般来说，各禁卫步兵团所用常服纽扣和帽徽的图案是相同的（但不包括爱尔兰人，他们常服纽扣的图案为竖琴和皇冠）。禁卫机枪团成立于1918年。在这之前，其前身——禁卫机枪连采用传统的"禁卫之星"作帽徽，成员衣领上以带有交叉机枪枪管图案的标志为徽章，袖子上配有含机枪和罗马数字（表示具体的连队番号）图案的臂章。此外，他们还在臂章下方用红色、蓝色（代表苏格兰人）或绿色（代表爱尔兰人）的罗马数字（禁卫掷弹兵团第2营用

禁卫步兵团帽徽图案	
禁卫掷弹兵团	爆炸的手榴弹
冷溪禁卫步兵团	嘉德勋章星章
苏格兰禁卫步兵团	蓟花勋章星章
爱尔兰禁卫步兵团	圣帕特里克勋章星章（带有三叶草）
威尔士禁卫步兵团（1915年）	一根韭葱
皇室营	一个椭圆，外框围绕着乔治五世的花押，顶上有皇冠标志
禁卫机枪团（1918年）	交叉机枪枪管，其上方有一个铭刻了乔治五世花押的卷轴

团的前三个营；该团（禁卫机枪团）第4营在原先禁卫机枪连的基础上扩编而成；第5营则来自预备役部队。

1918年2月，皇室营被解散，所有人员均返回其原先所属的部队。英军也有所谓的"战列骑兵团"（即重骑兵部队）。令人困惑的是，他们被命名为了"禁卫龙骑兵团"，对于该部队我们会在后面关于骑兵的章节中详细叙述。

阿拉伯数字）表示自己所属营的番号。

引进布罗迪式头盔后，禁卫步兵们通常会用一层布料——也就是盔罩将其覆盖。在苏格兰禁卫步兵团中，第1营使用斯图尔特格子呢作为盔罩，第2营则用一种带菱形图案的盔罩。其他禁卫步兵团一般会把印有团徽的补丁缝在盔罩上。此外，那些直属禁卫步兵师的部队成员还会在自己盔罩上添加一个独特的以睁开的眼睛为图案的徽章。

虽然（其他部队的）军官通常都会在自己袖口处佩戴用以表示军衔等级的徽标，但皇家禁卫军显然在这方面是个例外。在禁卫部队中，军官们一般在肩膀上佩戴一种带有点状图案（用来表示具体军衔，比如三个点就是上尉）和皇冠标志的肩章。禁卫掷弹兵团、冷溪禁卫步兵团和后来的威尔士禁卫步兵团成员会在自己肩章上添加含嘉德勋章（Order of the Garter）星章的图案；苏格兰禁卫步兵团是蓟花勋章（Order of the Thistle）星章图案；爱尔兰禁卫步兵团则是圣帕特里克勋章（Order of St Patrick）星章图案。另外，以上这些勋章星章同时也是他们（各自）所用军帽帽徽图案的内容。

禁卫骑兵

禁卫骑兵穿着类似于禁卫步兵的制服，但使用马裤、马靴以及皮制弹药背带。他们通常还佩戴着白色或浅棕色的勋索。

部分禁卫骑兵部队于1914年被编入法国的一个混编团投入战场，但他们在当年晚些时候就被解散了。关于7个禁卫龙骑兵团的情况我们会在后面的章节里详细叙述。

1918年5月，第1和第2禁卫骑兵团以及皇家蓝军骑兵团（Royal Horse Guards）的部分部队被改编为禁卫机枪

◄ *苏格兰禁卫步兵团第2营的一名二等兵，1917年*。该士兵肩部名称条下方额外的蓟花标志表明他隶属于第2营。在配发钢盔前，该部队成员戴的是大檐帽而不是苏格兰无边帽。

▶ *第1禁卫骑兵团的一名骑兵，1914年*。他穿着一件相对朴素的制服，但骑着一匹品质优良的战马。这名骑兵手中擎着的是M1908式直刀骑兵剑，它配有漂亮的镀镍剑柄。

西线

英国小规模的正规陆军部队在1914年和随后的几年里被迅速扩充。尽管很少成立新的团级部队，但现有各团的规模都因志愿者营和本土营的补充得以扩大。

从传统上讲，英军步兵组成的是所谓"战列步兵部队"（其中还包括一些轻步兵团），而且他们的制服基本都是标准和统一的。例外的是燧发枪手（fusilier）团、高地团、苏格兰团及来复枪团——这些部队不仅在军礼服（full dress）方面有着明显不同，在军常服（service dress）上也存在一些相互之间的区别。另外，即使在各高地团之间和某个高地团内部，其成员所穿的制服往往也有较大差别。

英国军方最初的设想是这样，当正规陆军部队前往国外作战的时候，原本用于本土防御的本土军就是其后备兵力的重要来源。事实上，本土军中的本土营通常就是为了支持正规陆军中相应的团才组建的。但皇家禁卫军没有本土营，来自爱尔兰的各团也是如此。此外，英军还组建了本土步兵团，这类部队和常规步兵团完全不同。但总体而言，一个步兵团一般都会编入2个正规营、1个特别预备队营，第4营和第5营则很可能为本土营。

在第一次世界大战中，英军步兵制服的主色调为卡其色。最初，这是在印度和其他海外地区服役的部队成员所穿制服的颜色，但在布尔战争的后期被普遍接受，甚至推广到了全军。

M1902式野战服

英军步兵普遍装备了卡其色野战服（M1902式），不过高地部队使用着不同的版本，在非洲和中东服役的部队（以及服役于这两个地区，由当地人所组成的部队）也穿着经过改良（以适应炎热气候）的制服。此外，在1914年到1915年间，前往法国的大部分英军部队成员都遵守着合理标准的着装规范。M1902式野战服包括一件长款外套上衣，它有一个向下倾斜的领子（通过钩子和扣眼固定）、加固的肩垫，以及肩带（上面镶嵌了一枚带有团徽的纽扣，纽扣下方附有一枚用金属制作的带团名的徽章）。这种外套配有四个宽大的口袋，口袋有袋盖，可使用纽扣盖住，袋里印有使用者的个人编号。另外，它（外套）通过圆形组扣固定，且每

◀ 一名女王的西萨里郡团的中士，1914年。这名经验丰富的士官将他的步枪包裹在了防水帆布里以保护枪机。

▶ 一名皇家苏塞克斯郡团的二等兵，1914年。该团成员的肩带上配有含"皇家苏塞克斯郡团"字母的徽章，其帽徽图案为一颗星星和一根羽毛。

▲ 1914年，英军士官的等级袖章。
1. 团级军士长；
2. 团级军需中士；
3. 军乐队指挥；
4. 中士军乐队鼓手；
5. 连级军士长；
6. 连级军需中士；
7. 中士；
8. 下士；
9. 代理下士的一等兵；

▲ 10. 由米德尔塞克斯郡团成员佩戴的肩部名称条；
11. 由中士佩戴的三条V形军衔等级标志；
12. 由米德尔塞克斯郡团成员使用的帽徽。

◀ 一名米德尔塞克斯郡团的团级军需中士，1915年。这名高级士官在袖子上佩戴着用来表示他具体军衔等级的四条倒V形条纹。

应在其两侧衣领上佩戴一枚徽章（图案同帽徽）；但到战场服役后，他们的衣领上一般不会出现任何装饰物。

军官的夹克与衔级

　　步兵军官们通常穿着一种从1914

团所用纽扣风格均不同。国王皇家来复枪团、来复枪旅以及皇家爱尔兰来复枪团使用黑色纽扣。虽然在正式场合时，步兵们

▼ 在1916年的西线战场上，几名（英军）军官正在对一套苏格兰高地团士兵使用的装备进行检查。

◀一名西约克郡团的上尉，1914年。军官们相对较快地对他们的制服进行了改进，以适应战场环境。图中这名上尉的袖口处带有精美的刺绣军衔等级标志，但他拿着一把属于士兵的步枪（而不是自己的军官配枪）。

▶一名诺森伯兰郡燧发枪手团第五营的上尉，1915年。这名军官在使用其他衔级专属装备的方面走得比别人更远。被他别在翻领上的徽章展示出了燧发枪手团传统的爆炸手榴弹图案。

纽扣系紧；此外，它还配有两个胸袋及两个裙边口袋。用来表示军官军衔的徽章通常会被戴在夹克袖口处（国王皇家来复枪团除外），这里还配有一个V形或双三角形的框架，框架边缘有V形花边。在框架里，星形徽章、皇冠和刺绣杠条的多寡表明了这名军官的具体衔级（框架和杠条的花边都是由织物精心绣制而成）。其中，少尉和中尉有一条杠；上尉有两条；少校和中校有三条；上校有四条。每件军官夹克的衣领（包括普通领子和翻领）处都可佩戴团徽。根据具体衔级，士官通常会在自己袖子的上部或下部佩戴V形标志（箭头大多指向下方）。

衬衫和裤子

士兵和士官还在外套里面穿着衬衫。其中，大部分衬衫由灰蓝色法兰绒制成，使用三枚纽扣系紧，且采用尖角形袖口。它通常是无领的——这就意味着大多数士兵都会体验到脖子与外套衣领进行"舒适"摩擦的感觉。如果天气过于炎热，也可以只穿衬衫（不对穿外套作强制性规定）。

他们的裤子采用相同面料（法兰绒）制成，可搭配使用腰带或背带（为达此目的，裤子的腰部设有纽扣；1915年时，此处还添加了额外的纽扣）。飞行时，飞行员的裤子（直筒）可通过五枚纽扣加以固定。机动车司机和自行车部队成员大多穿着马裤，很多军官也喜欢这样做。之所以出现这种情况是因为其中一些人的确喜欢骑马，另一些人虽不喜欢，但他们发现马裤比普通裤子穿着更舒适；此外，灯芯绒马裤也一直被

年开始配发部队的夹克，其正式名称为"浅褐色混合毛哔叽"夹克，它比士兵和士官所穿制服的颜色更偏绿一些。由于大多数军官的夹克（几乎在任何情况下）都是私人定制的，因此颜色也存在一定差别。按照相关规定，军官夹克应是单排扣、开领或窄翻领样式的，并且要搭配浅褐色衬衫一起穿。但事实上从浅绿色到卡其色，以及其他各种不同搭配颜色的衬衫也可以见到。衬衫一般还要搭配浅褐色或绿色的领带或领结，大多数军官会把领带固定在衬衫衣领上。这种夹克可以通过5枚带有团徽图案的

认为是种比直筒裤更为时尚的服饰。

步兵们通常还打着绑腿——其实就是把卡其色布条以逆时针方向缠绕在小腿上。他们的绑腿方式相对简单，尽管也有人模仿使用过法国人那种纵横交错的打法。英国在战争期间生产了大量绑腿布，共计订购约3500万对。

靴子

英军步兵一般穿短靴（棕色或黑色），它由一种印度产的皮革制成，鞋底装有鞋钉（在鞋尖和鞋跟处最为密集）。军官可以选择穿高跟靴子（即屠

夫靴）或短靴配绑腿，以及短靴配斯图瓦塞尔紧身裤。

帽子

　　英军部队大多数成员在战场服役时都会戴着军便帽（M1905式）。这是一种卡其色的大檐帽，帽内带有黑色油布衬里（常使头部出汗）；它经过了简单的硬化处理，以保持军帽的圆润外观（但衬里经常被前线官兵拆除，使帽子呈现出被压扁的外形）；帽子上还有一个用棕色皮革制作的下颚带，由两个小

▲ 军官等级袖章（上排为英国战列步兵部队，下排为苏格兰高地和低地部队）。
1. 少尉；
2. 中尉；
3. 上尉；
4. 少校；
5. 中校；
6. 上校。

小的带有团徽（图案同肩带纽扣）的纽扣固定。军团团徽作为帽徽被固定在帽子正前方，这也是各团之间进行识别区

▼ 1917年的伯纳德·罗·蒙哥马利（Bernard Law Montgomery），他当时只是英国远征军派驻法国战场部队中的一名上尉参谋。谁也不会想到，一战里默默无名的他在第二次世界大战中大放异彩，成为第一代阿拉曼的蒙哥马利子爵。

◀ 一名国王皇家来复枪团的上尉，1915年。这支部队极不寻常，因为他们使用了黑色纽扣和黑色帽徽，纽扣上带有军号及皇冠图案。

▼ 图为英军装备的民用防风灯笼。它可以用来发送信号，与火炬和信号旗的作用相同，连布雷和挖掘防空洞的部队都经常使用。此外，这也是民用物品在军队装备体系里占主导地位的一个例证。

步兵团帽徽图案

团名	帽徽图案	团名	帽徽图案
（按各团在英军中的优先顺序排列，不包括苏格兰部队）		（按各团在英军中的优先顺序排列，不包括苏格兰部队）	
女王的西萨里郡团	逾越节羔羊和卷轴	南兰开夏郡团	狮身人面像和威尔士亲王纹章冠饰
巴福斯团（皇家东肯特团）	银色巨龙和卷轴	威尔士团	威尔士亲王纹章冠饰和卷轴
国王的皇家兰开斯特团	银色雄狮和皇冠	牛津郡和巴克斯郡轻步兵团	用缎带系住的军号
诺森伯兰郡燧发枪手团	圣乔治屠龙和手榴弹	埃塞克斯郡团	由橡叶花环围绕的城堡、钥匙和狮身人面像
皇家沃里克团	银色羚羊和卷轴	诺丁汉郡和德比郡团	皇冠下的马耳他十字
皇家燧发枪手团	带有嘉德勋章星章图案的手榴弹	忠诚团（北兰开夏郡团）	皇冠、玫瑰和卷轴
国王的利物浦团	银色骏马和卷轴	北安普敦郡团	由花环围绕的城堡和钥匙
诺福克郡团	不列颠尼亚女神和带有英国国旗图案的盾牌	皇家伯克郡团	中国龙和卷轴
林肯郡团	埃及狮身人面像和卷轴	皇家西肯特郡团	肯特郡白马和卷轴
德文郡团	城堡和八角星	国王直属约克郡轻步兵团	法国军号和白玫瑰
萨福克郡团	在皇冠下，一个圆圈围绕着城堡和钥匙	国王的什罗浦轻步兵团	军号、缎带和字母"KSLI"
索美塞特夏轻步兵团	军号、皇冠及卷轴	米德尔塞克斯郡团	由花环围绕的威尔士亲王纹章冠饰
西约克郡团	银色骏马和卷轴	国王的皇家来复枪团	皇冠下的马耳他十字，十字中间有个圆圈，圆圈里有支军号
东约克郡团	月桂花环围绕着一支玫瑰，后面有颗八角星	威尔特郡团（爱丁堡公爵团）	卷轴、十字、圆盘，以及国王的花押
贝德福德郡团	马耳他十字，后面有颗八角星	曼彻斯特团	曼彻斯特纹章，以及下方的卷轴
莱斯特郡团	猛虎和两个卷轴	北斯塔福德郡团	斯塔福德绳结纹章，以及威尔士亲王纹章冠饰
皇家爱尔兰团	竖琴、皇冠和卷轴	约克和兰开斯特团	由花环围绕的猛虎和卷轴，还有玫瑰
约克郡团	威尔士王妃亚历山德拉的花押、小王冠、卷轴和玫瑰	达勒姆轻步兵团	皇冠、军号、缎带和字母"DLI"
兰开夏燧发枪手团	手榴弹、狮身人面像和铭文"埃及"（Egypy）	皇家爱尔兰来复枪团（维多利亚公主团）	竖琴、皇冠和卷轴
柴郡团	星星、橡果、橡叶和卷轴	皇家爱尔兰燧发枪手团	手榴弹、羽毛，以及绳结纹章
皇家威尔士燧发枪手团	由圆圈围绕的手榴弹和由绳结纹章装饰的羽毛	康诺特游骑兵团	竖琴、皇冠，下方还有卷轴
南威尔士边民团	由月桂花环围绕的狮身人面像	伦斯特团（皇家加拿大人团）	威尔士亲王纹章冠饰，下方还有卷轴
皇家恩尼斯基伦燧发枪手团	城堡，背景为一颗手榴弹	皇家蒙斯特燧发枪手团	手榴弹，上方有一只猛虎
格洛斯特郡团	狮身人面像和两片月桂叶	皇家都柏林燧发枪手团	手榴弹，上方有一只猛虎和一头大象
乌斯特郡团	雄狮和卷轴，背景是一颗八角星	来复枪旅（女王丈夫直属团）	在皇冠下，由花环围绕的马耳他十字
东兰开夏郡团	皇冠下的狮身人面像和花环		
东萨里团	一枚盾牌，背景是一颗八角星		
康沃尔公爵轻步兵团	由绳结纹章装饰的小王冠，下方有一支军号	**本土团**	
惠灵顿公爵团（西赖丁团）	惠灵顿公爵纹章	荣誉炮兵连	手榴弹，弹上刻有字母"HAC"
边民团	皇冠下的马耳他十字和雄狮，背景是一颗星星	蒙茅斯郡团	威尔士巨龙和卷轴
皇家苏塞克斯团	由吊袜带围绕的星星和羽毛，背景是一颗星星	剑桥郡团	城堡和卷轴
汉普郡团	皇冠下的八角星	伦敦团	其下辖各营的图案均不相同，但大部分都是手榴弹（在此基础上有所变化）
南斯塔福德郡团	皇冠下的斯塔福德绳结纹章和卷轴	赫特福德郡团	皇冠下的雄鹿和卷轴
多塞特郡团	由花环围绕的城堡、钥匙和狮身人面像	赫里福郡团	雄狮和卷轴

分的重要标志之一。

帽徽（主体）通常由黄色金属制成，步枪图案则是用黑色金属制作。左页的表格展示了各团特有的帽徽（很少有伙伴营使用由自己设计的帽徽）。

在1914年末，很多部队选择了M1905式军便帽或冬季毡帽，以及"格罗布利米"（gorblimey）式帽子。最后者采用软帽顶设计，配有脖带和可往下翻的护颈织物布帘，布帘朝下拉时能在恶劣天气中起到套头帽的作用。在英军中，布制军帽的流行热度从1916年开始逐渐下降，士兵们当时已经开始将它

（布制军帽）戴在钢盔里面了。

此外，军官的大檐帽也配有织物布帘，可以折叠并在恶劣天气中放下以保

护头部。如果需要，这种帽子甚至能通过安装防水布套来增加额外的防护。

高地团

那些身着本民族传统服饰——苏格兰短裙的部队会为其搭配一件带圆形下摆的野战外套或夹克。一款高地团成员专用的外套于1902年配发部队，除裁剪外，它和普通野战服基本一样。军官穿

▼ 东约克郡团第2营的一名二等兵，1915年。本图展示了"格罗布利米"帽从正前方看的模样。这种浅褐色的羊毛帽配有护颈布帘，可以系在下巴下面（这个设计使得头巾已略显过时）。

▲ 一名剑桥郡团的中士，1915年。该（本土）团下辖的第1营曾在法国战斗。这名中士身穿外套、长裤和绑腿，他的李-恩菲尔德步枪枪膛后部套有防护帆布，帽徽图案是代表剑桥的一座城堡。

◄ 一名威尔士王妃亚历山德拉直属约克郡团（即"绿色霍华德团"）的二等兵，1915年。他戴着一顶布制军帽，身穿冬季制服。这种帽子被军队亲切地称为"格罗布利米"帽，但不受军官们欢迎，因为它松松垮垮的，没有固定形状，看起来相当邋遢。

的夹克配有圆下摆和尖角形袖口，并通过袖口上带花边的框架中的星形徽章、皇冠和刺绣杠条来表示具体军衔等级。

这些高地团成员大多戴着深蓝色的苏格兰无边帽（Glengarry，即帽后有两条飘带的苏格兰船形便帽）。值得一提的是卡梅伦高地人团——即苏格兰来复枪团，他们使用了深绿色无边帽，帽上配有两条飘带和一枚帽徽。锡福特高地人团、戈登高地人团，以及阿盖尔和萨瑟兰高地人团成员使用的是深蓝色（轻步兵为深绿色）苏格兰无边羊毛帽（一般以一定

苏格兰高地团及低地团帽徽图案	
团名	**帽徽图案**
黑格裙禁卫团 / 苏格兰高地禁卫团	蓟花勋章星章，下方有椭圆形图案
锡福特高地人团（奥尔巴尼公爵团）	雄鹿头、小王冠和卷轴
戈登高地人团	由常春藤围绕的亨特利王冠
卡梅伦高地人团	由花环围绕的圣安德鲁和十字架
阿盖尔和萨瑟兰高地人团	由蓟花花环围绕的花押、野猪头和圆圈中的猫
高地轻步兵团	军号、字母"HLI"和蓟花勋章星章
以下低地团也戴苏格兰无边帽	
皇家苏格兰团	由圆圈围绕的蓟花，背景是一枚蓟花勋章星章
皇家苏格兰燧发枪手团	手榴弹，弹上刻有皇室纹章
国王直属苏格兰边民团	由蓟花花环围绕的王冠和圆圈
苏格兰来复枪团	由蓟花花环围绕的胭脂鱼和军号

的倾斜角度戴在头上）。他们的帽子配有飘带，以及一条带状格子呢和代表所属团的帽徽（详见本页表格）。

虽然上述所有高地团成员的上身都穿着带有高地风格的野战外套，但在公众眼中，他们最明显的特征还是位于下身的苏格兰短裙（kilts）。不过，事实上只有两个轻步兵营在战时仍然这么做——除少数特例外，其他高地部队成员都会穿裤子、紧身格子呢绒裤（trews）或马裤。传统的苏格兰短裙是用军团格子呢制作的，士兵在服役时穿着它的话一般会用带口袋的卡其布围裙将其围住，以降低能见度（同时也起到保护作用）。根据传统，黑格子呢短裙由黑格裙禁卫团以及阿盖尔和萨瑟兰高地人团使用；锡福特高地人团（其中第5营穿萨瑟兰格子呢短裙）以及第6和第9高地轻步兵营穿"麦肯尼"格子呢短裙；戈登高地人团穿"戈登"格子呢短裙；卡梅伦高地人团穿"艾拉希特的卡梅伦"格子呢短裙；皇家苏格兰团第9营穿"狩猎斯图尔特"格子呢短裙，其余

◀ 一名国王直属苏格兰边民团的中尉，1915年。这名军官穿着采用优质布料，并由私人裁剪而成的夹克。他还穿着长裤，打着看上去很不协调的绑腿。

▶ 锡福特高地人团第2营的一名二等兵，1915年。图中这名士兵身穿的高地部队的标准外套上衣已经根据战场环境进行了修改，注意它是独特的圆形下摆。该士兵还穿了一双华而不实的鞋罩。

各营成员则使用卡其布裤子、卡其布马裤或由格子呢制成的紧身绒裤。一些本土营也穿着苏格兰或高地部队的服饰。其中，泰恩赛德苏格兰部队戴苏格兰无边帽，利物浦团第10营（他们还穿了"福布斯"苏格兰短裙）和伦敦团第14营（即伦敦苏格兰营）也一样。长筒袜和绑腿都可以搭配苏格兰短裙，有时甚至可以看到穿长筒靴（搭配）的。但这些都是不切实际的做法，比如绑腿用着很不舒服，而且不适合堑壕战，因此很快就被靴子和短裹腿所取代。另外，高地团士兵通常会把一根彩色布条连接在吊袜带上，以此固定他们的长筒袜。

本土团

事实上，英军很少组建本土步兵团，而是在现有的正规团中添加本土营，服役于这些（正规）团的本土军成员遵守着与正规军士兵及军官相同的着装规范。但来自本土部队的军官通常会在他们夹克的领子或翻领上佩戴一枚用金属制作的T形标志徽章，士兵们也会在自己肩章上佩戴T形金属标志。该标志在肩章上的位置一般高于营番号，而后者也高于团名缩写。和往常一样，这些规范中同样会有出现例外的——比如伦敦苏格兰人部队成员就只是简单佩戴了"伦敦苏格兰"的名称缩写，也有一些单位偏爱使用红色或白色字体来设计他们的肩部名称条（可能是模仿禁卫军）。本土军成员有时会将佩戴团徽的地方留空或进行调整，在此处展示他们这些志愿者获得过的战斗荣誉。那些自愿前往海外服役的志愿者会在右侧胸部佩戴一枚白色的金属徽章，徽章上皇冠图案的下方印有"帝国服役"字母。

一些来自本土军的步兵营试图通过徽章，使自己（部队）与其他部队区分

开来。例如，那些隶属于遂发枪手团或轻步兵团的营成员会在肩带上佩戴手榴弹或猎号（hunting horn）徽章，借此将本部队与本土军其他部队区别开来。

步兵装具

如果说制服还能出现一些变化，那么配发给步兵们的个人装具就几乎是标准化和统一化的了。英军步兵主要使用M1908型网布装具，它是一套非常新颖、灵活的系统，也是英军及其大陆盟友与他们敌人的一大主要区别，尽管这套有所革新的装具系统仍然保留了不那么实用和舒适的皮带及小袋。M1908型网布装具由耐用棉制成，在1899年到1906年间进行了反复测试。1906年，米尔斯–伯罗斯（Mills–Burrowes）工厂生

产出了该装具的初始型号；1908年初，英军正式采用了这套装具。由于它具有相当大的灵活性，因此军队可以为不同职位的士兵设置不同的装具。比如战斗在最前线的士兵，其装具被设定在最低（重量）限度——一名德国军官就曾指出，英国军队不受笨重装具影响，甚至"可以像野兔一样"地奔跑。

M1908型网布装具的腰带有三种尺寸，当不使用手枪弹药袋时（有些士兵也会装备手枪），还可为其安装支架。该装具的扣环制作简单，材料一般为黄铜。士兵们可以通过钩环将刺刀悬挂在皮带上，这样就可以固定刺刀，防止它在跑动中掉落。如果有刺刀鞘的话，

▼ 兰开夏燧发枪手团第5营的一名二等兵，1918年。该团成员在肩带上佩戴着传统的爆炸手榴弹徽章，肩带偏下的地方还有"LF"字母标志。

▶ 英军步兵个人装具，1918年。
1. 水壶；
2. 小型盒式防毒面具；
3. 掘壕铲头；
4. 掘壕铲杆；
5. 位于皮套中的剪线钳。

也可以将其绑在腰带上。弹药包被固定在皮带扣两侧，每侧有五个，一共可装150发子弹（分装在弹夹里）。1914年10月，军方对这型网布装具进行了改进——因为前线反馈，说这些弹药包太容易被打开了，因而导致弹药常常丢失；水壶也像一个包那样被悬挂在腰带上，感觉很不方便。另外，M1908型网布装具通常还配有一个小包，包内装着急救敷料、口粮、文件和个人物品。士兵们也可选择一种较大的背包，如果是这样，小包就会被挂到腰带的一侧（通常是左侧），大包则被他们背在背上（背带穿过制服上衣的肩带）。大背包可以容纳士兵的制服、靴子、大衣等个人物品，钢盔也经常被绑在包上。

大多数英军步兵都装备有李-恩菲尔德弹匣式短步枪，这是一种可靠性极高的旋转后拉式栓动步枪。那些经验丰富的士兵在长途行军时，一般会用帆布或手帕包住该枪枪膛的后部。

局部地区部队使用的装备

以上的所有描述似乎都暗示着英国陆军是一支穿戴整齐、装备规范的文明之师。事实上，任何一名属于这支部队的军官都的确遵守了诸如"保持短发"的规定，把自己头发梳理得整整齐齐；

▼ 法军和英军士兵在西线的战壕里共享香烟，该图摄于1916年。

他们还剃光了下巴和下唇的胡须，但一般会保留上唇胡须。另外，即使这些军官蓄胡须，他们也会将其精心修剪成适中长度。但是，军队在1914年时的迅速扩张导致了严重的供应（不足）问题，英军必须采取孤注一掷的措施才能将其解决。在当年秋天，为安置大量涌入的志愿者，英军购买了约500000件蓝色哔叽外套，以及相同数量的民用大衣；不久后，军方又从北美购买了另外的900000件大衣。于是，这些"基钦纳的新陆军"中的成员（即由志愿者组成的大量新步兵营）只能通过臂章对军官、士官及士兵进行识别了。还有一些装备是私人购买的，特别是在伙伴营，他们不得不使用大量过时的装备（比如威尔士团第11营的棕色制服，还有边境团最初的灰色制服）。仓促之间购买民用装备往往意味着其中掺杂了大量伪劣产品，靴子和皮带的质量尤为低劣。它们中的大多数都被用在了法国战场上。从历史照片里我们可以发现，英军部队中充斥着大量私人购买的皮带和弹药袋，还能看到不少类似性质的民用大衣。

战地改装

从1914年秋天开始的堑壕战，以及逐渐来袭的寒冷潮湿天气对英国陆军的军装造成了深远影响。军便帽在天气好的时候戴着还算舒服，但到这时就已经基本被著名的"格罗布利米"帽取

▲ 一名曼彻斯特团的二等兵，1917年。这名刘易斯机枪操作手在他左袖下方佩戴着专业技能袖章；此外，他还穿着一件羊毛马甲，使他能在战争的最后一个冬季里保持温暖。

代了——它有一个柔软的帽顶，还配了脖带和可下翻的护颈织物布帘，布帘在下拉时能起到在恶劣天气中充当套头帽的作用。"格罗布利米"帽很受军队欢迎，但它帽形不算美观，而且没有下颚带。1917年，英军配发了一种经过改进的软帽。苏格兰部队成员大多保留了苏格兰无边帽和蓝色无边平顶扁圆帽（Balmoral），后者的帽圈比较容易磨损。还有一种更实用的头巾形帽子（tam-o'-shanter），它颇受前线部队欢迎。到这时，前线官兵几乎都穿上了绑腿和短靴。军官们也开始试图让自己显得不那么引人注目，这最终导致他们将军衔标志从袖口转移到了肩膀上。

前线官兵还装备了各种毛皮夹克、

短上衣（jerkins）和大衣，以对自己的标准野战服和民用外套进行补充和更换。此外，在堑壕中的官兵还获得了无指手套、盔罩、长筒靴或橡胶防水靴等装备，既有公发的，也有些属于私人购置。1915年后，防毒面具也明显在任何一名步兵的工具包中都扮演着重要角色。在战争中，英军使用过多种类型的防毒面具，但到战争结束时，一种小型盒式防毒面具最为常见。通常情况下，士兵们会把防毒面具包挂在自己胸前。

头部防具

在这场世界大战中，英军步兵最显著的形象变化在于钢盔的引入。法军已在1915年中期装备钢盔，同一时期的德军也正在解决这个问题。英军则是先尝试了在普通军帽上加装金属圆盘以增强防护，后来又引入少量法国钢盔和私人制造的头部防具。1915年，约翰·布罗迪（John Brodie）设计出一款头盔，并于当年夏天取得专利。其A型由纯钢制成，但随后推出的改进型把制造材料改成了锰钢。1915年秋天，军方谨慎地将这种钢盔配发给了前线部队，并要求战斗在一线堑壕阵地中的士兵使用。1916年初，新型钢盔大规模运抵前线，它以1915年的设计为蓝本，进行了大幅改进，最终变成了著名的Mark I型钢盔——其钝边、双重内衬和卡其色表面处理的设计深得人心，赢得了世界各国军队的青睐。英军步兵有时会在自己钢盔上贴徽章，或将其印到盔罩上；手工绘制的师徽也经常在钢盔上出现。

战伤袖标

1916年，英军设计出了战伤袖标，即一种由织物编织而成的竖条，通常被佩戴在良好品行V形袖标的下方。值得一提的是，英军海外部队的V形袖标到1918年初才开始使用，它通常被佩戴在右袖口上，而且袖标是蓝色的（1915年之前现役军队使用的V形袖标为红色）。侦察兵一般在他们袖子上佩戴绿色条纹标志，信号兵则佩戴黄色的。有些士兵也可以使用代表他们熟练技能的徽章（神枪手在左袖上佩戴交叉步枪标志，投弹手在右袖上佩戴红色手榴弹标志）。虽然良好品行V形袖标和战斗徽章已经增加了英军步兵制服不少的装饰，但最丰富多彩的还是他们常服上衣上的各种部队标志与盔徽。

部队徽章

1914年到1915年，军方试验了各种各样，旨在通过使用制服徽标来识别部队的手段。突击部队曾尝试过在制服的袖子上添加臂章，或是在制服的背面缝制布块；澳大利亚人则是率先采用了一些较为复杂的标志。到1916年，师或旅徽标的使用已经变得越来越普遍。

一些步兵师引入了师徽，并要求其下辖的所有部队佩戴；其他步兵师则为那些降级为履行后方职责的部队配备了某种识别标志。一些师选择通过团或营的标志来区分各旅。一些步兵团将他们自己的团徽或所辖各营的识别徽章（用不同颜色的各种几何图形来表示相应的营）以及师徽叠加使用，另一些步兵团干脆直接使用团徽（如前文所述）。皇家禁卫军通常佩戴一个睁眼图案的徽章。第1步兵师采用数字符号"1"作为识别标志；第3步兵师成员在袖子上佩戴了一枚黄色矩形标志；第4步兵师采用公羊头作为本师标志；第6步兵师是一个圆圈；第7步兵师采用的是点状标志（各旅点状标志的颜色不同）；第9步兵师后来采用蓟花作为自己的标志；第12步兵师是圆圈中的一把铁锹；第16步兵师是三叶草；第18步兵师是一个椭圆形，里面有字母"ATN"；第19步兵师是一只蝴蝶；第20步兵师是白色圆盘中的一个黑色十字架；第21步兵师拥有鲜明的红色标志；第22步兵师是马蹄铁；第29步兵师是一个红色三角形；第30步兵师是2顶皇冠；1917年时，第31步兵师采用了白色和红色的玫瑰作为标志；第33步兵师的标志是两枚骰子，后来变成了三枚；

第34步兵师是一座棋盘；第35步兵师是排成一个齿轮的人；第37步兵师是马蹄铁；第38步兵师是一条威尔士巨龙；第40步兵师是一只矮脚鸡和它上方的一个白色菱形。此外，在马其顿服役的正规步兵师成员在他们肩带的末端添加了彩色条带（第10步兵师为绿色；第22步兵师为黑色；第26步兵师为蓝色；第27步兵师为黄色；第28步兵师为红色）。由本土军部队组成的步兵师也有自己的独特徽章。其中，第49步兵师是一朵白玫瑰；第51步兵师佩戴着标有"高地部队"（HD）的徽章；第62步兵师是鹈鹕。第47步兵师颇具奇思妙想——他们使用了纸牌符号作为营徽标——比如第1旅麾下各营采用黄色的A、黑桃、梅花和红方块（符号）；第2旅采用的纸牌花色与第1旅相同，但颜色变成了绿色；第3旅则是采用了红色的纸牌符号。

▼ 一名北斯塔福德郡团的下士，1918年。他身穿的短裤并非部队配发的版本，而是由标准的浅褐色长裤裁剪而成。这名老兵故意使他的钢盔向前倾斜，并将下颚带置于后脑勺上。

其他战线的英军步兵

虽然英国陆军的主力集中于西线，但也有不少部队被派往其他战线，只是标准野战服在这些地区并不适用。

炎热地区的装备

在地中海、马其顿、美索不达米亚及巴勒斯坦战线，来自非洲和印度的英军官兵身着特殊制服，以使自己的生活过得更舒坦些，并借此适应主宰战场的恶劣气候——在白天热得足以烫伤皮肤，到夜晚又冷得难以入眠。当然，装备上的差异并不完全是因为气候，也是由混乱的战争所造成的。比如在加里波利服役的英军就混穿着颜色鲜艳的老式制服（配便帽）和卡其色制服，但具体穿什么还是要看该部队的来源。

在马其顿和意大利战线服役的英军也是如此，那里的部队普遍装备了布罗迪Mark I型钢盔的热带版本（但加里波利战场上的英军没有装备，因为它们被引入这里的时间太晚，没能及时配发给驻在达达尼尔海峡的部队）。比如部署在意大利的南斯塔福德郡团就装备着布罗迪式头盔，他们还把团徽画在了钢盔正面。其他例子也比比皆是。

驻扎在马其顿的伦敦团（在萨洛尼卡登陆后）身着浅褐色野战服，并额外装备了卡其色短裤。这或许是因为在这条战线上的很多战斗都发生在山区，那里的气温可能会在没有预警的情况下就突然上升或下降。

夹克和裤子

被派到炎热气候环境中进行作战的英国军队使用着一种卡其布热带制服，它主要由棉质外套和裤子组成（虽然是短裤，但裤腿也在膝盖以下的位置，士兵们因此经常把它当常服来穿）。在炎热的天气里，热带制服的面料更轻、更舒适；而且它颜色更浅，接近沙漠的背景色，因此也被认为更适用于埃及或印度的地理环境。

这种热带制服外套有衣领，整件外套由5枚圆形纽扣固定，配有长方形口袋（早期版本有袋盖），而且通常带尖角形袖口。军官们的夹克和欧洲西部战线军官所穿的那种夹克相似，但与前者搭配，位于它里面的衬衫通常为卡其色或米色，还配有相同色调的领带。此外，炎热气候环境下服役的军官通常会在肩膀上，而不是袖口处佩戴自己的军衔标志，士官和士兵也是这样。

非洲部队的一些军官喜欢穿军装式衬衫（bush-shirt），即一种在夹克和衬衫之间妥协的服饰；士兵们则选择穿无领的灰蓝色或沙漠色法兰绒衬衫（它通常被称为"灰背"衬衫）而非夹克，并把自己的袖子卷起来。装具也被直接穿戴于衬衫上。在非洲和中东地区服役的英军部队一般穿

▼ 英军官兵正乘坐敞篷窄轨列车前往巴勒斯坦前线。

▲ 伦敦团第19营第1排（"圣潘克拉斯"排）的一名中士，1917年。这名中士穿着一件经过简化的制服夹克（也被称为"实用夹克"），注意夹克兜盖上没有配纽扣。在沙漠的寒冷清晨里，他把衣领竖了起来。

带有胸袋，由当地剪裁而成的卡其布衬衫。他们手中还有各种外套和雨衣，但一般不会配备大衣。

热带制服中的裤子很长，与其搭配的是一双棕色短靴；军官们穿马裤或直筒裤，与靴子或绑腿进行搭配。在炎热

地区，绑腿通常呈沙色，但也可以看到一些浅褐色或绿色的绑腿布。英军甚至以他们常见的长款短裤来搭配绑腿，尽管这样看上去很奇怪，而且还因为将膝盖暴露出来，极易被昆虫叮咬；在非洲这样搭配的话还得面对荆棘刺。在加里波利作战的第6高地轻步兵营成员穿着传统的苏格兰短裙（罩着卡其色围裙），这样的装备搭配造就了一个奇特的外表形象——热带头盔、法兰绒或卡其布衬衫、罩着围裙的短裙，长筒袜和鞋罩或是绑腿和短靴。

▲ 美索不达米亚战线上几名英军士兵和一头骆驼的合影。这张照片来自一套在英国国内发现的影集，该影集与第134 "科伊" 机枪队和印度第7 "密鲁特" 师有关。

帽子

在炎热气候环境中服役的英国军队的最显著特征就是沃尔斯利（Wolseley）热带树髓头盔，这种遮阳凉帽是以维多利亚时代在埃及和苏丹作战的加内特·沃尔斯利（Garnet Wolseley）来命名的。它在布尔战争后期开始投入使用，通常被当作遮阳帽（topi）使用（但这种用树髓制作的头盔和布制遮阳帽的区别相当明显）。

沃尔斯利头盔由软木制成，盔上覆盖着卡其布；一个巨大的帽舌围绕头盔，保护大部分头部免受阳光照射；它还有一个围绕头盔冠部的布帘，被称为 "帕里"（pagri，印人头巾，即帽后遮阳布）。帕里一般为卡其色，但根据全白的头盔版本也配备了白色的（使用红

白色调头盔的诺森伯兰郡燧发枪手团，以及使用红色色调的康沃尔公爵轻步兵团成员除外）。沃尔斯利头盔的下颚带由棕色皮革制成。此外，它可通过位于头盔顶部的小孔形成通风。

在1917年和1918年被派往俄国北部的英军部队成员使用着毛皮帽、毛皮靴子以及内衬为羊皮的帆布大衣——据说这种寒带制服是由欧内斯特·沙克尔顿设计而成。

1911年，英军在着装条例中明确规定 "卡其色沃尔斯利头盔上不能佩戴

◀ 高地轻步兵团第6营第1排的一名二等兵，1915年。他穿着一套混搭的军服——法兰绒衬衫搭配苏格兰短裙和绑腿。那些更传统的鞋子和鞋罩已经（在当时）被弃用。

▶ 驻在保加利亚战线的伦敦团第15营第2排的一名上尉，1916年。这名军官将第60步兵师（所隶属部队）的标志——一只蜜蜂缝到了自己袖带上。另外，他穿的是一件民用雨衣。

任何形式的徽章、羽毛、鬃毛或装饰物"，但这项规定被前线部队普遍忽视了。英军还使用过其他一些热带头盔，比如更平坦的孟买圆顶凉盔，以及各种由私人购买的头盔；一些军官戴着由卡其色布料制成的大檐帽，通常还会为其添加颈部遮阳布。到战争后期，也许是模仿澳大利亚人或布尔人，宽边软帽（slouch hats）变得越来越受欢迎。好几种宽边软帽在英军中都很常见，他们甚至对其进行了改装——将其中一种帽子

◀ 锡福特高地人团第1营的一名二等兵，1915年。他戴着的深蓝色苏格兰无边帽由羊毛制成，在帽底有一根长条皮革带对其进行加固。这顶帽子上装饰有菱形的"麦肯尼"格子呢和一枚帽徽，偶尔还会插着一根羽毛。

▲ 一战局部战场手绘示意图。英军在巴勒斯坦的行动主要是为了保护苏伊士运河，使其免受奥斯曼军队攻击——后者曾试图切断这条从印度到欧洲的重要运输线。1917年的中东战局因协约国军夺取耶路撒冷而达到高潮。1918年，英军被迫入侵叙利亚。

的边缘掀起，并为其别上一枚徽章。

大多数士兵和军官都认为沃尔斯利头盔既舒适，也相对实用。使用（沃尔斯利头盔）时，颈部的额外保护通常由装在头盔后面的卡其布颈部护帘提供。

当欧洲战线上的大部分英军部队在他们的制服和头盔上佩戴色标或布制徽章时，那些远离西线的部队也在效仿。被称为"色标"的彩色布条被添加到了热带头盔侧面，一些彩色缎带和布制徽章也被放在了这个位置。另外，布制徽章一般被佩戴在卡其色夹克上。

头盔色标

头盔色标似乎是由各部队指挥官自行设计的，因为并不存在一个授权发行这种徽标的专业部门。比如位于印度的肯特自行车营的军官们就对他们的团徽做了改进，在"因维克塔"（Invicta）这个词的上方添加了一个白马图案，还在背景中放置了一个黑色菱形。该部队将新标志佩戴在了他们的沃尔斯利头盔上。此外，肯特自行车营甚至使用了由当地制造的肩章。第6高地轻步兵营在他们的沃尔斯利头盔上佩戴了一小条"麦

◀ 兰开夏燧发枪手团第5营的一名二等兵，1915年。位于这名步兵胸部的弹药背带可以让他携带额外弹药，以适应恶劣的供给条件。

▶ 驻美索不达米亚的萨默塞特轻步兵团第4营第1排（"艾伯特王子"排）的一名二等兵，1918年。这名士兵穿着一件配有四枚纽扣的普通灰色衬衫，它在生产的时候就不带衣领，由法兰绒面料制成。到战争结束时，英国仅制造各种军用衬衫就已经使用了长达2亿码（1码约为0.9144米）的法兰绒。

4营采用一个浅蓝色矩形，上面布满了深蓝色条纹；第5营采用橙蓝结合的矩形，一条灰色横纹穿梭而过。威尔士燧发枪手团的色标是一个由白色和绿色组成的长方形；汉普郡团下辖各营的色标在垂直方向或对角线方向上各不相同。埃塞克斯郡团第4营的色标是一半为红色，另一半为黑色的圆圈；第五营的颜色与前者相同，但图案为三角形；第6营是一个椭圆；第7营是一个正方形。此外，第31步兵师也喜欢将其下辖的各旅以色标区分。其中，第1旅的色标是一个上白下红的正方形；第2旅同样为正方形，但按对角线被分割成了白色（上方）和红色（下方）；第3旅色标的正方形从两侧被分割成了白色和红色。这些色标通常位于头盔两侧，但第42步兵师是在他们卡其布制服上佩戴着由红色、绿色和黄色组成的色标，图案为菱形，且与营编号相叠。第54步兵师（曾在巴勒斯坦作战）以其麾下各团的团徽为色标。

肯齐格子呢"；诺福克郡团则采用其传统颜色（黄色）的彩条，并在该彩条中间添加了长方形黑色条纹；另外，萨福克郡团（Suffolk Regiment）采用团徽（图案是一座城堡）作为其头盔标志。一些步兵团进一步发展，根据下辖的相应各营来设计标志——皇家苏塞克斯郡团和汉普郡团下辖的每个营都拥有各自的色标。其中，皇家苏塞克斯郡团的第1营是在红色三角形上标记白色数字；第

虽然在印度服役或从那里派来的英军部队可能使用着比较老的斯莱德·华莱士（Slade Wallace）型腰带和皮革弹药袋，但他们也在后来更换了1914年生产的最新皮革装具，而这些老装具还会装备本土军或新组建的部队。不过，这项命令的最终执行效果还是要视当时的经济状况，以及该部队距离英国本土多远而定。弹药背带在非洲极受欢迎，英军也大量使用了由当地制造的装具。在

远离本土的战线上，大多数英军军官同样会使用武装带、双筒望远镜，以及各种健走杖和轻便手杖。他们通常装备着史密斯·韦森或韦伯利（Webley）左轮手枪（柯尔特手枪不大常见），并用棕色皮套容纳及携带。另外，英军还给在加里波利的部队配发了防毒面具（出于对土耳其人使用毒气弹的担忧）；自然而然地，驻在巴勒斯坦、意大利和马其顿的部队也得到了防毒面具。

骑兵

英军骑兵分为龙骑兵、禁卫龙骑兵、轻骑兵和枪骑兵。到1914年，各骑兵部队制服之间的传统差异已几乎消失，因此他们在着装方面是基本统一的。

骑兵的编制

除7个禁卫龙骑兵团（被认为是精锐部队）外，英军还拥有21个常规骑兵团。这些团本是按顺序编号的，但由于历史原因被分成了龙骑兵、轻骑兵和枪骑兵。龙骑兵最初是骑马的步兵，但在1914年也被视为标准骑兵（英军没有重骑兵）；轻骑兵的任务是进行侦察和小规模袭扰作战，至少他们最开始是执行这些任务的；枪骑兵被视为轻骑兵的一种，但一直保留着那种威力惊人，但难以掌控的武器——长矛。驻扎在法国和比利时的英国远征军通常用这些骑兵执行侧翼侦察、进攻、捕获俘虏以获取情报的任务。

▼ 第13轻骑兵团的一名骑兵，1914年。骑兵部队和骑乘炮兵部队成员都会在左肩上挂一条勋索，这在本图中就可以看到。这条勋索的末端被系在一个工具上，装在这名骑兵胸前的口袋里，这个工具可用来拔取及清洁马蹄铁。

▼ 第5皇家爱尔兰枪骑兵团的一名团级军士长，1915年。各国骑兵在传统上都装备着卡宾枪。但在英国军队中，卡宾枪已于1902年被李-恩菲尔德弹匣式短步枪所取代——本图即可看到该步枪及其皮套。

常服

在1914年，即战争开始之前，骑兵制服就已经进行了彻底的改革。骑兵部队成员当时穿着浅褐色外套，也就是和常规步兵一样的M1902式野战服，但他们通常使用镀金纽扣（轻骑兵使用半球形纽扣，其他骑兵团在条件允许的情况下会在纽扣上添加团徽）。各骑兵团之间的区别只在肩章和帽徽内容上有所体现。

在穿戴齐全的情况下，骑兵们会在外套的衣领上佩戴一种较小的徽章（帽徽的缩小版本）。另外，军官们除了在自己常服夹克的翻领或普通衣领上别着徽章，还会在袖口处佩戴表明军衔等级的徽章。随着军衔徽章被逐渐转移到肩膀上，袖口军衔章也逐渐消失。但在整场战争中，甚至直到20世纪20年代，使用袖口军衔徽章的例子仍是可以发现的。

英军骑兵不论穿卡其色外套还是夹克，都会搭配一条卡其色的裤子（不仅仅局限于马裤），尤其是那些在炎热气候条件下服役的部队。高顶皮军帽、苏格兰无边帽和头盔都被留在了营房——西线的骑兵部队一般使用标准的浅褐色军便帽，它有一个棕色的皮革下颚带，在执勤时可用来勒住下巴（而不是放在帽子顶部之上）；在帽子的正面有一个金属徽章，具体帽徽图案如第62页表格所示。

在中东、马其顿、地中海、印度、非洲和意大利服役的英军骑兵部队经常使用沃尔斯利热带头盔；从1916年开始，布罗迪式钢盔也被普遍使用，在其前部一般印有团徽（有时是金属团徽，被铆接在同样的位置上）。

裤子

在骑马执勤时，骑兵们一般会穿马裤（通用款式）。很多军官使用着一种由坚实粗条布制成的马裤（这应该是非常耐磨的），或是一种在膝盖处和与马鞍接触处垫有鹿皮（使其加固）的裤子；很多普通骑兵也穿着带有衬垫的马裤。此外，骑兵也像步兵那样使用了绑腿，具体使用方式是在膝盖以下处把绑腿布条缠好，左腿逆时针缠，右腿顺时针缠，绑腿布的末端应在小腿外侧打一个V形结。骑兵部队中的士兵通常穿着短靴；军官则穿骑兵靴，虽然他们经常使用长裤或斯图瓦塞尔紧身裤。这些骑兵通常在靴子上安装着用钢打造而成的杰克式马刺（Jack spurs），但

▶ 第12皇家枪骑兵团（威尔士亲王卫队）的一名枪骑兵，1914年。枪骑兵和部分轻骑兵装备着长矛、骑剑和步枪。图中这名枪骑兵已经擎起了他的长矛——按照传统，他在矛尖的末端系有彩旗，以吓唬迎面而来的敌方马匹。在马上使用长矛需要相当高明的技巧，精通此术的人可以在自己左袖下方佩戴一枚带交叉长矛图案的刺绣徽章。每个团中表现最优异的骑兵也拥有这枚徽章，而且他们的徽章上面还有一个小小的皇冠标志。

骑兵团帽徽图案

团名	帽徽图案
第 1（国王的）禁卫龙骑兵团	奥地利鹰和卷轴 *
第 2 禁卫龙骑兵团（女王的贝斯团）	一顶皇冠，下面是由月桂花环围绕的字母 "Bays"
第 3（威尔士亲王的）禁卫龙骑兵团	小王冠下的威尔士亲王纹章冠饰
第 4（皇家爱尔兰的）禁卫龙骑兵团	圣帕特里克勋章星章和卷轴
第 5（威尔士夏洛特公主的）禁卫龙骑兵团	一顶皇冠，下面镌刻有座右铭的圆圈围绕着一匹白马
第 6 禁卫龙骑兵团（枪骑兵团）	一顶皇冠，下面是嘉德勋章星章，后面是交叉的卡宾枪
第 7（皇家公主的）禁卫龙骑兵团	小王冠上有一只狮子正在跃起，下面是卷轴
第 1 皇家龙骑兵团	皇冠和卷轴
第 2 皇家龙骑兵团（苏格兰灰色骑兵团）	在标有字母 "Waterloo" 的铭条上落着一只鹰，以及卷轴
第 3（国王的）轻骑兵团	银色骏马
第 4（女王的）轻骑兵团	一顶皇冠，下面是由月桂花环围绕的圆圈
第 5 皇家爱尔兰枪骑兵团	由圆圈围绕的银色数字 "5"，后面是交叉长矛
第 6 恩尼斯基伦龙骑兵团	银色的恩尼斯基伦城堡，下面是卷轴
第 7（女王的）轻骑兵团	皇冠下的圆圈，圆圈上有字母 "QO"
第 8 皇家爱尔兰轻骑兵团	镀金王冠下的银色竖琴，以及卷轴
第 9（女王的）皇家枪骑兵团	一顶皇冠，下面是银色数字 "9"，后面是交叉的长矛
第 10（威尔士亲王的）皇家轻骑兵团	银色的威尔士亲王纹章冠饰，上面还有镀金的小王冠
第 11（阿尔伯特王子的）轻骑兵团	孔索尔特王子的纹章
第 12（威尔士亲王的）枪骑兵团	威尔士亲王纹章冠饰，后面是交叉的长矛，长矛上带有罗马数字 "XII"
第 13 轻骑兵团	一顶皇冠，下面是由花环围绕的圆圈和罗马数字 "XIII"
第 14（国王的）轻骑兵团	黑色的普鲁士鹰 **
第 15（国王的）轻骑兵团	由吊袜带围绕的字母 "XV KH"，以及卷轴
第 16（女王的）枪骑兵团	一顶皇冠，下面是银色数字 "16"，后面是交叉的长矛和卷轴
第 17（剑桥公爵的）枪骑兵团	骷髅头和座右铭字母 "OR GLORY"
第 18（玛丽女王的）轻骑兵团	一顶皇冠，下面是由圆环围绕的罗马数字 "XVIII"，后面是月桂花环
第 19（亚历山德拉王妃的）轻骑兵团	一顶小王冠，下面是丹麦国旗和字母 "A"
第 20 轻骑兵团	皇冠下的罗马数字和字母 "xHx"
第 21（印度女皇的）枪骑兵团	帝国花押和罗马数字 "XXI"，后面是交叉的双矛

* 该图案在1915年被一颗星星和一顶皇冠的图案所取代。
** 该图案在1915年被废弃，改为皇室纹章和卷轴图案。

▼ 第20轻骑兵团的一名骑兵，1915年。图中的英军骑兵携带了一条可容纳90发子弹的弹药背带。这种背带通常由骑兵背在身上，或挂在马脖子上。可以在这名骑兵的帽子上看到一条皮制下颚带，骑马时他会用它来勒住下巴。

搭船运输时会将其取下。

骑兵装具

英军骑兵装备了各种披风和防水服，军官们则使用着私人购买的衣物或浅褐色外套，这些外套的肩带上配有军衔徽章（一般来说，骑兵的军衔徽章都是镀金的）。他们的个人装具也和步兵不同，最重要的区别就是弹药背带。这些M1903式皮革弹药背带最初是配发给步兵和海军部队的，但网布装具将其取代，于是它们就被分给了骑兵。每条弹药背带包含一条宽皮带，可以背在肩上，皮带上有九个弹药包（每包容纳10发子弹），因此每名骑兵配备有90发子弹。当然，他们也可以背两条背带，或在马脖子上再挂一条。所有骑兵部队的成员都会佩戴勋索，其末端附有一个工具，这个工具被放在制服胸袋中，可用来刮擦马蹄铁。

骑兵军官装备了配有两条背带的武装带（虽然通常只使用一条）、左轮手枪及其皮套、弹药袋，还有带棕色皮套的皮革包。大多数骑兵都配有背包，他们一般用肩把它挎在背后，食物包则系在自己的腰带上。

此外，骑兵们在马上还要携带额外的装备，比如装有个人物品的袋子、毯子、饲料袋和饲料，以及装有马蹄铁钉的皮制马蹄形箱和步枪（甚至包括皮靴）。这些骑兵使用着李–恩菲尔德MK1型短步枪，因此没有必要再带卡宾枪。他们还使用M1908式直刃骑兵剑，军官们一般把它系在武装带上，并佩戴了松散的剑结；鞍囊（Saddlebags）和派送袋也是可选的装备，它们常被军官使用；刺刀和挖掘工具则在战争后期才开始使用；值得一提的是，枪骑兵还携带着一根M1909式竹杆长矛，并在矛头处系着红白色飘带。此外，英军骑兵部队中的人和马都装备有防毒面具。

徽标

随着战争不断持续，骑兵也开始采用了色彩缤纷的部队徽标。第3骑兵师是唯一一个已知佩戴自己设计的独特师徽的骑兵师，他们选择了三个马蹄铁作为徽章图案；第2骑兵师也许使用过两个马蹄铁的图案，但缺乏照片加以证实。此外，第1骑兵师使用过一种以红线划分的白色矩形图案（的师徽）。部分骑兵团大量使用了自己设计的特殊徽章——第17枪骑兵团成员在袖子和头盔上佩戴着骷髅图案徽章，第3轻骑兵团则在袖子和头盔上使用了他们的白马标志。

此外，骑兵们还会在自己袖子上佩戴服役资历章、战伤袖标和良好品行V形袖标。钉马掌铁匠（Farriers）

在自己右袖上方佩戴马蹄形徽章，骑术教练们则佩戴含白色马刺图案的徽章。在自己左袖下方佩戴交叉直刃骑剑标志徽章的人是一位专家级剑术师；同理，专家级长矛手则佩戴着交叉长矛的标志；骑兵信号员会在自己左袖上方佩戴交叉旗帜图案的徽章。

马具

英军骑兵使用的马鞍通常是由部队配发的M1902式。它由猪皮制成，马鞍下方还有白色的羊毛填充物。在马具中，笼头为钢制，缰绳由皮革制成（配有黄铜配件和带扣），马镫则由镍或钢制作。马匹经常会被骑兵刷上其所属部队的团标，比如一些马身上的"21L"（代表第21枪骑兵团）或"14H"（代表第14轻骑兵团）标志。值得注意的是，人员一般不会在马匹的尾部停留过久。

▶ *第2皇家龙骑兵团（苏格兰灰色骑兵团）的一名上尉，1916年。* 也许凭借其优良的品行，这位军官被委任了新的职务。他设法弄到了一匹灰色战马作为坐骑，这个颜色在传统上一直受该团青睐。

义勇骑兵队

本土军所辖的骑兵部队被称为义勇骑兵队，其中的很多团起源于因拿破仑入侵引起恐慌而组织的民兵。他们最初只是以保卫本土为职责的志愿者，但随着战争持续进行，不少义勇骑兵队也被派往国外，在中东和法国战场服役。

拿破仑战争结束后，义勇骑兵队被保留下来，作为警察以防范社会可能的动荡。1908年，它和义勇军合并成本土军；同时，该部队也负责为特别预备队提供兵员。所有这些部队都经过了步兵和骑兵训练，既可作为步兵，也可组成骑兵进行战斗，其骑兵名称只是被用来表示部队传统和历史角色。1914年时，英军约有57个义勇骑兵团。这些团由地方政府招募，大多数部队会根据其募兵区域获得名称，但

它们没有附属于正规骑兵团（不像本土军的步兵营会附属于正规步兵团）。第65页所列表格展示了英军组建的义勇骑兵队。在战争期间（义勇骑兵队按照一线、二线及三线分组，比如第1威尔士义勇骑兵团第1营、第1威尔士义勇骑兵团第2营、第1威尔士义勇骑兵团第3营，不同营编号代表不同的战斗力。一般来说，排

名越靠前的部队战力越强），一般会以帽徽的不同来识别相应部队。

制服特点

义勇骑兵团的制服与正规骑兵相同。他们所戴的帝国服务徽章（即履行帝国服务义务者）在战争初期相当常见。义勇骑兵团成员使用金属肩章，它含有团名缩写（有时会在团名的字母上方添加"Y"和"T"），但他们也会戴配有军团徽章的帽子。威尔士义勇骑兵团拥有独特的肩部名称条（即在坚硬的弯曲金属条上标记团名）；也有些单位

◀一名东约克郡义勇骑兵团的骑兵，1917年。义勇骑兵团成员经常利用马匹携带额外的装备。图中这名骑兵在他的战马上放置了一条额外的弹药背带，以及两条毯子——一条卷成筒放在马鞍后面，另一条铺在马鞍下面。这些毯子可以提供额外的支撑，同时也能保护该士兵的双腿。

义勇骑兵团种类及帽徽图案

团名	骑兵种类	帽徽图案
按各团在英军中的优先顺序排列		
威尔特郡义勇骑兵团	轻骑兵	威尔士亲王纹章冠饰
沃里克郡义勇骑兵团	轻骑兵	熊和不规则的五线谱
约克郡义勇骑兵团	轻骑兵	玫瑰和威尔士亲王纹章冠饰
舍伍德流浪者义勇骑兵团	轻骑兵	军号和绶带
斯塔福德郡义勇骑兵团	轻骑兵	皇冠下的斯塔福德绳结纹章
什罗浦郡义勇骑兵团	龙骑兵	皇冠下的圆盾
埃尔郡义勇骑兵团	轻骑兵	由花环围绕的狮子头，以及下面的卷轴
柴郡义勇骑兵团	轻骑兵	威尔士亲王纹章冠饰
女王的约克郡义勇骑兵团	龙骑兵	皇冠下的玫瑰（经过涂黑处理）
莱斯特郡义勇骑兵团	轻骑兵	一顶皇冠，下面是由花环围绕的字母"LY"
北萨默塞特郡义勇骑兵团	龙骑兵	皇冠下的一颗十角星
兰开斯特公爵的义勇骑兵团	龙骑兵	由花环围绕的玫瑰花，以及卷轴和小王冠
拉纳克郡义勇骑兵团	枪骑兵	双头鹰
诺森伯兰郡义勇骑兵团	轻骑兵	一顶皇冠，下面是由圆圈围绕的城堡
南诺丁汉郡义勇骑兵团	轻骑兵	橡树叶和橡子
登比郡义勇骑兵团	轻骑兵	威尔士亲王纹章冠饰和卷轴
西摩兰郡和坎伯兰郡义勇骑兵团	轻骑兵	一顶皇冠，下面是由圆圈围绕的石楠花
彭布罗克郡义勇骑兵团	轻骑兵	威尔士亲王纹章冠饰和座右铭字母"Fishguard"
皇家东肯特郡义勇骑兵团	来复枪骑兵	一顶皇冠，下面是由吊袜带围绕的肯特郡白马
汉普郡义勇骑兵团	卡宾枪骑兵	一顶皇冠，下面是由椭圆围绕的玫瑰，后面是交叉的卡宾枪
白金汉郡义勇骑兵团	轻骑兵	一顶皇冠，下面是由圆圈围绕的天鹅
德比郡义勇骑兵团	龙骑兵	一顶皇冠，下面是由花环围绕的卷轴
多塞特郡义勇骑兵团	轻骑兵	皇冠下的字母"QODY"
格洛斯特郡义勇骑兵团	轻骑兵	一顶小王冠，下面是带铁链的城门吊闸
赫特福德郡义勇骑兵团	龙骑兵	浅滩上的雄鹿
伯克郡义勇骑兵团	龙骑兵	卷轴中的白马
米德尔塞克斯义勇骑兵团	轻骑兵	带有皇室花押的八角星
皇家第1德文郡义勇骑兵团	轻骑兵	皇室纹章
皇家德文郡义勇骑兵团	常规骑兵	皇室纹章，以及下方由圆圈围绕的罗尔勋爵纹章
萨福克郡义勇骑兵团	轻骑兵	卷轴中的城堡和数字"1793"
皇家北德文郡义勇骑兵团	轻骑兵	皇冠下的字母"NDH"
乌斯特郡义勇骑兵团	轻骑兵	一顶皇冠，下面是由花环围绕的梨花
西肯特郡义勇骑兵团	轻骑兵	一匹白马，以及标有字母"Invicta"的卷轴
西萨默塞特义勇骑兵团	轻骑兵	卷轴以及其下方由圆圈围绕的飞龙
牛津郡义勇骑兵团	轻骑兵	阿德莱德皇后的花押和王冠
蒙哥马利郡义勇骑兵团	龙骑兵	威尔士巨龙，下方有字母"WY"
洛蒂安边民义勇骑兵团	常规骑兵	字母"Bushel"
格拉斯哥义勇骑兵团	龙骑兵	苏格兰的纹章和蓟花
兰开夏郡轻骑兵义勇骑兵团	轻骑兵	兰开夏郡玫瑰
萨里郡义勇骑兵团	枪骑兵	米德尔顿勋爵的纹章
法夫郡和福法尔郡义勇骑兵团	龙骑兵	法夫领主的徽章
诺福克郡义勇骑兵团	龙骑兵	皇室的花押
苏塞克斯郡义勇骑兵团	龙骑兵	皇冠下的盾牌，盾牌上有6只圣马丁鸟
格拉摩根郡义勇骑兵团	龙骑兵	威尔士亲王纹章冠饰，下面是卷轴
威尔士骑兵义勇骑兵团	枪骑兵	字母"W"和"H"，两个字母中间有一根韭葱
林肯郡义勇骑兵团	枪骑兵	一顶皇冠，下面是由花环围绕的林肯郡纹章
伦敦城义勇骑兵团（沙省骑兵）	枪骑兵	一顶皇冠，下面是伦敦城的纹章
威斯敏斯特义勇骑兵团	龙骑兵	威斯敏斯特的纹章，下面是卷轴

▲ 一名牛津郡义勇骑兵团的中尉，1914年。这名中尉身穿标准的军官制服，袖口上方有两枚星形徽章。他的军帽帽徽图案包括阿德莱德皇后的花押和王冠，以及一支在其下方的军号。英军骑兵在军营里通常使用小号，在战场上则改用军号。这些乐器最初用于发送信号，比如暂停一次骑兵冲锋——这在1914年里有一些真实战例。小号手或军号手需要通过上级的任命，尽管这不是一个军衔，但其往往被认为是高于普通士兵军衔的。

使用布料制作肩部名称条，比如什罗浦郡（Shropshire）义勇骑兵团。除在肩带上使用金属徽标外，该团成员还佩戴着一种含白色字母的红底肩部名称条。

不少义勇骑兵团的确在国外服役，比如在加里波利的德比郡义勇骑兵团。但他们的多数装备都会留在国内，以便再次提供给其他被派往海外的部队。那些失去了马匹的人一般以自行车作为替代装备，很多义勇骑兵团因此在

续表

团名	骑兵种类	帽徽图案
第3伦敦神枪手义勇骑兵团	轻骑兵	一顶皇冠，下面是圆圈中的数字"3"，后面是交叉的步枪
贝德福德郡义勇骑兵团	枪骑兵	皇冠下的鹰和城堡
埃塞克斯郡义勇骑兵团	龙骑兵	汉诺威白马
东约克郡义勇骑兵团	枪骑兵	狐狸和在它下面的卷轴
绿色侦察兵义勇骑兵团	常规骑兵	圆圈中的雄鹿头
苏格兰骑兵义勇骑兵团	常规骑兵	一顶皇冠，下面是由花环和椭圆围绕的圣安德鲁十字
特别预备队中的骑兵团		
北爱尔兰骑兵团		皇冠下的爱尔兰竖琴，以及竖琴下面的卷轴
南爱尔兰骑兵团		三叶草，以及它上面的字母"SIH"
爱德华国王骑兵团		皇室纹章和它下方由月桂与橡树组成的花环，以及一面盾牌
第2爱德华国王骑兵团		一顶皇冠，下面是由月桂和橡树组成的花环，在花环的上下方都有卷轴

▶ **一名威斯敏斯特义勇龙骑兵团的骑兵，1915年。** 他穿着一种适合沙漠作战的制服，在马眼睛的周围套上了眼帘，使战马专注于奔跑。注意图中这名骑兵把叉子和勺子塞进了自己的布制绑腿中（便于使用）。其马鞍是1912年配发部队的通用型。从图中这名骑兵所携带的额外装备数量来看，他可能会在野外停留相当长的时间。他的步枪被存放在皮革套筒里，骑剑和刺刀也是用皮挂绑好了的。

1916年成了自行车部队。另外，第74步兵师也主要是由退役的义勇骑兵队成员组成的。另外，有一个义勇骑兵师于1917年参加了在巴勒斯坦的一次一线作战行动。在中东的义勇骑兵队成员通常装备热带头盔和卡其色制服；他们在自己头盔上佩戴了色标，但很少使用师徽。以下是各中东义勇骑兵队（所有一线作战部队）的色标。

伦敦郡义勇骑兵团： 带有黑色和绿色点状镶边的黄色正方形。

格洛斯特郡义勇骑兵团： 在热带头盔后面的卡其遮阳布帘上配有蓝色和金色的丝带。

林肯郡义勇骑兵团： 林肯绿（绿色的一种）的正方形，中间有一条白色横纹。

伯克郡义勇骑兵团： 蓝色菱形，从中间被一条黄色横纹一分为二，两边各有一根红色条纹。

斯塔福德郡义勇骑兵团： 一个被分为红白蓝三色的菱形。

第1苏格兰义勇骑兵团： 该团色标是一块三角形的阿索尔格子呢，只戴在头盔左侧。

伦敦城义勇骑兵团（沙省骑兵）： 一个四等分的菱形，其中上下为蓝色，左右为紫色。

航空部队

1912年4月，英国皇家飞行队获得皇家认证，并于1913年开始采用一款独特的制服。1912年，皇家飞行队引入卡其色哔叽外套（被戏称为"孕妇式外套"）。当时，飞行员们通常在自己右胸处佩戴一枚印有飞行队名称的纽扣，并在肩膀两侧的袖子上都戴着肩部名称条。

航空部队的军官一般穿夹克，它的衣领较硬，往往还配有镀金的领口徽章。翅膀标志于1913年2月被正式引入，

一般被佩戴在左胸；航空观察员则在外套上戴着他们的翼形徽章。

皇家飞行队成员装备有无帽舌帽（被称为"奥地利帽"），并在帽子的左前方别着镀金或由青铜制成的皇家飞行队徽章；地勤人员或军官则使用制式军便帽；军官学员会在自己的帽子上缠一条白色缎带。

地勤人员通常穿着直筒长裤或马裤，以此搭配短靴；军官穿马裤或直筒

长裤，搭配靴子或绑腿（或飞行靴，不论在前线还是后方都可以穿）。在炎热气候环境中作战的皇家飞行队飞行员和地勤人员穿着卡其色制服，戴一种宽松的军便帽或沃尔斯利热带头盔，搭配长款短裤或马裤；另外，在此环境中的军官往往配备只有一条背带的武装带。皇家飞行队成员一般会携带手枪，有人将枪套挂在布制枪带上，也有人将其挂到山姆·布朗（Sam Browne）腰带上。

▼ 一名皇家飞行队的**航空观察员**，*1915年*。他身穿的孕妇式外套由斜纹布制成，带有丝绸衬里，是皇家飞行队制服的一个独特组成部分。

▼ 一名皇家飞行队的**中尉飞行员**，*1914年*。他所穿这件上衣的肩部配有军官用的肩袢，而且这上面不能添加纽扣。另外，这名军官在左胸上佩戴了飞行员翼章。

▼ 一名皇家飞行队的**飞行员**，*1917年*。这名身处中东战场的飞行员穿着棉质外套和马裤。注意他的飞行头盔是私人购买的。

炮兵

战争刚开始时，英军炮兵部队在很多方面都存在着缺陷。巨大的战争规模对这支部队提出了更高的要求，但其在战争初期暴露出来的问题直到1916年末才得以完全解决。

在整个战争期间，英军野战炮兵的主要武器一直是18磅野战炮，不过13磅炮也在战场上证明过自己的价值。但这两型火炮的射程范围都相对有限（哪怕是在战争初期，用它们发射的榴霰弹来对付德军的防御工事就已经相当吃力）。英军也有更大的火炮，比如远征军在1914年时使用过的60磅炮。除一般的作战模式外，炮兵部队也利用榴弹炮进行过大仰角射击。4.5英寸（约114.3毫米）是标准榴弹炮口径中最轻和最常见的，但随着战争进程推进，英军陆续引入了更大口径的6英寸（约152.4毫米）和9.2英寸（约233.7毫米）榴弹炮。

英军炮兵部队的主力是各皇家野战炮兵团。皇家野战炮兵团下辖多个炮兵连，主要装备18磅炮和各型榴弹炮；皇家要塞炮兵团下辖各重型炮兵连；皇家骑乘炮兵团则由机动炮兵力量组成。

皇家野战炮兵

皇家野战炮兵团的成员在1914年时穿着制式野战服，包括一件浅褐色外套上衣（配有含皇冠和交叉炮管图案的镀金纽扣）。炮手和炮兵士官的肩带上配有金属字母"RFA"。军官们在夹克袖口处佩戴军衔徽章，且其袖子上配有臂章——印有"无处不在"（UBIQUE）文字的座右铭卷轴，以及一个位于其上方的爆炸球形手榴弹；另外，这个标志也被作为炮兵部队成员的领章。在较热自然环境中作战的炮兵部队成员身穿卡其色夹克和上衣外套，但炮手们经常会脱下自己的外套，只穿蓝灰色的法兰绒衬衫进行工作或作战。

炮手通常穿着一种带有背带或腰带的裤子，只有那些马车驭手和机动车司机才穿马裤或紧身裤（前者配有可安

▼ 一门英制4.5英寸（约114.3毫米）榴弹炮。该型榴弹炮于1909年投入使用。在整个战争期间，它共计生产了约3000门，其中有600门于1916年作为援助物资被送往俄国。

▲ 一名皇家骑乘炮兵团的下士炮手，该团隶属于第2骑兵师，1918年。仅穿衬衫时，只能通过钢盔上的徽章来判断他所属的部队；但如果这名下士穿着标准的野战制服，其肩带上就会有"RHA"的字母标志。

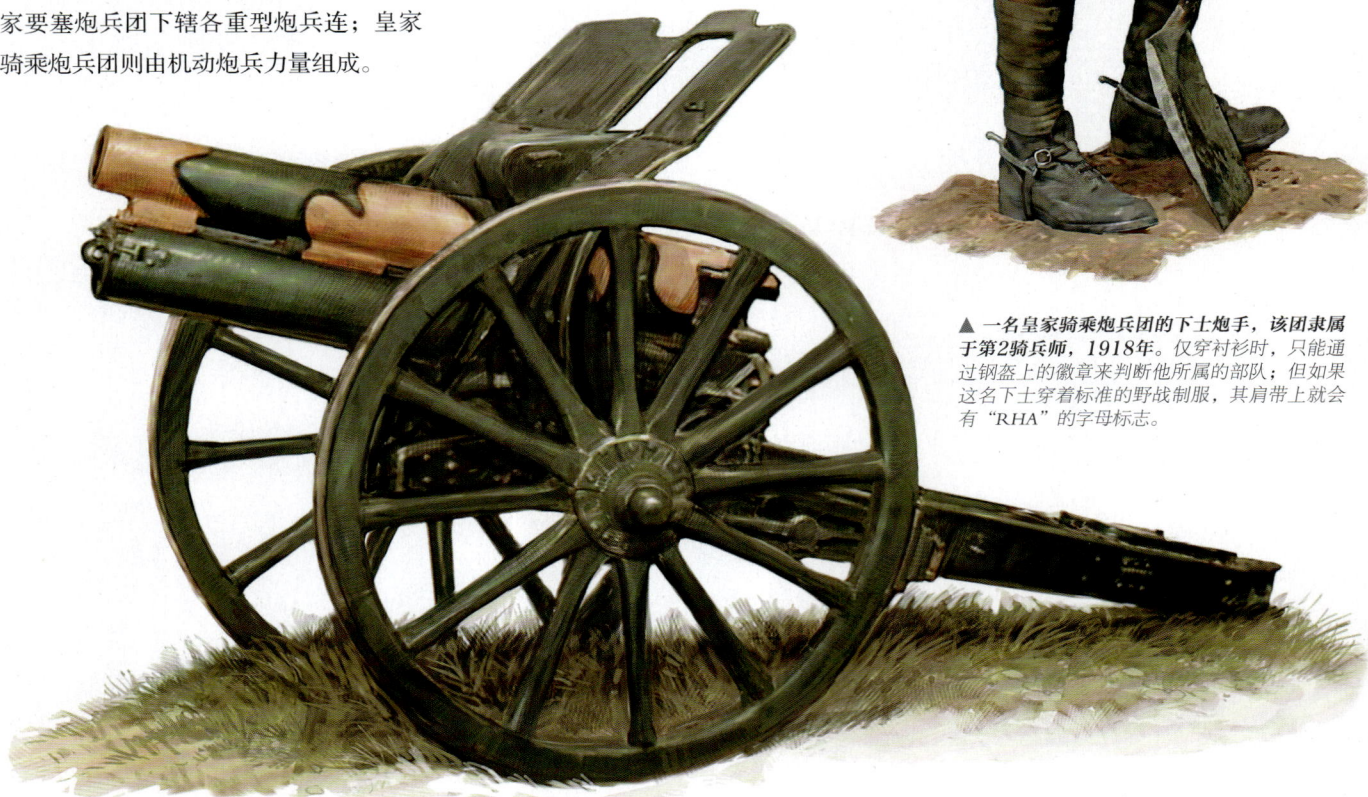

装马刺的短靴）。另外，炮兵部队的司机也会佩戴勋索。军官们往往穿制式马裤，配棕色骑兵靴或棕色皮革绑腿。

炮兵使用的个人装具和步兵基本一样，而且军官也使用武装带。值得一提的是，炮兵军官的佩剑是一种半笼手护腕剑（half-basket），其刀刃略显弯曲。但它们很快就过时了——事实上，一些炮兵军官除了随身携带手枪，还会携带的是匕首或刺刀。炮兵部队成员的帽子上有一个青铜徽章，其图案是两个带有铭文的卷轴，以及一门在它们中间的大炮；上方卷轴的铭文是"无处不在"，下方卷轴则是"职责和荣耀"（QUO FAS ET GLORIA DUCUNT），两个卷轴都位于一顶皇冠下方。

▼ 第9步兵师皇家野战炮兵团的一名炮手，1916年。这名炮手在肩部佩戴的师徽比他肩带上的"RFA"字母更有特色。

皇家要塞炮兵

在战争爆发前，英国陆军的重型火炮大都被部署在军营和堡垒里。皇家要塞炮兵团于1914年进入战场，他们负责操作重型火炮，为步兵提供远程和重磅（相对来讲，磅值越大意味着口径也越大）的火力支援。

皇家要塞炮兵团成员的制服与皇家野战炮兵团基本相同，但他们肩带上的字母是"RGA"，除此之外就没什么明显差别了。虽然根据着装条例，该部队的军官应该穿马裤或长裤，而不是布制或皮制的绑腿——但实际上很多军官都选择了后者，这在很大程度上来讲就是理论与现实之间的差异。

皇家骑乘炮兵

皇家骑乘炮兵团传统上使用轻型火炮，并附属于骑兵师和骑兵旅。优良的机动能力意味着他们可以迅速转场，寻找最佳射击阵位，并完成摧毁敌人顽固阵地或堵塞危险防御缺口的任务。除了需要用马车拖曳轻型火炮外，这支部队从外观上看和骑兵基本没什么区别。

皇家骑乘炮兵的制服和骑兵大致相同，只是把肩带上的字母改成了"RHA"，他们帽徽以及军官佩戴的领章和臂章则与皇家野战炮兵一样。骑乘炮兵的炮手佩戴勋索，下身穿马裤，并搭配绑腿或长靴，或是带马刺的短靴；军官穿马裤或斯图瓦塞尔紧身裤，搭配绑腿和棕色短靴。另外，皇家骑乘炮兵使用的马具也和骑兵相同。

其他炮兵部队

除上述三种炮兵部队外，英军本土部队也拥有自己的炮兵。其中最著名的就是"荣誉炮兵连"，它一般下辖有2个骑乘炮兵排。因此，该连成员除了在肩带上佩戴"HAC"字母外，还会在这（肩带）上面标着"A"或"B"，以表示相应的所属排。他们一般使用带有爆炸球形手榴弹图案的徽章，且手榴弹上标有字母"HAC"。

▲ 一名皇家野战炮兵团的驭手，1914年。这名驭手穿着一双非常结实的长筒马靴，以便在骑行时保护自己的膝盖。在1918年之前，机动车的机械系统往往都不怎么可靠，因此马匹仍是拖曳大炮最有效的工具。

本土军同样有自己的骑乘炮兵、野战炮兵和要塞炮兵，最后者经常执行沿海防御任务。他们分别在肩带上佩戴标有"RHA""RFA"或"RGA"的徽章，并在这些字母的上方添加了一个字母"T"，有时还会在肩章下方标上所属师编号。他们的帽徽与正规炮兵部队相同，但用月桂树枝替换了座右铭。

此外，英军还有一支名为"皇家马耳他炮兵"的部队——其帽徽为一个圆圈，以及一顶皇冠之下的"皇家马耳他炮兵"字母；另外，还有一支名为"百慕大义勇军炮兵"的部队，他们在肩带上佩戴标有字母"RGA"的徽章，并在这些字母的上方添加了字母"M"。

技术兵种

和参战的大多数军队一样，随着战争持续进行，英军技术部队的实力也在稳步增长——因为突破敌人强大的防御工事或构筑己方阵地都需要很多拥有不同类型专业技术的人员加入其中。

机枪兵

英军步兵中装备刘易斯机枪和其他自动武器，并负责操作它们的人会在自己下臂处佩戴徽章，其具体图案是由花环围绕的字母"LG"（刘易斯机枪）、"HG"（哈奇开斯机枪）或"MG"（机枪）。不过，军方在1915年时对机枪部队进行改编，组建了各机枪连，再把它们直接分配至各个步兵旅。通常情况下，这些机枪手穿着步兵用的标准野战服，但会用手枪和弹药袋替代后者的步枪，在肩带上佩戴含"MGC"（机枪部队）字母的徽章（那些配属于步兵部队的人还会在自己肩带的上方佩戴字母标志"I"）。机枪部队的帽徽图案为一顶皇冠，其下还有两根相互交叉的机枪枪管——军官们还会把该图案别在衣领上；戴布罗迪式钢盔时，钢盔前方会印上这枚徽章；此外，在正式场合时，士兵们也会在衣领处别上此徽章。

引进钢盔后，机枪部队成员通常会在它侧面刷上"MG"字母标志，具体颜色根据个人分工有所不同；此外，他们还佩戴着一种带有标志的袖标。本土军机枪手会在普通的机枪手肩带上添加字母标志"T"。

坦克兵

英军的坦克部队最初只是一个在1916年，由机枪部队分出来的试验单位，但短短一年后就独立出来了。到1918年，坦克部队已经拥有26个营级编制。最初，坦克乘员使用着带有交叉机枪枪管图案的帽徽（军官在衣领上别着含该图案的徽章），并在他们的肩带上佩戴标有"MGC"（机枪部队）或"HMGC"（重机枪部队）字母的标志。

当坦克部队于1917年夏天得到皇家认证时，一种新的徽章也开始投入使用。其图案如下——花环内有一辆坦克、一顶皇冠，皇冠下面有一个卷轴，卷轴上标着表示坦克部队的字母。该部队成员的肩部名称条含有简单的字母"TC"（坦克部队），位于缝在肩带下方的普通布块上（因为他们的肩带末端配有彩色布片，以此表示相应的营）。他们在坦克内部时通常穿工作服，配有防毒面具和皮制防撞帽，一般不使用绑腿。

坦克部队成员所用肩带上的彩色布料贴片（或领章）如下所示（包含所有营）：第1营红色；第2营黄色；第3营绿色；第4营浅蓝色；第5营浅蓝色、红色；第6营红色、黄色；第7营绿色、红色；第8营红色、蓝色；第9营红色、棕色；第10营红色、白色；第11营红色、黑色；第12营红色、紫色；第13营绿色、黑色；第14营绿色、紫色；第15营黄色、绿色；第16营黑色、黄色；第17营绿色、白色；第18营绿色、蓝色；第19

▶ 一名皇家工兵部队的信差，1916年。这名信差骑着一辆摩托车，还带了一个用于装载信鸽的柳条笼箱。其佩戴的臂带表明他隶属于第57步兵师。

营红色、白色、红色；第20营红色、黄色、红色；第21营红色、黑色、红色；第22营红色、绿色、红色；第23营红色、蓝色、红色；第24营绿色、黄色、绿色；第25营绿色、黑色、绿色；第26营绿色、白色、绿色。那些通过了坦克训练课程的人还可以在自己袖子上佩戴一种白色的坦克徽章。

皇家工兵

工兵部队往往在堑壕战中发挥着至关重要的作用。这些操作着相关设备的

▼ 一名皇家工兵部队的上尉，1916年。他戴着一顶被拆除了帽圈的软帽，不过这样做也是符合着装条例规定的。工兵部队在最初被派往法国战线时，通常以战地连和信号连的形式进行编组。到1914年，每个步兵师都下辖了1个信号连和2个战地连。

▲ 皇家坦克团第8营的一名上尉，1917年。坦克团内部通过一系列复杂的徽章来表示团内各营。这些徽章通常被他们佩戴在肩带上，但图中这名军官也将其戴在了头盔罩上。

▲ 一名皇家工兵部队的下士，1914年。这名初级士官穿着和同级别步兵几乎一模一样的军服，只有其肩带上的字母"RE"可以表明他属于技术兵种（工兵）。另外，和步兵不同的是，皇家工兵部队有一个"二级下士"的军衔，相当于炮兵里的下士炮手或步兵里的代理下士。

工兵在穿戴方面与骑兵颇为相似，但其制服肩章处标的字母为"RE"。他们的帽徽及领章图案如下——一顶皇冠，下面是由月桂花环围绕的吊袜带，吊袜带下有个卷轴，卷轴上标着表示皇家工兵的字母铭文。徒步执行任务的工兵部队成员一般穿步兵制服，但佩戴自己部队的徽章。

其他技术兵种

英国陆军服务兵团（ASC）成员佩戴着标有"ASC"字母的肩章和铜制帽徽，帽徽上还有一颗八角星。该部队的军官一般穿部队配发的马裤，徒步执行任务时则穿灯笼裤。机动车司机通常穿工作服、大衣、戴皮帽。军械部队成员佩戴本部队的徽章，其图案如下——盾牌和标有表示军械部队字母的卷轴，其上有三把步枪和三个圆圈。

隶属于陆军汽车部队的军官身穿步兵制服，但佩戴一种含本部队名称和一个圆圈符号的徽章。

来自加拿大和纽芬兰的部队

加拿大派遣了大量部队参战，对协约国取得第一次世界大战的胜利可谓厥功甚伟。但该国军队也因此遭受巨大损失，尤其是在索姆河战役中。

加拿大远征军（CEF）

加拿大依靠民兵进行本土防御，其常备军规模极小。它在参战后才开始征召志愿者，并用他们组建新的步兵营，

这种（步兵）营的最终数量超过了250个。此外，部队名往往也是对该部队来源的说明，比如皇家加拿大团和帕特里夏公主轻步兵团——它们都是由私人筹集组建的部队。一些营的名称颇具历史性，比如布雷顿角高地人营（即第185步兵营）和多伦多轻步兵营（第201步兵营）。美国志愿者一般被集中在加拿大远征军的第97步兵营里。

欧洲战场上的加拿大部队

加拿大第1师先是被派往英国，随后又于1915年2月抵达法国。该部队的步兵穿着浅褐色制服外套（M1903式），它配有7枚纽扣和尖角形袖口。这种军服为立领设计，领子上能别徽章（有部队别着自己特有的徽章，也有部队使用字母"C"加具体番号的徽章样式）。和英军一样，加军也在制服袖口处佩戴军衔徽章；除此之外，他们军服的纽扣上还刻有表示加拿大的字母和国徽，但也有部队使用自己设计的纽扣样式。第一批到达欧洲的加拿大步兵团成员在自己肩带边缘佩戴着蓝色布条（炮兵团为红色，来复枪团为绿色），但之后到达的部队统一改用了标准的浅褐色版本，并在肩带上添加"加拿大"字母及皇冠标志（一些部队，包括帕特里夏公主轻步兵团在内，其成员肩带上还配有布制的白底团名缩写徽章）。加军军官身穿

的斜纹夹克的剪裁与他们的英国同行基本一样，但使用了本国的徽章和尖角形袖口（军衔徽章通常位于肩带而非袖口上）。高地步兵团成员装备了按高地风格剪裁，配有五枚纽扣的夹克，以及苏格兰短裙（于1918年停止使用），短裙被一条围裙罩在里面。加军最初使用的苏格

◀ 一名加拿大帕特里夏公主轻步兵团的中尉，1915年。加拿大军队的这款制服和他们英国同行所穿的那款非常相似，为数不多的不同之处在于（加军制服）经过暗化处理的黄铜领章和袖口军衔章。

▶ 一名加拿大帕特里夏公主轻步兵团的二等兵，1918年。加拿大式的制服夹克有七枚纽扣和一个较硬的领子，但这种军服在1918年已经相当罕见。图中士兵所穿的制服进行过私人改造，但保留了原来的肩部名称条。

兰格子呢很复杂，直到1916年才推出简化版本。高地团的军官要么穿苏格兰短裙，要么穿紧身格子呢绒裤。加军大多数部队使用着配有帽徽，且经过了硬化处理的军便帽。1916年，军方推出了一个较软的军便帽版本，布罗迪式钢盔也从这一年开始装备部队。在钢盔投入使用前，高地团成员一般戴着苏格兰无边帽或蓝色无边平顶扁圆帽（Balmorals）。

加军装备的大衣为英国或本国样式（有七枚纽扣，且衣领较硬）。从1917年开始，英式束腰外衣开始配发加军。

加拿大步兵最初使用着本国产的M1899式皮制装具系统，但在去法国前，他们的大部分（并非全部）国产装具已被英式网布装具所取代。不过，一些较晚

去法国的部队有时也会使用改良版的国产皮革装具。步兵们通常携带罗斯步枪（Ross rifle），这是一种极不受欢迎的武器，因为它经常卡壳。

加军机枪部队使用着自己的徽章，其图案为一顶皇冠，皇冠下是交叉的机枪枪管，整体背景是一片枫叶。

最初，加军骑兵在制服肩带边缘佩戴着黄色布条，但很快就与英军骑兵统一徽标，并换装了类似于后者的制服。

和英国陆军一样，代表师级或其他级别部队的色标也在加拿大军队中应用得相当普遍。1916

年，加军采用了一套基于几何图形设计的识别系统——第1步兵师佩戴红色长方形徽章（师级徽章形状均为长方形）；第2步兵师是蓝色；第3步兵师是浅蓝色；第4步兵师是草绿色；第5步兵师是栗色（但该师实际上并未在战争中被部署到英国以外的地方）。营级部队使用不同的形状（圆形、半圆形、三角形和正方形）作为识别标志，并根据自己所隶属旅的颜色（绿色、红色或蓝色）进行着色。在较早时候，第2步兵师的军官将带有"C II"字样的徽章缝在了他们的夹克上。第4步兵师成员一般佩戴着一种含金色枫叶图案的徽章。

前往欧洲战线的加军骑兵在英军第3骑兵师服役，并佩戴该师的"三个马蹄"图案徽章。

纽芬兰团

该步兵团成员身穿英国步兵的制服，但在帽子上使用自己的徽章，并在肩带上添加"NFLA"的字母标志。他们在1915年前往加里波利时穿着卡其布制服，戴热带头盔。但不久之后，该团返回欧洲，还在索姆河战役中遭受沉重打击。1917年时，该团被授予了皇家部队称号。

◀ 一名加拿大加里堡骑兵团的骑兵，1918年。加拿大共有3个骑兵团前往欧洲服役，可通过他们使用的不同徽章来进行识别。其中，斯特拉斯科纳勋爵骑兵团成员佩戴菱形徽章，徽章上半部分是红色，下半部分是绿色；皇家加拿大龙骑兵团则使用颜色纷杂的方形徽章，徽章从上到下的颜色分别为红、蓝、黄、蓝、红。以上三个骑兵团和一个骑兵机枪中队共同组成了一个加拿大骑兵旅。

来自澳大利亚和新西兰的部队

在加里波利英勇奋战的澳新军团为自己赢得了经久不衰的声誉。澳新军团，即由澳大利亚和新西兰陆军组成的远征军在这场战役后闻名世界（后来也加入了在西线的战斗）。此外，澳大利亚军队还参与了巴勒斯坦和叙利亚战线的一些作战。

澳大利亚皇家军队（AIF）

澳大利亚皇家军队完全由志愿者组成。军方设法招募了约60个营前往海外服役，其中大部分人都是从几个特定的州招募。这些营被编成了5个步兵旅，以及若干个轻骑兵团。

澳大利亚步兵身穿卡其色斜纹外套上衣，它有五枚纽扣和四个外口袋。澳军制服的颜色比英国军队显得更绿，其每边领子上均带有一枚旭日徽章（含表示澳大利亚皇家军队的字母）；这种徽章也可以别在军便帽上，或是固定在宽边软帽的边缘。除了肩带处配有用金属制作的"INF"字母外，这些步兵的肩带上还标有所属营番号；此外，他们还在"弯曲的肩部名称条"下方添加了一个布标（带有表示澳大利亚的字母）。澳军步兵的军便帽和英军步兵基本相同，但前者的宽边软帽（或灌木帽）为绿褐色，缠有用卡其布制作的帽带，帽徽通常被佩戴在帽子左侧。1916年，澳军装备布罗迪式头盔；1919年，在俄国摩尔曼斯克服役的澳军部队开始使用皮帽。

澳军穿着一种比其英国同行更为宽松的裤子，其颜色往往与上衣相同（裤子若长时间暴露在阳光下就会褪成蓝灰色）。他们的个人装具由皮革制成（M1908式）；此外，澳军也在使用英军的M1908型网布装具（注意区分两种装具的材质），但往往供不应求。他们装备的武器军械也基本与英军相同。

澳军迅速适应并采用了用以识别师级以及其他级别部队的徽章，其中绝大部分为布制的彩色几何图形，一般被佩戴在袖子上。其中，第1步兵师是矩形；第2步兵师是菱形；第3步兵师是椭圆形；第4步兵师是圆形；第5步兵师是三角形。这些步兵师下辖的旅同样使用着矩形徽章，但会根据相应的编号着色——第1旅为绿色；第2旅为红色；第3旅为蓝色（但第5步兵师中的该旅为黄色）。各营也佩戴了之前的那种矩形，但图形被分成上下两部分，并分别着色。其中，上半部分表示各营本身，下半部分则是其所属旅颜色。在同一个旅中，第1营是黑色；第2营是紫色；第3营是棕色；第4营是白色。虽然有一些例外存在，但以上这些部队识别徽章往往已经够用了，能达到快速识别出某个营的效果。在加里波利服役的澳军后来被允许在自己的部队识别徽章里添加一个字母"A"，机枪手们也获准在字母下方再添加一个交叉机枪枪管图案标志。

澳大利亚轻骑兵

澳大利亚在战争中共派出15个轻骑

▲ *澳大利亚第1轻骑兵团的一名骑兵，1917年。他在自己左袖上方佩戴了一枚矩形团徽，此图形沿一条对角线被分成了蓝色和白色。*

兵团。这些骑兵上身穿卡其色外套、佩戴旭日徽章，下身穿马裤或直筒裤，打英式绑腿，穿短靴。许多在巴勒斯坦服役的士兵只穿了衬衣，并在衬衣的两侧肩带上别着本国的徽章；他们还在自己衣袖顶部、肩膀以下的地方佩戴着彩色部队识别条，其形状和色彩搭配与步兵的部队识别徽章相同。有几个轻骑兵团在战争期间使用了非官方徽章，比如澳大利亚皇家骆驼军团——其徽章图案为一头旭日下的骆驼。澳军轻骑兵装备了英国骑兵使用的那种弹药背带，他们还经常在自己宽边软帽的中心位置插一撮鸸鹋羽毛。

▼ 澳大利亚皇家军队第23步兵营的一名二等兵，1915年。通常，澳大利亚军队成员会在自己帽子和领子上佩戴旭日徽章。图中这名士兵戴着一顶野战帽，但宽边软帽在澳军中更受欢迎。

▲ 一名新西兰及鲁阿希尼团的中士，1915年。图中这名士官给他的帽子缠上了一条绿色卡其布帽带，还在其顶部缠了一条较薄的红色带子。他的军帽帽徽图案是由花环围绕的星星，注意此图案被帽带覆盖了一小部分。

▶ 新西兰第4怀卡托来复枪骑兵团的一名骑兵，1915年。根据新西兰军队规定，佩戴军帽时必须使帽檐处于水平位置。图中这名士兵所戴的军帽在帽顶处有个凹陷，还有一条从前到后的折痕。

新西兰军队

来自新西兰的步兵戴着著名的柠檬榨汁器帽（lemon-squeezer hat），还在帽子上缠着卡其布帽带，使用红色的帽后遮阳布。团徽通常位于帽子前方，但步兵们有时也会把它别在衣领上。

新西兰步兵所穿的外套在很大程度上与澳军步兵相同（比如在炎热气候环境中穿卡其色短裤），但他们的制服是棕色的。来复枪团成员（步兵）会在自己肩带上佩戴"NZR"字母标志；他们制服纽扣的图案为四颗星星，以及表示新西兰军队的字母。来复枪骑兵部队成员（其中一部分人在加里波利作为步兵参战）的帽子上有一条绿色缎带，帽子后面有一块绿色遮阳布，肩带上有"NZMR"字母标志；另外，他们一般穿马裤，使用皮革弹药背带。炮兵部队成员的帽子上有一条深蓝色缎带，帽子后面是一块红色遮阳布，肩带上有"NZFA"字母标志。

非洲部队

正如有识之士所预料的那样，这场战争很快就蔓延到欧洲以外，战火燃遍了列强的殖民地，其中自然也包括非洲；另外，有不少非洲人被迫前往欧洲作战——1915年，南非派遣一个步兵旅北上，为英国打仗，它在攻占德属非洲殖民地的过程中发挥了重要作用。此外，英国还组建了一些非洲步兵团，主要用它们来防御和对抗德国殖民军，但这些部队的军官往往都是欧洲人。

南非步兵

1915年秋，一些由白人组成的南非营被派往海外服役。南非在战争中共计组建了以下远征部队：南非第1步兵团（好望角团）、南非第2步兵团（纳塔尔与奥兰治自由邦团）、南非第3步兵团（德兰士瓦和罗得西亚军团），以及南非第4步兵团（南非苏格兰人团）。

那些被派往欧洲战线的南非步兵的制服和个人装具与英军基本相同，在西线的南非部队成员则装备着浅褐色哔叽军服（驻埃及的南非部队使用卡其布军服）。他们的帽徽图案很是独特，是一个圆圈中的跳羚头；圆圈里还有两段铭文，分别是"众志成城"（UNITY IS STRENGTH）和这句话的南非荷兰语拼写"EENDRACHT MAKKT MACHT"。此外，南非部队成员还在他们右侧肩带上佩戴着表示南非步兵的字母缩写"SAI"（South African Infantry），在左侧肩带上佩戴与其含义相同的"ZAI"（南非荷兰语"Zuid Afrikaansche Infanterie"的缩写）。南非第4步兵团使用了一种独特的苏格兰高地风格制服——苏格兰无边帽、圆下摆上衣和苏格兰短裙（采用阿瑟尔·默里格子呢制作），还有围裙。南非部队中的军官身穿夹克，整体外观形象与他们在英国军队中的英格兰和苏格兰同行基本一样。

在西线以外战线服役的南非部队一般使用热带头盔、由卡其色棉斜纹布制成的上衣（或卡其布衬衫）和短裤、棕色或黑色的短靴，以及绑腿。他们将跳羚图案帽徽固定在自己热带头盔的正前方，并采用头盔色标作为部队的识别标志。其中，第5团使用菱形色标，它从左到右被平均分成两种颜色，左边是绿色，右边是白色；第6团是蓝色和金色（形状及方向同上）；第7团是白色和红色（形状及方向同上）；第8团是绯红和

◀ 南非第2步兵营的一名二等兵，1915年。南非步兵在自己肩带上佩戴着字母徽章，其中右肩为"SAI"，左肩为"ZAI"。此外，他们的帽徽上还印有"众志成城"（UNITY IS STRENGTH）的文字。

▶ 南非第9步兵营的一名二等兵，1915年。位于软木热带头盔上的彩色徽章说明了这名士兵具体所属的部队，但他没有在衬衫肩带上佩戴部队徽章。图中这名士兵装备了M1908型网布装具，但由于产量不足，一些部队仍在使用旧的斯莱德·华莱士装具，尽管这型旧装具已被证明是不舒适和不受士兵欢迎的。

金色（形状及方向同上）；第9团（即"运动员营"）的菱形图案从上到下被平均分成两部分，上面是绿色，下面是金色；第10团是一个蓝色菱形和一个白色十字架；第11团是一个被平均分成黑色和黄色两部分的三角形；第12团是一个左红右金的菱形。有些部队还在制服上佩戴了自己团（或营）的色标或彩色布标。由于担心在非洲的酷日下中暑，该战线上的南非部队成员一般只装备着最低限度的个人装具。

南非骑兵

南非骑兵部队由来复枪骑兵团组成，总共有12个团。他们身穿卡其色外套上衣、夹克、衬衫，戴热带头盔、宽边软帽或由当地生产的各种带帽檐的帽子（一般将跳羚徽章固定在帽子前端）。来复枪骑兵团成员也在肩带上佩戴字母标志，右侧是"SAH"，左侧则是"ZAR"；他们还经常在这些字母标志上添加自己所属团的编号。这些骑兵的头盔上带有色标，一般是一个黄色方块，然后把代表所属团的颜色填入其中——比如第5来复枪骑兵团的色标就是一个中间位置有绿色条纹的黄色正方形。在南非部队中，一些志愿者单位通常使用民用服装，但装备由南非或英国制造的子弹包和个人装具。

炮兵佩戴着含"无处不在"和"南非"字母的标志，以及爆炸球形手榴弹图案徽章。另外，野战炮兵成员肩带上的字母是"SAFA"。

肯尼亚和乌干达军队

在非洲战线上，英军最有特色的一支团级部队就是国王非洲步兵团（King's African Rifles），其兵员主要从肯尼亚和乌干达招募。该团的普通士兵是非洲黑人，被称为"阿斯卡瑞步兵"（askaris，即非洲土著士兵）；团中的大多数军官则从英国陆军各团借调。该部队成员最初戴着一顶红色土耳其毡帽（fez）；但不久后，这些毡帽要么被用布盖住，

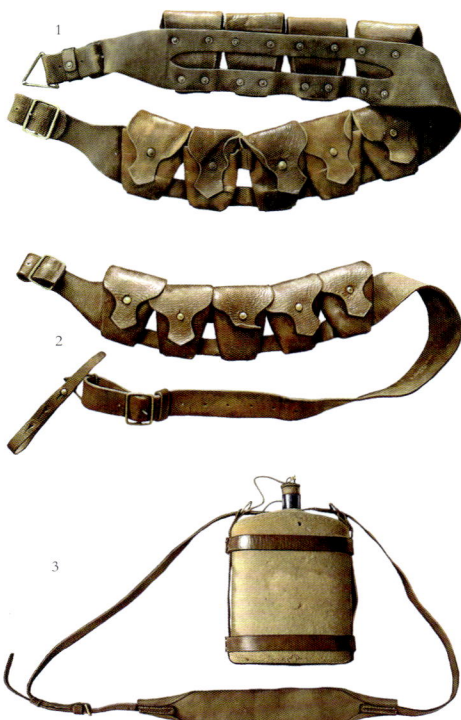

▲ 1914年，南非步兵的个人装具。
1. 一条含九个弹夹包的弹药背带，可容纳90发子弹。它设有可封闭的袋口，以防止内装的2个弹夹掉落，袋口由坚固的皮革制成。
2. 一条含五个弹夹包的弹药背带，可容纳50发子弹，经常由骑兵佩戴使用。这种弹药背带于1903年首次配发部队。
3. 一个水壶。

要么就被一种带有护颈布帘的筒帽取代了。军官们通常会戴热带头盔。该团同样有自己的头盔色标——第1营佩戴黑色正方形色标，图案为绿色字母"KAR"；第2营的色标字母是深蓝色的（形状及背景色同第一营）；第3营佩戴红色菱形色标，图案为白色阿拉伯数字"3"；第4营的色标是绿色菱形，图案为阿拉伯数字"4"。

后来，国王非洲步兵团增加了3个营。其中，军官穿卡其色夹克和短裤，士兵则使用卡其色外套或衬衫和短裤。他们打绑腿，穿短靴，但也有些土著士兵更喜欢赤脚走路。

其他非洲部队

英国皇家西非边境部队，后来也被称为尼日利亚步兵团。其中，白人军官一般穿衬衫和卡其布马裤，不佩戴任何徽章。该团由北尼日利亚团和南尼日利亚团合并而成，主要在西非和东非作战。

非洲战线上的其他英军步兵团或土著部队，比如东非来复枪骑兵团或南罗得西亚志愿者团的成员，一般戴圆边帽，穿军装式衬衫，搭配马裤或短裤；至于个人装具方面，他们主要使用弹药背带或其他一些皮革装具。

▼ 国王非洲步兵团第1营的一名中尉，1914年。尽管许多在非洲战线的军官喜欢戴软木凉盔，但带有颈部遮阳布帘、由柔软卡其布料制成的土耳其毡帽同样很受欢迎。这名中尉带着一根轻便手杖——它最初的用途是当部队接受检阅或排成队列时，步兵军官用其检测队伍是否排列整齐。

印度部队

除直接向欧洲战线派遣大量兵力外，印度还为在美索不达米亚（今伊拉克）、阿拉伯以及非洲战线的英军部队提供了充足的人力资源，为其战胜奥斯曼帝国奠定了坚实基础。在这场世界大战中，共有约130万名印度男子在英国军队中服役。

印军中的大多数军官为欧洲人，普通士兵则主要来自英国人所说的"战争民族"，即锡克教徒和旁遮普人里的志愿者。隶属于尼泊尔廓尔喀（Gurkha）军团中的部分人员也会在战争期间前往海外服役。

编制

印度军队在19世纪90年代后期进行了彻底改革，旨在建立一支真正统一的军队。即使如此（改革后），其内部情况依然很复杂。印军步兵团的编号从1一直排到了130（其中有12个空置番号），这些部队的命名方式千篇一律，都是由团编号加上该部队的历史名称或招募兵员区域的名称而成。另外，英军还有10个来自尼泊尔的廓尔喀团。大部分印度（单个）步兵团的成员都是来自同一种姓或宗教的男子，尽管有些团无法完全做到，但也可以将相同种姓或宗教信仰的人划分到相同的连队——这也导致即使属于同一步兵团，那些士兵的头饰也可能是千变万化、各不相同的。

制服特点

印度步兵的制服包括直筒裤、卡其色绑腿和卡其布头巾。其中，包头巾的风格也因他们所属的不同民族而有所区别——如锡克人通常将头巾包成圆球形；但也有一些人喜欢将它包成圆锥形，并用（头巾）来覆盖自己所戴的红色库拉帽（kulla cap）。另外，这些印度步兵通常穿一种由卡其布制成的上衣，它配有胸袋和一个很长的下摆。

印军步兵通常在自己肩带上佩戴标有所属团编号以及团名称缩写字母的徽章，如第29旁遮普团成员佩戴的就是标有"29P"的徽章。

印军里的欧洲军官有时也包头巾（通常系着下颚带），但更可能的是戴热带头盔（盔后有卡其色遮阳布），或

▼ 印度第90旁遮普步兵团的一名二等兵，1916年。即使在同一个步兵团中的两名印度士兵也可能包着不同风格的头巾，军官和普通士兵所包的锡克教头巾风格也会有所不同。

印度骑兵团帽徽图案

编号	团名	编号	团名
1	（约克公爵的）孟加拉枪骑兵团（斯金纳骑兵团）	20	德干骑兵团
2	孟加拉枪骑兵团（加德纳骑兵团）	21	（阿尔伯特·维克多王子的）旁遮普骑兵团（边防部队）
3	孟加拉骑兵团（也被称为斯金纳骑兵团）	22	山姆·布朗骑兵团（边防部队）
4	孟加拉骑兵团	23	骑兵团（边防部队）
5	骑兵团	25	（边防部队）第26威尔士亲王的轻骑兵团
6	威尔士亲王的孟加拉骑兵团	27	轻骑兵团
7	哈里亚纳枪骑兵团	28	轻骑兵团
8	枪骑兵团	29	枪骑兵团（德干骑兵团）
9	孟加拉枪骑兵团（霍德森骑兵团）	30	枪骑兵团（戈登骑兵团）
10	（剑桥公爵的）孟加拉枪骑兵团（也被称为霍德森骑兵团）	31	康诺特公爵的枪骑兵团
11	（威尔士亲王的）孟加拉骑兵团（普罗宾骑兵团）	32	枪骑兵团
12	骑兵团	33	女王的轻骑兵团
13	康诺特公爵的孟加拉枪骑兵团（沃森骑兵团）	34	阿尔伯特·维克多王子的浦那骑兵团
14	孟加拉骑兵团（默里骑兵团）	35	辛德骑兵团
15	孟加拉枪骑兵团（丘尔顿的木尔坦骑兵团）	36	雅各布骑兵团
16	孟加拉骑兵团	37	枪骑兵团（俾路支骑兵团）
17	孟加拉骑兵团	38	中印度骑兵团
18	（乔治五世国王的）蒂瓦纳枪骑兵团	39	中印度骑兵团
19	孟加拉枪骑兵团（费恩骑兵团）		

许还会把团徽印在自己的热带头盔上。此外，印度人的头巾有着丰富的色彩，因为即使在同一个团服役，他们也喜欢彰显出自己的身份和地位。众所周知的是，印度军队是出了名的吝啬。但皮革在这里很便宜，因此大多数部队都装备有M1903式弹药背带；军官们则使用山姆·布朗式腰带、卡其色或浅褐色的夹克，以及马裤和靴子。印度裔军官（由英国总督委任）和英国军官的穿着相同，但通常包着头巾。尽管英印军购买了一些布罗迪式钢盔，但这种装备在印度步兵团里仍然相对少见。

▼ 印度第29旁遮普步兵团的一名中士，1915年。这名士官在自己肩带上佩戴了"29P"的字母徽标，同时在袖子下方戴着军衔等级徽章。

▶ 一名德干骑兵团的二等兵，1916年。该团成员常常在自己头巾的正中位置镶嵌一枚金属团徽。到战争后期，这些团徽也被印在了他们的钢盔上。

廓尔喀人一般戴着一顶宽边软帽（帽子左边缘翘起），帽上缠着卡其色或绿色的布条（puggaree，即头巾）。他们穿卡其布短夹克（肩带上有部队标志徽章，比如第1廓尔喀团成员为"1G"），搭配短裤和绑腿。值得一提的是，英军中的第39加瓦尔来复枪团也使用了这种风格的服装，而且看起来就像廓尔喀人，但该团成员不会蓄胡须。

印度骑兵

1914年时，印度共有38个骑兵团（曾在1885年解散了以前的24个团），他们的命名方式和步兵相同。其制服也与步兵相似，即普通士兵穿外套上衣，军官穿夹克；前往西线的骑兵则是身穿浅褐色外套或夹克，一般还配有钢盔。印军骑兵肩带上的徽章包含数字和团名称缩写（但枪骑兵们更喜欢用装饰物取代上述的部队徽章）。他们通常穿马裤，身挎子弹背带，这一点与英军骑兵相同。由于身份和地位的差别，这些骑兵包的头巾也不一样——比如锡克教徒通常包圆头巾；另外有些人则是戴白色库拉帽，并用头巾将其缠绕和覆盖。军官们通常戴热带头盔或包头巾，使用山姆·布朗腰带。他们使用的马鞍和英国骑兵一样；另外，大多数骑兵都会在自己的头巾、热带头盔或军便帽上佩戴团徽。印度骑兵主要装备长矛、李-恩菲尔德MK1型短步枪或老式的李-恩菲尔德长步枪。

法国

　　法兰西第三共和国依靠贸易和殖民扩张得以蓬勃发展。在一战前，法国已经进入了一个繁荣的时代，这种成功几乎掩盖了它对德意志帝国复仇的渴望——1870年普法战争的失败对其来说完全是个不可忍受的奇耻大辱。1912年，法国政局中的主导力量主张结束殖民扩张，并专注于1869年时法国领土（边境线）的恢复。为达到这个目的，法国组建了一个国际联盟，并与其主要盟友俄国紧密合作。为遏制德国，两国分别从其西部和东部形成合围之势，同时致力于将德国本土与它广阔的海洋和新获得的殖民地隔离开来。这个计划最终取得了成果——至少在战争的前半段是有效的。受益于俄军对德军的牵制，法军在西线的凡尔登战场上顶住了压力。不过，法国虽然取得了最终胜利，但也在这场战争中遭受了极为惨重的损失，并为此将全国的年轻人一扫而光——它为胜利付出的代价空前高昂。

▲ 凡尔登战场手绘示意图。1916年，凡尔登附近爆发了一场前所未有的战役，许多有识之士从中得出了发人深省的总结。在这场战役中，德军为占领微不足道的阵地付出了巨大代价，双方的伤亡人数都是灾难性的；然而，战役之后的战场形势却没有发生什么明显的变化。

◄ 1918年，一列法国步兵正前往德国埃森，并成为当地的占领军。埃森是克虏伯工厂所在地，也是德国工业心脏地带的一部分。在之后的11年时间里，法国人将占据这座城市，并没收当地的大量基础工业设施。

1914 年的法国军队

法国有正当理由于1914年8月开战——对这个国家而言，它只是在与一个侵略者作战，而且还是那个曾经在1870年给其带来了耻辱性失败的侵略者；更加令人难以容忍的是，这个侵略者至今仍然占据着它的部分领土（即有争议的阿尔萨斯和洛林）。许多法国人心中都存在着这么一个极其现实的威胁——人口为3900万的法国即将被拥有6500万人口的德国所吞没。因此，法国人民全身心地履行着他们的爱国义务。

政府和军队

到战争前夕，大多数法国适龄男子都已在军队中服役，且大部分是步兵。1912年，法国政府扩大了征兵范围，根据当时的征兵制度，只有极少数人能被豁免兵役。因此，在1915年初，法国国内从18岁到46岁之间的男性中已有80%的人被征召入伍。这是一次全国性的努力，它虽然给法国社会的各个阶层都带

来了相当大的压力，但德国对其发动进攻的威胁至少在目前团结了这个曾经支离破碎的国家。尽管有进行殖民战争的经验，但由于内部发生的一系列不幸丑闻，加之在政治上相当保守，因此法军仍未成为一支真正现代化的军事力量。

经历了普法战争的灾难后，法国陆军已经得到重建。然而，这支军队的军官阶层基本是与法兰西共和国的政治精英们分道扬镳的；长期以来，这些政治家一直试图将军队重新整合，并增加战争部长（Minister of War）在军队中的权力和影响力。最终，双方达成妥协，并据此从1911年开始实施改革——设立总参谋长一职在很大程度上就是为了促进政治家和军官两大阶层的团结。首任总参谋长由约瑟夫·霞飞（Joseph Joffre）担任，他的军事经验主要来源于殖民地战争。到1914年，随着与德国关系日益紧张，法国政府开始放松对军方的控制，赋予了它更多自主权。

战略和战术

法国军事决策层和政治家难得地在同一件事情上达成了一致——即对

▲ 在普法战争时期，约瑟夫·雅克·塞泽尔·霞飞还只是一名中尉；1911年，他担任法军总参谋长，并于1916年末成为法国元帅。

德国发动进攻的必要性。法国人已经知道德军会借道比利时，但还是认为必须主动向阿尔萨斯（Alsace）和洛林（Lorraine）发起进攻。事实上，根据从日俄战争和巴尔干战争中得来的经验教训，在当时进行阵地防御是比以往任何时候都显得更重要的，但政治必要性再加上对防御的理解不足，使得法军在1914年夏天派出了一波又一波步兵去发动盲目攻势——法国将军们乐观地认为，凭他们的实力足以攻入德国境内，并在柏林与俄国人会师。

这样的战略和战术共同为一场军事灾难的发生创造了条件。1914年4月，法国军方发布新的作战指导方针，它强调了一种由军官领导的刺刀攻势的重要性——即使敌人正在进攻，他们也被命令前进，去迎击攻击者。前线部队很快就被这种愚蠢战术所影响，1914年8月和9月的平均损失（死亡、失踪和被俘）达每月164500人，其中大部分为步兵。

军官和士兵

法军的主力在于其步兵。1914年

▼ 这场世界大战中的第一批伤亡人员抵达兰斯车站。1914年秋天，许多法军士兵头部受伤——这也极大刺激了廉价量产型头盔的发展。

▲ 一些摩洛哥车夫正将大量的物资运往前线。法国广泛使用了来自北非的人员，将其用作劳工、司机和后勤辅助人员；有些人还作为士兵，被招募到一些特别的单位中服役，比如"法兰西猎兵"。

时，法军共拥有173个步兵团，其中大部分为三营制，每团配有一个相应的预备团（即编号从201至373的团）；另外，它还有31个轻步兵营（即猎兵营），以及152个主要执行辅助任务的本土民兵团。因此，法军的前线部队一共编有约1100个步兵营——这是一支看起来相当强大的军事力量。

另外，法国还可以要求其海外殖民地提供兵源，居住在海外的法国人、土著军队和殖民地臣民都被列入了征兵名单，由他们组建的部队从1914年8月底开始就陆续抵达欧洲。其中，来自阿尔及利亚、突尼斯和摩洛哥的兵员组成了所谓的"法兰西猎兵"（tirailleurs）；轻步兵（zouaves）军团由来自北非的法国公民组成；还有外籍军团、惩戒部队（Infanterie Légèred' Afrique，即非洲轻步兵团），以及殖民部队（由殖民部门负责招募和管理，包括12个在法国境内招募的殖民地步兵团，以及塞内加尔营、马达加斯加营、印度支那营和安南营。但后四种部队通常被归类为"法兰西猎兵"）。这些部队最初是为了承担当地的防务而建立，后来却越来越多地被卷进了欧洲的惨烈战争中。

和大多数欧洲军队一样，法军的军官也严重不足，甚至在战争爆发前就缺乏多达800名中尉；炮兵没有足够多的训练有素的军官，进入军事院校进修军官课程的人也越来越少；此外，军事外科医生的数量也一直不足。

装备和补给

如此大规模的人力动员给相关管理部门出了个极大的难题——为军队提供后勤补给的担子太重了，其中首要问题就是制服和装备的短缺；军靴尤其稀少，以至于军方被迫呼吁应征入伍者，让他们保留并使用自己的民用靴子。

当时，法国陆军的标准步兵武器为勒贝尔（Lebel）步枪，它虽然是一种很有效的武器，但只装备了260万支。一些部队获得了于1907年推出的贝蒂埃（Berthier）步枪（比前者更轻和更短），却因为在战场上损失率极高，步兵在战争初期仍然面临着相当严重的供给问题。炮兵的问题更为突出。从1914年开始，法国陆军的重型野战炮就一直严重短缺，虽然其主力装备——75毫米炮的确很好用，但其射程过近，炮弹不足的情况也时有发生（这个问题在1914年末就已经出现）。当德国人制定了涉及纵深防御的战术后，它也就显得越来越没用了。1915年，法国政府开始大力推动重型火炮及其配套炮弹的生产，但由于成本过高而进度缓慢。

制服

随着战争爆发，法军把他们的制服重新审视了一番。在当时，大多数步兵仍穿着一种鲜红色裤子，它于1829年首次推出，在1887年进行过改良；他们的军帽也可追溯到19世纪80年代，是一种已经不适应现代战争的平顶帽（但它只有三种尺寸，便于大规模生产，而且舒适又便宜，因此也装备了不少）。从当时的照片上看，法军步兵通常穿一种于19世纪70年代首次配发的大衣，这多少掩盖了他们缺乏野战外套的事实；另外，其皮革装具大多也是在19世纪80年代或20世纪初设计的。

在推动军队现代化方面，法军决策层一直保持着不作为态度，尽管德军已经采用田野灰，英军也把卡其色定为了自己制服的主色调。直到1914年7月，法军才正式选用地平线蓝作为其野战制服的颜色，它由白色、深蓝色及浅蓝色的羊毛材料混合而成。在得到管理部门认可后，从1914年8月开始，法军的大衣逐渐采用地平线蓝作为主色调；在当年12月之后，他们的野战外套也逐渐使用了这个颜色。

法国军队是协约国军在西线最强大的力量，尽管他们以相当高的代价走上了一条异常崎岖的现代战争学习之路，但最终的确取得了令人瞩目的成就。

▼ 法国步兵在杂志封面上的形象是与大众的想象相符，且令人安心的——然而，他们在堑壕战中的真实形象却与此完全不符。

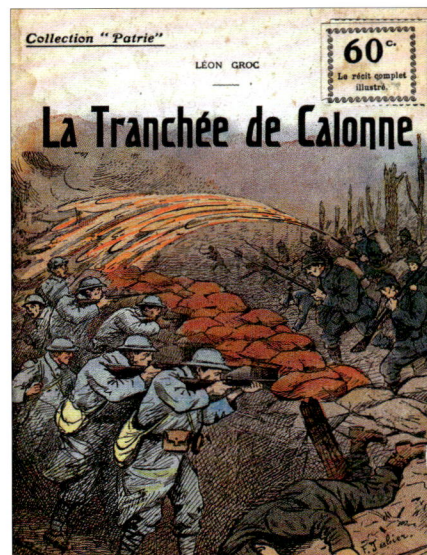

战时的发展

惨重的伤亡给法军带来了突如其来，也是毁灭性的影响，其中步兵遭受的伤亡最大（死亡率高达22.9%，而骑兵仅为7.6%）。年轻的军官被早早派往前线，伤兵也很快再次回到队伍，那些试图逃避兵役的人则会被宪兵严厉追捕——但他们战场上的有生力量仍然在不断减少。

寻求解决方案

一种补救措施是组建越来越多，由殖民地土著居民组成的部队。事实上，到战争结束时，法军前线部队中已有57个北非营和47个来自非洲其他地区及亚洲的营；停战时，法军步兵中已有13%的人为殖民地土著居民。

即便如此，有生力量的减少仍对法军步兵营产生了影响，比如一个连的编制从250人减到了200人。不过，为提高步兵营的作战效率，法军高层也一直在努力增强他们的火力配置——每连专门组建有一个掷弹兵排，主要任务就是投掷手榴弹；除此之外，它（每连）还有

▼ 这幅海报希望说服人们，使他们订购（或直接购买）法国国家债券，为战争的最终胜利做出贡献。

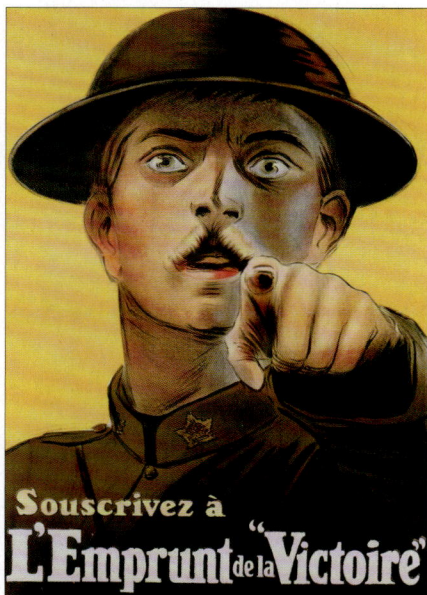

Souscrivez à
L'Emprunt de la "Victoire"

▲ 1915年，一群聚集到某个征兵点的突尼斯人正在等待调令。他们中的大多数人将被分配到土著部队，而在突尼斯的法国侨民通常会进入北非轻步兵部队。

半个编制的投弹手排，负责操作战壕迫击炮掷射炮弹；机枪数量从1914年的每团6挺增加到了1915年的每团16挺；最后，每个步兵营都配备了一门37毫米野战炮，用来进行火力支援。

在德国的进攻下，法国失去了40%的煤田（德军占领法国东北部后），钢铁产量也即将损失原先的58%，但后者仍在试图克服缺乏重型野战炮的问题（他们把重点放在了口径上，甚至将400毫米列车炮投入战场）。1915年，法军终于克服炮弹短缺的问题，这也对其战术产生了直接影响——现在的火力准备已经可以持续整整一天，而不是区区几小时了——陷入堑壕战中的法军很快就适应了新的战场环境。

最初暴露出的那些问题导致法军对所有新兵进行了强化训练。防御战术被修改了，尽管他们的阵地从来都没有像德军的工事那样令人敬畏（法军的堑壕不论在友军还是敌人那里都被视为邋遢的典范）。1915年，在经历一系列代价高昂的失败后，法军终于学会了如何攻击战壕，如何进行有针对性的袭击以及

如何发动有限攻势。针对步兵担忧的问题，即潦草的炮击并不总是能削弱德军阵地的防御，法军还率先提出了"徐进弹幕射击"（creeping barrage）的理念。

最大限度地优化和改进新军事技术成了法军的重点项目，坦克、毒气及航空部队因此脱颖而出。1917年，由罗贝尔·尼维尔将军发动的代价高昂的攻势最终陷进一场灾难，法军也由此强化了这样一个信念——他们应该坚持消耗战，并准备在俄国陷入混乱后挡住德国人的猛攻，从而保留尽可能多的部队，以获得最终胜利——这样，法国才能出现在代表和平的谈判桌上，并防止胜利果实从自己的指缝中溜走。

拯救生命

如果说法军的战略和战术经历了涅槃重生般的过程，那么士兵们的日常生活也可以如此形容。堑壕战需要新的行

为方式（如将软木塞插入枪口，并在枪栓周围缠上油布以保持干燥）、新的训练方法和更高的耐受性（包括对天气和食物的耐受水平——法军公发的牛肉口粮通常被士兵们称为"猴子肉"）。最终，自然而然地，法军的忍耐力也就提升到了一个新的水平。

制服的革新

对普通士兵来说，还有个重要进步体现在了他们所穿的制服上。法军步兵虽然在1914年仍穿着蓝配红的制服冲锋陷阵，但在战争前，根据从巴尔干战争中得来的经验，以及友好和敌对势力实施的相关变革，他们已经进行了以更加黯淡的颜色作为制服主色调的尝试。

军方很快就发现向部队发放的军帽未能使他们满意。在战争头几个月里，士兵们头部受伤的频率还相对正常，他们所戴的平顶帽（kepi）在温暖、潮湿及寒冷的天气里都轻而舒适，被认为完全符合要求；但随着前线陷入僵局，作战双方开始掘壕据守，大量法军官兵就开始死于由炮弹或手榴弹造成的头部

▲ 一名法军装弹手正在为一门120毫米重炮装填炮弹，他的表情看起来很轻松。附近没有遭到破坏的树木表明这个永久性炮兵阵地位于战线后方。该图摄于1915年。

▼ 一辆机动式战地厨房车的特写，该照片拍摄于战线后方。请注意背景中的木制营房，它可能是个距离战壕几英里远的休息站。

受伤了（这样的伤口往往是致命的）。1914年末到1915年初，在前线的某些区域内，大约有70％的伤口都位于伤者头部。军方在1915年3月推出了一款碗状金属帽（无沿便帽），可将其戴于平顶帽之下。但事实证明它不仅很难戴到头上，还常常使头部大汗淋漓——尽管如此，这种帽子的确是有效的，因为头部受伤的人已经开始逐渐减少。

法军继续进行着头部护具的试验，并制造出了许多原型装备。其中，最容易生产的是亚德里安（Adrian）钢盔，它很快就被投入生产。亚德里安钢盔颇受前线部队欢迎，但它在工厂里涂的半亚光蓝色油漆太过显眼，是极好的靶子。于是，军方发出指令，要求用棕色盔罩将其覆盖——但当前线部队发现布料碎片可能引发伤口感染时，这条指令就被废弃了，亚德里安钢盔也被重新涂上了哑光漆。到1917年，法军士兵头部受伤的比例已经下降到了11％。

对法国军方来说，也许还有更多的事情需要去做——比如士兵的装具仍然很重，他们从战壕前进或后撤时，都得随身背负一个重达85磅（约39千克）的背包。即便如此，法国军队的确在短短五年时间内成功转变成了一支完全现代化的武装力量。

将军和参谋人员

法国的将军们一般担任旅、师、军、集团军或集团军群的指挥官，最高军衔为元帅。通常，他们所穿的军服风格比较简单，在整个战争期间也一直以实用为主。

元帅和将军们

1914年时，大多数法国将军都穿着一种于1906年配发的外套上衣。其主色调为黑色，在肩部和袖口处设有特定排列格式的星形标志作为军衔徽章。

▲ 这是张协约国军高级指挥官们的合影，包括法国当时全部的3名元帅。他们于1919年聚集在斯特拉斯堡，以庆祝阿尔萨斯—洛林的解放。照片从左至右分别为霞飞元帅、福煦元帅、维甘德将军、道格拉斯·黑格爵士、潘兴将军和菲利普·贝当元帅。

曾服役于骑兵部队或仍在指挥此类部队的法国将军都喜欢穿骑兵式长外套（cavalry dolman）。它也是黑色的，在胸部和袖子位置绣有黑色编织物。将军们喜欢在自己制服的立领下方戴蓝色或白色的领带或围巾。需要注意的是，1914年时的法国陆军还没有元帅军衔，它是在1916年设立的。

将军们通常佩戴着M1882型佩剑，它带有金色剑结，以及黑色或棕色的剑带。此外，他们还配有一个皮制手枪套、一个地图包以及一个双筒望远镜盒，腰上扎着黑色或棕色腰带；山姆·布朗（Sam Browne）腰带也越来越受将军们欢迎。所有将军都使用一种鲜红色裤子，1883年后，裤上还添加了一道黑色条纹。骑兵将军有时会打匈牙利

结，将其作为制服上的一个装饰。

这些将军往往穿着马靴，因为他们经常要骑马视察前线；但随着战争爆发，他们也会穿棕色或黑色的短靴，并打着布制或皮革的绑腿。将军们戴的传统法式平顶帽是索米尔（Saumur）型，其帽冠较高，配有黑色皮革制帽檐（略带金色镶边）、黑色帽墙和鲜红色帽冠，帽顶通常饰有金色匈牙利结。

这些将军的军衔等级标志以橡树叶带——即黑色帽墙上的一排金色刺绣和红色帽冠上的垂直编织条纹来表示，帽子还配有一条镀金下颚带；骑兵将军有时也会戴头盔。在寒冷的天气里，将军们通常穿大衣、斗篷或一种简单的外套上衣（于1913年配发，向下折的领子和袖口上饰有徽章）。这些制服最初都是深蓝色的，但从1915年开始被改成了地平线蓝。将军们一般戴着手套，手

◀ 一名法军元帅，1918年。1918年时，法国共有3名陆军元帅——霞飞、贝当和福煦。三名元帅所穿的制服与集团军群指挥官的标准制服相似，这一点在本图中也有所体现；不过，他们的平顶帽配有独特的橡树叶装饰。有趣的是，约瑟夫·加列尼将军后来也成了一名元帅——不过是在1921年追授的，其本人早就在1916年去世了。

成地平线蓝的平顶帽上佩戴了表示军衔等级的星星；即使在引入亚德里安钢盔后，这些标志仍被保留了下来。

军官衔级

1914年时，法军准将（旅长）的袖口为两颗星，平顶帽上有一条宽橡叶带；中将（师长）在袖口佩戴三颗银星，平顶帽上有两条窄橡叶带；军指挥官的袖口为四颗星，集团军指挥官为五颗（两者的平顶帽上均添加了一条额外的银色刺绣线）；集团军群指挥官的袖口为六颗星，元帅为七颗，平顶帽上均有三排橡叶带。随着地平线蓝平顶帽和钢盔的引入，这些原先位于袖口的星星也被放到了头盔前部。

参谋军官

法军参谋军官身穿的制服通常与他们所服役的具体单位一致，并伴随制服的整体演变而不断进行着修改和调整。比如在引入地平线蓝制服后，他们的制服镶边就根据不同部队采用了不同颜色——步兵为黄色，骑兵为深蓝色，炮兵为猩红色。

为表明自己身份，参谋军官对制服进行了一些修改。最初，他们在外套上衣的立领上佩戴自己所属部队的编号，但后来将其换成了金丝刺绣或金属制的带翅膀雷电标志。为进一步将自己和其他军官区分开来，他们还在战场上使用了配有金色刺绣的丝绸臂带——隶属于总参谋部或战争部的人佩戴三色（蓝

▲一名服役于师参谋部的军官，1916年。法军参谋军官通常佩戴领章，并通过佩戴一种丝绸臂带来表示服役部门。和同时期的大多数同行一样，法军军官穿着私人定制的制服，这些制服经量体裁衣后精制而成，通常都选用了最优质的布料。不过，这也导致他们的制服往往与相关的条例规定不符。

白红）横条纹臂带，集团军或集团军群下辖的人则佩戴白色和红色的横条纹臂带。另外，所有参谋人员都会以带翅膀的雷电标志（金色刺绣）作为标志。

通常，师级参谋人员佩戴红色臂带，旅级则佩戴深蓝色臂带。另外，在师或旅参谋部门工作的军官所佩戴的臂带上，其所属师或旅编号上还有一个手榴弹图案；骑兵师和骑兵旅参谋人员用八角星替换了手榴弹，并以罗马数字作为骑兵旅的编号；工兵部队参谋人员的臂带图案是一套胸甲和一顶头盔。

套大多由棕色皮革制成（被称为"狗皮"）。他们还将自己的勋赏佩戴在外套上衣领口（如果是颈授勋章的话）或别在制服前襟；如果是勋略则佩戴在制服左胸处（比如佩戴荣誉军团勋章的红色勋略）。

到1914年末，地平线蓝开始发挥重要作用——将军们虽然还是戴着黑色与红色搭配的平顶帽，但外套色调已经变成了前者（地平线蓝色）；红色裤子也被放弃，取而代之的是配有深蓝色条纹的地平线蓝裤子，但他们袖口处的军衔等级徽章仍然存在。最终，将军们不仅在自己袖口佩戴军衔等级条纹，还在改

▶一名法军少将，1914年8月。他身穿一件骑兵式外套，外套配有黑色和橄榄色的勃兰登堡绳结饰。但将军们往往更喜欢穿一种相对朴素的上衣。1912年时，法国陆军中共有117名少将——通常，该军衔只能由那些年龄小于65岁的人担任。

步兵

法军步兵传统上一直穿着蓝色上衣和红色裤子。到1914年开战，他们的制服与1870年时相比也没有太大变化。

战争初期法国步兵的制服

早在1902年，军方就已经测试了一种试验性质的灰绿色制服。战争开始前，第106步兵团身穿这种试验版本的制服，并戴上头盔参加了一次巴黎的游行，还曾引发人们的浓厚兴趣。然而，它在法军中没能取得多大成功，当战争于1914年夏天爆发时，步兵们仍然穿着蓝色外套上衣和鲜红色长裤奔赴前线。一些军官甚至表示，在战争爆发前夕改变制服是怯懦的表现，或至少表明法国受到了极大威胁。实际上，当时也已经有一种新制服正在赶制，只是生产的延迟导致了这一悲剧；好在军方迅速采取措施，于1914年秋季配发了新制服。

1914年的军官制服

1913年9月，根据军方指示，法国步兵军官改变了他们的传统形象，使自己与士兵们更为相似——这样就降低了在战场上得到敌人"重点关照"的风险。当时，军官们身穿深蓝色外套上衣，上衣两侧均有上口袋和下口袋（该制服在1913年被正式采用，于1914年4月强制推广并取代了1893年配发的黑色军服）。它有一个立领，领子边缘为圆形，上面有金色的所属步兵团编号，军官还会在此处佩戴军衔等级徽章；另外，他们通常在衣领下围着真丝围巾或白色或蓝色的布制围巾以防擦伤。

军官们一般穿亮红色长裤，长裤两侧均饰有宽45毫米的黑色裤线。短靴则和皮革绑腿或深色布绑腿一起穿，不过带有马刺的马靴也是一种选择（作为连级指挥官的上尉和中尉往往需要骑马指挥部队，因此常常使用马靴）。

他们通常戴平顶帽，包括较为宽大的索米尔型平顶帽，以及一种更低矮

▲ 图为1915年时拍摄的一名法军步兵。为参加一次游行活动，他把自己大衣的前后下摆扣在了一起。事实上，这个设计的最初目的是便于穿戴者炫耀自己穿着的红色长裤。

和更硬的版本（被称为"波洛"型）。这些军帽都配有皮革帽舌，边缘处镶有金色滚边，帽墙为黑色，上面嵌着金色团编号，帽顶则为红色。值得一提的是，法军平顶帽上黑色帽墙的金色花边条纹代表着军衔等级，帽子前后两侧的垂直条纹也是如此。平顶帽的顶部饰有金色花边，并被打成了匈牙利结。下颚带为镀金皮带。在1913年后的战场上，法军军官往往会用一张深蓝色布帘罩住自己的平顶帽，但有时也必须露出位于帽顶的团编号。原先的黑色军官便帽（bonnet de police）已经逐渐消失。

军官们的腰带一般由黑色皮革制成，而且此处往往挂有双筒望远镜盒（双筒望远镜是军官的必备物品）。大多数军官都佩戴了一把佩剑（最常见的是M1845型），并把佩剑插入棕色皮革剑鞘中，再用M1882型剑带将其悬挂在腰带上；转轮手枪（M1892型是最常见的）与其皮套和一个装有额外弹药的皮革小袋也会同时携带。此外，他们还经常在自己右臀上方的腰带上挂一个黑色皮制地图包。1896年时，每名军官都装备有一个哨子，以便进行沟通；但也有人喜欢用手杖或健走杖指挥战斗。从

◀ 第2步兵团的一名上尉，1914年。法军在1914年配发的制服宽松舒适且易于穿脱。本图所示的军官在他配有红色帽顶的平顶帽上罩着一层蓝色帽罩。在不执勤时，军官们通常戴着一顶带有红色滚边的船形帽。在外套里面，他们会穿一件白色衬衫（冬天穿法兰绒衬衫，夏天穿棉布衬衫）；士兵们则只能穿一种较粗糙的蓝色衬衫（被称为"布尔热龙"）。

1890年开始，他们还得到了一个小背包，可以把个人物品装入其中，不过也有军官选择了士兵所用的那种背包。

到冬季，军官们一般穿大衣（一些人选择了配发给士兵的那种大衣，它采用双排扣设计，在衣外一侧扎腰带和佩戴装具。不过他们用金色纽扣取代了这种大衣原来的普通纽扣）。一款于1913

▼ 第22步兵团的一名中尉，1914年秋。在寒冷的天气里，军官们经常穿一种特殊版本的步兵大衣，不过M1913型薄大衣也很常见。另外，军方于1914年12月颁布的着装条例也未能成功对他们多种多样的外套和大衣加以限制。

▲ 步兵军衔等级袖章，1916年（从上到下）。
1. 二等兵/一等兵；下士；中士。
2. 少尉；中尉；上尉。
3. 准将（旅长）；中将（师长）；军级指挥官。
4. 中士；副官；首席副官。
5. 少校；中校；上校。
6. 集团军指挥官；集团军群指挥官；元帅。

年推出的军官大衣颇受欢迎——它由深蓝色布料制成，带有两个侧口袋，衣摆向下延伸至膝盖以下，可用六枚金色纽扣系紧。军官们还可以系斗篷，它的款式与骑兵相似，而且条例也允许。所有这些外套的袖子上都设有军衔等级徽章，在每侧（向下倾斜的）衣领上也都配有团编号。1881年时，一种棕色皮手套取代了原先的白色手套。

军衔徽章

法国陆军少尉在袖子上佩戴一条金色条纹，其平顶帽帽墙上也有一条；中尉的袖子和平顶帽帽墙上均为两条；上尉是分别三条（另外，其平顶帽垂直方向上另有一条额外的花边）；少校（营级指挥官）分别有四条；中校分别有五条；上校分别有六条。

士兵制服及军衔

不论天气如何，大多数法军步兵都

▶ 第105步兵团的一名中士，1914年。这名士官穿着一件于1914年首次配发的外套上衣，扎着M1845式腰带，它配有用黄铜制作的腰带扣——这也是法国人在1914年时使用的最古老的装备。

会穿着大衣进行战斗。M1877式大衣呈深蓝色（官方称其为蓝色，实际上是铁灰色的），其外侧配有皮带和个人装具。它采用双排扣设计，每排均为六枚纽扣（带有燃烧手榴弹图案标志），共配有两个口袋。其下摆前后可以扣到一起，以便士兵移动——在潮湿环境中，当衣服变重并沾上不少泥土时，这也算一个比较流行的处理方法。这种大衣有一个

▼ 第19步兵团的一名二等兵，1914年。士兵装具中的M1893式背包很重，而且用着不舒服，背包里通常还放有额外物品。法军大部分士兵装具，包括M1905式弹夹包都是由黑色皮革制成。它是M1888式弹夹包的改良版本，但这个改良版本的扣件很松，并因此产生了一个严重问题——士兵在剧烈运动时容易把子弹抖出来。

让人不舒服的立领，带有红色领章，领章上是蓝色军团数字编号；士兵们通常还在衣领下方围着蓝色或白色的围巾。另外，该大衣还配有肩带——1913年，军方配发卷边式肩带，士兵们可以用它来支撑步枪枪带和装具的背带。

除大衣外，法军步兵还有另一种外套上衣——M1897式（vareuse，即短军衣，也被通俗地戏称为"短屁股"），但它不怎么受前线部队欢迎，因此并不常见。M1897式外套上衣与陈旧的M1867式相似，但纽扣数量不同（M1867式九枚，M1897式七枚）。另外，前者（M1897式）的衣领与大衣（M1877式）相同。

步兵们穿着一种宽松红色长裤（大多数是M1867式，它分别在1887年和1893年进行过修改），裤子后面设有半条腰带，可用于调整宽松。许多人穿的长裤都带有较为柔和的颜色（或干脆改用棕色或黑色的灯芯绒裤子）；为搭配这种长裤，他们的脚上一般穿着短靴，打布绑腿或皮革绑腿。其所穿短靴（brodequins）的历史可以追溯到1893年；1916年，法军对这种短靴位于鞋底的鞋钉进行了改良。值得一提的是，步兵们的靴子普遍短缺，他们实际所用的款式变化万千，就连各种各样的民用鞋也被带上了前线。

步兵戴着一种舒适的平顶帽，它带有皮革帽舌及下颚带，帽墙为深蓝色，帽顶为红色。在帽顶正面、侧面和后面各有一条较细的蓝色垂直线，帽子前部的正中位置缝有团编号（蓝色）。他们经常给自己的军帽套上一层帽罩，帽罩一般被染成类似于大衣的颜色。一种可防水帽罩也于1913年推出。

士兵和士官的军衔等级都可由佩戴在他们袖口的条形徽章来表示。其中，二等兵（包括一等兵）的袖口有一条红色布制条纹，下士佩戴两条；中士佩戴一条金属制条纹（比上述布制条纹稍宽），军士长佩戴两条；工兵们通常在

▲ 第58本土步兵团的一名二等兵，1914年。图中这名士兵身穿的M1913式外套上衣通常很难见到，因为它早已被无处不在的M1877式大衣所取代。法军在1914年时至少缺乏200万套制服，因此被调侃为"站在队列末尾"的本土部队往往只能使用一些已经过时的制服和装具。图中士兵所穿的这件上衣就是由民间制造，因为不论（官方的）M1870式还是M1914式上衣都没有隐藏式纽扣设计。

自己左袖上方佩戴其传统徽章，图案为两把互相交叉的斧头（顶部有爆炸手榴弹）。值得一提的是，大多数士官都穿着M1897式外套上衣。

预备役步兵使用和现役士兵相同的制服，但本土民兵部队成员帽子和大衣衣领上的团数字编号为白色。

装具和武器

法军步兵的装具很重，平均重量达29公斤；而且他们在携带装具时很不舒服，个别人甚至无法使用。装具的主要组成部分——M1893式背包由黑色皮革（周围安装木制框架）及黑色皮革捆扎带制成。它里面一般储存着士兵的个人清洁用品、剃须用品、干净的亚麻布和睡前酒（仅限本土部队成员使用）；一些士兵的任务是携带一口烹饪锅或一座咖啡磨，于是各种各样的背包或面包袋也都挂在了这（锅或磨）下面；备用床单或毯子可以卷起来放到背包上面，而且这里还能再放些杂物；他们还会携带掘壕铲，通常将其挂在背包左侧。法军步兵所用的水壶采用了特殊设计，可容纳一升水（但更可能装葡萄酒）；1915年时，它被一种可容纳2升液体的新水壶所取代。

士兵们最常用的腰带是M1873式，它配有黄铜制带扣，而M1903式为普通带扣。通常，他们会把两个M1888式或M1905式黑色弹夹包佩戴在腰带两侧，每侧各一个；另外，刺刀也可以插进位于腰带上的皮挂内。在法军步兵中最常见的步枪是勒贝尔M1893型，它可通过一条棕色的皮革枪带携于肩部。

◀ 第13步兵团的一名二等兵，1914年。图中士兵所穿的这种制服通常由在1914年冬季赶往前线的增援部队成员使用，由英国布料制成。

▶ 第112步兵团的一名二等兵，1915年。图中这名士兵穿着一套于1914年末到1915年初被采用的过渡制服，包括一件经过改良的单排扣大衣和一条宽松裤子。

▼ 1915年西线战场上，一条战壕里的4名法军步兵。他们戴着新配发的帽子，它不含士兵所属团编号，采用平帽顶设计以防止雨水聚集。

制服的革新

　　所幸的是，法军步兵的红色长裤很快就被一种蓝色工装裤所取代（搭配绑腿一起使用），这就使他们在战场上变得不那么显眼了。1915年，一种简化版大衣也开始配发给前线部队。它采用单排纽扣设计，纽扣上涂了一层金属漆；该大衣的色彩相当丰富——从类似于旧版大衣的深蓝到地平线蓝都被包括在内；它采用了向下倾斜的领子，比旧大衣更舒适；领章通常为黄色（于1914年12月配发部队），上面标有蓝色的团编号。值得一提的是，法军新款大衣的大部分布料来自英国，因而其颜色（主要是中蓝色）也被称为"英国蓝"。

　　1915年2月，法军开始装备一种金属制无沿便帽（skull cap），并将它戴到平顶帽下方。其实这只是一个权宜之计（仅装备了70万顶），本意是保护士兵的头部，使其免受伤害。但事实证明这种帽子极不受欢迎，不仅很难戴上，而且会让头部大量出汗。

　　1915年春季，德军开始在战场上使用毒气瓶和毒气弹；作为回应，法军将第一批防毒敷料纱布（被称为敷料纱布1号，简称"C1"防毒纱布）投入使用。C1防毒纱布通常被装在一个挂到脖子上的防水信封里。有时，它们（纱布）会搭配着护目镜或专门的防毒眼镜一起使用（1915年夏天，法军在仓库里储存了610000副防毒眼镜）。军方还发放了一款防毒兜帽，但由于它会阻碍佩戴者视线而很快就被弃用；接着，在1915年10月，军方又推出了一款新式防护面

▼ 第95步兵团的一名二等兵，1916年（前视图）。1914年12月，法军步兵部队引入了棕色皮革制弹夹包和皮带，因为它们能比以前使用的版本更快制造出来。

▼ 第95步兵团的一名二等兵，1916年（后视图）。此图展示了法军从1914年开始大量配发的那种帆布背包，其顶部系有一个饭盒。值得注意的是，为便于卧姿射击，这个饭盒是以一定倾斜角度被系在背包上的。

▲ 一名法国步兵部队二等兵使用的装具，1915年至1916年。
1. 一种在1915年配发的水壶，基于M1877式水壶设计。它带有两个壶嘴，其中一个比另外那个更宽些。
2. 1916年时法军二等兵装备的背包，背包顶部有备用靴子和被用作帐篷的粗帆布。这型背包可以容纳从备用袜子（每个月都会发放新袜子）到急救箱在内的所有东西。另外，同一步兵排中的成员经常会共享炊具。

▲ 1915年，一名佩戴早期唐蓬 P2型防毒面具的法军炮兵正在调试一门75毫米野战炮，使其瞄准目标。

具——唐蓬T型（Tampon T），并一直使用到了1916年中期。这些面部防护设备的使用让士兵们不得不将自己的大胡子刮成小胡子——因为当他们在战场上争先恐后地戴上防毒面具时，面具可能会被茂密的毛发给挡住。对于法军步兵来讲，他们的个人装具本来就是沉重而笨拙的——况且现在又添加了不少额外物品，比如手榴弹和防毒面具。

地平线蓝

虽然灰绿色制服的试验在1911年就已经被证明是失败的，但法国军方仍在努力寻找可接受的中性色。他们尝试了一种红、蓝和白的混合产品——但红色染料相对匮乏，难以保证充足的产量。不过，要是将红色从以上颜色样式中抽出，蓝色和白色混合起来就会变成淡蓝色——很快也被称作了"地平线蓝"。地平线蓝布料的生产始于1914年夏，到当年秋季才开始少量装备部队，可谓姗姗来迟；直到1915年春天，后方终于生产出了足够数量的布料，大多数法军士兵的外观形象也得以改善。由于生产极为紧迫，地平线蓝布料不可避免地出现了一些色差，其中的大部分可被称为浅蓝色或钢蓝色。

平顶帽和大衣首先使用了新布料。1915年夏末，军方开始配发一种新外套上衣，其纽扣为铝制，团编号被直接缝在衣领的蓝布上；与之搭配的是一条蓝色裤子，其两侧裤线均为黄色（代表步兵）；另外，法军新推出的杂役帽（bonnets de police）和贝雷帽（berets）也均由这种新（地平线蓝）布料制成。

此时，法军各种外套的纽扣都已经改用人造材料再涂上金属漆或直接用廉价的铝制造，因为弹药的生产耗费了他们绝大部分金属。另外，此时大多数纽扣仍配有燃烧手榴弹图案标志。

士兵们的平顶帽现在已被简化，帽子前方不再显示部队编号，但大衣衣领上依然配有团编号。最初，这些团编号采用黄色领章和蓝色数字标志，数字后面跟着蓝色滚边；但用正方形红色领章搭配蓝色数字的例子也时有出现。不久后，浅蓝色领章和蓝色数字成了标准的部队识别标志。

军衔等级徽章也进行了调整。在袖口附近，法军使用深蓝色条纹代替了原先的亮红色条纹——这也是为了让他们本就极度缺乏的士官显得不那么引人注意。

亚德里安钢盔

在1915年里，法军个人装备中的最重要进步就是配发亚德里安钢盔。在很早以前，约瑟夫·霞飞（时任将军）就已经看出金属无沿便帽不适用于部队，并下令尽快研发、生产新式头盔。1915年2月，他敦促军方将乔治·斯科特（George Scott）的设计投入生产，于是，该型头盔在1915年9月底停产前共生产出数千顶；但是，斯科特头盔设计复杂，造价高昂，这会对生产造成极大延迟。因此，由军需部官员奥古斯

▶ 第115步兵团的一名二等兵，1917年。这名士兵携带了全套的进攻装备，包括一具"特殊呼吸装置"（Appareil Respiratoire Spécial，一种防毒面具，简称为"ARS防毒面具"）。此外，他还带着卷成筒的毯子和帐篷帆布，它们可以在战壕里，以及在战斗期间提供额外防护；卷成筒的毯子还可以保护士兵的重要器官，使其免受敌人刺刀刺伤。

特·路易斯·亚德里安（August Louis Adrian）设计的一款（制造工艺）更简单的钢盔便取代了它。

1917年的法军士兵

法军士兵在1915年时的混搭风（照片显示前线士兵中既有戴老式平顶帽，也有戴钢盔的）在1916年后开始让位于一种更加协调统一的外观风格，并一直持续到了战争结束。他们戴着配有燃烧手榴弹帽徽的亚德里安头盔（盔上还有表示法兰西共和国的铭文"RF"，即法语"République Français"的缩写），盔体通常由米色盔罩覆盖；此外，其帽

檐以下有一条下颚带，有的还配有护颈布帘。后来，当米色盔罩被弃用后，生产厂家就对钢盔表面进行了消光处理，因此战场上法军士兵使用的钢盔颜色多样，不论地平线蓝还是深灰都能见到。

此时，士兵们仍然穿着那种于1914年首次配发的外套上衣，它可用五枚灰蓝色的金属纽扣固定。在夏天或不当值时，士兵们有时会穿一种白色的亚麻外套上衣；在寒冷天气里，他们通常会在大衣里面再穿一件地平线蓝外衣。这种

▶ 第43步兵团（突击部队）的一名二等兵，1917年。图中这名士兵身穿野战外套，携带有M2型防毒面具。法军的防毒面具罐通常采用浅蓝色或灰色金属制作，并悬挂在皮带下方以便使用。然而这种防毒面具罐实际上存在问题——它是为早期防毒面具设计的，但M2型必须经过折叠才能放入，这就常常导致防毒面具被撕裂从而无法使用。1917年，军方发放了一款新式防毒面具——ARS型防毒面具，但它没能在1918年前广泛装备部队。

大衣（1917年样式）仍然遵循着1915年时的裁剪风格，不过（与之配套的）裤子的黄色裤线已经消失——尽管这是条例规定的，但它（裤线）现在被改成了地平线蓝。从1914年开始，士兵们开始在自己脖子上系领带或围巾，后者主要由浅蓝色或中蓝色棉布制成；到1917年，他们通常还会打地平线蓝绑腿。短靴（通常是M1912式）仍然是士兵们的首选，因为它是在堑壕里穿着最舒服的一种鞋；在1916年到1917年，军方对短靴进行了一些修改，主要是将其加固，并给靴底添加了鞋钉以防打滑。

部队徽章

1916年7月，法军引入了一种彩色的部队徽章，它呈圆形，可佩戴在外套上衣领子及大衣衣领上。通过徽章颜色即可识别佩戴者身份（即所隶属的营）——第1营深蓝色；第2营红色；第3营黄色。

从1916年4月开始，士兵们会在大衣左袖处佩戴V形徽章（Chevrons），以表示自己的具体服役时间。一道徽章表示已服役一年，再加一道表示又服役了六个月（五道说明共服役三年）。此外，一些特定兵种的成员也会佩戴臂章。最常见的是由担架员佩戴的深蓝色或白色马耳他十

字臂章；司机佩戴的臂章上标有其所属团编号；联络员或通信兵使用一枚标有字母"L"的臂章；即将执行进攻任务的士兵有时会佩戴一枚白色臂章，或在自己大衣或外套上衣的后背佩戴一种白色长方形标志。

从1917年开始，士兵们开始佩戴一种链条式身份牌，并用它取代了之前使用的于1899年开始配发部队的旧版身份牌。新身份牌的正面是士兵的姓名和编号信息，反面是（开始）服兵役的时间，包括年和月。1917年1月10日，一种

◀ 第35步兵团的一名下士，1918年。图中这名士官的军衔等级由袖口下方的两条小斜杠表示。从1915年开始，法军步兵的裤子添上了黄色裤线，但它在潮湿天气里会褪成米黄色或白色。在战争期间，法军共使用过三种尺寸的绑腿——分别是2.6米、2.75米和2.2米的版本。所有这三种绑腿在使用中都会被一条相同颜色的布带固定在膝盖以下的位置，但军官们有时也会用一条皮带来箍紧（绑腿）。

新领章开始配发步兵，它呈菱形，一般被固定在大衣衣领两端。在领章上，团编号数字仍为蓝色，数字上方还有两个滚边；此外，用来表示各营的彩色圆形徽章也被佩戴在了领章最显眼的地方。然而，事实证明这种圆形徽章极不受前线部队欢迎，因而在现今的照片中也很少见到。

除上述表示所属部队的标志外，士兵们还可通过佩戴某种徽章或特殊标志来表明自己是某方面的专家或具备某种专业技能。工兵的红色交叉双斧徽章此时已被改成了深蓝色；神枪手会被授予一枚图案为一支猎号（hunting horn）的徽章作为奖励，它通常呈蓝色（那些表现极为优异的人则是金色），由布制成，被佩戴在左袖上；信号员佩戴了一枚带闪电图案的蓝色五角星徽章，它还从1916年9月开始被发给电话接线员作为奖励；掷弹兵佩戴着蓝色的燃烧手榴弹标志徽章（指挥官臂章上的手榴弹图案是由金色丝线缝制而成）；那些操作机枪的士兵使用着含交叉机枪枪管图案的徽章（或是燃烧手榴弹下的一挺轻机枪）；从1916年8月开始，操作37毫米团属火炮的炮手会佩戴一枚图案为带轮子大炮的徽章；自行车部队成员佩戴一枚带有自行车图案的徽章；军乐队乐手佩戴一枚带有七弦琴图案的徽章（并在左袖下方佩戴一枚红、白、蓝三色条纹章）；军械师佩戴一枚带有手榴弹和交叉步枪图案的徽章；侦察兵有时会佩戴一枚含蓝色五角星图案的徽章。

战伤袖标

战伤袖标被设定为一种在战斗中受伤的协约国军士兵所佩戴的荣誉标志，它通常位于使用者制服或夹克的左袖下方。

1916年，法军开始向前线部队颁发战伤袖标（法语"Insigne des blessés militaires"）。伤员从后方医院重返前线后，会把它戴在自己右袖上。这种袖标呈蓝色，宽8毫米。军官们的战伤袖标和代表其服役时间的V形徽章通常使用较细的金属丝线缝制而成，但也有人喜欢用不那么显眼

的蓝丝线。

从1916年4月开始，一些战功卓著的步兵团成员可以在自己颈部周围系上勋索。这些勋索的颜色各不相同，比如红色代表荣誉军团勋章，红绿相间（的彩条）则代表战争十字奖章。

为进攻配备的装具

法军步兵带着笨重的全套个人装具进入或撤出战壕时问题还不大；但当他们被命令攻击敌方阵地时，要想随身携

◀ **第22步兵团的一名中士，1918年**。这名士官在自己袖子上方佩戴了两条战伤袖标，它们是军方在1916年推出的；此外，他的皮带上还挂有一把左轮手枪（枪套中）和一具迷你提灯。

▶ **第82步兵团的一名中尉，1918年**。这名军官所穿的配有七枚纽扣的上衣通常由华达呢布（gabardine cloth）制成，一般都配有直兜盖。但图中这件他私人定制的上衣配了四个尖兜盖，而且还有内兜。

▲ 在一处位于西线的战壕里，一队携带有哈奇开斯机枪的法军士兵正严阵以待。该图摄于1915年。

带这些装具就是不切实际的了。

于是，军方于1916年发放了一种新型弹夹包；到1917年，法军步兵的装具也越来越多地采用天然未经鞣制的皮革制作。

军方还发放了一种新型防毒面具——M2式，它被放在一个挂于弹夹包之下的蓝色金属盒子里；军官们还随身携带着小型急救包。通常，执行攻击任务的步兵会把自己的沉重背包留在后方战壕中，只戴亚德里安头盔，穿外套、长裤、绑腿和靴子进行战斗；装具重量被维持在了最低限度，一般包括一条卷成筒的毯子（以俄军士兵的方法挂在胸前）、一个或两个2升的水壶（装满葡萄酒或水）、一个面包袋和一个防毒面具罐（法军最新的ARS型防毒面具通常被装在一个圆柱形罐子里，它与德军的防毒面具罐相似。该型防毒面具于1918年早期投入使用）。大多数士兵还会携带一个野营灯笼和一件掘壕工具（铲子、镐或斧头），或携带空沙袋或手榴弹袋；他们装备有贝蒂埃或勒贝尔步枪、

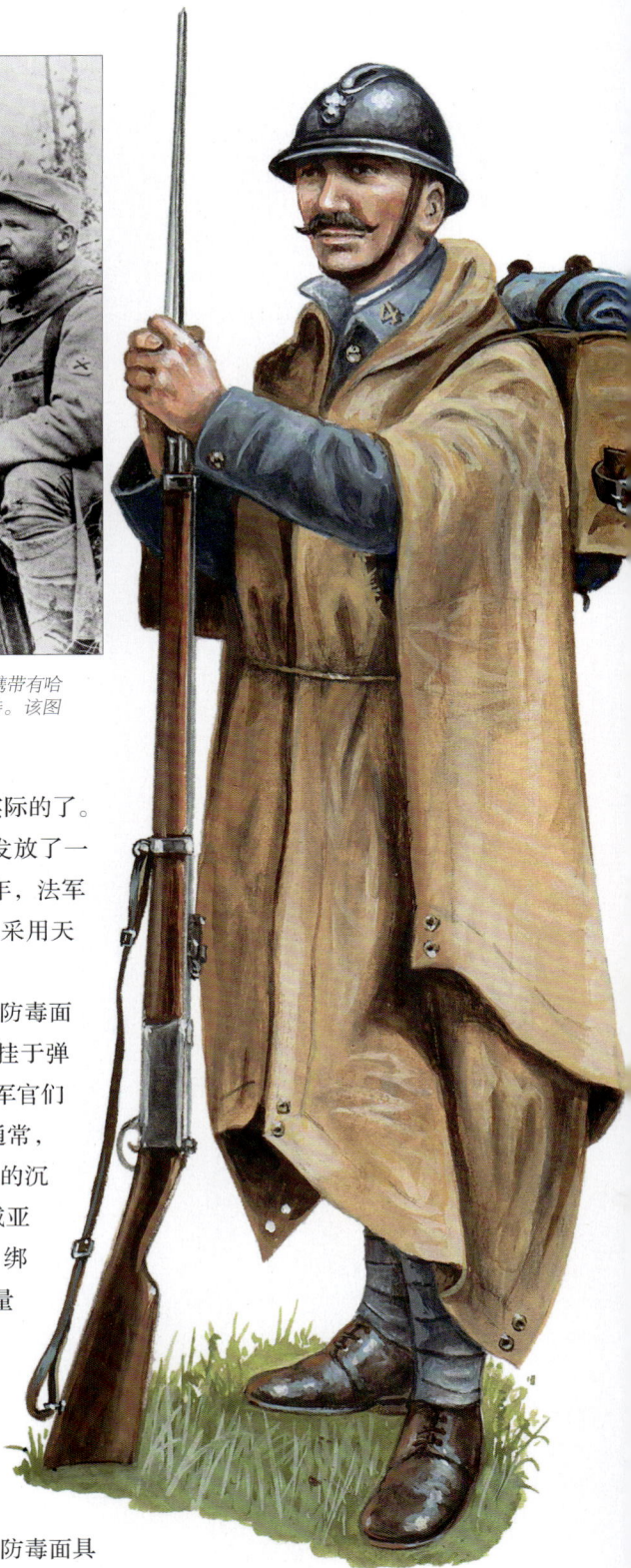

▲ 第35步兵团的一名中尉，1918年。图中军官所穿的上衣是1913年公发制服的一个改进版本，于1916年投入使用。它有一个45毫米高的立领，纽扣由金属或皮革制成。这名军官的肩膀处斜跨着一个地图包（随着堑壕战进行，交战阵地地图的面积不断缩小，地图包的尺寸也随之变小），还携带了一把M1892型左轮手枪（一种直到1935年仍被使用的单兵武器）。手枪被他装进了一个皮革枪套，这种枪套被前线官兵亲切地称为"一根火腿"。

▲ 一名位于战壕里的法军第4步兵团中士，1918年。图中这名士官身穿法军步兵的公发大衣，但它的防水性不是很好，因此经常就会出现图中这样的情形——士兵们在身上披着由帐篷帆布制成的斗篷，以便执勤时保持身体干爽。图中的士官将他的团编号缝在了大衣衣领上。到战争末期，这些数字编号（按规定）应该被缝制在位于大衣衣领尖端的菱形领章上，但前线部队并不总是会遵守规定。根据当时的照片来看，编号的实际佩戴情况可谓千变万化、五花八门。

战壕刀（有多种样式），甚至狼牙棒。通常，这些士兵也会带手榴弹，有时直接将其挂到腰带上，有时则塞进手榴弹袋，再把手榴弹袋扛在肩上。

装具的变种

标准的亚德里安头盔可以搭配一张由吉恩·杜南（Jean Dunand）设计的面部护具，但这种情况并不多见；头盔也可搭配悬挂式链甲来保护面部，但后者并不受前线部队欢迎，因为它会增加头盔的重量。另外，法军虽然在1915年就使用了加装衬垫的背心，但其防弹装备仍然不大常见（不过来自德军俘虏的防弹护甲已经投入使用）——事实证明，这种背心（在使用时）太不舒服了。

在极端恶劣的天气中，士兵们披上了他们能找到的各种民用油布，甚至可以在战场上看到用帐篷布包裹自己的人；他们还用民用围巾和手套为自己保暖，并将步枪的枪机包裹在油布或手帕里。司机们在冬天穿着毛皮大衣，同时使用着皮革手套和防水工作服。在严寒天气里，木底鞋（Clogs）是非常受欢迎的。在白雪皑皑的环境中，士兵们得到了一套白色（一开始是浅米色）

的伪装作战服，这是自1911年以来军方为步兵首次配发的新装备。这种白色工作（或作战）服相当简陋，通过锌制纽扣加以固定，只能勉强提供（较差效果的）伪装；但是，当头盔也被涂成白色时，整体的伪装效果就好多了。

前往欧洲以外战线的部队（在加里波利、萨洛尼卡和马其顿及巴勒斯坦战斗的法国步兵团）成员一般穿着一种配有地平线蓝或白色长裤的外套上衣（地平线蓝）。军官们有时会戴热带头盔（于1886年首次配发），而不是亚德里安钢盔。法军的热带头盔与英军类似，但通常为浅棕色或米色。前线步兵部队的热带头盔往往不含任何特定的帽徽，它的防护性能很差，但轻便舒适，也能保护使用者头部和颈部免受阳光照射。虽然地平线蓝已经成为来自法国的几乎所有军队的标准制服色调，但从1915年2月开始，在炎热气候环境中服役的法军部队也可能会得到一种轻便的卡其布（或亚麻）外套上衣和裤子。

◀ 第175步兵团的一名上尉，1915年（加里波利战场）。图中这名军官穿着带有隐形纽扣的外套上衣，以及在1886年首次配发的热带头盔，他的腰带上挂着一个带布套的笔记本和一个皮革制地图包。通常，军官们会在自己胸前的口袋里放置一个哨子——这也是一种私人购买的装备；利用一条皮带，他们可以将哨子链系在自己胸袋的纽扣上。虽然加里波利战场上有大约4万名法军官兵，但实际上只有两个步兵团（第175团和第176团）是正规军，法国远征部队在此地的其余部分均由外籍军团、北非轻步兵团和殖民地步兵团组成。这些部队后来还转移到了萨洛尼卡继续作战。

▼ 一支法军部队正登上一艘前往加里波利的军舰，该图摄于1915年。一支法国远征部队（主要由驻扎在北非的部队组成）集结到了一起，并被派往位于海丽丝岬的奥斯曼军队阵地前；随后，他们遭受了约15000人的伤亡损失。

猎兵和山地部队

法国轻步兵（包括普通猎兵，即chasseursàpied，以及阿尔卑斯山猎兵/山地猎兵，即chasseurs alpins）在战争初期穿着自己独特的制服，并自视为一支精锐力量。山地部队的士气尤为高昂。

普通猎兵

法军猎兵以营而不是团作为基

本单位。1914年时，其共有31个猎兵营，其中19个为普通猎兵营（chasseurs à pied），另外12个则是山地猎兵营（chasseurs alpins）；再加上31个预备营，共计62个营。1915年，法国军方新组建了9个猎兵营；同时，一些山地营也被编入了那个所谓的"蓝色师"（即第47步兵师）。

与步兵不同的是，法军轻步兵的制服色调不是红色，而是一种由蓝色和黄色构成的颜色，个人装具则由黑色皮革制成。轻步兵的制服相对实用，军官们往往穿得很像士兵，比如他们穿长裤而非马裤，穿大衣而不是外套上衣和夹克（但山地猎兵的所有成员都装备有外套上衣）。猎兵平顶帽的样式和步兵相同，不过颜色为深蓝，帽顶周围有黄色滚边，帽上的营编号也是黄色的；他们大衣衣领和军官外套上衣的领子上也配有营编号。绑腿（长2.6米，宽0.12米）和短靴是这些猎兵的首选装备。

猎兵的制服纽扣上绘有传统的猎号标志，而不是燃烧手榴弹图案。他们携带着比普通步兵更多的个人装具和弹药（多达120发子弹）。不久后，普通猎兵用一种更简单的版本替换了他们早先使用的带黄色滚边的平顶帽。地平线蓝大衣于1915年开始配发，但他们仍然保留了自己颜色较深的裤子。尽管法军曾用不同深浅的蓝色进行过试验，但至少山地猎兵仍然热衷于他们传统的深蓝色（制服）。1914年冬，军方试图强制让这些部队使用浅蓝色制服，但似乎没有成功，毕竟现有深蓝色制服的库存就已

经够他们穿很久了。

制服徽标的发展

1915年11月，绿色取代黄色，成了普通猎兵部队制服营编号和裤线的颜色；另外，该部队士官在袖子上佩戴的军衔等级徽章也被改成了绿色，图案和步兵相同。此时，普通猎兵部队成员还戴着深蓝色的亚德里安头盔（带猎号标志和字母"RF"，与步兵帽徽中的燃烧手榴弹图案有所区别）。山地猎兵们再次对这些变化进行了抵制，他们希望至少保留自己独特的贝雷帽。即便如此，猎兵部队成员的大衣和外套上衣的纽扣，以及大约10万顶钢盔上依然绘着猎号图案——这也是他们与普通步兵的最大区别。值得一提的是，猎兵外套上衣本该配置五枚纽扣，但随着战争进行，大多数普通猎兵的制服已经变得跟步兵一模一样（只有少数山地猎兵部队仍然坚持戴他们传统的贝雷帽）。持续且残酷的战争已经使猎兵们长期珍视，与步

▼ 法军的自行车部队成立于20世纪初。到1905年——也就是本海报发布时——利用自行车部队执行战场监视和侦察任务的概念早已在法军中确立。

◀ 第5普通猎兵营的一名下士，1914年。图中这名士官身穿一件带有猎号图案纽扣的双排扣大衣。他的深蓝色长裤配有黄色裤线，以便将自己与步兵区分开来。佩剑在传统上就是军官和士官的象征，到1914年时还能在战场上发现携带佩剑的人；但随着堑壕战开始，它也越来越多地被留在了后方仓库。

1914年的世界大战中，这些部队曾在孚日山脉以及法军最初进攻阿尔萨斯的行动中与德军交战。

制服的特征

山地猎兵和普通猎兵在制服的一些细节方面有所不同。前者更喜欢穿一种于1891年首次配发的外套上衣（被称为vareuse-dolman），因为它不像一般大衣那样笨重。这种上衣在其向下倾斜的衣领处绣有黄色营编号（本土部队的营编号为白色）。

它可以通过七枚小纽扣加以固定，这些纽扣均由白色金属制成，上衣正面的底部还配了两个口袋。值得一提的是，这种上衣在侧面开有侧缝，以便使用者进行攀爬；它的袖子后部还设计了一些皱褶，可以提供更多的放置空间（将褶皱进行拉伸）。搭配这种外套上衣的是一条深蓝色羊毛腰带。

通常，山地猎兵会将自己的军衔等级徽章佩戴在袖子上，中士的徽章图案与下士相同，但位置略高于后者。其他徽章则与步兵类似——交叉机枪枪管代表机枪手（部分山地猎兵营下辖有一个哈奇开斯机枪排，他们通常用骡子运送机枪和备用弹药）；从1912年起，山地猎兵部队开始用一支猎号的图案标志代表神枪手。军官们往往穿着与士兵（样式）相同的外套上衣，但采用了更精细的布料制作，并分为两个版本——夏季版的布料要薄些，冬季版相对更厚。

这些山地猎兵通常戴着一种深蓝色贝雷帽（1902年后，他们一般会在炎热天气中或长途行军时为其套上白色帽罩），在帽子右侧佩戴黄色或金色的猎号帽徽——它于1889年被首次使用，并随后的1896年进行了局部修改。

山地猎兵的裤子一般为深蓝色（通过混合95%的蓝色羊毛和5%的白色羊毛得来），带有黄色裤线，可用白色工作服将其覆盖。在1914年之前，猎兵制服裤子的剪裁都相对紧绷；但在此（1914年）之后，他们更换了一种更为宽松的裤子，在采用新的裁剪方式后，其膝盖

▼ 第3普通猎兵营的一名上尉，1914年。这名军官戴着一顶外形整齐的船形帽，它也被称为"军官便帽"，配有猎号标志、军衔等级徽章及黄色滚边。除图中所示这种军官便帽外，还有一些更简单的军帽版本，它们分别采用了各种不同的形状和颜色。

▲ 第7普通猎兵营的一名侦察兵，1914年。图中这名猎兵即使没有扛着自行车也得承受其他沉重的负担——他的大部分个人物品都被存放在一个帆布袋或一个携物袋（musette）里；此外，袋里还装满了每日的食物配给，并且总是装有烟草。折叠自行车最初是由杰拉德上尉设计并制造，于1914年初装备法国和比利时军队。然而，随着前线陷入堑壕战，这种机动装备也基本停止了使用。

兵部队在制服和徽标方面的差异（也可以说是优越感）降到了最低程度。

山地猎兵

法国在19世纪80年代组建并训练了山地部队，以保护其与意大利（当时刚完成统一）之间敏感的边界。在始于

▲ 几名被其德国敌人称为"蓝魔鬼"的法国山地猎兵，他们此时正在练习操作一门37毫米山炮。

和小腿处仍然比较紧，但大腿附近就感觉相对宽松了。尽管根据条例，长裤上应该缝有裤线，但前线官兵经常会违反这项规定。

在制服上衣外，山地猎兵部队的成员一般不穿大衣，而是穿一种于1892年首次配发的连帽外套。它由四枚制服组扣和两个挂钩加以固定，外套袖子处可佩戴军衔等级徽章（黄色或银色）。

装具

山地猎兵通常携带着一个适合山地作战的棕色皮革背包，毯子被卷起，系在背包的顶部。和步兵掘壕工具不同，

大多数山地猎兵携带的是登山镐；在山区作战时，他们还会带上一卷绳子。1892年，法国军方规定：不得再将子弹放到背包里，而应装入黑色皮革弹夹包，再将弹夹包挂在腰带上。大多数猎兵都拥有三个这样的弹夹包（虽然条例规定士官只能佩戴两个），主要型号为M1888式。军官们通常配有左轮手枪和佩剑，鼓手和骑手同样如此。在一支山地猎兵部队中，或许有几名成员会携带露营设备，但大多数人都

▲ **第12山地猎兵营的一名中士，1914年。** 图中的山地猎兵在他深蓝色的羊毛贝雷帽右侧佩戴了一枚黄色的猎号帽徽——这也是法军猎兵的象征；到1916年，这个标志也出现在了士官的领章上。

▶ **法军在1917年时装备的一些武器。**
1. 拥有可调节三角支架的哈奇开斯机枪，这型通用武器在使用时很容易枪管过热。
2. 法制信号枪。图为1917年配发的改进型号，射程为60米（约66码）。

只带了一只水壶、一个烹饪锅和一个饭盒。这些物品主要是铝制的，因为它们曾经在19世纪90年代被送到阿尔卑斯山考察队那里进行测试，被证明是在高山环境中使用的最佳材质。此外，这些山地猎兵还使用着帆布背包和面包袋。

▼ *一名来自滑雪连的法军猎兵，1916年。法军滑雪连通常在孚日山脉作战，其兵员主要来自山地营。白色贝雷帽和白色长裤是该类部队成员的标准装备。*

自行车连和滑雪连

在法军的作战序列里，由猎兵组成的自行车连一般隶属于骑兵师，这些部队主要装备了折叠自行车和卡宾枪。法军滑雪部队最初是在1903年，经过试验后才成立的；1914年冬天，为对付孚日山脉的德军滑雪部队，法军选出一些志愿者，组建了新的滑雪部队。这些滑雪连最初是作为侦察部队而组建，但后来成了正式的战斗连队。

滑雪连成员在1916年使用了一种特殊的黄色徽章（军官徽章用银线编织），图案为一双滑雪板。在滑雪部队的标准徽章于20世纪20年代颁布前，它存在着诸多不同的版本。在冬天，该部队成员通常头戴白色贝雷帽，身穿白色工作服和一种加入了特别设计的白色外套上衣——它特别宽松，但袖口处可以扎紧。他们佩戴的专业技能徽章（图案）包括电报操作员和信号员

▲ *第7山地猎兵营的一名猎兵，1916年。法军山地猎兵在他们的阿德里安头盔上佩戴着猎号帽徽，并在后背捆扎的帐篷帆布处放置了一根顶端弯曲的阿尔卑斯登山棍和一件可折叠的连帽斗篷。*

的闪电、神枪手的银色猎号和剑术高手的交叉双剑。另外，机枪手徽章的图案中有爆炸手榴弹，其下还有两根交叉枪管；军乐队成员的徽章图案是竖琴；携带登山工具的山地猎兵通常佩戴含交叉登山镐和铁铲图案的徽章；于1912年成立的两支山地自行车部队成员在他们的袖子上佩戴着绘有自行车图案的徽章。

外籍部队

战争对人力资源的巨大消耗迫使法国以各种方式和形式组建了外籍军团。

外籍军团

法军雇用外国志愿者的历史悠久，这一点在波旁王朝的瑞士军团和拿破仑时代的波兰军队中都有所体现。19世纪30年代，他们成立过一支混合国籍的外籍军团。1914年，多个由外国志愿者组成的独立营被编入了所谓的"行军团"（March Regiments，其下辖的各营原隶属于不同的团）；不久后，更多外国志愿者（主要是意大利人）涌入，大大增加了法国外籍军团的兵力。

制服的特征

法国外籍军团成员的武器和装备与法军普通步兵相同，但其制服上配有一种独特纽扣（带有"Légion Etrangère"字样），还被授权穿白色棉质长裤，系蓝色腰带或饰带。外籍军团传统的色彩鲜艳的制服也很快进行了改进——1914年末，军方向其发放卡其色长裤及外套上衣，但后者穿的大部分大衣仍为地平线蓝色。总的来说，他们大衣布料的颜色从黄棕色到深棕色都有（主要从英国进口）。1916年，外籍军团获得了一种含有绿色手榴弹图案的徽章，以及衣领带有绿色滚边的卡其色大衣；另外，他们领章的样式与法军普通步兵相同。

外籍军团成员的亚德里安头盔上配有手榴弹图案帽徽。头盔起初为蓝色，但随着他们装备卡其色大衣，它也就被漆成了浅棕色。另外，该军团独特的蓝色腰带基本上只会在正式场合使用。大约在同一时间，由外籍志愿者组成的"三月步兵团"成员被授权佩戴一种红绿相间的勋索，以此作为战争十字奖章（Croix de Guerre）的象征。值得一提的是，外籍军团成员虽然使用标准的（步兵）个人装具，但其材质主要为棕色皮革而不是黑色皮革。

波兰部队

1917年，第一支波兰部队在法国成立，该部队主要是从德军的波兰裔战俘和法国外籍军团的波兰裔成员中招募新兵。他们的制服与当时的法军极其相似，尤其是法国猎兵。但前者被允许戴一种他们国家的布帽（konfederatka，即波兰传统的方顶野战帽），军官布帽

◀ **法国外籍军团第1行军团的一名二等兵，1916年。** 法军北非轻步兵部队和外籍军团成员通常在自己腰上系有一条蓝色腰带。图中这名士兵背负着大量额外装备，以满足他在难以再补给的地区中进行长途行军的需求。

▶ **一名捷克军团的二等兵，1918年。** 向捷克军队发放的阿德里安头盔同样印有帽徽，图案包括代表波希米亚、斯洛伐克、摩拉维亚和西里西亚四个地区的纹章。

的帽舌由皮革制成。此外，该部队成员还将代表自己国家的徽章佩戴在了大衣肩带上，其图案是红色圆盘中的波兰白鹰；由他们使用的一些亚德里安头盔也绘有这个鹰徽。

波兰部队中步兵的衣领标有绿色部队编号，以及一个军号图案标志；炮兵的编号为浅蓝色；骑兵为白色；工兵为猩红色。步兵和骑兵军官佩戴银色的军衔标志，炮兵军官则是金色。1918年，由法军组建的波兰部队开始返回其本土；1919年，其中的许多人穿着上述制服，与苏俄的布尔什维克军队浴血奋战。

▲ 隶属于法军第15步兵团的美国黑人士兵，主要来自纽约国民警卫队。1918年时，美国将其4个黑人步兵团转交给了法军指挥部，由法国人负责他们的指挥和补给。

美国部队

美国陆军虽然对将完全由黑人组成的部队派往前线这一想法感到不安，但还是组建了4个黑人步兵团（第369、第370、第371和第372步兵团）。他们没有与其白人同胞并肩作战的资格，甚至在1918年被转隶给了法军指挥部。这几个美国黑人步兵团共同组成了一个法国师，由法军负责训练和装备。他们一般使用亚德里安头盔（配有含手榴弹图案的帽徽），并携带法式武器和个人装具；不过，其外套上衣和马裤通常还是美军标准的公发版本。

捷克斯洛伐克猎兵

1917年12月，法国将捷克斯洛伐克志愿者编成了2个团（即第21和第22猎兵团）[①]。这些捷克斯洛伐克人的装备与波兰人基本一样，制服风格也与法国猎兵相似。根据军方于1918年4月颁布的一项条令，他们应当穿阿尔卑斯山地猎兵使用的那种外套上衣，它配有肩带，领章为蓝色（带红色滚边和金色团编号）；此外，他们还应在肩带上佩戴红色字母花押（字母“C”上叠加了字母“S”）。该部队成员头戴亚德里安头盔，头盔正前方的帽徽中含有波希米亚（Bohemia）、摩拉维亚（Moravia）和斯洛伐克（Slovakia）三个地区纹章的图案；他们还会戴一种深蓝色贝雷帽，它与法国山地猎兵的帽子相似，同样配有金色帽徽，但帽徽被固定在了正前方。这些部队也是未来捷克斯洛伐克国家军队的骨干和基础。

◀ **一名捷克军团的二等兵，1918年。**图中的捷克士兵戴着与法军山地猎兵相同的贝雷帽，但帽上的帽徽不同——本图中的帽徽并不是由最初设想的白蓝红三色所组成。

▶ **一名波兰猎兵团的猎兵，1917年（法国外籍部队）。**这些波兰人通常戴着一顶阿德里安头盔，头盔上配有含波兰鹰和猎号图案的帽徽；但不在前线值勤时，他们往往戴着更经典的波兰贝雷帽或方顶野战帽。

① 译者注：原文为第21和第22猎兵营，疑有误。

殖民地部队

战争期间，法国大量从居住或服役于海外的法国侨民以及殖民地土著中招募士兵，无论志愿者还是应征入伍者都可以，以求在短时间内扩充兵力。

殖民军的历史很复杂，但总的来说，其多支精锐部队都在战争中发挥了重要作用。最著名的殖民地部队大概就是31个北非轻步兵（zouaves）营了，主要由居住在阿尔及利亚或突尼斯的法国侨民组成（实际上其中有8个营的士兵完

▲ 法军担架手正将受伤的士兵（包括来自阿尔及利亚的法兰西猎兵）从马恩河战场前线送到后方的野战医院。

全在巴黎和里昂长大）。像外籍军团那样，这些部队也组有行军团；还有由来自突尼斯和阿尔及利亚志愿者组成的32个法兰西猎兵（tirailleurs，也被称为"狙击兵"）营，他们后来得到了来自摩洛哥的兵员补充。摩洛哥在1914年还处于治安战争时期，因此当时只有少量兵力可用；那些从此处招募的人最初被编入了当地的五个猎兵营中。

非洲轻步兵团（Infanterie Légère d'Afrique）很不可靠，由非洲惩戒部队组成。法军还有一些最初由海军部负责的殖民地部队——共12个殖民地步兵团，包括来自西非塞内加尔的法兰西猎兵，来自印度支那的东奇尼（Tonkinese）法兰西猎兵，以及来自马达加斯加的法兰西猎兵。除上述地区外，还有其他一些殖民地也为战争中的法军提供了兵员。

◄ 第1北非轻步兵团的一名二等兵，1914年。这里展示的第1北非轻步兵团士兵在他的黑色夹克上搭配了红色纹饰，以及一个实心的红色圆形饰物；第2北非步兵团成员的圆形饰物内还配有一个白色圆圈；第3北非轻步兵团成员的圆形饰物内配有一个黄色圆圈；第4北非轻步兵团成员除了在夹克上搭配红色纹饰，还在其圆形饰物内配有一个蓝色圆圈。

北非轻步兵

北非轻步兵通常穿着一种宽松的制服——它在全球范围内被多支军队模仿，并不是只有北非人才使用。他们头戴一种独特的毡帽（被称作"chéchia"，可搭配蓝色帽罩），或是带蓝色流苏的土耳其红毡帽（士官或军官的流苏由金线制成）。他们还穿着一种蓝色马甲，其纹饰和边缘均为红色；这种马甲在1893年进行过修改，但反而采用了更为古老的设计。通常，轻步兵会在马甲里面穿着蓝色衬衫，衬衫滚边为红色。在冬天，他们穿着一种红色的宽松裤子，它由较为厚重的布制成；到夏天，这种红裤子会被一种白色棉质裤子所取代。在非洲，隶属于自行车连的北非轻步兵通常穿得很简单；但在1913年9月后，他们中的大部分人都换上了深蓝色外套上衣。

北非轻步兵的个人装具通常与法军普通步兵相同，包括M1888型黑色皮革弹夹包。

▲ *第1北非轻步兵团的一名二等兵，1914年。北非轻步兵团成员通常在腰上系着一根蓝色腰带，以便使自己与系红色腰带的法兰西猎兵区分开来。*

制服的变革

1914年8月，刚抵达欧洲战场不久后的北非轻步兵遭受重创，这在很大程度上要归咎于他们所穿的红色或白色长裤——这在战场上实在过于显眼。当年9月，卡其色被法国军方认证为是一种良好的伪装色；9月底，军方同意将北非轻步兵的制服布料改为深黄色卡其布。此

后，他们就装备了与山地猎兵裁剪相同的上衣和裤子，军方还为其红色毡帽配发了卡其布帽罩；虽然（法军）更换全套制服的过程较为缓慢，但他们还是优先得到了颜色低调（不显眼）的裤子和帽罩。随着冬季到来，北非轻步兵获得了步兵样式的大衣（最初，他们在恶劣天气里只能用连帽斗篷保暖），这些大衣要么为深蓝，要么为地平线蓝，不过后者逐渐成了主流。到1915年初，这支部队的装备情况已变得普遍不佳，其中最好的部队也是穿着五七八门的各色制服，最糟糕的部队则可谓衣衫褴褛。

随着战争不断持续，最终，法军非洲部队大部分军服色调都更换成了卡其色。尽管英国人抱怨，说这样可能会让法军和他们自己的制服相混淆。但即便如此，英国也向法国提供了他们急需的200万米卡其布。1915年推出的简化版大衣在当年年底开始配发，它就是由卡其布制成的；除制服颜色外，北非轻步兵的上衣、头盔和裤子（有时也采用与步兵相同的黄色裤线）的颜色也发生了改变，这使其形象焕然一新。他们通常在大衣和外套上衣的衣领上佩戴着红色团编号，编号旁还有两条滚边。

帽子

北非轻步兵还装备了金属无沿便帽，可以将其戴在他们的红色毡帽下。虽然这些部队最初戴着配有手榴弹图案帽徽的地平线蓝头盔，但他们还是打算以新月和字母"Z"作为自己盔徽的图案。于是，在1915年8月，新月正式成为北非轻步兵部队的帽徽图案（后来，也有一些部队佩戴自己的独特徽章——比如一个带有本团编号的新月）。与军服颜色相同，这些头盔也都被涂成了卡其色。

法兰西猎兵

来自阿尔及利亚和突尼斯的法兰西猎兵也被编入了混合团，他们的制服与北非轻步兵非常相似，但实际上是在1853年设计的。两者的不同点在于，法兰西猎兵的制服为浅蓝色，配有黄色滚

▼ *第9北非轻步兵团的一名下士，1918年。图中的士官穿着一件深黄色上衣，在其衣领处佩戴红色领章，领章配有红色滚边和红色军团编号。位于他袖子上的机枪图案徽章表明他是一名专业的轻机枪手；此外，猎号图案标志代表佩戴者是一名神枪手，交叉机枪枪管图案标志则代表佩戴者是一名重机枪手。*

边和纹饰，而非后者的红色；另外，猎兵部队成员的腰带为红色，所戴毡帽也是红色的，但根据个人所隶属的营分别配有一条白色、红色或黄色的流苏。法兰西猎兵经历了与北非轻步兵相似的制服变化过程，最终装备的是深黄色卡其布制服，但他们所属团的数字编号和制服滚边均为蓝色；而那些将北非轻步兵和法兰西猎兵混编到一起的团，其成员的团编号数字为红色，领章的一条滚边

为红色，另一条为蓝色。

惩戒部队

法军成立了一支惩戒部队，即非洲轻步兵团（下辖3个营）。这支部队的成员都是犯过错的应征入伍者，因而让他们在非洲接受严酷的服役考验以改正错误。非洲轻步兵团成员穿着类似于外籍军团的制服，配有蓝色腰带和红色长裤。1915年，他们得到了卡其色大衣、外套上衣和裤子，上有紫色营编号和镶边。

殖民地步兵团

在1914年，法国拥有12个活跃的殖民地步兵团（其中第1殖民地步兵团被解散），以及12个殖民地预备营。法国殖民部门招募的所有这些部队都需要前往海外服役（另外，摩洛哥自己也组建了一个外表看似光鲜的混编殖民地步兵团）。该部队成员的制服与普通步兵类似，但他们下身穿蓝色长裤，头戴蓝色平顶帽（带红色镶边），身穿双排扣大衣，大衣两侧袖口各有两枚纽扣，腰带上有一个很大的青铜带扣；两者的主要区别在于前者在平顶帽和纽扣上使用的图案是一个红色船锚。

1915年，殖民地步兵团获得地平线蓝制服。他们的领章颇具特色，最初配有红色团编号和镶边，从1917

年开始还添加了红色船锚标志（军官为金色）；其头盔则配有手榴弹和船锚图案帽徽。在1918年夏天，该部队还得到了卡其色制服。

塞内加尔部队

来自塞内加尔的法兰西猎兵使用着深蓝色制服和红色土耳其毡帽；抵达法国后，他们还装备了殖民地步兵团所穿的深蓝色大衣。1915年，该部队获得地

◀ *法兰西猎兵第8行军团的一名二等兵，1915年。* 法兰西猎兵通常戴着各种尺寸和形状的军帽，从低矮软帽到平顶筒帽都在其中，但这些帽子大都覆盖有一层深黄色帽罩；他们相当奢华的浅蓝色外套上衣则由一件浅褐色大衣所覆盖。图中显示的法制刺刀经常被前线部队抱怨长度太长，不适用于堑壕战；战壕刀和左轮手枪则往往是突击部队比较喜欢的武器。

▶ *法兰西猎兵第1行军团的一名上尉，1914年。* 行军团由来自不同母团的分遣队整编而成。图中的军官身穿一件带有北非轻步兵特色的华丽浅蓝色上衣。另外，法兰西猎兵通常还佩戴着一种彩色圆形部队标志（红色代表第1行军团；白色为第2行军团；黄色为第3行军团；浅蓝色为第4行军团）。

◀一名塞内加尔猎兵部队的二等兵,1917年。图中这名士兵的腿上缠有深黄色绑腿;但是,在战争初期,由于库存不足,来自殖民地的法军部队经常会打地平线蓝绑腿。图中士兵在自己的头盔上套着盔罩,但是当军方发现布料碎片会使得头部伤口的处理变得更加复杂,而且容易造成严重感染后,这些盔罩就被弃用了。为降低可见度,这些头盔上都涂有消光漆。

▶第23殖民地步兵团的一名二等兵,1914年。组建殖民地步兵团的最初目的是让他们在非洲、加勒比海和中南半岛为法国的殖民利益服务。殖民地步兵团成员所戴的军帽配有船锚图案帽徽,这是对旧日时光的追忆——当时由法国海军部负责管理这些殖民地部队。

塞内加尔部队成员的阿德里安头盔上配有船锚和手榴弹图案帽徽;来自马达加斯加的法兰西猎兵也穿着类似(卡其色)制服,但配有红色腰带和红色土耳其毡帽(后来改为卡其色头盔),以及绿色的船锚徽章。

亚洲部队

来自印度支那的东奇尼和安南部队也被派往欧洲(主要是马其顿)作战;留在印度支那的法兰西猎兵则于1917年镇压了安南太原省(Thai Nguen)土著宪兵(Garde Indigène)的叛乱。

在来自法国本土白人军官的率领下,这些亚洲部队穿着来自他们家乡的鞋子,以及棉制卡其色长裤和配有浅蓝色徽章的卡其色外套上衣;他们还戴着一种名为"萨拉科"(salacco)的宽沿圆帽——一种越南的传统服饰。

平线蓝大衣,并在1916年初换用卡其色大衣(1915年8月,军方决定将非洲部队的制服色调统一改为卡其色);但即使这样,这些塞内加尔人的大衣颜色仍以地平线蓝为主;直到1918年,他们仍穿着那些配有黄色船锚图案的地平线蓝大衣。另外,这些人所戴的土耳其毡帽上通常覆盖有一层卡其色帽罩。

▶1914年9月,埃纳战役结束后,一群法国本土军人和几名来自法国殖民地阿尔及利亚的骑兵相聚在一起。

骑兵

参战时，法军骑兵仍然穿着华丽的制服，但他们很快就发现这会使己方损失惨重；随后，该部队改用了一套更为实用的制服。

直到战争前夕，法军骑兵部队从表面上看仍是一支非常重要的军事力量，可分为重骑兵（主要负责在战场上发动骑兵冲锋及突破敌方防线，他们通常使用较大的马匹并携带较重的武器）和轻骑兵（类似于侦察兵或高机动步兵）。前者包括胸甲骑兵和龙骑兵，后者包括猎骑兵（chasseurs à cheval）、轻骑兵及枪骑兵。在1914年，法军共有12个胸甲骑兵团、32个龙骑兵团、21个猎骑兵团（再加上6个非洲猎骑兵团）和14个轻骑兵团；另外，他们还有4个"斯帕希"（spahis）骑兵团，这4个团的骑兵从北非招募，但军官都是欧洲人。

胸甲骑兵

1914年，作为精锐中的精锐，法军胸甲骑兵满怀着骄傲与自豪踏入战场，就像他们曾经在1870年时做的那样。

当时，胸甲骑兵部队的军官们仍需保留4种专门制服（常礼服、周末礼服、大礼服及常服）。其中常服包括一件深蓝色外衣（带九枚纽扣），其衣领为红色，在它的深蓝色领章上饰有银色爆炸

◀ 第8龙骑兵团的一名骑兵军士，1914年。在开战之初，法军龙骑兵的制服与他们在拿破仑三世统治时代（1852—1870年）并没有什么不同。值勤时，他们往往会在自己华丽的骑兵头盔上罩着一张米色油布。

手榴弹图案，肩章为银色；一条红色马裤（配有黑色裤线）；一双配有马刺的黑色骑兵靴；一副镀镍胸甲。此外，胸甲骑兵部队成员往往戴着一种皮制镀银头盔，它于1874年配发部队，通常不含羽毛盔饰（只有参谋军官，或是普通成员参加游行以及在星期日时才可以在头盔上插羽毛）。他们手上一般戴棕色手套（身穿大礼服时要戴白色的）。其头盔由一张米色或棕色的头盔罩所覆盖，有时胸甲上也会套着布罩。军官们通常携带着一支手枪、一把军刀和一副双筒望远镜（装在黑色皮盒里）。

胸甲骑兵部队普通士兵所穿的制服与军官极其相似，但他们的肩章是红色的，胸甲为钢制，而且制服的质量相对也要差一些。其主要武器为卡宾枪。

1915年时，许多胸甲骑兵团都成立了下马作战的中队。尽管这些骑兵变成步兵后仍然戴着之前的红色肩章和传统头盔，但羽毛盔饰已经被完全去除了。到这时，大多数骑兵部队都在大力引入地平线蓝制服，并开始将他们传统制服的某些方面转变为类似于步兵的样式；此外，他们的马裤也开始采用蓝色裤线。

1915年后，胸甲骑兵开始佩戴标有红色团编号的领章，领章上绣有2条红色滚边；他们也开始使用亚德里安头盔，身穿一种比步兵（大衣）更长的单排扣骑兵大衣。它的设计始于1914年12月，衣领处缝有三角形领章，领章上同样带有红色团编号数字及滚边。一

队成员的衣领上除佩戴原有的两条红色滚边，现在还添加了一条黄色滚边；此外，他们在衣领上佩戴着彩色的圆形部队徽章，徽章颜色分别是——第1营为黑色；第2营为红色；第3营为黄色；仓库连为绿色。1917年1月，该部队大衣配用的三角形领章被改成了菱形（领章）。

所有6个步战胸甲骑兵团都被授予了红绿相间的勋索，以代表他们荣获的战争十字奖章。这些部队的成员通常更喜欢依靠手枪、刀剑和手榴弹而不是卡宾枪或步枪去作战。此时，他们已经开始使用皮革绑腿或布制绑腿。

龙骑兵

法国龙骑兵制服的样式与胸甲骑兵相似。他们头戴一种于1874年首次配发部队的头盔，它含有镀金的顶部装饰和前板，以及一条带金属鳞片的下颚带（他们有时会用帽罩将头盔覆盖，有时则不会，这主要视具体情况而定）。在龙骑兵部队中，不论士兵还是军官都穿着一种深蓝色外套上衣（但军官上衣几乎呈黑色），它配有九枚银色纽扣和一条米黄色领子，领子上缝有深蓝色领章，领章上标有红色团编号；此外，他们还穿着红色的马裤，脚上穿重型骑兵部队首选的高筒皮靴。在个人武器方面，龙骑兵们普遍装备了卡宾枪和M1913式骑兵长矛；军官们则通常使用M1880式重型马刀。

不久后，地平线蓝制服也被引入龙骑兵，他们身穿的制服很快就被调整成了类似于陆军其他部队的款式。在他们的头部护具方面，先是羽毛盔饰被取消，然后是亚德里安头盔彻底取代了龙骑兵的传统头盔。和其他部队一样，该部队也开始装备地平线蓝色的外套上衣、大衣和马裤（配蓝色裤线）；团编号在深蓝色的领章上以白色数字样式出现（领章上还有两条白色滚边）。

龙骑兵在1915年后继续使用那种带有三角形矛头和钢制杆身的长矛，但也同时携带了卡宾枪。他们

装备的是棕色皮带和弹药袋，而且经常将额外的弹药带挂到马脖子上。

负责维持军队秩序的宪兵身穿一种与龙骑兵非常相似的制服，但其领章上配的是白色手榴弹标志，而且他们的卡宾枪可以安装刺刀。此外，宪兵们的马裤上配有白色裤线。

▲ 第1胸甲骑兵团的一名上尉，1914年。骑兵军官一般会得到一双棕色皮手套，官方称之为"狗皮手套"。此外，为防止过于闪亮而暴露目标以及磨损，骑兵们通常会用布罩覆盖他们的胸甲。

开始，士官的大衣领章数字为银色，军官为金色，但为了在战场上保密，后者的领章数字也很快被改成了银色。1916年7月，有6个胸甲骑兵团被军方正式命名为"步战胸甲骑兵团"（dismounted cuirassiers，包含原来的第4、第5、第8、第9、第11和第12胸甲骑兵团）。这些部

▼ 第12胸甲骑兵团的一名骑兵军士，1917年。在法军中，一名骑兵军士（brigadier）相当于步兵的一名下士。图中这名骑兵军士就在他的大衣袖口处佩戴了军衔等级标志，且标志样式和步兵相同。他带着一把半自动的"红宝石"手枪，它可以连续发射9发较轻的手枪弹。注意他把手枪直接系在了腰带上。

轻骑兵

1914年时，绝大多数猎骑兵团和轻骑兵团成员都戴着一种简洁的浅蓝色有檐平顶筒状军帽（shako）；不过在1913年，他们也装备过一种类似于龙骑兵样式的骑兵头盔。这种头盔也是由钢制成，盔上配有代表猎骑兵的猎号帽徽或代表轻骑兵的星形帽徽。实际上，猎骑兵团和轻骑兵团到底配发了多少顶骑兵头盔我们已无从得知，但第5、第10和第15轻骑兵团都很可能在战前就使用过；第8和第14轻骑兵团于1914年配发了这种头盔；其他5个轻骑兵团直到1914年底才得到它。对于那些没有配发头盔的轻骑兵团成员来说，戴着浅蓝色的平顶筒帽也足够了——其中，猎骑兵的平顶筒帽配有猎号图案帽徽，轻骑兵的帽子则配有匈牙利节。这种平顶筒帽的帽舌由黑色皮革制成，士官和军官帽子的帽舌还配有金色镶边。此外，猎骑兵和轻骑兵还会在平顶筒帽上佩戴一个绒球（pompons），并用绒球颜色来表示自己所在的中队（包括蓝色、红色、绿色、浅蓝色和黄色）。猎骑兵通常穿着一种浅蓝色外套上衣，它配有红色领章，领章上标有白色团编号；这种上衣不含肩章，但在肩部配有白色三叶草标志；他们下身穿的马裤通常是红色的，带浅蓝色裤线，并搭配黑色皮革骑兵靴（带马刺）；其个人装具呈棕色，和龙骑兵一样装备了卡宾枪，但一般不配刺刀。轻骑兵的制服几乎与猎骑兵相同，但他们通常佩戴蓝色领章，领章上有红色滚边。

随着地平线蓝制服的推广，猎骑兵和轻骑兵也继龙骑兵之后，于1915年换装这种颇为实用的军服。猎骑兵在地平线蓝外套上衣和大衣的衣领上佩戴带有绿色团编号和绿色滚边的领章；轻骑兵则佩戴带有淡蓝色团编号及滚边的领章。两者的下身都搭配有一条浅蓝色马裤，裤上带有深蓝色裤线。

◀ **第3猎骑兵团的一名二等兵，1914年。** 图中这名猎骑兵所穿的制服设计精良，而且非常实用。轻盈舒适的斗篷覆盖着带有绿色团徽的上衣；它的双手可以相对自由地活动，从而有效控制缰绳。值得注意的是，猎骑兵的帽罩上同样配有绿色团徽，这种帽罩通常由油布或防水材料制成。骑马时，骑兵往往会把帽子的下颚带放下，并用它勒住下巴。

殖民地骑兵部队

在战争爆发时，非洲猎骑兵（Chasseurs d'Afrique）所穿的制服与其他猎骑兵基本相同，但戴着他们独特的窄顶筒帽（taconnets），它配有红色的帽顶和浅蓝色的帽墙；另外，他们还在自己窄顶筒帽的正前方佩戴了一枚带有传统猎号标志的帽徽；其所用领章为黄色。斯帕希骑兵完全使用了阿拉伯风格的装束，比如带伊斯兰风格的头巾、红色斗篷、红色腰带以及配有深蓝色纹饰的红色夹克；此外，他们有时还戴那种

▲ 在索姆河附近，由于英军步兵建起了一道临时路障，一队被挡住去路的法军龙骑兵正在与其交涉。该图摄于1916年。

轻步兵用的毡帽。相比之下，非洲猎骑兵的军官们则更倾向于穿欧洲风格的制服，即平顶帽、红色上衣、浅蓝色长裤和斗篷。另外，非洲猎骑兵们通常在脚上穿着棕色靴子，或打棕色皮革绑腿。

1915年，虽然大部分法军骑兵使用着地平线蓝色制服，但这些非洲部队得到的却是卡其色制服，以及与他们窄顶筒帽或毡帽相搭配的浅棕色帽罩。非洲猎骑兵和非洲轻骑兵部队都使用蓝色领章，领章上配有黄色团编号和黄色滚边；但他们所穿的骑兵马裤为深蓝色。虽然非洲猎骑兵装备着由卡其布制成的外套上衣，但这并不是斯帕希骑兵喜欢穿的——他们喜欢的是一种宽松卡其色外套或斗篷，然后将个人装具全挂到（外套或斗篷）外面。

◄ **第5轻骑兵团的一名上尉，1917年。** 1916年时，法军轻骑兵也开始佩戴标准的阿德里安头盔，盔上配有燃烧手榴弹图案帽徽。因此，只有领章才能表明他隶属于一个轻骑兵团。

▶ **第4斯帕希骑兵团的一名上尉，1914年。** 图中这名斯帕希骑兵团的军官穿着一件引人注目的羊毛斗篷，戴了一顶兜帽，斗篷覆盖着一件同样引人注意的红色外套。值得一提的是，斗篷是种在沙漠中必不可少的装备，因为夜间的气温随时可能骤降；但在1915年后，这种制服已经没多少人使用了。

炮兵

在漫长的战争岁月里，炮兵成了法国军队中最杰出的那支武装力量。随着法军试图对敌方战壕体系进行轰炸，炮兵部队的兵力和效能也在不断增长。而且在其他方面，法军炮兵也得到了长足的发展，包括火炮数量及型号、运输火炮的新方式（机动运输），以及用于对付新目标的火炮（大力组建的防空炮兵）都不断涌现出来。

炮兵的发展

大多数法国炮兵都在野战炮兵部队中服役，但也有例外，比如支援炮兵（重型炮兵）、骑乘炮兵、山地炮兵、要塞炮兵、海岸炮兵和殖民地炮兵；到战争末期，还出现了防空炮兵和坦克部队（被称为"特种炮兵"），后者将在下一节中进行讨论。

早期炮兵部队

法军野战炮兵部队成员所穿的制服类似于普通猎兵。1884年，他们将自己的平顶筒帽更换成了更为人熟知的法式军用平顶帽，但帽子上的徽标并没有什么改变，仍是红色滚边和红色团编号。一些骑乘炮兵连得到了一种类似于猎骑兵部队的头盔。它最初设计于1902年，

▲ 索姆河战役期间法军的移动式高射炮。

带有含交叉大炮图案的帽徽，但该型头盔很少使用；第二个头盔版本于1905年推出，由经过黑化的皮革制成，主要配发给了第13和第54骑乘炮兵团。这种头盔直到1915年仍然可以在炮兵部队中见到，并在1915年的春天里与地平线蓝盔罩配套使用。

法军炮兵通常穿一种深蓝色上衣，其颜色极深，看起来几乎就是黑色的。它采用了1873年时的裁剪样式（用九枚

◀ *第3野战炮兵团的一名下士，1914年。图中这名下士穿着标准的炮兵制服，其衣领配有红色滚边和所属团编号。*

▼ *炮兵领章。1. 野战炮兵；2. 重型炮兵；3. 山地炮兵；4. 支援炮兵；5. 非洲炮兵部队；6. 炮兵部队军乐团成员。*

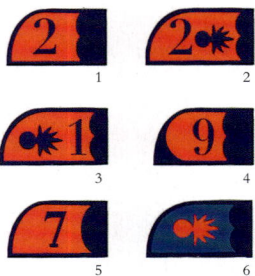

▼ *一门法军堑壕迫击炮，1917年。*
1. 在战争中，法军发现这种被称为堑壕迫击炮（或被称为"榴弹发射器"）的武器非常有效。图中这型法制堑壕迫击炮的绰号是"小蟾蜍"，于1917年大量装备部队。
2. 一发迫击炮弹。

◄ 第32野战炮兵团的一名二等兵，1914年。1902年时，军方向一些炮兵部队发放了一型专用头盔，它到1914年还会偶尔出现在前线，但阿德里安头盔最终将其全部淘汰。

步兵使用的更小，用来与他们专用的卡宾枪配套；刺刀通常被插入一具黑色的刀鞘中，再被悬挂在黑色腰带上。炮兵的军衔等级由佩戴于袖口的V形徽章表示。值得一提的是，观察员佩戴着一种特殊徽章，其图案为四道从一个爆炸手榴弹中飞出的闪电。

骑乘炮兵与其他炮兵部队的制服非常相似，但他们更喜欢使用骑兵式的皮革绑腿或马靴。这些炮兵通常穿着加固版马裤（配有黑色皮革内衬），而不是类似于步兵剪裁样式的裤子；他们还携带军刀和手枪，以之取代了野战炮兵使用的卡宾枪。

变革

法军炮兵与步兵几乎同时采用了地平线蓝制服。由于1905年配发的炮兵专用头盔（配发）范围有限，1914年，军方将一些消防员用头盔发放给了炮兵，不过其数量仍然难以满足需求。而且，军方很快就发现必须采取更多措施，以保护炮兵免受敌人反击火力的伤害。于是，带有交叉火炮图案帽徽的亚德里安头盔很快就被投入使用；到1915年6月，军方已经发放了约350000顶带有炮兵帽徽的亚德里安头盔。

换装地平线蓝制服后，野战炮兵仍在裤子上搭配猩红色裤线，骑乘炮兵也是如此。但野战炮兵把领子上的团编号固定成了浅蓝色数字和浅蓝色滚边；骑乘炮兵的团编号和滚边均为深蓝；支援炮兵的团编号和滚边均为绿色，山地炮兵则都是白色。

▶ 第12野战炮兵团的一名二等兵，1917年。图中这名士兵身穿的制服配着红色领章，阿德里安头盔上也配有炮兵帽徽；在除了这两项的其他所有方面上，他的穿着均与步兵相同。

在寒冷的天气里，法军炮兵通常穿着大衣，于春秋季节配发的大衣一般都配有肩带。他们的个人装具越来越标准化，棕色皮带和其他公发的步兵个人装具早已在该部队占据主导地位。

殖民地炮兵部队成员同样穿地平线蓝制服，极其类似于欧洲炮兵部队所装备的那些制服和装具。但他们从1918年3月开始使用卡其布制服，并在制服纽扣和亚德里安头盔上大量使用了代表殖民地的船锚徽章。此外，该部队成员的裤子配有红色裤线，他们的领章上绘有深蓝色船锚标志（而不是所在团编号）。

纽扣固定）和红色领章，领章上缝有深蓝色团编号。他们裤子的颜色与上衣相同，配有两条红色裤线。大多数法军炮手都穿着长靴，但从1914年开始，绑腿也变得越来越普遍。

炮兵一般不使用背包，因为炮架车就可以帮助他们装载物品。炮手们会把个人物品放入一个鞍袋，再将其放进牵引车；因此，他们通常只需要携带一个面包袋和一个容量为1升或2升的水壶。炮兵所用的黑色弹夹包（M1893型）比

技术兵种

挖掘和防御战壕、发展和推广战争新技术，以及提供更多的弹药补给并满足前线部队越来越复杂的后勤需求，这些任务都需要大量的技术兵种才能完成。不过，各技术兵种所从事的具体工作也有很大区别，从补给部队（通常被称为火车部队）到坦克部队都属于这个门类。法军的坦克部队实际上是其炮兵的一个分支，但在本书中会被当作一个（独立的）技术兵种来介绍。

◀ 一名法军工兵部队的下士，1917年。这名下士在其袖口处佩戴有军衔等级徽章，在他衣领处还有黑红两色的领章。另外，他的头盔上带有工兵部队独特的绘有胸甲和头盔图案的帽徽。

▼ 法军技术兵种所携带的装备，1917年。
1. 由军官使用的哨子，配有哨链和皮制带扣；
2. 防毒面具的容器；
3&4. 用于敷设、装填以及引爆地下坑道中的炸药的专业设备。

▲ 在英军炮兵注视下，一辆法军的雷诺坦克正驶向前方。该图摄于1918年。

补给部队

火车部队（即补给部队）士兵和军官的制服风格在很大程度上脱胎于炮兵。他们通常戴灰色平顶帽，身穿灰色外套上衣（就像当年该部队在拿破仑的指挥下时那样），上衣配有银色或灰色纽扣；其下身则穿一条长裤（有时是红色长裤，有时干脆是一种蓝色工装裤），裤上配有红色裤线。1915年后，该部队引入地平线蓝制服，并在他们制服的绿色领章上搭配绿色滚边和猩红色中队数字编号。

火车部队自身的兵力在不断增长着——越来越多的部队需要越来越多的弹药和食物；它也在逐步走向多样化，从救护车到灵车的司机队伍正在不断发展与壮大。在汽车部队服役的人员所穿制服与火车部队成员相似，但其大衣和外套上衣的领章上配的字母是红色的"A"；此外，他们还佩戴了一种带有红色字母"A"的白底臂章。当司机驾驶着一辆没有挡风玻璃的卡车（这是当时的主流设计）时，他们通常会穿一件长款皮大衣，还戴着一双厚手套。

工兵部队

法国工兵逐渐声名鹊起，这与军方在战争中分配给他们的重要职责和使命是分不开的。这些工兵承担了各种各样的后勤任务（其中包括第5工兵团，其任务是维护和修理铁路）。

工兵部队成员一般穿一种与炮兵非常相似的制服，但他们使用的是黑色镶边；其所穿长裤配有红色裤线，领章带有红色团编号。1915年，工兵开始换装地平线蓝制服。这种制服搭配了黑色领章（军官领章由天鹅绒制成），领章上带有红色军团数字编号，裤子配有黑色裤线。另外，他们装备的亚德里安头盔上有一枚带羽饰头盔和胸甲（法军工兵在普法战争期间所穿的防弹衣）图案的盔徽，以及字母"RF"；有时，这种工兵所戴头盔的盔徽下方还配有一个交叉双斧标志，但这说明它（头盔）很可能是私人购买的。在特殊技能徽章方面，第5工兵团成员佩戴了一种臂章，上面的图案是一具火车头。

除挖掘或铺设电缆以及布设带刺铁丝网所需的专业设备外，工兵们通常也携带了标准的步兵装备；此外，他们还使用着一些防护设备，可能包括黑色的钢制胸甲（可以保护前胸及后背），以及带脸部保护装置和遮檐的钢盔。这些防护设备和拿破仑时期法军工兵所用的装备相同。

坦克部队

法军坦克部队从技术上讲是炮兵的一部分，但其往往被称为"特种炮兵"。该部队成员身穿地平线蓝制服，使用红色领章，领章配有红色团编号以及铁灰色滚边。在1917年秋天，他们得到了一种特殊的徽章，徽章上的图案包括羽饰头盔和交叉火炮；这枚徽章通常被佩戴在他们的标准炮兵外套上。

皮大衣在法军坦克部队内部很受欢迎。此外，坦克乘员们装备了各式各样、旨在增强防护的特殊防具，包括驾驶员戴的护臂和带衬垫的防护背心，或是带护目镜的钢盔，以及带悬挂式链甲的皮革头盔。简而言之，任何可以保护乘员不受坦克内部弹片侵袭的装备都会被用上。在法军坦克部队中，雷诺轻型坦克是最常见的一款型号，但他们有时也使用施奈德（Schneider）轻型突击坦克。此外，配有标准炮兵帽徽的亚德里安头盔也被发放给了坦克乘员。

值得一提的是，该部队成员通常装备手枪或自动手枪，而不是步兵的步枪或炮兵的卡宾枪。

医疗部队

1914年时，医疗部队的军官们穿着步兵军官的那种外套上衣和红色长裤。他们的平顶帽配有红色帽墙，以及带金色滚边的红帽顶。到1915年，军医和战地医院的助理医生都已经装备了亚德里安头盔，并以其传统的蛇杖图案标志作为帽徽。他们的衣领上配有深红色领章，领章上绣有灰蓝色部队编号。另外，除了在手臂上缠有一条带红十字标志的白色臂章，担架手与其他部队的成员是几乎无法被区分开来的。

◀ **一名坦克突击部队的上尉，1918年。** 图中所示的这种黑色皮夹克在坦克乘员、司机和航空人员中很受欢迎。另外，坦克乘员们开发出了他们自己的徽章体系。1917年末，他们在自己的阿德里安头盔上佩戴了一枚特殊的炮兵帽徽。

▶ **第23火车团的一名少尉，1918年。** 这名初级军官头戴一顶军官便帽（也称船形帽），他的阿德里安头盔上有一枚图案为两门互相交叉大炮的帽徽。

飞行部队

法军早在19世纪90年代就使用过观察气球，但空中观察和空战的发展指引着它创建了一支全新、独特的武装力量——飞行部队。

早期情况

操作观察气球的部队在法军内部被称为"航空服务部队"（Service Aéronautique），它直到1910年才隶属于工兵管理。1914年4月，法国战争部设立

▲ 一张法军飞行员乔治·布瓦洛的签名照片。照片中，他站在自己座机的前面，身后是其纽波特11型战斗机，其绰号为"宝贝"。

了一支专门负责执行航空任务的部队。1914年8月时，法军共有159架飞机，被编成了21个中队；在4000名地勤人员的协助下，该部队培养出了200名可以投入实战的飞行员。一年后，即1915年8月，该部队拥有588架飞机，其中包括193架"法曼"MF7（Farmanns MF7）型战斗机。到1918年11月，它已拥有7620架飞机，由12000名飞行员负责操作驾驶；此外，还有4000名机组成员负责在空中观察敌情或使用机枪。

法军飞行部队成员的制服最初与工兵相同，但其蓝色领章上搭配的是猩红色部队编号，有时他们还会佩戴含部队编号（同为猩红色）的臂带。不过，军方很快就引入了一种特殊徽章，用来区分出这些会开飞机的人。飞行员通常在自己衣领上别着一个带翅膀的星星，或在袖子上佩戴一个有翅膀的螺旋桨；但他们其实更倾向于保留自己老部队的制服样式。许多飞行员都来自骑兵（随着堑壕战开始，他们就因为无处发力而转换门庭了），因此轻骑兵或猎骑兵的制

服往往在飞行部队中占据着主导地位；但他们一般也会在老制服上佩戴新的飞行部队徽章。此外，该部队成员经常使用臂带来表明自己的飞行员身份，带翅膀的星星或带翅膀的车轮也是他们很喜欢的标志图案。

制服的变革

到1915年底，飞行部队开始换装地平线蓝制服。他们通常穿着标准的大衣和

◀一名战斗机中队的中尉，1915年。实际上，服役于飞行部队的人员在选择制服方面有着一定程度的灵活性。图中这名军官所穿制服的风格是低调内敛的，注意其衣领配有早期使用的那种翼形徽章。

▶一名战斗机中队的上尉，1916年。图中这名军官在其红色领章上佩戴着翼形徽章，他的上衣是配有金属纽扣的新款式，即1916年时推出的新式制服。

◀ **一个不按条例穿制服的飞行员。**很多飞行员都来自骑兵部队——本图所示人员就曾经在轻骑兵部队服役，而且他仍然保留着轻骑兵的军帽和马裤。

▶ **一名法军飞行部队的观察员，1916年。**观察员作为飞机机组成员的一部分，承担了进行战场观察和操作机枪等职责。在当时，所有机组成员都会使用一种带衬垫的一体式飞行服，但其中大多数（飞行服）都是私人购买的。

军官用的腰带。这种英式飞行员外套上衣有七枚金属组扣和一个立领（被称为"de Saxe"领，即撒克逊领），以及折叠式袖口；它有四个口袋，可用四枚小组扣系紧，还配有肩带。法军飞行员很喜欢穿一种棕色的"航空"靴子，能有效保护自己的腿部；它比较长，可用一根从上至下的鞋带系紧。地勤人员通常穿着黑色短靴，并搭配地平线蓝绑腿。

徽标

法军飞行部队的军官们佩戴着与步兵相同的军衔等级徽章，并且有权携带佩剑和手枪。他们的制服组扣通常是金色的，配有带翅膀的螺旋桨图案。

属于该部队的特殊徽章于1916年9月正式推出，结束了之前佩戴任意（所属）部队徽章的情况。按照新规定，军官会在他们的两侧衣领上都佩戴一枚带翅膀的车轮或带翅膀的星星；观察员在自己右胸处佩戴一枚带翅膀的星星；飞机机组成员佩戴的徽章图案为由金色闪电围绕的圆圈。

地勤人员在他们的左袖上佩戴徽章。其中，机械师佩戴一枚带有深蓝色齿轮或带翅膀手榴弹的标志；军械师佩戴一枚蓝色的（士官为金色），图案为两门交叉大炮或爆炸手榴弹下的两门交叉大炮的标志（后者主要由那些为战机维护机枪的军械师使用）。

电工戴着一枚由两个圆圈和八道金色闪电组成（图案）的徽章；附属于飞行部队的司机佩戴一枚带有蓝色翅膀图案的徽章；在机库工作的电工则佩戴一枚（图案）代表机库的徽章，它从1915年开始由原来的红色变成了深蓝色。

外套上衣，看起来就和山地猎兵一样；其马裤上配有橙色裤线，但头戴的地平线蓝平顶帽上一般不含滚边或部队编号，只有用黑色皮革制作的帽舌和下颚带；如果使用亚德里安头盔的话，他们所用的通常会是步兵那种款型。该部队成员大衣和外套上衣的领章均为橙色，上面还有黑色滚边和部队编号（"1"或"2"）；观察气球操作员所佩戴领章的颜色顺序相反（即领章为黑色，滚边和数字为橙色），后来还把橙色改成了红色。

一些飞行员仍然穿着他们以前部队的制服，或使用英军的飞行员外套和

飞行部队的许多成员还佩戴了其所属中队的特殊部队徽章，从黑豹、斧头到戴着单片眼镜的狐狸都有。

装具

法军飞行员的飞行装备最早由私人购买的皮夹克和带驾驶员护目镜的飞行头盔组成；此外，他们也使用着军车驾驶员和摩托车手的常用装备，还有毛皮大衣（观察员经常使用）。当军方设计制造了专门的飞行装备后，机组成员有时会在这上面缝制徽章，但各飞行中队的非官方部队徽章仍是更为最常见的。

俄国

　　沙俄帝国幅员辽阔，但庞大的领土也或多或少掩盖了它的脆弱本质。俄国社会中的统治阶层与贫苦百姓之间存在着令人难以置信的鸿沟。随着1905年国内革命的爆发，从中得到警示的俄国精英们虽然意识到了改革的必要性，却无法将其彻底实施。1914年，沙俄政府正式开启一场全面战争，试图借这次在外国领土上的冒险和爱国主义精神团结民众，让他们忘却自己的不满。然而，事实证明这是个饮鸩止渴的办法——战争对脆弱的俄国社会施加了更大压力，也因此导致了一系列新的局部冲突的爆发。

▲ 坦能堡战场手绘示意图。图为1914年8月发生的坦能堡战役。该战役是在一战开始后几周内，俄国与德意志帝国之间爆发的一场决战——但它没能摧毁俄军。事实上，德军直到1916年才真正削弱了俄军的进攻能力。

◄ 在1914年冬天，波兰某地，一大群俄国战俘正站在雪地中，由德军士兵押送着缓慢前行。这些战俘在德国人的监狱里遭受了极大苦难，特别是到战争即将结束时，他们在这时所得的食物配给是相当少的。

1914 年的沙俄帝国

1914年时，沙俄帝国的面积已经空前庞大——其领土范围曾于19世纪大幅增加，覆盖了令人不可思议、约占地球陆地面积六分之一的地区——它在拿破仑战争中得到芬兰、波兰的大部分领土和摩尔多瓦，然后继续在西伯利亚扩张，还吞并了中亚（甚至阿拉斯加）。此外，俄国也在积极谋求在高加索地区的主导地位。然而，这使其和奥斯曼帝国产生了正面冲突，还与英国进行了激烈对抗；另外，它在亚洲的迅速扩张也直接导致了1905年日俄战争的爆发。

俄国国民

截至19世纪末，俄国人口为1.3亿；

1906年达到1.43亿；到1914年，这个数字已达到约1.67亿。但增长人口的地区主要集中在大城市——1914年，俄国首都是圣彼得堡（战争爆发后更名为彼得格勒），莫斯科作为工业和经济中心也在发挥着重要作用；除此两座城市外，它还拥有14座人口超过10万的大城市。另外，俄国国内民族众多，彼此之间风俗习惯和语言文化各异；俄罗斯族虽占其全国人口的绝大多数，但各民族之间始终存在着较大的分歧和冲突。鉴于此种情况，19世纪末期的沙俄政府曾试图在全国推行俄罗斯化——这取得了一些成果，但同时也产生了不少新问题。

作为民族多样化的一个结果，沙俄军队是直接向沙皇本人，而不是其民族宣誓效忠的——由于民族主义具有的复杂性，这也的确算是个明智举措。

俄国人颇具开拓精神，有很多本国国民前往美洲新大陆寻找工作机会，也有不少俄族人移民到西伯利亚和中亚。尽管这部分人向国外的移民导致了其国内人口减少，但他们毕竟只占小部分。哥萨克自治区由那些曾经在沙俄帝国边境生活的人所在的地区组成，共有十一个，即顿河（Don）、库班（Kuban）、捷列克（Terek）、阿斯特拉罕（Astrakhan）、乌拉尔（Ural）、奥伦堡（Orenburg）、西伯利亚（Siberia）、七河地区（Semirechie）、外贝加尔（Transbaikal）、阿穆尔河（Amur）和乌苏里江（Asuri）。

农业和工业

俄国拥有广阔且肥沃的农田，但在1900年，它正经历着一场工业革命。农奴虽然在1861年获得解放，但农村的日常生活仍由大地主主导。农民的生活非常艰苦，他们的工作大多属于劳动力密集型（农用蒸汽机械很少使用）；改革也几乎没有触及土地所有权问题。城市经济的迅速发展为那些试图逃离农村的人们提供了一个新选择，但就算这样，除贵族和缓慢崛起的中产阶级外，城市里那些平民的生活同样过得很艰难。

俄国的主要产业是煤炭和矿石开采（大部分集中在乌克兰和波兰）、纺织品制造、造纸（集中在芬兰）和化学工业。其大量出口自然资源和工业原料，比如食品（谷物和面粉）、石油、木材和棉花；另一方面，它从国外进口成品机械，依靠外国公司提供水路、铁路运输服务，还在外国军火工业那里购买武器。相对于西欧来讲，俄国的铁路运输业起步较晚，但在1905年呈现出了爆炸式的发展；从那时起，在法国大量贷款资金的帮助下，其铁路里程数迅速增长。此外，大量可以通航的河流也缓解了它部分长程运输的压力（但耗时较

▲ 图为俄国首都圣彼得堡附近的喀琅施塔得造船厂。它拥有极大容量，俄国人得以重建他们在日俄战争中被摧毁的海军舰队就是靠的这座造船厂。

长）。不过，当时的货物运输仍然主要依靠传统的马车来进行。

俄国军事力量

在军事上，俄国似乎拥有着一支强大的武装力量。1914年时，它在波罗的海（位于圣彼得堡附近的喀琅施塔得军港内）保有一支规模庞大的舰队，并且已经启动了一项野心勃勃的海军计划；根据该计划，俄海军将从英国购买多艘现代化战舰。黑海舰队（驻扎在塞瓦斯托波尔和刻赤）没那么强大，一旦奥斯曼帝国对达达尼尔海峡实施封锁，它就会成为瓮中之鳖。自19世纪中叶以来，这些困境就一直是俄国关注的焦点，它认为在黑海的自由通行权至少对本国经济发展起着举足轻重的作用。

俄国拥有一些极其关键的战略节点——华沙是其重要的军事中心和铁路枢纽，而布列斯特—立托夫斯克（Brest-Litovsk）和科夫罗（Kovno）也拥有相同地位；高加索地区遍布军事前哨，尽管穿越该山区的极大难度已经在一定程度上保护了它免受来自该方向的入侵者攻击。

统治阶层

然而在政治上，沙俄尚未成为一个现代化国家。对改革步伐的缓慢感到沮丧的人投入了激进主义的怀抱，但暗杀亚历山大二世的行动反而导致了俄国改革的退步，使得保守主义势力重新抬头——这也是尼古拉二世在1894年登基时所表明的立场。从某些方面上看，这名君主并不适合统治这么一个庞大的帝国，比起治理国家，他似乎对军服和武器装备细节的热情更高一些。尼古拉二世的盲目自信因对日本战争的失败和随后于1905年爆发的革命而产生动摇——在这场革命中，就连一向对沙皇忠心耿耿的沙俄军队里也出现了400多名叛乱分子。于是，他开始越来越多地转而向自己的妻子寻求道义上的支持和国政方面的建议，但后者依靠的只是一小群顾问，其中一人就是臭名昭著的"西伯利亚魔僧"拉斯普京。沙皇同意了支持立法机构——议会（即所谓的"国家杜马"），并开始进行一系列代价高昂却混乱不堪的改革；可这些政治精英们把时间更多地浪费在互相争吵上，而没有解决真正国家潜在的种种问题。俄国虽然在经济方面逐渐复苏，但它增长的物质财富却被古老的社会制度和缺乏强有力领导所出现的割据势力所吞噬。

沙俄的政治问题因为过度混乱的官僚机构而更加严重，只有一部分政府部门能正常运转，上层精英们则被那些自认为没必要进行任何改变的保守派所掣肘。这影响了俄国国内从政治生态到民众生活的方方面面——从婴儿出生登记到工厂生产。1905年，民众公开表达的不满给了沙俄政府最后一次进行自上而下政治改革的机会；但直到1914年战争爆发，其统治阶层仍对这样一个现状浑然不知，即改革最终实现的目标寥寥无几。实际上，战争不过成了沙俄政府分散国内注意力和维持其腐朽统治的一根救命稻草。沙皇的如意算盘是——随着外部敌人威胁的加剧，其国内的凝聚力就可能会逐渐增强。然而，在俄国，很少有人知道他们为何参加战争，或者自己究竟能从战争中得到什么；对于普通的俄国民众而言，他们只是白白付出了巨大牺牲，却根本得不到什么利益。

▼ 一幅拍摄于1911年，罕见的拉斯普京正式肖像。当时他正与一名沙俄皇室成员（右）和一名陆军上尉（左）一起合影。

沙俄军队

虽然从19世纪开始，沙俄帝国的国力就持续增强，其军队也在世界各地耀武扬威，挑起事端；然而，1905年对日战争的失败提醒着人们，沙皇麾下的这支武装力量似乎没有看上去那么强大。

日俄战争失败后，受社会动乱影响，俄军投入了巨额资金，开始进行军事改革。这次改革与俄国潜在的力量相结合，使其宿敌——德国人感到震惊。不过，这种片面的改革也反而掩盖了沙俄武装力量存在的本质问题。

改革

从表面上看，俄国的这次军事改革颇具震撼性。其国内的基础设施建设得以完善，铁路向西铺设（但几乎没有一个合适的站台）；道路状况大大改善（不过南部没有多少道路）。它还试图进行体制改革，由此建立了一个运行良好的总参谋部，但这个新机构却与较老的未经改革的旧机构形成了竞争关系——因为后者并没有被裁掉。事实上，内部各派别之间的剧烈矛盾一直困扰着俄军，直到1917年（及以后）；于是，军队陷入了一片混乱——其决策、军官晋升和责任分担都过分依赖于某个人的突发奇想。另外，即便花费了大量资金，由于国防工业的结构性缺陷，军队的需求仍很难得以满足——即使在1915年，图拉兵工厂每个月也只能生产350挺机枪——而前线需要至少2000挺。

曾遭受日本人羞辱的俄国海军被匆忙重建起来，但面临着德国人将其封锁在波罗的海里的战略困境；另外，土耳其人也在另一个方向上把他们堵在了黑海里。

▼ 1905年1月，俄军在亚瑟港（即中国旅顺口）向日军投降。这次战败羞辱了俄国人，还在其国内引发了一场革命，迫使俄帝国政府进行了一系列的政治和军事改革。

军费

俄国陆军也获得了巨额资金，但这支庞大军队的日常开销的增长速度更快，大部分新资金都因购置服装而消耗，成了步兵这辆"俄国蒸汽压路机"的一点点"供水"；但对于他们（步兵）来说，更不幸的是大部分剩余资金被用在了要塞炮兵身上。俄军并未领悟到机枪的重要性，按条例规定，1914年时，他们应该装备有4990挺机枪。但就连这个少得荒谬的目标最终也没能达成——俄军在开战时仅有883挺机枪；到1915年10月，军方高层才终于开窍，仓促订购了31170挺机枪。另外，他们弹药奇缺——在整个1914年里仅有6亿发子弹——到1914年8月底，炮兵甚至对弹药紧缺的情况发出了绝望的悲呼。在整场战争中，俄炮兵部队一直缺乏趁手的武器，特别是那些在1914年还无法预见的新型炮兵武器（如堑壕迫击炮）。

军队的等级制度

在社会地位方面，沙俄陆军与以往基本没什么改变，士兵在军队服役时仍被普通人视为农奴。俄军的纪律极其严明，体罚司空见惯，上下级之间的复杂称呼和礼仪也必须得以严格遵守；此外，士兵在当值或不当值期间都得遵守那些严格的规定。就连在和平时期，他们的服役环境也不容乐观——军事训练被忽视，士兵们长期被当成建筑工地和农田的免费劳动力来部署和使用。

相对而言，军官的生活条件是比较好的，而且成为军官也被越来越多的平民视为一条出人头地的捷径。令人惊讶的是，许多军官都出身微末（尽管高级军官、骑兵或禁卫军军官对身份的要求仍然较高），有些人甚至是外国血统。比如1914年时，禁卫掷弹团有7名德国军官和4名瑞典军官；在一些部队里，甚至有多达30%的军官都不是俄国人。

军官的培训和晋升

日俄战争后，俄军军官的糟糕表现受到了普遍批评。因此，军方进行的改革也特别侧重于对后备军官的培养，并在1913年实施了一套新的教育方案。根据该方案规定，这些军官必须经过六年的中学教育和两年的在职培训（在此期间，军官个人可自愿到军队服役）。然而，直到1914年也只有21000名预备役军官接受过上述培训，俄军只能采取其他严厉措施，来增加极度缺乏，且必须训练有素的人员——不仅召回了一千多名退役军官，甚至一次性将三千多名士兵晋升为军官——但（军官）队伍的仓促扩大只会让情况变得更糟。1914年4月，俄军约有41000名军官；到1917年1月，军官数量已达146000名。在上述两个时间点之间，约有63000名军官伤亡；到1917年3月，已经没有多少经过战前正规培训的军官仍然幸存了。

▲ 1914年，一群俄军士兵正在放牛。在和平时期，他们通常会被用来进行农牧工作。

▼ 1915年，波兰某地。俄国一些禁卫军成员和一名摩托车手（左侧）正在清点缴获的德军装备（中间的俄军士兵穿戴着德军枪骑兵的头盔和上衣）。

军饷和生活条件

在俄军中服役不但生活条件差，军饷也很低。在俄国国内，一名普通步兵的地位是极其低微的；更糟糕的是，根据相关规定，他们不得进入剧院或乘坐公共交通工具，还被迫要对军官们表示过分的尊重。这种状态已经持续了上百年，即使在漫长的时间里，士兵们在社会中的地位已经有所提高，但这也是极其缓慢的。

由于经济原因，俄军预备役军官的训练严重不足，军方无法对他们进行日

常培训；军队里的士官也常年短缺，因
为那些有经验且有资格的人往往被直接
晋升为低级军官了。

▲ 1914年，圣彼得堡。一队身穿全套礼服的哥萨克
士兵引起了人们的注意，他们来自帝国禁卫军。尽
管外表看起来相当凶悍，但该团却使用了门德尔松
的《婚礼进行曲》作为部队行进时的配乐。

精锐部队

到1914年战争爆发时，骑兵仍被视
为俄军中的精锐，但随着后来军官们被
抽调到禁卫军和飞行中队，它的精英光

▼ 圣彼得堡的胜利广场上，一群俄海军步兵站在一
个相当肥胖的军官后面，在照片的背景中可以看到
冬宫。另外，这个广场是为庆祝1812年对拿破仑战
争的胜利而建造的。

环也黯淡了很多。炮兵是一个独特的技
术兵种，但因为补给不均匀受到限制；
比如在这支部队里，罗马尼亚人装备的
榴弹炮甚至比他们（俄军）自己的都要
好。此外，俄军还极其缺乏技术军官，
因为他们在1914年被分散部署到了庞大
的步兵部队中，并随着战争的持续而消
耗殆尽；当前线对技术军官的需求变得
日益迫切时，俄国的地方政府却没有资
源进行新军官的培训。在前线，俄军装
备的电话等通讯设备极少，机动车也相
当稀缺；1918年时，法国已拥有9万辆汽
车，而俄国只有14000辆。

禁卫军和一些其他精锐部队的情
况则不同，他们拥有极强的团队精神。
在禁卫军各团中服役的军官都是贵族和
特权阶层，有更好的升职前景；这些部
队招募新兵的标准也非常严格，有的甚
至可笑——莫斯科禁卫团（Life Guards
Moskovsky Regiment）要求士兵必须是红
头发，立陶宛禁卫团则坚持招募金头发
士兵；第4皇家来复枪团对新兵的要求更

为苛刻——必须拥有一个扁平的鼻子。不过，上述这些奇怪的征兵条件很快就在战争的重压下烟消云散了。

哥萨克是俄军中另一支拥有悠久历史和传统的专业武装。有关他们的征兵也是与普通民众分开进行的，前者仅受哥萨克条例管辖。尽管在日俄战争中表现不佳（因为日本人增强了己方步兵的火力），但哥萨克部队仍被视为战力不俗的突击手和侦察兵。

招募新兵

由于俄国的征兵法规已经过时，征兵所带来的社会负担也很不均匀。在和平时期，约有48%的男性可以被豁免兵役；然而到战争时期，即使是被豁免服

▼ 苏俄内战战场手绘示意图。在1917年到1919年，保皇派军队（白军）发动了反对布尔什维克（红军）的战争，这些白军（图中蓝色箭头）在协约国支持下，几乎就要扼杀了俄国的十月革命。

役的人（包括有家室的人、受过教育的人和不适合服役的人）也会被吸纳入预备役部队。和德军不同，俄军预备役的很大一部分兵力会被作为前线的补充兵力来使用。考虑到俄军在1914年到1915年令人震惊的伤亡率，很多本来已经被豁免服役的人很快就会发现自己也身处

▲ 1915年，波兰，沙皇尼古拉二世检阅部队时所摄的一张照片。他穿着一件上校制服——这也是他最喜欢穿的军服；另外，沙皇也有权穿第4禁卫团的制服，因为他是8个禁卫团（包括该团）的名誉团长。其肩章上带有亚历山大二世的花押，上叠亚历山大三世的花押——这表示他（尼古拉二世）担任过自己父亲（亚历山大三世）的副官。

前线了。这支军队中的大部分应征士兵来自于未受过教育的文盲人群，而且由于征兵的身体标准非常低，大量不适合服役的人也进了军队。总的来说，俄军士兵的非战损耗率非常高，行军效率极低，因疫病导致的问题也层出不穷。

俄国的经济是劳动力密集型，效率较低，它需要大量农业劳动力和越来越多的产业工人。过时的征兵法主要针对某些群体（如农民）进行征兵，但豁免了其他人（受过教育的人）——这导致军队自身和国内大部分人口在开战后没多久就受到了负面影响；随着战争的持续，这种痛苦也在呈指数增长。这一点，以及人们对参战理由知之甚少的这一事实，加到一起就成了一场彻头彻尾的灾难。1915年，在经历了1914年时的惨痛伤亡后，军方不得不重新征召大量先前已被豁免兵役的男子，这一举措造成了极其严重的负面影响。和其他国家一样，事实证明，征兵总会造成巨大的社会压力，还会削弱军队自身的凝聚力，因为没有足够的军官和经验丰富的士官来领导那些被迫忍受前线恶劣条件的新兵——他们对服兵役满怀抵触。

将军和参谋人员

在1905年到1914年间，俄军高层经历了长达十年的改革和动荡。这是一个充满不确定性、混乱和萎靡不振的时期，但这次颇具远见卓识的现代化改革的确发挥了积极作用。这种新的发展趋势也对军队高层的制服产生了影响。

步兵将军

抛开俄军众多精英（1916年时，共有2250名将军在战场服役）所穿的古老华丽的大礼服不谈，在1914年，那些身处战场的将军们普遍使用着实用且现代化的制服和个人装具。其中，步兵将军们一般穿由卡其布制成的外套上衣，搭配卡

▲ 骑兵将军布鲁西洛夫是俄国最成功的将军，他因在1916年发明新的进攻战术而被载入史册。在这张照片中，布鲁西洛夫穿着一件法国式上衣。有趣的是，这种上衣的名字是个英国将军取的。

其布马裤（颜色比上衣稍绿一些，有时也穿带红色裤线的蓝色马裤），头上戴着卡其色或绿色帽子；他们的夏季制服（被称为"基特尔"式制服）采用较轻也较薄的布料，颜色偏棕一些。其外套上衣通过五枚黄色的金属纽扣（有时也用牛角材质的棕色纽扣代替）系紧，纽扣上带有双头鹰图案，有些外套上衣还配有上口袋和下口袋；此外，他们制服的领口都配有猩红色滚边，向后折叠的袖口和肩章（俄军通常采用硬质肩章）的边缘也配有同色滚边。

在战场上，步兵将军们佩戴的肩章通常为卡其色，上面带有花押或交织字母（由字母组成的组合图案）的标志。这些

文字或字母有时代表该将军以前所在的步兵团，有时来自某个皇室成员——尤其是如果这名将军担任过某位皇室成员的侍从武官，那么通常就会佩戴属于后者的花押——比如沙皇尼古拉二世就在肩章上佩戴着他父亲的花押，即代表亚历山大三世的字母"A"。如果要奔赴战场，将军们有时还会在肩章上佩戴一些金属编织物（上面的星形图案可以表示使用者的具体军衔）；此外，在这些肩章靠衣领的那一侧通常会有一枚黄色的金属纽扣。

将军们的大檐帽一般由卡其布制成，帽舌也经常被涂成卡其色。有时戴着它会感觉很僵硬（因为沿帽顶处装有

◀ 一名俄国步兵将军，1916年。一般情况下，俄国将军制服的衣领和袖口处都配有滚边，从这名将军的纽扣和肩章（内容）就能看出他是一名步兵将军。在俄国，很多将军的年龄都在60岁及其以上。

▶ 一名俄国骑兵将军，1915年。这名将军所穿的上衣配有尖角形袖口——这表明他隶属于骑兵部队，尽管他并未佩戴自己部队的独特饰绪。

▲ 一名俄国骑兵将军，1916年。图中将军所穿的上衣配有用牛角制作的纽扣，以及一条饰绪——这表明他是一名皇家参谋军官。另外，他佩戴的肩章上带有尼古拉二世的花押图案。

金属制帽圈），因此一种更为流行的戴法就是取出帽圈，使其变得更"柔软"些。这种军帽的下颚带由棕色皮革制成，附有两枚带有帝国双头鹰图案的青铜纽扣；其帽墙上有一枚椭圆形帽徽，帽徽最外侧为银色椭圆圆环，从外向内分别是黑色、橙色和黑色。到冬季，将军们通常戴着一顶名为"帕帕克"（papakha）的皮帽（于1910年开始配发部队），它一般用灰色的俄国羊羔皮制

① 译注：一种套头衫。由于国内暂无对此的统一中文称呼，本书暂采用"格鲁立西卡"一称。

作，再加上由卡其布制成的帽顶，帽上配有帽徽。1916年后，阿德里安头盔开始在这些将军中流行开来。

步兵将军的个人装具一般由地图包、双筒望远镜和手枪组成，所有这些装备都被悬挂在一根由天然皮革制成的斜挂肩带或背带上（山姆·布朗腰带也在战争后期开始流行起来）；此外，他们还喜欢身挎军刀（通常是一把没有护手的M1909式恰西克军刀），一般会把它插在一具黑色的刀鞘里，刀鞘配有装饰性的剑结（即金色和棕色的缎带，其末端系有一个金色的结）。将军用的皮带主要用棕色皮革制作，但他们有时也会扎一根银色的腰带。

他们喜欢穿一种外形朴素的上衣（看起来更像是衬衫），即所谓的"格鲁立西卡"（gymnastiorka）①式上衣（几乎所有俄军步兵都穿着这种上衣），它从1914年9月开始配发给军官。1915年时，一种被称为"法国式外套"的上衣（这个名字其实是一个英国将军取的）在俄军中流行开来。它有几个大口袋，而且比俄军的标准上衣更长。

值得一提的是，炮兵将军所穿制服的纽扣上带有交叉炮管的图案，禁卫炮兵将军们的衣领底部还配有滚边。很多俄国将军会在他们的右肩上佩戴一条饰绪（饰绪从肩章下面延伸出来，并与上衣顶部的纽扣相连接），参谋军官也是如此。这些饰绪通常由卡其色或金色的丝线制成。另外，将军们还喜欢穿一种由浅灰色布料制成的大衣，这种大衣配有猩红色的翻领。

骑兵将军和参谋军官

骑兵将军身穿的外套上衣略短于他们的步兵同行，且采用尖角形袖口（骑乘炮兵将军也使用带尖角形袖口的上衣，但那些来自禁卫胸甲骑兵团的将军是例

外，他们的上衣采用了直袖口设计）。他们喜欢穿马裤——通常是配有红色裤线的蓝马裤，并搭配带马刺的骑兵马靴。

俄军参谋军官的特点是其佩戴的饰绪，这些饰绪由白色或卡其色丝线制成；通常，他们还会用一条臂带来表明自己的特殊身份。在参谋中，同样的，搭配山姆·布朗腰带的法国式外套也从1916年开始流行，还有一种采用相同剪裁的黑色上衣。此外，在俄军部队中，除军官大檐帽和阿德里安头盔外，一些参谋和军官还戴着一种由芬兰制造的头盔——这就是于1916年年末首次配发的"索尔贝里"（Sohlberg）式头盔；位于圣彼得堡附近的伊左瑞（Izora）工厂也制造过类似产品，但在1917年的大动荡之前只进行了少量生产。

▶ 一名上尉参谋，1917年。从1916年开始，俄军军官开始流行戴法制阿德里安头盔。注意图中这名参谋军官在他的头盔上别着一枚盔徽。

沙皇禁卫军

虽然俄国大部分军队都在与高层强加给他们的经济困难作斗争，但禁卫军里那些精挑细选的新兵们却穿着一身精美的制服。

禁卫步兵

俄军禁卫步兵身穿一套于1907年配发的制服。这套制服包含有一件卡其色外套上衣，它有一个立领，在衣襟、袖口和兜盖处有相同颜色的滚边。位于战场时，士兵们佩戴的布制肩章与上衣滚边颜色相同，并带有字母花押——通常是尼古拉二世的；这枚肩章的反面一般是猩红色的（来复枪团为深红色）。此外，禁卫步兵们经常在胸部或武装带上面别着自己所属团的团徽。位于第129页的表格展示了各禁卫步兵团成员滚边和纽扣的具体颜色。

军官们佩戴着与自己纽扣颜色相同的肩章，他们的外套上衣通常是私人定制的，马裤为卡其色。禁卫步兵的军官和士兵所戴的大檐帽帽顶比那些普通步兵部队成员的更高也更硬。他们（禁卫部队）通常在自己军帽的帽墙上佩戴皇家帽徽，军官们有时还会在帽徽上再添加一枚圣安德烈十字。1917年，禁卫步兵使用了一些进口的阿德里安头盔，也有一些其本国设计的头盔配发部队。另外，他们一般都穿着皮靴。

禁卫步兵的个人装具由一个黑色背包、一张卷成筒的毯子以及棕色弹夹包组成。这些物品通常被悬挂在一根棕色皮带上（有时也会用白色的——根据条例规定，一个师里的前三个团应该装备白色皮带），皮带配有禁卫军专用的带扣；值得一提的是，他们通常会把刺刀直接装在步枪上，而不是插入刀鞘。军官一般携带左轮手枪、地图包和双筒望远镜，以及无护手的恰西克军刀（M1909型）。到冬天，他们会用帕帕克毛皮帽代替大檐帽，穿各式裁剪风格的大衣（带6枚纽扣的M1881式禁卫军大衣仍然很受欢迎，但在战场上，军官们有时也会穿一种于和平时期配发的灰蓝色大衣）；这些大衣采用的标签式领章与外套上衣的滚边颜色相同，且根据各自隶属的部队采用了不同颜色。

◀ 芬兰禁卫团的一名二等兵，1914年。该团对士兵的要求是"必须个子不高且非常苗条"。不过，由于俄军对人力资源的需求越来越大，这条奇怪的征兵标准并没有在战争中被保留太久。

▲ 莫斯科禁卫团的一名上尉，1916年。1914年时，该团完全由红头发的士兵组成；但到1916年，这条征兵标准就已经被废除了。图中这名军官在他的上衣上别了一枚团徽（或证章），也有些军官喜欢佩戴军校徽章或毕业证章。

禁卫骑兵

在俄军中，禁卫骑兵是精锐中的精锐，其传统徽标一直被小心翼翼地保留着；而且就算他们有违反着装条例的行为，通常也会得到上级的谅解。在战场上，大部分禁卫骑兵穿着简单的卡其色

▼ 格罗德诺禁卫轻骑兵团的一名二等兵，1914年。图中骑兵所穿的这款制服展现出了一种过渡的风格——搭配着使用彩色的轻骑兵马裤和深色上衣。这个骑兵团试图保留一些传统习惯，即为骑兵们配备灰色战马；不过该团下辖的第4中队一般骑白马。

俄军禁卫步兵团识别标志

团名	袖口滚边颜色	上衣口袋和前襟滚边颜色	制服纽扣颜色	大衣滚边颜色
普列奥布拉任斯基禁卫团	白	红	金	无
史文诺夫斯基禁卫团	白	蓝	金	猩红
伊斯梅尔洛夫斯基禁卫团	白	白	金	猩红
猎兵禁卫团	白	绿	金	猩红
莫斯科禁卫团	红	红	金	绿
禁卫掷弹团	红	蓝	金	无
巴甫洛夫斯基禁卫团	红	白	金	无
芬兰禁卫团	红	绿	金	无
立陶宛禁卫团	黄	黄	银	无
科斯霍姆禁卫团	黄	蓝	银	黄
圣彼得堡禁卫团	黄	白	银	黄
窝里尼亚禁卫团	黄	绿	银	黄
第1沙皇陛下的禁卫来复枪团	深红	深红	银	无
第2萨科村禁卫来复枪团	白	深红	金	深红
第3沙皇陛下的禁卫来复枪团	无	深红	银	深红
第4皇家禁卫来复枪团	无	深红	金	深红

上衣，它配有尖角形袖口、彩色滚边和布制肩章，肩章上有花押图案，滚边的颜色与裤线条纹的颜色相同。另外，这些骑兵的马裤一般也是由卡其布制成的，裤上带有其所属骑兵团特有颜色的裤线；在战争初期，他们还经常穿着红色或蓝色的马裤。与禁卫步兵相同，禁卫骑兵们在战争中通常会携带棕色皮革装具；但直到1914年，也可以看到有人有时使用着白色皮带和肩带。

禁卫骑兵的个人装具包含弹药背带或弹夹包，其内部装着卡宾枪子弹；军官们通常会在自己的棕色枪套里放置纳甘（Nagant）左轮手枪。该部队使用的靴子都配有马刺。

技术兵种

沙皇禁卫军拥有让他们倍感骄傲的独立炮兵部队（包括骑乘炮兵和步炮兵），以及一个工兵团。其中，禁卫步炮兵共有3个旅，第1旅成员在袖口佩戴白色滚边；第2旅佩戴蓝色滚边；第3旅佩戴黄色滚边。骑乘炮兵部队成员在他们的尖角形袖口上佩戴黑色滚边。上述炮兵部队成员的肩章滚边都是红色的。但禁卫步炮兵的制服纽扣是金色的，而骑乘炮兵为银色。另外，这两种部队的成员都会在大衣上佩戴带有黑色滚边的红色领章。

▼ 禁卫轻骑兵团的一名上尉，1914年。图中这名沙皇禁卫军军官保留着传统的白色腰带，但这种装备在前线特别显眼，很容易成为敌人的射击目标。

精锐步兵

除禁卫步兵外，俄国陆军还有其他令其自豪的精锐部队。其中首屈一指的就是他们于1914年组建的16个掷弹团；在1917年（从第17至第20团），4个新的掷弹团也陆续成立。另外，俄军还组建了一些另外的精锐步兵团，这些部队一般由退伍军人营和荣誉步兵营组成。

掷弹团

最初俄军掷弹团选拔新兵的标准较高，主要从应征者的身高和体格方面进行筛选。其中，近卫掷弹团（Life-Grenadier regiments）中的第1和第13团的新兵选拔标准更是独树一帜。

1914年时，掷弹团成员所穿的制服与其步兵同行非常相似。他们通常戴着配有皇家帽徽的大檐帽；但在战场上，他们有时也会戴一种没有帽舌但配有彩色帽墙的军帽，它一般被称为"无舌野战帽"（pilotka，即"飞行员帽"）。该部队成员穿着用绿色卡其布制作的上衣，也有一些人穿着"格鲁立西卡"式上衣——这种上衣顶部的衣襟配有红色滚边（特别是军官的），然后搭配绿色或浅卡其色的直筒裤或马裤。他们使用

的皮带扣比较特殊（采用黄铜或白色金属制作，主要取决于士兵所属部队使用纽扣的颜色），其特点是皮带扣上的图案为爆炸手榴弹而不是常见的双头鹰。大多数士兵都斜挎着毛毯卷，并携带两个棕色弹夹包，每个弹夹包可容纳30发子弹；军官们通常会把自己的手枪装入棕色枪套，并为其搭配一根枪绳（银色），枪绳的一端连接手枪握把，另一端系在（军官）脖子上。

掷弹团与其他部队的区别主要在于他们所佩戴的颜色独特的肩章——其肩章正面是一种明亮的黄色。在各掷弹团中，前12个团军官肩章上的图案为金色刺绣，后8个团军官的肩章图案则是银色刺绣。

▶ 第9西伯利亚掷弹团的一名工兵，1914年。这名工兵在他衬衫的袖子上方佩戴着一枚独特的徽章，不过这枚徽章已经被阳光晒褪色了。另外，作为一名掷弹团工兵，他的腰带扣和制服纽扣上都带有爆炸手榴弹图案。

▼ 上排肩章，从左至右分别为：第1叶卡捷琳诺斯拉夫近卫掷弹团；第2罗斯托夫掷弹团；第3波尔瑙掷弹团；第4涅斯维日掷弹团；第5基辅掷弹团；第6塔乌里卡掷弹团；第7萨莫吉希亚掷弹团；第8莫斯科掷弹团。

▲ 中排肩章，从左至右分别为：第9西伯利亚掷弹团；第10小俄罗斯掷弹团；第11法纳戈里亚掷弹团；第12阿斯特拉罕掷弹团；第13耶烈万近卫掷弹团；第14格奥尔基掷弹团；第15第比利斯掷弹团；第16明戈瑞利亚掷弹团。

◀ 下排肩章，从左至右分别为：第17阿拉德洪掷弹团；第18卡尔斯掷弹团；第19普列文掷弹团；第20巴扎尔吉吉克掷弹团。

普通士兵肩章上的交织字母图案是红色的，而军官的这一图案则为金色或银色——与他们制服纽扣的颜色相同，不过两者的肩章都以明黄色作为底色。在各掷弹团中，前12个团的制服纽扣为金色，后8个团为银色。这些部队的军衔等级徽章与步兵相同（即星形标志与条纹的组合）。各掷弹团的滚边颜色如第131页表格所示。

俄军掷弹团识别标志

团名	肩章滚边颜色	大衣领章颜色	肩章上的交织字母图案（西里尔字母）
第1叶卡捷琳诺斯拉夫近卫掷弹团	红	红	AII
第2罗斯托夫掷弹团	红	蓝	M
第3波尔瑙掷弹团	红	白	FWIV（拉丁字母）
第4涅斯维日掷弹团	红	黑	N
第5基辅掷弹团	蓝	红	阿列克谢的交织字母
第6塔乌里卡掷弹团	蓝	蓝	M
第7萨莫吉希亚掷弹团	蓝	白	S
第8莫斯科掷弹团	蓝	黑	FM
第9西伯利亚掷弹团	白	红	NN
第10小俄罗斯掷弹团	白	蓝	MR
第11法纳戈里亚掷弹团	白	白	D/F
第12阿斯特拉罕掷弹团	白	黑	AIII
第13耶烈万近卫掷弹团	无	红	NII（白色）和MF（红色）
第14格奥尔基掷弹团	无	蓝	A（白色）
第15第比利斯掷弹团	无	白	K（1915年时增加了一个"T"）
第16明戈瑞利亚掷弹团	无	黑	D
第17阿拉德洪掷弹团	绿	红	A
第18卡尔斯掷弹团	绿	白	K
第19普列文掷弹团	绿	蓝	PL
第20巴扎尔迪吉克掷弹团	绿	黑	B

其他精锐部队

直到战争结束，俄军的精锐步兵部队也没有增加多少。其所谓"突击营"或"敢死营"大部分是在1917年夏季匆忙组建起来的，这类部队的组建工作甚至一直持续到了1918年之后相当长的一段时间。这些部队的成员佩戴着各种自行设计的徽章，图案内容以骷髅为主。

▼ 第16明戈瑞利亚掷弹团的一名中士，1916年。图中这名掷弹兵的背包里通常装着备用衬衫、内衣、裹脚布、针线包以及步枪清洁工具；他的面包袋里一般装有盐、面包和军用饼干。

战时，掷弹团在制服和个人装具方面的变化包括引入带有双头鹰盔徽的阿德里安头盔或由本国设计的头盔，以及用无舌野战帽（pilotka）取代了大檐帽。1914年8月，第8掷弹团以代表莫斯科的大写字母"M"替换了梅克伦堡公爵的交织字母。1917年春季，一些掷弹团决定用与该团头衔有关的字母来取代原来的皇室花押——比如第12阿斯特拉罕掷弹团就使用了代表阿斯特拉罕的大写字母"A"。此外，掷弹团成员们开始将自己的军衔等级徽章佩戴在袖子处，而不再是肩章上。

掷弹团所属的炮兵和工兵部队成员佩戴着猩红色肩章，而不是步兵的明黄色（肩章）。

▶ 俄军掷弹团士兵的个人装具，1916年。
1. 一根挂有两个弹夹包的腰带，共可装60发子弹；
2. 被装进枪套的纳甘左轮手枪；
3. 面包袋；
4. 携行包；
5. M1909型水壶；
6. M1894式短锹。

步兵

俄军拥有一支庞大的陆军，其中绝大部分都是步兵。因此，军方必须以实用且经济的方式来装备这支大军。

发展历程

俄军步兵的制服和装备虽然从1914年到1917年几乎都没有多大变化，但相较于20世纪初还是有了一些显著的进步。这部分归功于当时欧洲普遍存在的变革精神，另一部分则要归功于沙皇个人对军装的浓厚兴趣。俄军步兵的外在形象于1914年8月前，即战争开始之前就发生了一连串明显的变化。

惨败于日本人手下迫使俄军在短时间内进行了一系列改革，其范围自然也包括了制服和装备。在日俄战争中，俄军步兵曾身穿白色或深绿色（甚至是黑色）的制服参加战斗——他们的制服虽然相对简单而经济，但并不能完全符合实战要求。有鉴于此，俄军战争部在1906年对各种不同类型的卡其色快速进行了测试，并于1907年决定使用绿卡其色作为外套上衣、裤子和军帽的主色调。不过由于后勤补给问题以及天气的影响，他们很难确定制服究竟应该是什么颜色。大多数俄军士兵身穿的制服似乎呈绿褐色，但经过洗涤和褪色后，上衣和裤子几乎变成了米色。另外，沙俄帝国境内的所有工厂和作坊都在制作这些军服，而它们（军服）有五种不同的尺码——这就更增加了俄军制服（具体样式和颜色）的不确定性。

最初，步兵的绿卡其色上衣是用棉线或羊毛（冬天用衣）制作的，带有立领。这种上衣在1912年之前相对普遍，但之后就被新军服逐渐淘汰，但在战争期间仍然可以看到穿这款制服的士兵。

俄军最初装备的绿卡其色上衣往往被"格鲁立西卡"式上衣（实际上是种长衬衫）所取代，这种上衣（或长衬衫）从1910年开始出现，曾在当时大量配发部队。它的1910年配发版本在衬衫左侧有一道开口，但1912年版本的开口位置变得更靠近衬衫中部；此后，这种长衬衫还分别于1914年（采用隐藏式纽扣并增加了口袋）和1916年进行了微调。到1914年战争爆发时，俄军中最常见的"格鲁立西卡"上衣款式是1912年配发的版本——它带有两枚领扣，衣襟开口处可用三枚木制或牛角制纽扣系紧。由于前线大量需要此类制服，这也导致它在生产中发生了不少变化：一些

▲ 第51利托夫斯基步兵团的一名二等兵，1914年。在夏季，俄军步兵通常穿着一件棉制的"格鲁立西卡"式上衣，冬天则使用它的羊毛材质版本。

◀ 俄军步兵肩章。上排从左至右分别为：第255（阿克尔曼）步兵团副官；第109（沃尔兹）步兵团军士长；第6（利巴瓦）步兵团军士长；第9（西伯利亚）来复枪团军士长；第2（索非亚）步兵团二等兵；第191（拉尔加-卡胡尔）步兵团志愿下士；第9掷弹兵团掷弹兵。
下排从左至右分别为：第74（斯塔夫罗波尔）步兵团二等兵；第52（维尔纳）步兵团二等兵；第10西伯利亚来复枪团军士长；第9来复枪团二等兵；第1高加索来复枪团军士长；第143多罗戈布日步兵团二等兵。

配有口袋，一些配有后部通风口，一些则配有折叠式袖口。

军官们通常穿着私人定制的外套上衣（"基特尔"式制服）。这种上衣比普通的"格鲁立西卡"式上衣颜色更绿一些，还配有胸袋，而且它是用更优质的材料制成的。不过，有些军官觉得他们应该穿得跟自己麾下的士兵一样，因此有时也会穿"格鲁立西卡"式上衣。在战争后期，所谓的"法国式外套"受到了俄军军官的青睐。

俄军步兵肩章颜色（部分）	
第1步兵师	肩章颜色
第1步兵旅	
第1希腊国王陛下的涅瓦河步兵团	红
第2沙皇亚历山大三世的索菲亚步兵团	红
第2步兵旅	红
第3陆军元帅米哈伊尔·戈利岑的纳尔瓦步兵团	蓝
第4萨克森国王的科普奥尔步兵团	蓝
第2步兵师	
第1步兵旅	蓝
第5德国皇帝威廉一世的卡卢加步兵团	红
第6普鲁士亲王弗雷德里克—利奥波德的利巴瓦步兵团	红
第2步兵旅	白
第7舒科夫四世将军的瑞威尔步兵团	蓝
第8爱沙尼亚步兵团	蓝

肩章

俄军所用的肩章通过纽扣来连接他们的卡其布上衣或"格鲁立西卡"式上衣。这种肩章质地较硬，两面均有颜色，其中正面为彩色，反面为卡其色。通常，肩章两面都印有该团的番号或花押——如果这个团有王室或皇室赞助人的话，不过卡其色的那面有时会留空。

一般情况下，俄军肩章的彩色那面有三种颜色，但究竟是哪种取决于这个团所隶属的旅在这个师中的位置。比如，某师第1旅下辖的各团佩戴红色肩章，第2旅则佩戴蓝色肩章。

那些佩戴红色肩章的步兵团通常采用黄色字体印刷其部队标志（即番号或花押）；佩戴蓝色肩章的步兵团则用白色字体印刷。在肩章的卡其色那面，字体（如果有字的话）通常为黄色。

俄军士官一般在肩章上佩戴红色条纹（中士佩戴黄色或金属条纹），将其

◀ **第14奥隆提基步兵团的一名二等兵，1914年。** 图中这名士兵的大檐帽由棉布或亚麻制成。注意帽顶处有一个隆起，而且帽子没有下颚带，这个样式在俄军中是很常见的。俄军步兵在战前就去除了他们大檐帽上的滚边。夏天时，在高加索地区作战的士兵通常会给自己军帽配备护颈布帘。

▶ **第80卡尔巴尔达斯基步兵团的一名上校，1915年。** 图中这名高级军官穿着一件"格鲁立西卡"式上衣，而不是标准的公发外套——因为它穿起来更舒适，还让人不那么显眼。1914年，俄军军官的伤亡极其惨重，因此，指挥官们也开始想尽一切办法来隐藏自己。

作为自己的军衔等级标志。对于军官来说，其肩章的基础，即僵硬布板的颜色与麾下的士兵相同，但他们的肩章覆盖着一层金色或银色的编织物（星形图案和条纹的组合），以作为自己的军衔等级标志；在军官肩章卡其色的那面，团数字番号或花押字母是由青铜制成的。随着战争的持续，俄军军官遭受的惨重伤亡迫使他们采取了一些措施，以使自己不那么显眼，比如使用柔软而不僵硬的肩章。沙俄志愿军团的军官们同样佩

由皇室或王室成员作为赞助人的步兵团	
团名	**肩章上的花押字母图案**
第1 希腊国王陛下的涅瓦河步兵团	GI
第2 沙皇亚历山大三世的索菲亚步兵团	AIII
第4 萨克森国王的科普奥尔步兵团	FA*
第5 德国皇帝威廉一世的卡卢加步兵团	WI*
第6 普鲁士亲王弗雷德里克—利奥波德的利巴瓦步兵团	FL*
第9 彼得大帝的英格尔曼兰步兵团	PP*
第14 塞尔维亚国王陛下的奥洛涅茨步兵团	PI
第18 罗马尼亚国王陛下的沃洛格达步兵团	CC*
第39 奥地利大公路德维希殿下的托木斯克步兵团	LV*
第48 沙皇亚历山大一世的敖德萨步兵团	AI
第51 沙俄帝国皇位继承人殿下的立陶宛步兵团	A
第54 保加利亚沙皇陛下的明斯克步兵团	F
第65 沙皇陛下的莫斯科步兵团	NII
第67 奥尔登堡大公的塔鲁蒂诺步兵团	FA*
第68 沙皇亚历山大三世的博罗季诺—莱布步兵团	AIII
第81 格奥尔基·米哈伊洛维奇大公的阿普歇隆斯克步兵团	EII
第84 沙皇陛下的希尔凡步兵团	NII
第85 德国皇帝和普鲁士国王威廉二世的维堡步兵团	WII*
第89 沙俄帝国皇位继承人殿下的白海步兵团	A
第145 沙皇亚历山大三世的新切尔卡斯克步兵团	AIII
第206 沙俄帝国皇位继承人殿下的萨利阿尼步兵团	A

上述花押字母图案中，标有 * 的为拉丁字母，其余为西里尔字母。

◀ *第13别洛泽尔斯基步兵团的一名二等兵，1914年冬*。图中这名士兵携带了一根铁铲和一个防毒面具，其中铁铲的铲头已经用帆布罩罩好。通常，这种铁铲被称为林纳曼式掘壕铲，由丹麦军官林纳曼发明并于1869年获得专利；它非常实用，而且功能很多，甚至可以当作煎锅使用。此外，该图还很好地展示了在寒冷冬季与大衣一起配发的羊毛兜帽。

戴肩章或肩带，上面有互相交织，由黑色、白色和橙色组成的滚边。

　　1914年，为表示与同盟国势不两立，俄军中那些以奥匈或德国王室成员作为赞助人的步兵团[1]去除了他们肩章上的花押，并以简单的数字符号代之。

其他种类的制服

　　在冬季，俄军步兵穿着由灰色或灰棕色羊毛制成的大衣，这些大衣通常是单排扣（1911年版），或通过搭钩和扣眼固定（1881版），它们都配有折叠式袖口。这两种大衣也经常被士兵当做毯子来用，并且一般和一条帐篷帆布卷在一起，再斜跨放至胸部（俄军士兵经常

① 译者注：如第6普鲁士利巴瓦的弗雷德里克—利奥波德亲王步兵团。

将饭盒和干粮等物品塞进毯子卷，再将其两端扎紧）。即使他们穿大衣，胸前也会斜挎着这种帆布/毯子卷。当气温降至零下五度时，这些士兵还会戴上一顶兜帽。在平时穿大衣的情况下，他们会在胸部斜挎一条长绳，把绳子末端塞入腰带，这样就可以将垂下的兜帽固定，并用其盖住自己的背部。值得一提的是，士兵们有时会在自己的大衣上佩戴肩章，且大衣肩章的尺寸比普通上衣更大，不过情况也不总是这样。此外，他们还喜欢在外套或大衣的前襟处佩戴自己的勋赏和团徽。

军帽

　　俄军步兵通常戴着一种于1907年引入，并在1910年进行过改良的大檐帽。它由卡其布制成，帽檐为黑色（但经常被涂成绿色或棕色）；经过一段时间使用后，这种帽子往往会变得松松垮垮。军官们则戴着一种更笔挺的大檐帽，士官们有时也能得到。总的来说，士兵的大檐帽都会显得比较松垮。不论军官、士官还是士兵，他们帽子帽墙的正前方

羊羔皮帽，它被称为"帕帕克"，有各种形状和颜色（大多为灰色或棕色）。帕帕克配有一个卡其色帽顶，并带有皇家帽徽；它还有一个可以折叠，也可以包住脖子和耳朵的皮毛帘——这在俄国的严冬里可以提供必要的防护和保暖。它（帕帕克）的设计是非常成功的，在20世纪的大部分时间里都是（多个政权的）俄军的一线装备。

1916年，俄军开始装备带有双头鹰盔徽的法制阿德里安头盔，但这些头盔大多局限于被精锐部队或军官使用。他们自己设计的头盔（M1917"索尔贝里"式）由芬兰赫尔辛基的索尔贝里和霍尔姆贝里公司（当时芬兰属于沙俄）设计并制造，于1917年少量配发部队。此外，俄军还使用过缴获自德国和奥地利军队的头盔。

1907年，俄军开始使用一种与他们上衣颜色相同的裤子。因裤子采用的裁剪方式所致，其在大腿及以上部分较为宽松，在膝盖处则较为紧绷。军官

们有时会在自己裤子的裤线上配卡其色滚边。所有这些裤子均由棉布或羊毛制成，其下端一般会被塞进黑色的长筒皮靴里。俄军一般会用裹脚布来代替袜子，因为前者比后者便宜得多，而且更舒适（如果使用得当的话），它在战场环境中也更易于洗涤和晾干。

装具和野战装备

俄军步兵的装具相对简单，除禁

▲ 第146步兵团的一名二等兵，1914年。步兵礼服包含了一件配有装饰性襟贴的上衣。这些礼服是非常昂贵的，有很多都被留在步兵团的仓库里。不过在后来一些战斗中，它们被再次找出来并加以使用了。

▲ 俄军步兵帽徽。
1. 本土部队所用十字；
2. 士官帽徽；
3. 士兵帽徽；
4. 非基督徒佩戴的本土部队十字；
5. 士兵在和平时期佩戴的帽徽。

都有一枚椭圆形的皇家帽徽，其外侧为橙色，从外向内分别呈黑色、橙色（或金色）和黑色。士官帽徽的尺寸更大些，而且其外侧边缘有一个较宽的银色椭圆圆环；军官的帽徽与士官类似，但有一个锯齿状边缘，其形状也更偏圆。在冬天，俄军通常会使用一种毛皮帽或

▶ 第143多罗高普斯基步兵团的一名二等兵，1915年冬。图中士兵的胸部有一个用帆布带打的交叉结，这些帆布带是羊毛兜帽的一部分——戴上兜帽时可以把它们系在一起。到这时（1915年），士兵们通常还扎着这种黑色的腰带。

卫军外，其他部队一般都不用背包。士兵们扎着棕色或黑色的腰带，腰带的带扣上配有双头鹰图案；他们在腰带两侧各挂有两个棕色弹夹包（M1893式），每个弹夹包可容纳30发子弹，有时也佩戴弹药背带以携带额外弹药；大多数士兵还会把自己的水壶或喝水用的铝瓶捆扎在腰带上，甚至在此处（腰带上）挂一件掘壕工具（如带皮套的林纳曼式掘壕铲），以及一个面包袋或干粮袋（如

▲ 在高加索地区的冬天里，一名骑马的俄军军官正率领他的部下沿着积雪覆盖的道路行进。1915年里，俄军曾多次在这个地区击败奥斯曼军队。

M1910式），后两者都是由浅棕色或白色帆布制成的。

除上述装备外，士兵们还会携带额外的弹夹包和个人物品。防毒面具于1915年底投入使用，通常被装在铝制容器里。这些防毒面具有些是俄国从盟友那里进口的，也有些是其自产的"泽林斯基—库玛安特"式防毒面具（世界上第一种有效利用活性炭进行过滤的防毒面具）。

军官们扎着一根棕色腰带（通常没有带扣），有时会佩戴一条于1912年配发的棕色皮革背带，也有时什么都不戴。他们一般携带双筒望远镜（由德国蔡司公司制造）、手枪及皮革枪套，还

有地图包，有时也会挎一柄无护手且略微弯曲的恰西克军刀（M1909型）；从1916年开始，军官们也开始携带一种被插入黑色刀鞘的匕首。

来复枪团

俄军有许多来复枪团，但他们不论从哪方面来说都与普通的步兵没什么区别。这些来复枪团包括俄罗斯来复枪团、芬兰来复枪团、高加索来复枪团、土耳其斯坦来复枪团和西伯利亚来复枪团；到战争后期，俄军还组建了拉脱维亚来复枪团。

该部队的特点是以树莓色（即深红色）作为肩章底色，并在肩章上搭配黄色团编号或花押字母。此外，土耳其斯

◀ 第10西伯利亚来复枪团的一名中士，1916年。图中这名士兵穿着一件军官用的灰蓝色大衣，他的肩章上带有三条被涂成黄色（或是镀金）的条纹，即军衔等级标志。这些肩章是由加固的硬纸板和精细羊毛布制成的，宽6.7厘米。

俄军来复枪团佩戴的花押字母图案

团名	肩章上的花押字母图案
第1沙皇陛下的西伯利亚来复枪团	NII
第2玛丽亚·西奥多罗夫娜皇后殿下的西伯利亚来复枪团	MF
第12沙俄帝国皇位继承人殿下的西伯利亚来复枪团	A
第21亚历山德拉·西奥多罗夫娜殿下的西伯利亚来复枪团	AF

◀ *第4高加索来复枪团的一名上尉，1916年*。到夏季，图中所示的野战便帽就成了在各国军队中都非常受欢迎的一种军帽，但它在这个时候（1916年）仍然相对罕见。这名军官佩戴了一条与其背带相连的肩带，他可以在肩带上面悬挂皮制弹药袋，以容纳自己左轮手枪的子弹。

坦来复枪团会在其数字番号后面添加西里尔字母"T"；拉脱维亚来复枪团添加西里尔字母"L"；西伯利亚来复枪团是西里尔字母"S"；第13来复枪团的肩章图案为西里尔字母"NN"和数字"13"；第15来复枪团为西里尔字母"NI"和数字"15"；第16来复枪团为西里尔字母"AIII"和数字"16"；第1高加索来复枪团的肩章图案为西里尔字母"M"。西伯利亚各来复枪团团名及肩章花押字母如本页表格所示。

军官们同样使用树莓色作为他们肩章的底色。

来复枪团成员通常在自己大衣衣领上佩戴标签式领章，这些领章是黑色的，配有树莓色滚边。士官们会在大衣衣领上佩戴领扣，其肩章上还配有条纹（呈金色或卡其色）。

该部队所戴的军帽和步兵一样，并同样在冬天使用帕帕克。这些帕帕克有着各种各样的形状和尺寸，尤其是西伯利亚人——他们以自己的黑色或深灰色圆形"森林版"帕帕克而闻名。另外，来复枪团成员佩戴的腰带或肩带通常都

经过了黑化处理。

俄军军官们有时也会在自己的背带上别一枚团徽。和一战中的其他军队一样，俄军也配发了战伤袖标，它通常是黄色的，也有时是红色。每次受伤或遭到毒气侵袭后，这个人就会被授予一条（战伤）袖标。

此外，俄军侦察兵在他们的袖口上佩戴着一种绿色条纹徽章；机枪手佩戴的是树莓色条纹徽章；那些战壕炮的炮手们则佩戴猩红色条纹徽章；工兵在他

▶ *第16来复枪团的一名侦察兵，1915年*。图中的侦察兵在袖子上佩戴着绿色滚边，但他制服徽标的其他所有方面都与来复枪团的普通士兵相同。在平时，俄军士兵通常只携带一个弹夹包，但战时或训练时会带两个。这名侦察兵手中的步枪是莫辛-纳甘步枪，枪上装着一把固定式平头刺刀。

▼ *俄军来复枪团士兵的个人装具，1915年*。1. 干粮袋；2. 一根挂着三个弹夹包的腰带，共可容纳90发子弹；3.子弹背带；4. 掘壕铲；5&6. 马口铁材质饭盒；7. "泽林斯基-库玛安特"式防毒面具的容器。

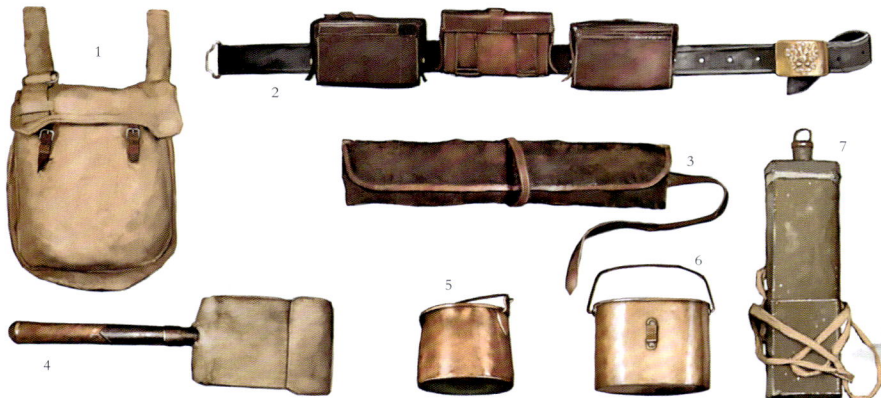

们的袖子上佩戴着一枚臂章，上面有交叉铁锹和红色斧头的图案标志。

一些执行特殊任务的俄军部队也会使用臂带。军事警察（即宪兵）佩戴着一条红色臂带，上面印有黑色的西里尔字母"MP"；那些从事物资搜集、仓储或弹药补给的人则佩戴带有蓝色或黑色西里尔字母"SO"的臂带。

对俄军而言，残酷的战争使他们发生了许多变化，其中就包括步兵团的数量在持续增加（从209个团增加到336个团）。因此，这些步兵团也由和平时期的4营制缩编成了3营制。为解决兵力不足的问题，俄军还利用民兵组建了番号从393排到548的步兵团。如前文所述，那些在肩章上带有敌方阵营贵族花押的步兵团改用了一个数字符号。除此之外，还有其他一些大的变动——第89（贝卢莫尔斯基）步兵团于1916年12月获得了佩戴皇室花押的权利。因为当时的皇太子，罹患血友病的阿列克谢（Alexis）成了该团的名誉上校；不过仅仅两年后，他就连同自己的家人一起被处决了。

掷弹兵

在俄军中，掷弹团不是唯一一支由掷弹兵组成的部队——1915年秋天，步兵内部以手榴弹为主要武器的部队也开始选拔士兵。最初，这些掷弹兵是从每个步兵连中抽调10人所组成的一支直接隶属于团部的部队；到1915年底，大多数步兵团和来复枪团都拥有了一支包括50名士兵的专业掷弹兵部队，他们手持卡宾枪、手榴弹、匕首和斧头。1916年2月，这些掷弹兵开始在他们外套或大衣的左袖上佩戴红色（有时是蓝色）的手榴弹图案徽章。

在军方成立专门的掷弹兵学校后，这个内容简单的徽章也变得复杂起来。完成掷弹兵学校培训课程的士兵可以佩戴带有红色或蓝色火焰（这取决于肩章的颜色）的手榴弹徽章，其底板为黑色，徽章上还有一个白色十字架图案；

来复枪团的掷弹兵佩戴着一枚带有树莓色火焰的手榴弹徽章；军官和禁卫军成员佩戴的手榴弹徽章底板是金色的，有时上面还配有金属十字架图案。

特遣步兵团

对那些协约国盟友来说，俄军看上去似乎是武器装备短缺但人员过剩的。因此，他们要求后者将部队派遣到其他战线去。1916年春，俄军将第1特遣步兵

◀ 第3特遣步兵团的一名二等兵，1916年。此类俄军部队被派往了巴尔干和法国战线，他们穿本国军队的制服，但使用法式装备。比如图中的士兵就用一个金属盒携带着法制M2型防毒面具（在他们刚抵达法国时就得到了这些法制装备）。

▶ 沙俄志愿军团的一名二等兵，1917年。沙俄志愿军团是由驻扎在法国的俄军特遣部队余人员组成的。由于当时俄军特遣部队不断发生哗变，整支部队被解散，叛乱分子被处决或被送到了北非的惩戒部队中。请注意图中士兵在袖子上佩戴的国旗徽章，苏俄内战中白军部队也佩戴着该样式的徽章。

领上；另外，他们还使用着法军的军衔等级徽章，以及后者的个人装具。在头部防护方面，该部队可能得到了一些带有"LR"字母标志的头盔，但也很可能继续戴着被去掉双头鹰盔徽的旧头盔。沙俄志愿军团的成员大都在袖子上佩戴本国的

▼ 第4来复枪旅掷弹兵分队的一名二等兵，1917年。俄军用掷弹兵组成了突击部队。图中这名士兵轻装简行，可随时对敌方堑壕发动攻击。他戴着一顶配有俄军帽徽的法制阿德里安头盔。该部队成员通常会避免使用步枪——手枪才是其首选装备；此外，他们还携带了锋利的掘壕工具（带有短柄）和匕首，一般还配备有一把斧子和7到8枚手榴弹。

▲ 照片中的俄军步兵已经准备妥当，蓄势待发，为自己的步枪装上刺刀，只等军官发出信号就展开进攻。战争进行到1915年时，俄军已经相当缺乏步枪。因此，一些士兵被选中，组成了以手榴弹、斧头和切线钳为武器的掷弹兵分队。这些人最初直接隶属于团部，是后来"掷弹兵突击队"的核心力量。

旅派往法国，这个旅由第1和第2特遣步兵团的志愿者组成；后来，俄军继续将第3和第5特遣步兵旅派往法国；第2和第4特遣步兵旅被派往萨洛尼卡——这两个旅于1916年底在马其顿战线进行作战。

这些特遣步兵团的成员穿着带俄式风格的卡其色外套上衣或衬衫式的"格鲁立西卡"上衣，衣上配有卡其色肩章，肩章上有时带团番号，有时还带着白色滚边。按照条例，他们肩章上的团番号应该用罗马数字来表示，但有些部队似乎没有遵守此条例，反而使用了阿拉伯数字。此外，一些志愿者的肩章上还采用了橙色和黑色滚边。特遣步兵团成员下身穿着宽松马裤，且大多数人都使用由黑色皮革制成的靴子。

抵达法国的大部分俄军部队都装备有腰带和背包，并在不久后得到了法制卡其色头盔（有的配了双头鹰盔徽，有的则未配盔徽）；可容纳勒贝尔或贝蒂埃步枪弹药的法制帆布背包和弹夹包也

广泛装备了俄军特遣部队。法式装具在这类部队里显得相当常见。

俄军特遣步兵团成员装备的刺刀在不使用时通常会被装进护套，并用带子固定在皮带上。

沙俄志愿军团

这支部队穿着与特遣步兵团非常相似的制服，但随着时间推移，他们的外观形象变得越来越像法军。大多数沙俄志愿军团成员都穿着卡其色上衣或像摩洛哥步兵那样的大衣（该部队隶属于一个摩洛哥步兵师）。这个军团的成员通常在衣领处佩戴带有"LR"字母的标志，它通过两根蓝色丝线被固定在衣

白、蓝、红三色国旗徽标；不过，军团里的一个爱沙尼亚连可能佩戴他们自己国家的国旗徽标。该军团的军官们很可能穿的是深蓝色长裤或马裤。

临时政府军

沙皇的退位导致军队内部发生了影响深远的变化，但对制服（的影响）相对有限。得知沙皇退位后，士兵们将皮带扣和阿德里安头盔盔徽上的帝国双头鹰标志锉掉（不过有时只移除了双头鹰上方的皇冠）；他们的大部分肩章被弃用，军官的军衔等级标志现在变成了佩戴在上衣或大衣袖口的各种红色和黑色条纹，士官则改为佩戴黑色的V形臂章；军帽上的椭圆形帽徽也更换成了白、蓝、红的三色国旗标志。

不过，整个俄国陆军已经开始了瓦解。临时政府匆匆组建了一些突击营或敢死营，徒劳地试图支撑这条（东部）战线。为发动攻势，它（临时政府）尽可能地将可靠的人集中到了这些部队。

其中，少数人员还被组建成一些以圣格奥尔基十字为部队徽标的步兵营，这些部队被统称为"圣格奥尔基"营。其成员的制服样式与普通步兵基本相同，但佩戴着独特的肩章——他们的肩章要么完全由橙色和黑色组成，要么以上述两种颜色为底色，并在肩章边缘带有由橙色和黑色交织而成的滚边。"圣格奥尔基"营的军官们在自己直筒长裤或马裤的裤线、袖口、偶尔在上衣的前襟处配有橙色和黑色滚边。此外，该部队成员还喜欢在胸前佩戴团徽之类的装饰物。突击营成员在他们上衣和大衣的袖子上佩戴着独特的徽章，并且经常用金属制骷髅徽章来装饰帽子；临时政府军的其他部队也经常在肩带上佩戴骷髅徽章。

▼ "圣格奥尔基"团的一名上尉，1917年。这支精英部队集中招募了那些获得过圣格奥尔基勋章的人，他们的肩章上配有红色和橘黄色滚边——与圣格奥尔基勋章的绶带颜色一致。他们在冬季时戴的毛皮帽也经常用橙色和黑色带子加以装饰。

▶ 第7突击营的一名中士，1917年。图中的士官隶属于俄国临时政府组建的突击营，后者不顾一切地试图支撑东部战线。突击营成员自创了很多徽章，但最常用的还是骷髅标志。该部队的很多军官随身携带着匕首或短剑（kortik），后者一般被放入皮剑带并挂在腰带上。这种短剑最初是海军的武器，但它在堑壕战中也受到了步兵军官的欢迎。

罗马尼亚部队

俄军接纳了不少外国志愿者，如塞尔维亚人、罗马尼亚人和波兰人，但其中最著名的无疑是捷克人。

罗马尼亚人大都穿着俄军制服，但用蓝色、黄色和红色的布制色标替换了俄军用的帽徽；波兰人也穿着俄军制服，但他们从1917年开始改为佩戴波兰鹰帽徽，领章和袖子也是如此（徽标图案同帽徽）。

波兰部队

最初，波兰人组建了普拉瓦斯基

（Pulawski）军团，其成员大都身穿俄军制服，并根据部队名称的首字母在肩章上佩戴黄色的"1LP"字母标志。此外，波兰人还组建了3个枪骑兵中队。这些骑兵穿着卡其色上衣和深蓝色马裤，根据自己所在中队分别佩戴红色、蓝色和黄色的饰带。一套完整的枪骑兵制服包括上衣和上衣外面套着的胸甲。另外，波兰骑兵还在自己蓝色马裤的裤线

上配着彩色滚边（第一中队为红色，第二中队为白色，第三中队为白色）；其袖口和帽墙处也分别为相应颜色。不久后，那些波兰步兵被整编成一个波兰来复枪旅，其成员均佩戴波兰白鹰帽徽。1917年时，芬兰也组建了一个规模较小的波兰军团。

捷克部队

　　捷克军团是俄国所属外籍部队中最有名的。他们中的许多人是俄军在加利西亚和乌克兰战场上与奥匈军队战斗期间所抓获的俘虏，有一些人则是已经生活在俄国，或曾经加入过塞尔维亚军队的捷克人——他们于1915年塞尔维亚战败后逃往俄国。尽管俄军对用战俘组建部队的想法犹豫不决（因为《日内瓦公约》明文禁止这种做法），但是由俄国

▲ 在1918年的俄国，一些捷克军团士兵正搭乘一列装甲列车行进着。这些士兵大都是战俘营中的捷克志愿者。他们在十月革命后加入了反对布尔什维克的战争，但最终被遣返回国，成为新的捷克斯洛伐克军队的核心力量。

境内的捷克族人和留学生组成的俄军后备步兵营早在1914年就成立了，第二批捷克部队也已于1915年成立。捷克军团成员的早期来源大概就是上述这两个。1916年，俄国临时政府上台后，军方开始大力组建捷克军团，并在这时才主要采用了在战俘中招募志愿者的方式。

　　最初，该军团成员主要使用俄军制服，但去除了俄军的帽徽，并在帽徽的位置缝了一张歪歪斜斜的红白两色布条。1917年，他们用这个样式的布条彻底替换了俄式帽徽，在帕帕克和军官戴的阿德里安头盔上（的做法）也是如此。此外，他们还佩戴在上衣或大衣袖子上的盾形部队徽章取代了俄军的肩章；但直到1918年初，这种盾形部队徽章才被授权使用。此后，捷克军团成员通过在右袖上的彩色V形徽章来识别佩戴者衔级，并用位于左袖的盾形部队徽章来表明佩戴者所属部队。

◀ 第2捷克步兵团的一名二等兵，1916年。在俄军中服役的捷克志愿者身穿俄军制服，帽上绘有代表其国家颜色的布标（以此取代俄军的帽徽），有时也会在袖子上佩戴此布标；到冬季，他们甚至会给无处不在的毛皮帽缝上这个含自己国家颜色的布标。图中这名士兵将一枚M1914式手榴弹别在腰带里。这种手榴弹取代了俄军于1912年装备的那款，后者往往会在被投弹手抛出后4秒的时候就爆炸。

骑兵

尽管俄军骑兵曾于1910年实施过改革和重组，但该部队在1914年遭受的重大伤亡还是迫使军方高层在仓促之间对它的角色定位进行了再次调整。

龙骑兵

俄军试图将大部分骑兵团都转为龙骑兵，但这在骑兵内部引发了一场抗议风波，军方最终被迫妥协，把许多龙骑兵团又转成了枪骑兵团和轻骑兵团。因此，截至1914年，俄军仅有20个龙骑兵团。龙骑兵所穿的上衣与步兵制服相似，但配有尖角形袖口。他们佩戴的肩章带有蓝色滚边和所属团番号，番号后紧跟着一个拉丁字母"D"。下列各团成员会在肩章上佩戴花押字母图案：第1（沙皇陛下彼得大帝御准）莫斯科龙骑兵卫队团、第2玛丽亚·西奥多罗夫娜皇后的普斯科夫龙骑兵卫队团、第3海伦·弗拉基米洛夫娜大公夫人的新俄罗斯龙骑兵团、第6叶卡捷

琳娜二世女皇的格鲁霍夫龙骑兵团、第8陆军元帅尼古拉耶夫·尼古拉耶维奇大公的阿斯特拉罕龙骑兵团、第9玛丽亚·尼古拉耶芙娜女大公的喀山龙骑兵团、第10符腾堡国王的诺夫哥罗德龙骑兵团、第14德国皇储和普鲁士的小俄罗斯龙骑兵团、第15沙皇亚历山大三世的佩列亚斯拉夫龙骑兵团、第17沙皇陛下的下诺夫哥罗德龙骑兵团，以及第18丹麦国王克里斯蒂安九世的龙骑兵团。

传统上，俄军龙骑兵戴着一种没有帽舌的军帽，但不久后就改成了使用与步兵样式相同的帽子；到冬天，他们一般戴毛皮帽。最初，龙骑兵穿的马裤是蓝色的，不过后来也经常使用卡其色马裤。其中，第6、第11和第12龙骑兵团的裤线滚边为浅蓝色；第5、第7、第8和第20龙骑兵团的裤线滚边为黄色；第14龙骑兵团为绿色；第2龙骑兵团为粉红色；其余各团的裤线滚边皆为猩红色。此外，这些龙骑兵的脚上一般穿着带有马刺的靴子。

龙骑兵的个人装备包括卡宾枪（配有枪背带）、弹药包（或弹药背带）、刺刀、骑剑，他们通常将自己的这些个人物

▶ 第5龙骑兵团的一名骑兵，1915年。俄军骑兵的制服风格与步兵类似——通过肩章上的字母来表明这名骑兵是龙骑兵还是轻骑兵。

品系在马鞍上。虽然配发了一种比步兵大衣更长的骑兵大衣，但龙骑兵还是更喜欢披着带有兜帽的披肩。

枪骑兵

1914年时，俄军共有17个枪骑兵团，后来又增加了一些独立的波兰枪骑兵中队（这些中队在1917年被整编成一个团）。枪骑兵的制服基本与龙骑兵相同。此时，传统的波兰风格无檐帽（czapka）已经退出他们的装备序列，一种更为实用的大檐帽开始配发部队，它配有用来代表各团的（相应）彩色滚边。这些枪骑兵穿着与龙骑兵相同的上衣，其肩章带有深蓝色滚边——裤线滚边的颜色与此相同；除此之外，这种肩章上还有团番号，番号后紧跟着一个西里尔字母"U"。下列各团的成员在自己肩章上佩戴花押字母图案：第2沙皇亚历山大三世的库尔兰枪骑兵卫队团、第3沙皇亚历山大三世的斯摩棱斯克枪骑兵团、第5意大利国王维克托·伊曼纽尔三世的立陶宛枪骑兵团、第7西班牙国王阿方索十三世的奥利泊尔枪骑兵团、第8塔蒂阿娜·尼古拉耶奇女大公的沃兹涅先斯克枪骑兵团、第9奥地利大公弗朗茨·斐迪南的枪骑兵团、第10卢森堡大公的敖德萨枪骑兵团、第11玛丽亚·西奥多罗夫娜皇后的楚格夫卡枪骑兵团、第12奥地利皇帝弗朗茨·约瑟夫的别尔哥罗德枪骑兵团，以及第14玛丽亚·亚历山德罗芙娜女大公的雅姆堡枪骑兵团。

俄军枪骑兵所用马裤的色调同样以蓝色为主。其中，第2、第6、第12和第14枪骑兵团的裤线滚边为浅蓝色；第4、第8、第10和第13枪骑兵团为黄色；第3、第7和第11枪骑兵团为白色；其余各团的裤线滚边皆为猩红色。他们的装备与龙骑兵大致相同，但每个团中会有一半左右的骑兵携带着一根没有悬挂任何旗帜的长矛。

波兰枪骑兵佩戴的领章上带有深红色滚边。俄国临时政府上台后，波兰白鹰图案成了他们的团徽和帽徽。

轻骑兵

俄军轻骑兵的制服风格与龙骑兵相似，但军官们经常穿着五颜六色的马裤，并佩戴带有锯齿状滚边的肩章。通常，普通轻骑兵的肩章上带有浅蓝色滚边，并配有团番号和西里尔字母"G"。下列各团成员会在自己肩章上佩戴花押字母图案：第1丹麦国王弗雷德里克的苏梅轻骑兵团、第2沙皇亚历山大三世的巴甫洛格勒轻骑兵卫队团、第

5亚历山德拉·西奥多罗夫娜的亚历山德里亚轻骑兵团、第6黑森大公恩斯特·路德维希的克列茨萨轻骑兵团、第8奥地利大公奥托的卢布尼轻骑兵团、第9英国国王爱德华七世的基辅轻骑兵团、第10萨克森—魏玛大公的英格尔曼兰轻骑兵团、第11普鲁士亲王亨利的伊久姆轻骑兵团、第12奥尔加·亚历山德罗夫娜女大公的艾赫提卡轻骑兵团、第13德国皇帝威廉二世的纳尔瓦轻骑兵团、第14普鲁士亲王阿尔伯特的米陶轻骑兵团，以及第15卡欣妮亚·亚历山德罗芙娜女大公的乌克兰轻骑兵团。

轻骑兵所穿的马裤通常为红色，裤线上配有黄色滚边（军官采用金色滚边）；但第5、第6、第7、第8、第13、第14、第15和第18轻骑兵团采用的是白色滚边（军官为银色）。此外，轻骑兵们还穿着带有自己部队特色的马靴。

▼ 第7白俄罗斯轻骑兵团的一名中士，1915年。从图中这名士官所穿带有轻骑兵风格的马裤和马靴可以看出，轻骑兵制服传统的华丽元素在1915年仍然是很明显的。这些骑兵通常装备着M1891式卡宾枪。

哥萨克和少数民族骑兵

近300年来，作为俄国陆军中的一支传统劲旅，哥萨克常被视为作战能力极强的侦察兵和突击手。

哥萨克

有少量哥萨克在沙皇禁卫军中服役。然而，在传统上，他们会把自己归入专门的哥萨克军团，如高加索哥萨克团（库班、捷列克哥萨克）和草原哥萨克团（阿穆尔河、阿斯特拉罕、顿河、奥伦堡、七河地区、西伯利亚、贝加尔湖、乌拉尔和乌苏里江哥萨克）。另外，高加索地区还为俄军提供了印古什、达吉斯坦、车臣和切尔克斯的土著骑兵部队，但他们不属于哥萨克之列。

哥萨克军团的士兵主要从上述地区的哥萨克中选拔，其中那些能力较弱的人会被分配到二线部队——他们主要执行保护后勤补给线之类的任务。

在战争（第一次世界大战）爆发之前，色彩缤纷的哥萨克传统制服就已经退出了历史舞台。1914年时，他们大都穿着和龙骑兵一样的制服，不过也保留了一些自己的特色。在冬天，哥萨克喜欢穿一种宽松的蓝色马裤，披毛皮斗篷，戴皮帽，并且携带额外的弹药包和肩带——简而言之，他们喜欢用一些特殊的装备来彰显自己的身份（比如他们穿着马靴，但靴上从来不配马刺）。高加索哥萨克更加与众不同，他们一般剃光头（但留着一把浓密的胡须），穿传统的黑色或灰色大衣（被称为"切尔克斯克"大衣，即cherkesska），并且戴着用材质浓密的阿斯特拉罕毛皮制作的皮帽。另外，哥萨克们还经常在自己的腰带上佩戴弹夹包。

不同哥萨克部队的成员可以通过他们肩章和马裤裤线上的不同彩色滚边来识别。其中，库班哥萨克的肩章和马裤裤线滚边为红色（肩章上有团番号，番号后面跟着字母"Kb"），捷列克哥萨克的肩章和滚边则为浅蓝色（肩章上带西里尔字母"V"和"G"）；此外，他们的肩章上均配有银色花结。各草原哥萨克部队成员的肩章和马裤滚边颜色如第145页表格所示。

草原哥萨克经常在自己肩章的团番号后面添加字母，以便进一步区分和识别出不同的部队——比如奥伦堡哥萨克使用字母"O"；顿河哥萨克使用西里尔字母"D"；阿穆尔河哥萨克使用字母"A"；西伯利亚哥萨克使用西里尔字母"S"和"B"；外贝加尔哥萨克使用西里尔字母"Z"和"B"。他

◀ **考佩尔步兵团的一名库班哥萨克士兵，1915年。** 注意图中哥萨克士兵佩戴传统短剑和携带弹药的方式。不过到1914年，这些装备就只剩下装饰性功能了。

▶ **第1伏尔加河步兵团的一名库班哥萨克中尉，1917年。** 库班哥萨克具有一定的特殊性——他们既可以当骑兵，也可以作为步兵参加战斗。

俄军哥萨克骑兵部队的制服滚边颜色

集群来源地	肩章滚边颜色	马裤裤线滚边颜色
阿穆尔河	绿	黄
阿斯特拉罕	黄	黄
顿河	蓝	红
奥伦堡	浅蓝	浅蓝
七河地区	深红	深红
西伯利亚	红	红
外贝加尔	黄	黄
乌拉尔	深红	深红
乌苏里江	黄	黄

们一般不穿大衣，而是披着"布尔卡"（burka，一种用羊皮或山羊皮制作的斗篷，通常可以覆盖使用者全身），或是其他披风或斗篷。另外，如果穿大衣的话，他们的大衣上往往配有与马裤滚边颜色相同的领章。

哥萨克炮兵佩戴的肩章带有红色滚边和金色花结，但他们穿的马裤上没有滚边；哥萨克骑乘炮兵佩戴的肩章带深蓝色滚边和金色花结，他们穿的大衣配有黑色领章，领章上带红色滚边，大衣肩章上有银色花结。

库班哥萨克还组建了一

些步兵部队，但他们使用着骑兵装备。这些步兵的裤子是卡其色的，肩章滚边为深红色（其大衣配有黑色领章，领章滚边也为深红色）。

哥萨克一般装备哥萨克卡宾枪、刺刀、恰西克军刀（Shiska，或指那些代代相传的家族宝刀）和匕首；草原哥萨克中的枪骑兵还装备着长矛（携带长矛的人通常占全团人数的一半，作战时被布置在队伍最前列）。值得一提的是，哥萨克们一般会自备马匹，以及大部分的装备和制服。

少数民族骑兵

高加索地区组建的少数民族骑兵团通常由志愿者构成。他们穿着各式各样的当地服装，其中的大多数人披着黑色、灰色或浅棕色的切尔克斯外套或黑色长袍，并在里面穿五颜六色的衬衫，头上戴羊羔皮帽。高加索少数民族骑兵部队可以通过他们肩章上的滚边加以识别。其中，车臣人的肩章滚边为浅蓝色；切尔克斯人可能是红色；达吉斯坦团成员为浅蓝色；印古什人为红色；卡巴尔达人为浅蓝色；鞑靼人为猩红色。

此外，少数民族骑兵部队成员普遍扎着一种带彩色滚边的头巾。其中，车臣人的头巾滚边为黄色；切尔克斯人为白色；达吉斯坦团成员为红色；印古什人为浅蓝色；卡巴尔达人为白色；鞑靼人为红色。他们有时会穿蓝色的制式马裤，但也经常用当地的裤子取代这些公发品。军官们则穿着风格类似于草原哥萨克的制服。

◀ 第6奥伦堡哥萨克骑兵团的一名中士，1915年。通常，哥萨克们会将马匹的装具数量保持在最低限度。1914年时的哥萨克骑兵一般携带着长矛，但后来越来越多的人都弃用了这种武器。值得注意的是，哥萨克部队通常不使用马刺，而是用小鞭子鞭策自己的马。

炮兵

自18世纪以来，俄国炮兵就以其勇敢和牺牲精神闻名世界。然而，过去的辉煌无法掩盖整个战争期间他们装备的落后和战术的失败，把大量资源浪费在要塞炮兵身上也是其一大败笔。

野战炮兵

俄军的野战炮兵部队被分散部署在各步兵师中，每个步兵师下辖1个炮兵旅，每旅下辖6个炮兵连。其中，禁卫军辖有禁卫炮兵部队，掷弹团辖有掷射炮兵连——其成员佩戴的肩章上有交叉炮管和手榴弹图案的标志。此外，战壕炮兵通常由经过特殊训练的步兵或被指派为步兵的前炮兵部队成员组成。

野战炮兵部队成员戴着一种与步兵类似的大檐帽。军官们也戴这种帽子，但他们所戴的大檐帽帽舌进行过特殊处理，不会挡住双筒望远镜的视线；另外，他们的大檐帽还配有下颚带，可通过带有交叉炮管图案的纽扣与帽子相连。军官、士官及部分士兵穿着一种相同的上衣，或"格鲁立西卡"式上衣（长衬衫）。军官们还穿着马裤或直筒裤，要么打绑腿，要么穿靴子。

野战炮兵可通过观察他们的肩章与其他部队区分开来。其肩章正面的底色为猩红色，带黄色旅番号（用罗马数字表示），番号上方有交叉炮管图案标志。军官的肩章与此大致相同，但添加有金色刺绣（以及代表军衔等级的银色星形徽章），数字番号和交叉炮管图案均为金属制。随着战争日趋激烈，为了让自己不那么显眼，炮兵军官们开始使用布制肩带，并除去了他们制服上的大部分滚边。

到冬季，炮兵穿着步兵的标准大衣，但搭配黑色标签式领章（用黑色天鹅绒制作），并戴着后者所用的帕帕克。

俄军炮兵的个人装具与步兵大致相同，但如果允许的话，也会优先选择使用黑色的皮带和肩带。他们皮带扣上的图案除了有双头鹰，还有交叉的炮管。作为一种减轻经济负担的措施，帆布子弹带于战争后期开始在炮兵中流行。军官们通常携带着一把佩剑（但实际上携带军刀的人更多，这是俄军的独特做法）和一把手枪（配有红色枪绳）。

要塞炮兵

驻扎在喀琅施塔得（Kronstadt）、布列斯特—立托夫斯克以及海参崴（Vladivostok）等战略要地的固定式火

◀ 第12步兵炮团的一名炮手，1916年。图中这名俄军炮手仍然穿着这种于1881年首次配发部队的大衣——它通过挂钩和扣眼来固定，而且比1911年配发的单排扣大衣更厚。

▼ 一挺安装在轮式枪架上的便携式马克沁重机枪，1916年。通常，俄军所有的炮兵武器和弹药箱都会被涂成如图所示的绿色。

炮部队成员佩戴着一种橙色肩章。他们的肩章上最初带有堡垒图案——位于交叉炮管的下方。通过佩戴在袖子或臂带上的徽章可以进一步识别出该部队成员的具体技术岗位，比如信号员在其左袖上方佩戴的是含交叉红旗图案的徽章。

骑乘炮兵

传统上，俄军的骑乘炮兵隶属于各

骑兵师，其成员穿着与龙骑兵极其相似的制服——两者的上衣采用相同剪裁方式，且都配有尖角形袖口。骑乘炮兵采用的肩章正面为浅蓝色（带白色滚边），上面有浅蓝色的部队番号和交叉炮管图案。他们的马裤沿袭了骑兵的风格，不是带有红色滚边的浅蓝色马裤就是色调简单的卡其色马裤（军官的马裤有时会用内衬加固）。该部队的士兵一般使用卡宾枪，军官则装备有手枪（带红色枪绳）。

◀ 第15骑乘炮兵团的一名中士，1916年。图中这名骑兵胸前斜跨着的帆布袋于1892年推出，可容纳30发子弹。注意他在脖子上系的双股红绳，红绳垂下的那一端与手枪握把相连——所以就算他在马背上开枪时不慎跌落下来，手枪也不会掉到地上。

▲ 要塞炮兵部队的肩章，1916年。
上排肩章，从左至右分别为：喀琅施塔得、科夫罗、北德文斯克、华沙。
中排肩章，从左至右分别为：诺夫哥罗德、布列斯特—立托夫斯克、伊万哥罗德、奥索韦茨。
下排肩章，从左至右分别为：米哈伊洛夫、纳尔瓦、海参崴、尼克拉艾。

山地炮兵

俄军山地炮兵使用着与野战炮兵极其相似的制服，但后来变得越来越像自己所隶属的部队（共用一个仓库的物资更是大大加快了这个变化）——隶属于西伯利亚来复枪师的炮兵部队就戴着那种材质浓密的西伯利亚毛皮帽。另外，哥萨克也组建了自己的炮兵部队，并尽可能地为他们提供装备。山地炮兵一个不同寻常的特点就是他们鼓励士兵穿黑色皮革马裤，而不是标准的浅蓝色或卡其色马裤。

◀ 塞瓦斯托波尔要塞炮兵部队的一名炮手，1916年。俄军要塞炮兵部队的炮手通常会把自己所在要塞的首字母标志佩戴在肩章上——图中这名炮手隶属于塞瓦斯托波尔要塞，因此其肩章上带有西里尔字母"SVS"。此外，他随身携带的个人装具极少，只有一个M1909式帆布面包袋。

技术兵种

尽管俄军的技术装备在20世纪初期已经明显落后于发达国家，但在与日本的战争中，他们获得了不少关于防守和攻击固定阵地的经验和教训。

机枪、坦克和装甲车部队

俄军将机枪连分配到了各步兵部队，并组建了一些独立的机枪分队。这些机枪分队成员佩戴的肩章上有分队的编号，编号上方是一个架在三脚架上的

▶ **一名铁路团的上尉，1916年。** 于1895年首次配发部队的纳甘左轮手枪是俄军军官的首选武器，1907年的条例也正式要求军官随身携带它。图中军官佩戴的手枪皮套有一个小内袋，袋内可容纳7发子弹。

机枪图案。隶属于装甲车部队的机枪手佩戴着一个绿色肩章，肩章上有其所属排编号，编号上方是一挺机枪和一个带翅膀的车轮（图案）；不过在1916年，这个图案复杂的肩章被一个简单的猩红色肩章所取代。装甲车部队成员一般穿皮革上衣和紧身裤，使用皮革手套和带护目镜的软帽。虽然坦克在东部战线上只扮演了一个小角色（有些是协约国在1918年到1919年提供给白军的），但俄军的坦克手也使用着与其装甲车部队成员相同的制服和装备。

俄军装甲车部队人员短缺，因此大量招收了外国志愿者和教官——比如一个拥有10辆装甲车的比利时中队就与他们并肩战斗过。该中队成员穿着比利时炮兵的制服，但在制服上佩戴俄军肩章（他们用黑色、白色和橙色互相交织的肩章滚边将自己与俄国人区分开来）。一支英军装甲车部队也曾前往俄国服役，但他们使用着自己的制服和徽章。

工兵和坑道工兵

从技术分支上讲，俄军的装甲车部队是其工兵的一个分支。在俄国军队里，工兵是个颇受尊敬的兵种，且拥有相当出色的战绩。他们佩戴着正面为棕色的肩章，上面有黄褐色的部队编号和交叉的镐与铁锹图案；在肩章的卡其色那面（反面），部队编号呈棕色，图案为交叉的镐和铲子。如果肩章佩戴者是一名要塞工兵，肩章上还会添加

◀ **第18工兵营的一名下士，1915年。** 图中这名工兵穿着于1911年配发部队的大衣，其纽扣为金色，大衣背部可以用一根皮带扎紧。注意这名工兵还携带着一把铁锹或掘壕铲，这类装备在肉搏战中是相当有用的。

一个字母"K"。在冬季，工兵们身穿炮兵用的大衣，并搭配几乎万能的毛皮帽。另外，隶属于掷弹师的工兵会在他们的肩章上添加一个手榴弹图案标志。

俄军工兵下辖的分支部队还包括驾桥兵（pontooneers，肩章上有锯和斧头以及船锚的图案）、扫雷兵（肩章图案是交叉的船桨和一支船锚）和铁路兵（肩章图案为交叉的船锚和一把斧

着各种各样的飞行头盔（通常从法国进口），或者在地面时戴配有彩色滚边的工兵大檐帽，飞行员帽（一种无舌野战帽）也很受欢迎。他们穿着一种由黑色皮革制成的外套（通常采用法军飞行服的剪裁风格），或自己原先隶属部队的制服上衣，下身穿黑色皮革马裤，搭配飞行员靴或骑兵靴，通常还会把飞行证章佩戴在上衣或飞行大衣的胸部。其飞行证章的图案中有一个带飞翼的盾牌，以及双头鹰、交叉双剑和花环；航空观察员的徽章图案与此基本相同，但添加了一个望远镜（图案）。

▼ 一名电报营的上尉，1916年。俄军在战争中组建了两个电报营，并在西伯利亚、土库曼斯坦、圣彼得堡和每个主要的要塞组建有电报连。这些部队成员的肩章上带有双闪电标志，以及用来表示其地理位置的字母。

▲ 一个由顿河哥萨克组建而成的飞行中队。

头）。那些涉及信号、电报、电话及电缆敷设的人员的棕色或卡其色肩章上带有双闪电图案标志。

医疗部队

俄军缺乏足够的医疗设施来治疗那些超出其预期的大量伤员，但外国志愿者的到来或多或少弥补了这个不足。俄军的医务人员佩戴着一种橙色肩章，肩章上有白色的医院编号和西里尔字母"L"；他们卡其色肩章上的数字和图案与此相同，但肩章底色在后来被改为橙色。军医们通常穿着各式各样的民用或军队制式的外套或大衣，担架手会佩戴一个红十字臂带。

航空部队

尽管早在19世纪70年代和日俄战争中就使用过观测气球，但俄军的航空部队仍是相对年轻的。1912年时，该部队在技术分支上隶属于工兵，其制服装备体系也与后者大致相同，但肩章上带翅膀的船锚图案徽章（观测气球部队）和带翅膀的螺旋桨图案徽章（飞行员和地勤人员）是他们的一大特征。航空部队成员的制服与工兵基本相同，不过地勤人员有时会穿一种深蓝色上衣。值得一提的是，飞行员会不可避免地逐渐偏离原先的（工兵）着装标准——他们戴

▶ 一名中尉飞行员，1916年。黑色皮夹克在这些飞行员中颇受欢迎，他们的飞行头盔则往往来自法国。

苏俄内战中的白军

布尔什维克的反对者一般被统称为"白军"，但他们其实是由好几个派系组成的，而且其中一些派系彼此不和，甚至还会互相攻击。

形形色色的武装力量

虽然很容易就能根据外观来定义布尔什维克的"红军"，但与之相对的"白军"却不是同时，而是在其之后才出现的，并与君主主义势力相关（该词

灵感来源于法国大革命期间，人们首次将保皇派军队称为"白军"）。不过，反对布尔什维克政权的势力不只保皇派——十月革命使它与无政府主义势力相对立，民族主义势力一直试图建立一个独立的乌克兰，波罗的海和中亚的国家也有类似倾向。

还有社会主义者，他们组成游击队，啸聚山林，为获取自己的私利而袭扰各地。所谓的白军其实并未将全部精力投入到反布尔什维克上来——事实上，他们也在与民族主义者和无政府主义者作战，反之亦然。

突击营

最初对布尔什维克采取反抗行动的是一些对某些特定将军仍然保持忠诚但相互孤立的部队。俄国临时政府曾依靠一些突击营或敢死营来支撑东部战线，这些部队中的很多人也成了反抗布尔什维克的急先锋。

妇女敢死营一直对临时政府保持着忠诚，但她们未能成功阻挡红军攻占冬宫的步伐。该部队成员身穿标准的帝国步兵制服，制服上配有白色肩章，肩章的中心位置有黑色和红色布条。其他的一些所谓"敢死营"成员通常在自己的卡其色肩带上印有黑色骷髅图案。突击营成员也佩戴骷髅徽标（图案为由花环围绕，带有交叉骨棒的骷髅），并在袖子下方佩戴黑色或红色的V形臂章。这些来自前突击营和敢死营的人员组成了白军的早期核心力量。圣格奥尔基营也

▲ 第42雅库茨克步兵团的一名中士，1918年。图中这名士官保留着他的旧肩章——在这时，他应该佩戴白蓝红国家三色的V形臂章来表示自己的军衔，但由于缺乏布料，只能继续使用旧的军衔徽章。

是如此，他们佩戴着配有橙色滚边的白色肩章，肩章上有部队编号和西里尔字母"S"与"G"（军官的肩章配金色滚边，上衣和马裤则为橙色滚边）。

志愿军

1918年末，俄国南部出现了一支在此后不久被称为"志愿军"（Volunteer Army）的白军部队。除这支南俄志愿军外，其余白军部队大多集中在俄国北部、波罗的海国家和北极地区——聚拢在协约国干涉军周围。在西伯利亚和里海地区，一些新的白军部队也在逐渐形成；最终，这两个地区的白军部队分别为高尔察克海军上将和杜托夫将军所领导。白军势力在1919年夏天时最为强

◀ 一名妇女敢死营的二等兵，1917年。1917年夏天，玛丽亚·波卡列娃从全国女性中招募志愿者，以此组建了"妇女敢死营"。波卡列娃是一个来自诺夫哥罗德的农家妇女，她曾获得沙皇尼古拉二世的特别许可，加入沙俄帝国陆军第25托木斯克后备营。妇女敢死营的女兵们拥有独特的肩章和军衔等级徽章，后者的样式和佩戴方式均与V形臂章相同。

戴着一种黑红相间的肩章，肩章上有银色骷髅和银色字母"K"，并在左袖处戴一个绘有骷髅的浅蓝色盾牌，盾牌上有交叉双剑图案。这个黑、红、银的徽标组合经常会被用来区分在科尔尼洛夫麾下作战的其他白军部队。

志愿军的处境则相当糟糕，其下辖的不少部队很快就被红军摧毁。他们的服装供应难以得到保障，甚至都无法在制服徽标上做到整齐统一。有些志愿军部队完全由军官组成，比如由德罗兹多夫斯基（Drozdovsky）将军率领的步兵

盛，他们得到了西方支持者的武器和装备（包括坦克和毒气），以及由后者派出的干涉军的直接支援。这些干涉军包括英国人、美国人、希腊人、塞尔维亚人、法国人和日本人。波兰也在1919年对俄国发动过一次不成功的入侵，而且直到20世纪20年代，它都还在支持着白军的残余力量以及乌克兰人对抗苏俄。日本人则一直在西伯利亚保持其军事存在，直到1923年才完全撤军。

阿列克谢耶夫将军是那支（南俄）志愿军部队得以建成的幕后推手，他从1917年12月开始就进行着相关筹措。后来，声名狼藉的拉夫尔·科尔尼洛夫将军也加入此行列，他甚至得到了顿河哥萨克的支持——尽管在最初的时候，这些哥萨克其实是三心二意的。

志愿军的制服

志愿军大多数成员不得不使用他们能找到的任何一件制服。通常，他们戴着大檐帽，帽上有一枚陈旧的帝国帽徽或含有俄国国家色——白、蓝、红三种颜色的帽徽。其上衣一般为卡其色，马裤和帽子也是如此。另外，志愿军重新启用了肩章（这也是该部队与红军之间的主要区分标志）。其中，步兵佩戴的肩章带有红色或黄色滚边，炮兵的肩章

▲ 图中是一些来自彼得格勒一个妇女团的成员，她们忠于临时政府，因而加入白军阵营以对抗布尔什维克。

▶ 一名科尔尼洛夫突击团的士兵，1918年。最初，科尔尼洛夫麾下的部队穿着颇具异国风格的制服，但目前尚不清楚他们坚持战斗了多长时间。注意图中士兵携带的阿德里安头盔（后背处），它在白军中相当罕见，只有足够幸运的人才能得到。还有臂章，由于缺乏可用的布料，该部队的臂章通常是由医院用来包扎的亚麻布印制的；此外，也有一些臂章采用皮革片制作，或干脆就是由碎布缝制而成。

则为红色和黑色滚边。骑兵通常戴着一种彩色军帽，下身穿蓝色马裤。另外，这支志愿军还辖有一个混编的禁卫团，其成员根据各自所属的连使用了不同颜色的滚边。

部队徽标

白军还使用过一些与众不同的徽章（或制服）。许多部队将俄国国家色（白、蓝、红）作为其V形臂章的底色或代表某位指挥官的特有标志；一些阿列克谢耶夫麾下的军官选择穿一种白色上衣（出于对旧式制服的怀旧）；马尔科夫麾下的士兵一般佩戴着含字母"M"的黑色马耳他十字徽章。

科尔尼洛夫麾下士兵所穿的制服更为独特，它们主要基于1917年时科尔尼洛夫突击营成员的制服改良而成。这些士兵佩

班哥萨克。哥萨克可能在他们的皮帽上使用过彩色帽顶，或直接用彩色的大檐帽（其中，顿河哥萨克使用蓝帽顶和红帽墙，卡尔梅克人使用黄帽墙）。

另外，志愿军大量使用了其协约国盟友提供的制服——他们将英制或法制的军服与俄式肩章及徽章搭配着使用。

北俄志愿军

一些白军部队设法在拉脱维亚组织并建立了起来，最初得到过德国的支持，主要由尤登尼奇将军领导。此地局势非常复杂，民族主义游击队员同时对抗着俄国的红军和白军。这里的俄军成员大都穿着帝俄时期的制服（步兵佩戴黄肩章，骑兵佩戴蓝肩章），但添加了一些独特的徽章——最常见的是白色十字架，它出现在各种黑色背景上面，如黑色盾牌，并通常以珐琅章的样式被别在或缝到左袖上。波罗的海的阿纳托利·列文亲王所指挥的拉脱维亚士兵就佩戴着白色十字架徽章，徽章上还有一个盾牌图案，盾上涂着代表俄国的白、蓝、红三色；此外，这些拉脱维亚士兵还使用着含有西里尔字母"L"的肩章。

摩尔曼斯克周围的白军部队受益于英国和美国提供的补给及装备。他们一般穿英制上衣，但使用俄式徽章（包括肩章）、腰带和步枪。

东部军团

1919年时，在西伯利亚作战的白军部队也得到了英式制服，且同时搭配着俄军肩章使用——如西伯利亚来复枪团成员的带有白色滚边的绿色领章。高尔察克麾下的士兵穿着各式各样的制服，但大多是标准的帝国陆军制服；另外，该部的骑兵穿着法式卡其色外套，搭配红色马裤，以及配有红色帽顶和黑色帽墙的大檐帽。

捷克军团也被部署在俄国东部，但其试图通过在符拉迪沃斯托克乘船回国。此时（1919年），他们以前使用的那套俄式制服正逐渐让位于一种更为独特的穿着样式——步兵一般戴一顶卡其色大檐帽，帽上有含狮子图案的帽徽，帽徽被镶嵌在一片红白双色的布料上；而骑兵似乎更喜欢戴一种有红色帽顶和黑色羽毛的白色或灰色皮帽。该军团成员的上衣大多由卡其布（日军向其提供布料）制成。步兵一般佩戴深红色领章，骑兵领章则为黄色或米色。

▲ 捷克军团第2骑兵团的一名中尉，1918年。图中的捷克骑兵军官戴着一顶以俄国传统设计为蓝本的皮帽，帽上有含捷克风格的帽徽和红色帽顶。

团和骑兵团。其麾下步兵的肩章带有西里尔字母"O"和"P"，骑兵肩章则是"O"和"K"。上述两团成员都会在袖子处佩戴一枚黑色十字徽章，并戴着配有白色帽冠和蓝色帽墙的军帽。

志愿军得到了相当数量哥萨克的支持，后者一般穿着与德国作战时所用的制服。少数一些部队尝试过统一制服徽标（结果不详），比如科尔尼洛夫麾下的库

▶ 乌克兰第1步兵团的一名下士，1919年。图中的乌克兰步兵佩戴着一枚蓝色臂章，他们以衣领上的点状标志作为军衔等级徽章。

捷克军团成员的部队编号被标记在位于左袖的盾形徽章上（后来还通过徽章表示军衔等级）。其中，步兵和炮兵的盾形标志分别为卡其色和红色，骑兵为白色。盾形标志中的V标说明了具体的军衔等级（比如三条为中尉）。步兵的V标为黄色，骑兵和炮兵则是白色。捷克军团成员的大衣带领扣，左袖还有盾形标志——后来它还成了军衔等级标志。由于在苏俄内战期间被部署到了俄国远东地区，生活条件极其有限，他们的制服也因此千变万化、难以统一。

民族主义军团

为爱沙尼亚和拉脱维亚独立而战的民族主义军队穿着深灰色制服，戴德式头盔、大檐帽或皮帽。他们的军帽上大多带有象征自己国家的帽徽（如代表爱沙尼亚的蓝、黑、白三色），并可通过臂章进一步识别出一个人具体所属的部队。1919年时，这些军队使用了一种更为标准化的制服。其中，爱沙尼亚人

▼ 一名库班哥萨克团的上尉，1919年。图中这名军官佩戴着含银色、黑色和红色滚边的肩章，但该团士兵一般会佩戴那种带有黑色滚边和字母标志"K"的红色肩章。除肩章外，这名军官的装束打扮完全与库班哥萨克的传统制服风格相契合。

穿灰色上衣，搭配黑色长裤和灰色大檐帽，上衣衣领为黑色，衣领上有星形军衔等级标志（银色）。芬兰士兵袖子上的臂章为白色，上面有狮子图案；一些士兵得到了德式制服和头盔，其他人则使用着民用大衣和毛皮帽。

从某种程度上说，在乌克兰爆发的战争是最复杂的——除红军和白军交战外，这里还有多支致力于独立运动的武装力量（于1917年3月成立）。

乌克兰民族主义武装成员通常使用俄式制服，他们最初佩戴的肩章上有黄色和蓝色的国家色，以及代表其国家的三叉戟（tryzub）标志。

1918年初，乌克兰军队实施改革，开始配发一种新制服。它主要由卡其布制成，风格类似于奥匈帝国军队中乌克兰人所穿的样式，领口处有军衔等级徽章。他们以领章颜色表示佩戴者所隶属的兵种——步兵为蓝色，骑兵为黄色，炮兵为红色。另外，哥萨克样式的皮帽或大檐帽在乌克兰军队中颇受欢迎。

美国和其他协约国

    英国、法国和俄国得到了众多盟友的支持——比利时和塞尔维亚从战争伊始就参与其中，还有一些国家半途加入。美国在人力和工业方面为协约国提供了大量资源，其他国家也做出了相对默默无闻但仍很重要的贡献。战后的和平红利也为这些协约国所分享，但一些国家——如比利时，它在战争中遭受了极大破坏，军民血流成河；相比之下，日本却获得极大收益，并以相对较低的成本取得了巨大的地缘政治优势。从某种意义上说，协约国之所以能战胜同盟国，靠的就是这些盟友的共同力量。在这种力量作用下，德意志帝国、奥匈帝国和奥斯曼帝国被敌对（协约国）军队所包围，其兵力远远少于后者，因此被迫在多条战线之间来回调动自己的军队，最终疲于奔命，输掉了战争。另一个因素（也许正是决定性的因素）则是同盟国可以利用的资源与协约国相比也存在着巨大差距。

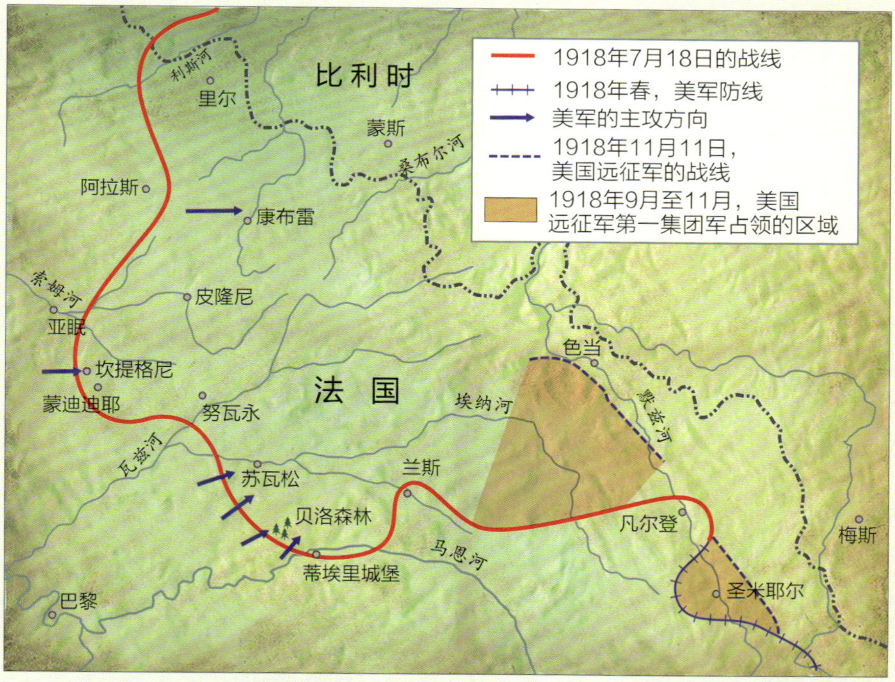

图例：
- 1918年7月18日的战线
- 1918年春，美军防线
- 美军的主攻方向
- 1918年11月11日，美国远征军的战线
- 1918年9月至11月，美国远征军第一集团军占领的区域

▲ 凡尔登周边战场形势手绘示意图。图为1918年秋天，美国远征军（AEF）在凡尔登周边采取的行动，这里也是整场战争中战况最激烈的区域之一。

◀ 一个由比利时骑兵组成的纵队正赶往伊普尔周边的战场，他们的肩上背着卡宾枪。该图摄于1916年。

美国的参战历程

在1914年欧洲爆发战争时，美国采取了隔岸观火的策略，其政治家向人民保证会保持中立。然而，"战争最终找到了穿越大西洋的方式"。

中立

美国当时的总统伍德罗·威尔逊（Woodrow Wilson）是个理想主义者，最初他领导自己的国家与欧洲划清了界限。在美国国内，针对欧洲战争的舆论并非完全一致，按照以往的传统，民众这次分成了支持德国的阵营和支持协约国的阵营。一些人由于看到爱尔兰和波兰惨遭肢解（幕后推手分别为英国和俄国），并且出于对德国的同情而反对协约国；其他人则认为德国的侵略是造成所有麻烦的根源（因此支持协约国）。

最初，英国的破坏航运中立政策虽然让美国感到不安，但它最终还是接受了前者封锁德国的计划。不过，尽管美国人可以忽略英国人的顽固态度，却不

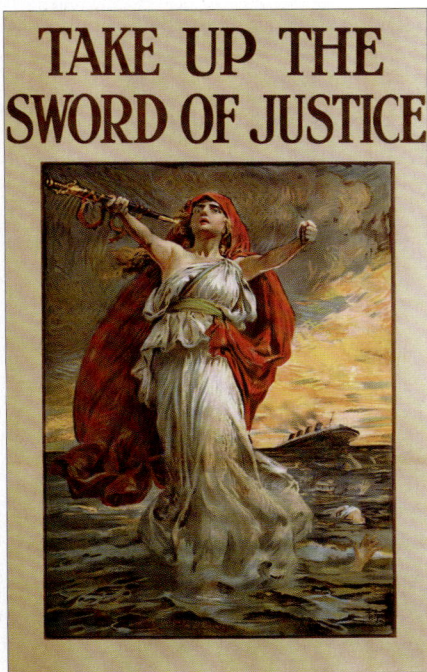

▲ 1917年4月2日，伍德罗·威尔逊总统在国会发表讲话，要求美国向德国宣战。

▼ 一幅宣称"拿起正义之剑"的海报号召美国民众为卢西塔尼亚沉没事件复仇。

TAKE UP THE
SWORD OF JUSTICE

能对由德国人发起的潜艇战视而不见。德国在1915年2月宣布东大西洋为其战区，并于同年5月击沉豪华游轮卢西塔尼亚（Lusitania）号。随后，世界各国的普遍愤怒迫使德国退缩，并承诺克制自己的行为。德国对中美洲的干涉也为美国所憎恨，特别是在它对墨西哥采取相关行动后，这对已经在其南部边境发生过多次动乱的美国来说无疑是一个令人万分不安的信号。

美国宣战

威尔逊总统曾试图利用谈判作为缓和美德双方关系的一种手段，却因后者从未做出任何承诺而徒劳无功。而且有很多美国人认为这是一种示弱的表现，并因此感到沮丧。然而到1917年，德国人无限制潜艇战的重启以及俄国人的崩溃最终促使美国人拿起了武器。

在美国对德国宣战后，许多南美洲和中美洲国家也迅速跟进——秘鲁、乌拉圭、厄瓜多尔和巴西等国均向德国宣战，并没收其当地资产和航运工具；

就连奥奈达印第安联盟也于1918年8月对德宣战。

招募军队

尽管美国政府已经试着扩大了陆军规模（海军已从一项相当有野心的升级计划中获益，并开始对中美洲、古巴和菲律宾周围的水域进行巡航），但相对其自身承担的繁重任务而言，它当时仍是一支相当弱小的武装力量。美国政府通过将国民警卫队纳入正规军，以及迅速颁布一系列征兵法规这两大措施扩充了陆军规模——法规的颁布尤其使得大量应征入伍者（最初要求是年龄在21岁到30岁的男子）涌入军队。从当时美国国内的社会条件看，大多数被征入陆军的人都来自其东北部的中心城市，许多人属于移民家庭或本人就是新移民；另外，很多应征入伍者是文盲或受教育程度不高的人（这导致了多个问题的出

▲ 1917年，纽约国民警卫队第71步兵团的一名士兵正在向爱人告别，因为他所在的部队即将前往位于南卡罗来纳州斯巴达堡的沃兹沃思营地接受训练。

收益的情况下结束的，但战争结束所带来的和平同样会为其带来好处（欧洲所有竞争对手已经相当疲惫）。但它（和平）也会带来挑战——一个挑战是欧洲心脏地带的衰败，另一个则是日本在太平洋地区的崛起——这会给那些关心美国全球利益的政治家们带来极大麻烦。

现），甚至有很多人平时使用的语言都不是英语（不便交流）。

在招募黑人新兵时，美国面临了一些特殊的政治问题。战前，美军严格执行种族隔离政策，甚至在战争期间也是如此。陆军和海军高层不想让黑人进入战斗部队服役，因此大多数美国黑人都在后勤补给部队或工兵部队中被当作劳动力使用。美军虽然组建了少数几个黑人步兵团，但他们与白人部队是完全分开的，并且大都被转给了法军，由其负责这些团的指挥和补给。

对社会的影响

虽然战争可能使自身的经济从中受益，但它所带来的社会压力也让美国的各个角落骤然紧张起来。第一，有关妇女就业的问题引发了一系列的罢工和激烈争议；第二，当黑人工人被带到北方工厂时，种族对立的紧张状况也随之出现；第三，在战争的最后几个月里，美军在战斗中遭受了极大伤亡。美国对战争的直接干预虽然是在没有任何领土

▲ 在战争期间，美国海军陆战队招募了少量女兵。图为1918年，一群海军陆战队女兵宣誓效忠的场景。不过直到第二次世界大战时，这些女海军陆战队员才开始接受使用枪械的训练。总的来说，她们在这两场战争中扮演的角色都是辅助性的。

▼ 美国组建的少量全黑人部队大都被派到了法国战场。在本图中，美国第5步兵师指挥官伊莱·希尔米克将军正在向一些黑人士兵授予杰出服务十字勋章，法国海军上将莫罗就站在他身旁。

协约国联军

除了几个主要参战国外，战争还将其他多个国家聚集在一起（尽管只是暂时的），成为统一的联盟。小国和大国之间的这种合作最终结出了丰硕果实——协约国赢得了战争的胜利。

葡萄牙和比利时

随着战争的持续，就连利比里亚和暹罗这么遥远的国家最终也加入其中；葡萄牙和比利时这两个欧洲国家更是很快就被卷入了非洲和欧洲大陆的战事中。葡萄牙开战的目的或许是保护其在非洲的庞大殖民地，并趁机攫取德国在这里的利益；此外，它还往欧洲北部派遣了一支远征军，这支部队最终被部署在西线进行作战。1918年，在德军发起的春季攻势中，葡萄牙人遭受了前所未有的惨重伤亡。

比利时也在非洲拥有相当广阔的殖民地，但不是自愿参战的——该国参战主要是由1914年8月德国对它的入侵行动

▼ 一些比军骑兵和难民正从一个即将陷落的城镇撤离。该图摄于1914年10月，比利时。

▲ 1915年10月，在罗马尼亚战线的喀尔巴阡山脉，一队罗军士兵正在一道战壕内据守，以防对面的奥匈军队发动突袭。

所迫。在战争初期，比军丧师失地，被迫龟缩一隅，与其英法盟军共同战斗。比利时在战争中蒙受了巨大灾难，劳动力被搜刮一空，原材料被扣押或直接抢走。除欧洲大陆外，它还在自己的非洲殖民地部署了一些军队，但这些军队的性质往往更类似于军事化警察。

意大利和斯拉夫人

意大利也在非洲部署了军队，在1911年的意土战争后，意军就一直在利比亚开展绥靖作战。然而，该国的关注点还是放在了欧洲，尤其是它的主要竞争对手奥匈帝国身上。战争中，意大利在阿尔卑斯山区与哈布斯堡帝国进行了一系列激烈战斗，它试图摧毁位于亚得里亚海的奥匈海军并获得对阿尔巴尼亚的控制权，以阻止奥匈帝国向巴尔干半岛扩张。意军动员了大批部队，给已经在对俄战争（以及与塞尔维亚的拉锯战）中耗尽精力的奥匈军队造成了巨大压力，这一情况甚至导致后者的坚定盟友——德军不得不再次将兵力投送到这条战线上。意大利加入协约国是因为它对自己的边境地区、亚得里亚海沿岸和奥斯曼帝国境内的特定领土寄予了特殊

希望和详细要求。然而，它在和平会议的谈判桌上大失所望，并且在开疆拓土这一方面输给了一个新国家——南斯拉夫。这一事实引发了其国内对"为什么参战"这一问题的重新审视与思考。

塞尔维亚王国从战争一开始就参与其中。蒙特内哥罗（又译为"黑山"）是其忠实盟友，也陷入了这场冲突，曾于1914年派出约35000名士兵支援塞尔维亚。塞军曾在巴尔干战争中赢得大片领土，他们在这场世界大战中动员了更加不可小觑的力量——但在面对奥匈帝国时，这点力量显然是不够的——因此，两个王国于1915年相继陷落，塞尔维亚军队（其中有许多蒙特内哥罗人）更是被押送到了希腊群岛上。不过，这些部队在经过改编和重新装备后被重新送回巴尔干半岛，并于1918年9月协约国军对德国人和保加利亚人发起的攻势中发挥了重要作用。塞尔维亚最终战胜了奥匈帝国，这也导致了塞尔维亚、克罗地亚及斯洛文尼亚联合王国的建立——这个新国家被命名为南斯拉夫。

后来者

1918年时，罗马尼亚也从战争中获得了好处——夺取特兰西瓦尼亚，这个对其至关重要的区域曾在1917年被同盟国占领。当时的罗马尼亚国王虽有德国血统，却为了开辟疆土和协约国站在一起。事实上，从巴尔干战争开始，这个

▲ 1918年，日本和美国共同派遣部队前往西伯利亚，以支持白军领导人——海军上将亚历山大·高尔察克对抗布尔什维克红军。图中照片是1919年美国和日本的将军及参谋人员在西伯利亚海参崴拍摄的。美国少将格雷夫斯坐在前排左数第三位，他右边是日本的大谷将军。

国家就奉行着反对哈布斯堡帝国和保加利亚的政策（何况保加利亚本就是其主要竞争对手）。然而，在战争开始后，奥匈帝国、德国和保加利亚迅速行动，在短时间内打败了罗马尼亚，导致它很快就被占领并进入了短暂的免战状态。罗马尼亚人到1918年年末才再次进入战场，继续与同盟国军队交战。

希腊国王也拥有德国背景，这也是他和自己的支持者更倾向于中立的原因之一。但那些把战争视为机遇的政治家强烈反对这一政策。在最终与协约国站到一起前，这个国家经历了骚乱、政变乃至混乱的内战。但它还是在1918年为巴尔干战区的协约国军队提供了人员和装备支持；之后，希腊军队还在小亚细亚陷入了与奥斯曼军队的血腥战斗。

◀ 英法两国军队于1915年抵达萨洛尼卡，但为时已晚——他们已经无法阻止同盟国击败塞尔维亚了。1916年到1917年间，协约国在萨洛尼卡驻扎着一支规模庞大的军队，但他们直到战争的最后几周前一直碌碌无为。

美军步兵

▲ 在德克萨斯州布朗斯维尔的街道上，美军第4步兵团正列队行进，市民们则站在路旁观看。

领。步兵们在衣领两侧都佩戴着一枚圆形徽章（其设计可以追溯到1902年），虽然它们有时是由涂过漆的皮革而不是金属制成的。其中，右侧圆形领章上标有代表常备部队的字母缩写"US"，或代表国民警卫队的"USNG"，或代表

▼ 一名美国少将，1918年。图中这名少将穿着一件英式风衣，还戴着一顶布罗迪式钢盔——它在美国高级军官中颇受欢迎。

在1917年4月，美国向德国宣战时，美军的力量还相当弱小；此外，他们也极度缺乏进行现代战争的相关经验。

战争的召唤

1917年4月时，美军常备军拥有大约6000名军官和122000名士兵，另外还有近8万名国民警卫队成员。根据《选征兵役法》的规定，这些部队将在短时间内由应征入伍者加以补充。最早参战的一个步兵师在潘兴将军的带领下登陆欧洲。在此后几个月里，美国远征军大多会在欧洲陆续登陆，其中的绝大部分于1918年4月到5月间被部署在法国。

到停战时，美军共有7个常备师、17个国民警卫队师和16个征兵师被部署到了法国（还有一些部队在意大利）。

最初，威尔逊总统希望美军与众不同，并保持着自己的独特身份。但在后来，很多美军师实际上经常被"借给"协约国盟军使用。在战争中，美军经历了一条"陡峭的学习曲线"——此前，他们一直在墨西哥、尼加拉瓜或菲律宾作战，有些军官还参与过针对古巴的行动；然而，

对绝大多数官兵而说，大规模战争与经验丰富的敌人都是新鲜事物。不过，法国和英国提供的培训帮助他们克服了这个困难。此外，由于距离本土和大型仓库过于遥远，许多美军部队只能依赖盟军，由其提供装备和武器。

步兵制服

在1903年美西战争中的古巴战役后，美军就开始换装一种卡其色（他们采用的卡其色是一种深黄褐色，也被称为草绿色）制服。其中，步兵使用的制服大多是于1912年左右引入的款式。

步兵们通常穿着一种羊毛材质的卡其色上衣（M1912式），上面有五枚带白头海雕图案的青铜纽扣。他们使用的卡其色以草绿色为主，但由于布料的使用时间、制造地点和布料磨损情况不同，也可能呈现出不同的色调。这种步兵上衣最初有4个口袋（1918年改进后的版本配有隐藏口袋），以及肩带和立

同的棉质制服。

美军在刚抵达法国时的最明显特征就是他们头戴的圆顶帽（roundhat，也被称为"蒙大拿帽"）。但这种帽子对坏天气或其他任何东西都无法提供什么防护，因此很快就被降级成仅在后方使用。步兵戴的蒙大拿帽上缠着蓝色绳子，军官缠的则是金色和黑色绳子。一些被部署到法国的美军部队得到了阿德

里安头盔，那些隶属于法军步兵师的美国黑人团也是如此；此外，也有部分美军部队使用着英式头盔。

实际上，美军在很早前就购买了约40万顶英制头盔，其美国版本（M1917式）也匆匆配发部队，它们一般都会被涂成绿色。M1917式钢盔几乎与英制原产品完全一样，两者的区别仅仅体现在衬里和序列号上。此外，头戴船形帽的

▲ 美国远征军最早于1917抵达法国，此照片左侧的潘兴将军是该部队总司令。

选派和征兵部队的"USNA"。但这些用来区分部队类型的徽章在1918年后就被逐渐淘汰了。在此之前，一些步兵团还设计并使用过他们自己的特定版本圆形领章（带有团数字编号）。佩戴在左侧衣领的圆形领章被用来表示佩戴者所属部队的类型，比如步兵领章上的交叉步枪图案（有时带着团编号或代表连队的字母，有时也带着其他字母，如表示机枪手的"MG"也可以附在领章上）。在卡其色上衣里面，步兵们一般穿着一种军队配发的衬衫，围巾或领带则是常见的补充物品。

美军用的马裤由与上衣相同的材料制成，有两个侧袋和两个后袋。但它由于采用了在膝盖以下扣紧的设计，因此不适合进行长途行军。到冬季，步兵们通常穿双排扣大衣，每排有4枚与M1912式上衣样式相同的纽扣。这款大衣的设计过长，前线官兵发现它在潮湿的地方或泥土里很快就会变得异常沉重。于是，它在1918年时被改短了。步兵们有时会装备帆布防水雨衣，军官则经常在当地定制或购买风衣，带帽斗篷也时常在其身上出现。在夏天，这些步兵还可以选择一种与他们羊毛制服裁剪方式相

▼ 第9步兵团的一名二等兵，1917年。美国远征军第一批部队在1917年抵达法国时穿着M1912式制服。注意图中士兵头戴的圆顶帽，它也被称为"蒙大拿帽"或"柠檬榨汁器帽"。

▼ 第167步兵团的一名上尉，1918年春季。虽然有许多美国军官（平时）穿着马靴，但在前线时，打绑腿穿短靴的人往往会更多。

军官和士官的特征

最初，美军士官在两边袖子上都佩戴有军衔等级徽章（由棕色布料制成的∨形标志），但后来条例规定徽章应佩戴于右侧袖子处（左侧徽章被取消）。军官则是在他们的肩带（通常缝有金属丝线）或外套袖口（配有黑色的打结纹饰）上佩戴着金属条纹，上衣袖口处也饰有花边。一般来说，军

▼ 第54步兵团的一名二等兵，1918年秋季。1918年初，美军在英军的影响下开始佩戴师级部队徽章，从臂章就可以看出图中这名士兵隶属于第6步兵师。

▲ 第125步兵团的一名二等兵，1918年夏季。这张后视图展示了毯子是如何呈马蹄状被绑在背包上的——这也是一种比较常见的绑法。

▲ 第370步兵团的一名二等兵，1918年夏季。有4个美军黑人步兵团被转给法军指挥部，图中这名士兵就是其中一员——他因此使用着由法国制造的头盔和其他装备。

美军步兵在战壕内外也很常见（军官的船形帽配有蓝色镶边，将军则是金色镶边）。抵达欧洲后，他们使用的老式军靴也很快就被淘汰。1917年，美军配发了一种新式军靴——潘兴靴。这种靴子是棕色的，靴底镶满了鞋钉。通常，潘兴靴会搭配着布制绑腿使用，不过也有些帆布制鞋罩被一直用到了1918年。

官制服的质量比士兵制服更好，色调基本上也更偏绿。他们通常不使用圆形领章，而是在衣领一侧直接佩戴相应的首字母缩写标志（"US"或"USNG"或"USNA"），并在另一侧佩戴部队类型徽章（如步兵的交叉步枪标志）。

军官们一般穿皮靴，打布制绑腿，或是穿一种棕色绑带靴（也被称为"飞行员靴"）。

▲ 美军步兵师及其他部队的徽章和绰号。
1. 第1"大红1"师；2. 第2"印第安酋长"步兵师；3. 第3"马恩磐石"步兵师；4. 第4"常春藤"步兵师；5. 第5"红方片"步兵师；6. 第6"观光"步兵师；7. 第7"沙漏"步兵师；8. 第8"探险者"步兵师；9. 第10"第十"（X）步兵师；10. 第11"拉斐特"步兵师；11. 第12"普利茅斯"步兵师；12. 第13"幸运十三"步兵师；13. 第14"狼獾"步兵师；14. 第18"仙人掌"步兵师；15. 第19"第十九"（XIX）步兵师；16. 第26（国民警卫队）"洋基"步兵师；17. 第27（国民警卫队）"纽约"步兵师；18. 第28（国民警卫队）"楔石"步兵师；19. 第29（国民警卫队）"蓝与灰"步兵师；20. 第30（国民警卫队）"老山胡桃"步兵师；21. 第31（国民警卫队）"迪克西"步兵师；22. 第32（国民警卫队）"红箭"步兵师；23. 第33（国民警卫队）"大草原"步兵师；24. 第34（国民警卫队）"红牛"步兵师；25. 第35（国民警卫队）"圣达菲"步兵师；26. 第36（国民警卫队）"德克萨斯"步兵师；27. 第37（国民警卫队）"巴克艾"步兵师；28. 第38（国民警卫队）"旋风"步兵师；29. 第40（国民警卫队）"阳光"步兵师；30. 第41（国民警卫队）"日落"步兵师；31. 第42（国民警卫队）"彩虹"步兵师；32. 第76（征兵部队）步兵师；33. 第77（征兵部队）"自由女神"步兵师；34. 第78（征兵部队）"闪电"步兵师；35. 第79（征兵部队）"洛林"步兵师；36. 第80（征兵部队）"蓝山"步兵师；37. 第81（征兵部队）步兵师；38. 第82（征兵部队）步兵师；39. 第83步兵师；40. 第84步兵师；41. 第85（征兵部队）步兵师；42. 第86步兵师；43. 第87（征兵部队）"橡子"步兵师；44. 第88（征兵部队）步兵师；45. 第89（征兵部队）"中西部"步兵师；46. 第90（征兵部队）"恶棍牌"步兵师；47. 第91（征兵部队）"狂野西部"步兵师；48. 第92（征兵部队）"野牛"步兵师；49. 第93步兵师；50. 坦克部队；51. 化学战师；52. 军需部队；53. 铁路运输/移动式野战厨房补给部队；54. 军需部队；55. 医疗部队；56. 邮政或包裹快递人员；57. 后勤补给人员；58. 负责前线补给的后勤人员；59. 派驻巴黎地区的人员；60. 中央档案局。

部队徽标

和其他军队一样，美军中拥有特别技能的人也佩戴着专门的徽章——包括专业技能徽章和神枪手徽章，一般被佩戴在前胸。比如，机械师佩戴一枚带交叉锤子图案的徽章（在袖子上），司号员则佩戴带有猎号图案的徽章。

美军配发了海外服役V形臂章，一般被佩戴在左袖口上，一条V形标志表示已在海外战场上服役6个月。战伤袖标也开始在部队中使用，在战场上每受一次伤就可以得到一条这样的V形条纹，它通常被佩戴在右袖口上；值得一提的是，这些战伤袖标大多绣有金线。此外，美国步兵还使用了多种颜色样式的臂带，比如侦察员用的黑色臂带，以及信号员用的蓝色臂带。

尽管师级部队徽章在英国和其他一些协约国军队中颇受欢迎，但它们一直没能得到美国军方的真正认可；直到1918年夏天，美军才勉强接受（并于1918年10月15日正式提出使用要求）。美军的师级部队徽章通常以布制贴片的形式出现，并根据不同的师采用了五花八门的图案（如本页插图所示）。它们通常被佩戴在左袖，有时也被涂在头盔上。在战争期间，这些徽章在本土美军中相对罕见，主要由那些被部署到欧洲的部队佩戴使用。由于徽章是用布料制作的，因此军官们有时会用金线或银线来装饰它们的边缘。

鉴于一些美军步兵团在隶属法军期间的表现十分杰出，法国人甚至向他们授予了勋索。

个人装具

许多美军军官扎着山姆·布朗腰带，带着地图包和双筒望远镜。他们也经常携带手枪和防毒面具，以及那种在法国军队中很流行的面包袋。

步兵则装备了M1910式腰带，并在上面悬挂着帆布弹夹包或口粮袋等物品。他们还使用着一种让人相当不舒服的帆布背包（或挎包），一般用帆布带将其背在身后，有时还会在包上挂一条卷成筒的毯子。这个背包可以容纳多种个人物品，比如剃须刀、四双备用袜子、帐篷钉等。士兵所用的皮带和背包色调均为黄绿色。

通常，这些士兵会把刺刀插入木制刀鞘中，将其悬挂在皮带上，还把一个带有护套的掘壕工具挂在此处（皮带）。他们使用的水壶一般是由法国制造的，面包袋和手榴弹袋同样如此。在美国国内，防毒面具还未成为士兵装备的一部分，但那些被部署在欧洲的美军部队很快就得到了它们——大部分是法制M2型防毒面具。他们一般会将其装入一个帆布袋，再把这个袋子挎在肩上或置于胸前。

美国海军陆战队

自出现一个多世纪以来，海军陆战队就一直扮演着海军步兵的角色，并且在多个国家里逐渐演变成一支独立的武装力量（甚至在美国成了一个军种）。其任务一般是执行小规模远征行动或作为大规模远征的开路先锋。

原则上，美国当时的海军陆战队仍要对海军负责，但这支武装力量已经具有了相当的独立性，它被视为一支专门执行突袭和海外远征行动的精锐部队。海军陆战队拥有宝贵的战斗经验，是美军1917年时第一批被派往欧洲的部队之一——第5和第6海军陆战团一直都是冲在最前方的部队。

▲ 图为1918年，佩戴着防毒面具的美国海军陆战队员。第一次遭到毒气攻击对大多数部队来说都是一种巨大的冲击。因此要时常对士兵们进行相关训练，让他们不仅能迅速戴好防毒面具，更要熟悉戴面具的感觉。

海军陆战队的制服

海军陆战队成员所穿的制服与陆军步兵类似，但也有一些明显的区分标志。尽管当时这两支部队的总体情况相似，甚至在战争即将结束时，他们制服的色调都已经基本一致，但陆战队军官们还是试图将自己部队与陆军区分开来。

在战争中，海军陆战队员所穿的这种上衣于1912年开始配发部队（1917年时有少量修改），采用一种被称为"森林绿"的颜色。最初，他们没有在衣领上佩戴圆形领章，但用于固定上衣的五枚按钮上带有本部队白头海雕、地球和船锚的图案标志。此上衣配有尖角形袖口，他们最初在两侧袖子上都佩戴了军衔等级徽章。其中，士官佩戴红色和绿色的军衔等级徽章，与陆军的相关徽章不同。左外套里面，陆战队员通常穿着一种配有尖角形口袋的衬衫，衬衫领子

可以竖起来，以保护脖子免受粗糙外套的摩擦。到1918年，海外服役V形臂章、战伤袖标和神枪手徽章也可以在他们的上衣上见到。

在炎热的环境中，陆战队员们通常穿着一种相对轻且薄的热带制服，但这种制服并未配发给驻在法国的那些部队；到冬天，他们往往会穿大衣（大衣组扣比上衣组扣更大些）。陆战队员们使用的裤子一般是森林绿的直筒裤而不是让人不舒服的马裤，士官裤子的外侧还饰有条纹。另外，他们很快就用绑腿和靴子（通常是褐色而不是黑色的）取代了在战壕中并不实用的鞋罩。

海军陆战队成员在1917年抵达法国时戴着蒙大拿帽（也被称为柠檬榨汁器帽），帽上有海军陆战队徽章，但通常没有陆军所用的帽绳（尽管陆战队军官也可以使用一种红色与金色相互交织的帽绳）。但这种军帽很快就被他们弃用，并改用了英式头盔（盔体通常被涂成绿色，带有一枚腊印的帽徽）；或是在不当值时，他们一般戴着一种草绿色船形帽，帽上也有帽徽。

◀ 第6海军陆战团的一名下士，1917年。美海军陆战队员装备的蒙大拿帽很快就被钢盔或船形帽（不当值时使用）所取代。蒙大拿帽一般由兔毛毛毡制成，帽上有4个通气孔以减少头部出汗带来的不适。士兵们通常把皮制下颚带置于后脑勺，因为当他们行军时，下颚带（此时位于下巴处）会在下巴和脖子间来回摩擦，让人感觉很不舒服。

个人装具

海军陆战队使用的装具与步兵基本相同，不过弹药带的装饰性铆钉会再次被印上他们的部队徽章，而且他们装具的颜色也比陆军显得更偏绿。进入战场后，陆战队员们会把自己巨大而笨重的背包放在后方，改用轻便的手榴弹袋和各种面包袋。他们的帆布装具上有时会标着"USMC"字母或表示海军的图案标志。大多数陆战队员使用着M1903式斯普林菲尔德步枪，并搭配使用M1905式刺刀（平常不用时会被放入织物或皮革刀鞘中），并在颈部位置挂一个法制或英制的防毒面具。此外，士官和军官们一般会携带手枪。到战争末期，大

▲ 图为美国海军陆战队的白头海雕、地球及船锚徽章，有时也被简称为"EGA"徽章。其中，白头海雕象征着这个自豪的国家（美国），地球表示陆战队执行任务的范围是全世界，船锚意为该部队在传统上隶属于海军。

多数陆战队员都装备有M1917式防毒面具，它通常会被装入一个帆布包，然后挎在胸前，方便随时取用。美军的M1917式防毒面具基于英国小型盒式防毒面具研制，配有面罩和呼吸管，呼吸管的一端连接面罩，另一端则连接帆布包中的过滤器。与美国远征军中的其他部队一样，海军陆战队也大量使用了来自盟友的装备，尤其是机枪、榴弹投掷器和堑壕迫击炮等较重的武器。和步兵类似，海军陆战队军官也会佩戴一些本部队特有的标志。少尉们最初没有在肩带上佩戴金属条纹（它于1918年后投入使用），但他们的普通腰带或山姆·布朗腰带的带扣、绑腿或是军帽上都配有本部队的独特标志。

◀ 第6海军陆战团的一名二等兵，1918年。美军于1918年配发的大衣由羊毛制成，它在泥泞环境中会变得异常沉重——雨衣则不会这样，并且能更有效地遮风挡雨。为保护枪机，图中这名士兵用布料包裹了他的斯普林菲尔德步枪。他还在身上披着一件帆布雨衣，并用大头钉固定。这名士兵戴的头盔是1917年配发部队的锰钢版本，陆战队员通常将其涂成森林绿色，使它与自己上衣的颜色保持一致。

▶ 第5海军陆战团的一名二等兵，1918年。图中士兵携带的帆布弹药带比步兵用的弹夹包显得更绿些，且带口铆钉处配有海军陆战队徽章。这种弹药带由十个小弹夹包组成，每个小包可携带两个弹夹，每个弹夹装有五发子弹，子弹适用于斯普林菲尔德步枪。另外，陆战队员们通常会用一根棉布弹药背带来携带额外的弹药。

制服的发展演变

1918年初，陆战队员们被军方告知会换装陆军的草绿色制服。但这个命令没得到彻底执行，大部分时间里依然可以看到他们使用着本部队的森林绿制服；直到当年夏天，陆战队军官们仍在竭力争取保留自己的独特制服。不可思议的是，森林绿（制服）果真在战后被重新启用了。1918年8月，陆战队员们还接到了用带有白头海雕、地球和船锚图案的圆形领章来取代陆军样式圆形领章的命令；此时，师级部队徽章也开始在他们的袖子或头盔上出现。

美军技术兵种

美国远征军虽然主要由步兵组成，但其他部队也提供了必要的支持，而且正是因为后者的存在，美军整体的兵力和火力才得到了较大提升。

骑兵

美军有一些骑兵部队在法国服役，但很少参与作战。他们佩戴的圆形领章上有交叉军刀图案标志，下身穿带有加固内衬的马裤，脚上穿马靴。这些骑兵通常装备手枪和卡宾枪，而不是斯普林菲尔德步枪。他们头戴的蒙大拿圆顶帽配有黄色帽绳，但这种帽子很快就被头盔所取代。另外，骑兵们的私人物品大部分由各自的战马承载——马背上的M1904式马鞍被包括马鞍包和备用弹药带在内的装备所包围，这些骑兵也因此不用再背上沉重的背包。不过，他们还是得随身携带弹夹包和防毒面具。

骑兵虽然也配发了他们的海外服役V形臂章和佩戴在袖子上的军衔等级标志，但这些徽章在非步兵部队（比如骑兵）中的发放数量相当有限。另外，师级部队徽章从1918年秋季开始在骑兵制服上出现。

炮兵和工兵

在刚抵达法国时，美军炮兵戴着配有猩红色（也是其兵种色）帽绳的蒙大拿帽，他们身穿的制服与步兵非常相似，但在圆形领章上佩戴了自己部队的徽章标志。其中，交叉炮管表示野战炮兵；交叉炮管上加一个字母"A"表示高射炮兵；交叉炮管上加字母"TM"表示堑壕迫击炮部队。通常，炮兵携带的个人装具会少于他们的步兵同行。工兵的圆形领章上配有堡垒图案。如果是戴柠檬榨汁器帽的话，他们通常会在帽上分别系一条猩红色和白色的帽绳（信号部队成员使用橙色和白色帽绳，并且在圆形领章上使用交叉旗帜图案。当他们在战地执行任务时还会戴上一条蓝色臂带）。另外，工兵们通常会在自己圆形领章标志的上方或下方佩戴着代表自己

◀ 一名宪兵部队的二等兵，1917年。美军宪兵佩戴的臂带上配有红色或白色的字母"MP"。美军宪兵部于1918年7月在法国成立，此后在每个步兵师里都组建一个宪兵连。该部队成员通常在自己袖子上佩戴师级部队徽章。宪兵担负着诸多职责，比如指挥交通或甄别战俘。

▶ 一名工兵部队的二等兵，1918年。图中这名工兵装备精良，他的胸前挂着一具英制小型盒式防毒面具包，可快速佩戴使用。注意位于他颈部的身份牌——通常是一个圆形铝牌，上面印有士兵的姓名、部队及入伍时间。

▲ 飞行员埃迪·里肯巴克（照片站位居中者）是第一次世界大战期间美军飞行员中取得战绩最多的人，图为他与第94中队其他成员的合影。请注意这架双翼机机身侧面涂着的徽章图案，这使得"环中的帽子"成了该中队的非正式名称。

所在连队的字母。

在美军里，火车上的相关职位通常由军需部队和汽车运输部队成员担任。上述两支部队的兵种色分别为浅黄色和紫色，他们可以自由使用臂带来表示自己特定的运输方式。师级部队直属的火车部队成员的圆形领章上带有字母"T"。

美军的坦克部队于1918年初组建，以灰色作为兵种色。他们使用过各种各样的徽章（包括带有Mark IV型坦克图案的圆形领章），并表现出了对皮夹克和皮制防护帽的偏爱。

陆军航空兵

尽管美国人早在20世纪初期就对（通过）动力飞行表现出了充分的热情，但他们真正把这项技术应用到军事航空领域的步伐却一直很缓慢。和当时大多数军队一样，美军飞行部队最初隶属于工兵，具体来说是信号部队的一个分支。因此，飞行员制服最初就是参考信号兵制服而设计的（该部队里不论士兵还是军官，其圆形领章上均有交叉旗帜图案）。但军官们受法国和英国影响，开始使用飞行员靴和山姆·布朗腰带。1918年，军方正式批准飞行部队成员佩戴一种翼形证章（另一种带有飞翼和螺旋桨图案的证章也开始使用）。船形帽在美军飞行员中颇受欢迎，不过它们一般是私人定制的。值得一提的是，美军的飞行装备主要是从英国皇家飞行军团或法国飞行部队租借而来。这些飞行员通常在自己的飞行服上佩戴中队徽章，偶尔也会在制服上衣上佩戴。另外，他们中的大多数人会把手枪作为自己的首选武器。

医疗和宪兵部队

当位于战场时，美军大多数医务人员都会戴一种带红十字的臂带，并携带装有急救箱的小袋。此外，军官还佩戴着带翅膀的蛇杖图案的徽章——这个图案一直以来都是医学界的象征。美军中一些执行特殊任务的专业部队会佩戴自己的独特标志，比如宪兵总司令麾下的宪兵们佩戴着一种蓝色或黑色臂带，臂带上配有红色字母"MP"或白色字母（其中，字母"PG"用于宪兵总司令护卫队成员，"PM"用于宪兵总司令本人）。美军宪兵部队成立于1918年7月（当时共有120名成员），他们若干圆形领章中的一枚带有"MP"字母标志。成立宪兵部队的目的是维护军法威严，因此他们总是穿着制服。战后，宪兵成了美军占领军的一部分，他们一直留在欧洲，直到1922年才撤走。

▶ 第148飞行中队的一名上尉，1918年。美军飞行部队最初隶属于信号部队，属于后者的徽标一直被飞行员们使用到了1918年。

葡萄牙

葡萄牙在战争开始后不久摆脱了国内长达十年的政治混乱，并在1916年之前一直保持中立。在这一年的2月，应英国要求，葡萄牙扣押了停泊在本国港口内的德国船只。为报复，德国于1916年3月对葡萄牙宣战；作为回应，后者成立了一支远征军（Corpo Expedicionário Português，简称为CEP），并派遣该部

队奔赴战区。到1917年，共有30000名葡军士兵已被派往佛兰德斯地区。

步兵

在废除君主制并建立共和国后，整支葡萄牙军队也于1911年进行了改革。虽然已经使用新制服，但由于进度比较缓慢，而那些被派往北欧的部队又必须尽快更新制服，以适应北方的寒冷气候。于是，他们开始装备羊毛（而不是棉质）制服，其颜色类似于法军的地平线蓝（但相对偏灰）。

葡军所穿的上衣配有一个立领，他们下身一般穿马裤，并搭配绑腿。浅棕色靴子开始是很常见的，但后来这种靴子常常被法制或英制靴子所取代，军官们通常也更喜欢穿马靴或飞行员靴。士兵和士官们最初都戴着大檐帽，但不久后就换用了英制或由本国自行设计的钢制头盔，后者为增加头盔强度在盔上添加了一些凹槽。以上两种头盔实际上都是在英国生产的，但都被涂成了与葡军制服相同的那种颜色。军官们戴着一种配有皮革下颚带的大檐帽，制服上衣的风格与英军颇为相似（在上衣里面穿地平线蓝衬衫，还打了一条黑色或蓝色的领带），并扎着山姆·布朗腰带。

步兵们在自己的立领上佩戴

▶ 第10骑兵团的一名上尉，1917年。葡军骑兵在衣领上佩戴着含交叉军刀图案的徽章。到冬季，他们穿着各式各样的民用衣物，因为从本土过来的补给时断时续。图中这名军官穿着一件通常由司机使用的毛皮大衣。

◀ 第21步兵营的一名二等兵，1916年。驻非洲的葡萄牙军队极度缺乏制服和装具——图中士兵的制服外衣在阳光下几乎呈白色，这意味着它的年龄已经不小了。另外，葡军头盔有时会配有含葡萄牙国家色，即绿色和红色的盔徽。

了一对带交叉步枪图案的黑色徽章（军官所用徽章的样式与之相同，不过背景为金色）。如果戴布制军帽的话，他们通常会选择大檐帽。葡军制服的肩部带有军衔等级徽章（即缝在肩带上的绳索条）。其中，士官佩戴1到4条浅蓝色条纹（带深蓝色镶边）；军官使用了相同

样式的军衔等级标志，但材质为金色丝线。将军们的袖口上有三颗银色星星，其大檐帽上也有一颗五角星。大多数被派往佛兰德斯的葡军步兵团成员都会在自己袖子上方佩戴一枚布制部队徽章（徽章上通常标有团编号）。

葡军的个人装具最初是从德国人那里购买的，但为了搭配自己的灰蓝色制服，他们在1911年开发了一套用卡其布制作的网布装具。不过，那些被派到西线作战的葡萄牙部队通常装备着英式装备和武器。通常，葡军士兵和士官使用的大衣是单排扣，军官大衣则是双排扣的，但不论哪种都设计有向下倾斜的衣领。为适应佛兰德斯的寒冷冬季，各式各样的其他大衣也很快装备了驻在此地的葡军部队。

1918年，葡军将一些师级部队徽章投入使用，它们大部分是通过红色和绿色几何图形的变化来代表不同步兵师的。

其他兵种

葡军其他兵种的制服与步兵相似，只是领子上别的徽章图案不同。骑兵用交叉的骑剑（或长矛）取代了步兵的交叉步枪；炮兵领章采用了交叉的炮管（具体图案根据不同炮兵的类型而有所区别）；机枪手的领章是交叉机枪枪管；工兵部队是一座堡垒。值得一提的是，葡军通常在他们大檐帽的帽徽上方佩戴团编号。另外，飞行员的领章图案是一对交叉车轮，他们以类似于英国或法国飞行员的风格来装备自己。

殖民地部队

葡军殖民地部队大多使用着卡其色军服，而那些从葡萄牙本土被派往殖民地的部队经常会发现自己所穿的浅灰色棉布制服很快就褪成了白色。通常，殖民地部队成员的制服衣领上带有其所属团编号，并且仍然在肩带上佩戴自己的军衔等级徽章。他们一般装备着白色或灰色的热带头盔，但宽松帽子或大檐帽戴起来更舒适，因此很快就受到了

殖民部队官兵的欢迎。他们的热带头盔有时会搭配一个尖顶，有时还添加了含红绿国家色的帽徽。葡军招募的当地土著部队成员身穿卡其布制服，头戴红色土耳其毡帽或卡其色碉堡帽（pillbox cap）。他们经常赤脚行军或战斗，但在

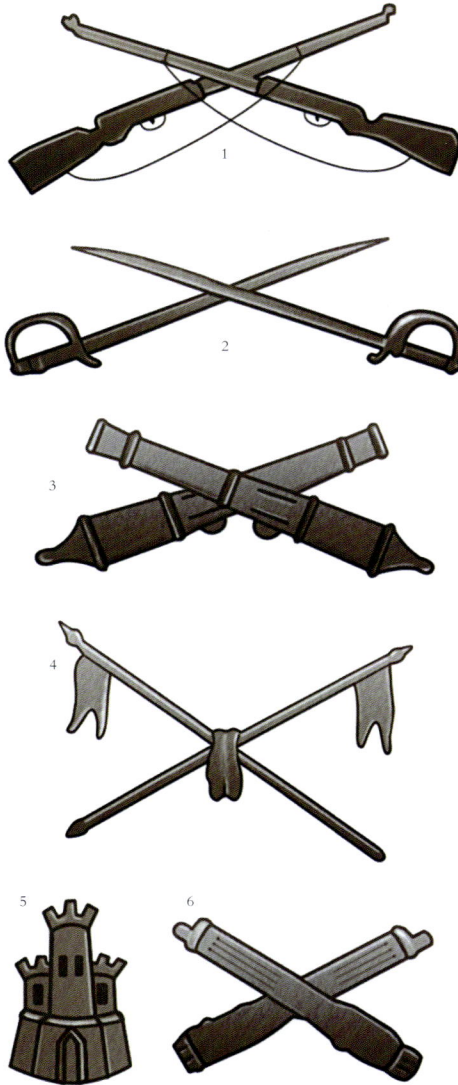

丛林或荆棘丛中穿行时也会打绑腿。这些土著部队使用的武器和个人装具都是葡军于1911年时配发部队的老旧型号。

▲ 1917年时，葡萄牙军队成员在衣领上佩戴的徽章图案。
1. 步兵使用的交叉步枪；
2. 骑兵使用的交叉骑剑；
3. 炮兵使用的交叉炮管；
4. 枪骑兵使用的交叉长矛；
5. 工兵使用的城塔；
6. 机枪手使用的交叉机枪枪管。

▶ 第20步兵营的一名中士，1917年。葡萄牙军队使用着一种特殊的带凹槽头盔，它的形状与英式布罗迪头盔相似。通常，葡军会在头盔上涂一层绿色油漆。事实上，这种采用凹槽设计的头盔最初是英军为进行对比测试而少量生产的。只是布罗迪头盔在测试中表现得更有弹性，随后英军就把库存的凹槽头盔送给了葡萄牙军队。

比利时

1914年时，德军的入侵迫使比利时加入战争，此后，它一直坚持战斗到了1918年。比军不仅在欧洲（不过该国只有一小块领土未被占领）奋战不止，也在非洲进行战斗。比属刚果是一块重要的殖民地，含有巨量自然资源，比利时人也因此决定守住这片土地。

措手不及

德军入侵时，比利时军队正在经历着改革带来的阵痛。1914年，比军已经大规模换装，但许多被送到前线的士兵仍然穿着那种于19世纪配发的制服。在1913年，比军改革的重点就是寻找一种颜色更符合其实际需求的制服面料，并通过逐步淘汰旧制服来改善现状。然而，直到1914年，他们的制服装备情况仍然相当混乱，旧制服和旧装备还是占据着主导地位。

步兵

1913年，比军步兵获得了一种类似于法国猎兵制服的新上衣。它由深蓝色面料制成，采用单排扣、立领、尖角形袖口以及侧口袋的设计，通过九枚金色纽扣系紧。在比军中有时也可能见到一款于1897年首次配发步兵的制服，其领口边缘、上衣前襟下方以及尖角形袖口上均配有饰带。1911年，步兵把他们的猩红色饰带改成了蓝灰色。按条例规定，裤子的裤线应搭配滚边，但实际中很少有人穿这样的裤子。该部队成员的个人装具由黑色支革制成，包括黑色的皮带和弹夹包（通常只携带一个M1896型弹夹包，它被悬挂在士兵皮带的前方）。他们的背包是一种用甘蔗骨架进行加固的黑色皮革包，背包顶部经常系有被卷成筒的毯子，后面绑着各种各样的物品——水壶和干粮袋就在其中。

最初，比军步兵们装备着M1893式有檐平顶筒状军帽，军帽前部有一条红色帽带和一枚金色王家帽徽。这种帽子配有一个盾形轮廓，轮廓内部有用红色或白色数字标记的佩戴者所属步兵团番号。不戴时，他们通常会用一张黑色油布罩住自己的军帽。此外，这些步兵有时还会使用带有法军猎兵风格的帽子。

在参战之初，大部分比军部队使用着一种深蓝色双排扣大衣（M1906式），衣上带有含团番号的青铜纽扣。士官佩戴着带红色镶边的V形银色袖标；军官们则在自己衣领上佩戴星形标志，其帽上还配有额外的滚边。

比军掷弹兵团成员最初戴着熊皮帽，但它很快就被法式平顶帽所取代，

◀ 第9步兵团的一名二等兵，1914年。图中士兵所戴的平顶筒帽本应配有一个由黄铜制成，且带团数字番号的盾形帽徽。但这名士兵为保护军帽，已经用一张黑色油布将其覆盖。

▶ 第14步兵团的一名二等兵，1915年。虽然此时比军已经改用了一套更为实用的制服体系（包括装具），但图中这名士兵仍然背着沉重的老式背包。

▲ 如本图所示，比利时陆军经常使用肌肉强壮的狗把重机枪拖到前线。当时狗也被欧洲其他国家的军队用来在战壕之间传递重要信息。

这种平顶帽还搭配有红色滚边。骑兵（carabiniers）戴着蒂罗尔狩猎帽，帽子一侧的边缘通常会翘起来；此外，他们穿的绿色上衣配有黄色饰带。自行车部队成员穿着与骑兵相同的制服，但使用一种带有法军猎兵风格的平顶帽（配有黄色滚边）。

变革

鉴于制服储备告罄，前线也出现（制服）短缺问题，加上色彩鲜艳的旧制服已经不适用于现代战争，因此比军在短时间内对现有的制服徽章体系进行了变革。开始时，他们使用了棕色的灯芯绒长裤，平顶筒帽也被法式平顶帽所取代，后者配有不同的兵种色滚边（帽子通常被一张黑色油布所覆盖），还把金属纽扣涂成了灰色或黑色；但他们仍

▼ 一辆由狗拖曳的重机枪车，1917年。在战争中，比利时军队不仅制服独特，就连他们的狗拉机枪也是一款颇具特色的武器。

然使用着自己之前的深蓝色大衣。1915年春，比军残存的部队得到大量卡其布，其数量多得足以满足他们再次换装的需要。于是，比军再次装备了双排扣卡其色大衣。其中，步兵的大衣配有灰蓝色肩带；掷弹兵配有红色肩带；骑兵配有黄色肩带。尽管各兵种的上衣采用相同布料制作，但步兵佩戴的领章为蓝色，带红色滚边；掷弹兵佩戴的领章为蓝色，带猩红色滚边；骑兵佩戴的领章为绿色，带黄色滚边。此外，他们还在新制服上衣的肩带上佩戴了团番号（掷弹兵的肩带上还配有手榴弹图案标志）。在头部防护方面，比军也引入了钢盔——主要采用阿德里安头盔，盔上带有象征着比利时的雄狮头图案盔徽（步兵制服的纽扣上也有此图案）。许多军官都戴着一种带雄狮头帽徽的大檐帽，或在其黑黄红国家三色的帽徽下添加了团番号。

1915年，比军引入棉布腰带，但黑色皮革腰带也一直用到了1916年。M1915式棉布腰带类似于英制网布装具中的那款同类产品，但前者的带扣两侧可分别悬挂4个弹夹包。此外，他们还配

▲ 第1步兵团的一名二等兵，1917年。到1917年时，比利时军队大部分成员已经装备阿德里安头盔，并通常在盔上添加带有雄狮头图案的盔徽。

◀ 第1猎骑兵团的一名二等兵，1914年。图中这名骑兵所穿的外套为绿色，脚上的轻骑兵靴也是绿色的。他携带了一支毛瑟卡宾枪，通常还装备有一把弯刀和一支长矛。

似。他们还戴着一种没有帽舌的独特平顶筒帽（被称为"colpack"），并以交叉炮管图案作为帽徽。比军炮兵的深蓝色外衣配有猩红色滚边，肩带上配有团番号；要塞炮兵部队成员还会在肩带上佩戴自己所在要塞的编号。最初，炮兵们穿着灰蓝色或深蓝色的马裤，裤线附近带红色滚边。1915年初，黑色工作服及棕色灯芯绒裤子开始取代之前那些色彩缤纷的组合。但不可避免的是，他们在1914年使用过的制服很快就在战争中消耗殆尽，于是野战炮兵和骑乘炮兵也迅速将自己的蓝色制服更换成了卡其色的。上述两类火炮部队成员都佩戴蓝色领章，且他们的红色肩带上配有所属师番号（罗马数字）。工兵们戴着一种带帽徽的平顶筒帽，帽徽图案为一个头盔。他们穿着蓝色上衣（带红色滚边），裤子与炮兵相同。1915年时，工兵们改用了一套与炮兵非常相似的制服，但其领章为黑色，上面配有红色滚边。火车部队成员佩戴的是浅蓝色领章，上面有深蓝色滚边。

骑兵

在战争开始时，比军骑兵穿着五颜六色的军服。其中，只有两个团的猎骑兵身穿绿色上衣，衣上配有猩红色饰带（位于衣领、袖口和上衣前襟下方的滚边也均为猩红色），以及猩红色长裤（裤线处配有黄色滚边）和棕色的皮制无檐平顶筒帽（配有红色帽带）。与当时各国骑兵一样，比军骑兵也携带了长矛（矛尖处配有含其国家色

的燕尾旗），以及卡宾枪——通常是毛瑟枪。大部分骑兵穿着配有马刺的马靴或（配马刺的）短靴，并搭配皮制绑腿。比军共有5个枪骑兵团，成员主要使用蓝色上衣。其中，前两个团搭配了深红色饰带；第3团为白色；第4团为蓝色；第5团为白色。他们下身穿的长裤通常是灰蓝色的。另外，这些骑兵还戴着那种带有19世纪风格的波兰枪骑兵帽——即方顶无檐帽，他们通常会在帽上罩一张黑色油布，油布上绘有团番号。

比军骑马猎骑兵成员一般戴着平顶筒帽，其装束风格类

发了一种更为轻便的新式帆布背包。其裤子也改用卡其布制作，有时候——但至少得是军官——他们的裤线上也会配有与大衣颜色相同的滚边。

和步兵一样，比军的其他兵种同样需要对制服进行变革。不过，他们制服的发展虽然很迅速，但极其不均衡，部队中不论是穿绿色、红色和蓝色等鲜艳色制服，还是穿由英国制造，相对隐蔽的浅灰色卡其布制服的人都有。

炮兵

比军炮兵成员穿着制服上衣和马裤，前者的设计和样式与法军炮兵相

▶ 第1枪骑兵团的一名二等兵，1914年。值得一提的是，图中比军骑兵所戴的方顶无檐帽（即所谓"czapka"），是当时欧洲所有枪骑兵团成员的共同选择。他们通常会用一张黑色油布覆盖着自己的头盔，尽管后者几乎不具备保护头部的功能。

▲ 一队比利时骑兵正骑行在一条位于布鲁塞尔市中心的街道上。

猎骑兵还在自己肩带上添加了一个王冠图案）；此外，骑兵们还在这件新上衣的立领上佩戴了各式各样的布制领章。其中，猎骑兵佩戴带绿色滚边的猩红色领章；枪骑兵佩戴带蓝色滚边的白色领章；骑马猎骑兵佩戴带蓝色滚边的黄色领章。骑兵军官与他们的步兵同行一样，在上衣衣领或骑兵斗篷上佩戴着星形图案标志。他们一般扎着棕色皮带，在皮带上别着手枪皮套，脚上穿着棕色骑兵靴，靴上配有马刺。到战争末期，比军骑兵仍然通过使用马裤和骑兵靴而非直筒裤和绑腿，以及

▶ 第2枪骑兵团的一名少尉，1918年。图中军官所戴头盔上的狮头图案也被用在了比军步兵和骑兵的制服纽扣上。

似于法军的猎兵或轻骑兵。比如他们同样会在帽子上覆盖一张黑色油布，并且穿深蓝色上衣。其中，第1团使用黄色饰带；第2和第4团使用红色饰带，穿着带白色滚边的灰蓝色长裤。实际上，比利时应该有4个骑马猎兵团，但第3团在1914年时尚未组建。宪兵队成员戴着熊皮帽，身穿一种带红色滚边的深蓝色上衣，衣领上带有含手榴弹图案的徽章。

所有这些颇具特色的制服徽标很快就被弃用了。1915年，比军骑兵开始使用卡其色军服，还用阿德里安头盔取代了无檐平顶筒帽和方顶无檐帽。换装后，他们在自己新上衣的肩带处佩戴着所属团番号（精锐的

携带更少的装具来将他们自己与步兵区分开来。

非洲战线

驻扎在非洲的比利时军队比自己的国内同行更早装备了卡其布制服。他们通常戴着热带头盔、野战便帽或大檐帽，这些军帽大多带有含比利时国家三色的帽徽或由王冠、盾形标志和比利时雄狮头图案组成的徽章——后者也是殖民地军队的官方标志。

在非洲，比军中的欧洲人一般穿着卡其布衬衫，军官则更喜欢穿一种类似于英军军官的上衣。土著部队成员穿着一种由卡其布制成的上衣（但也使用老式的浅蓝色上衣和裤子），以及卡其布短裤；他们通常戴着红色土耳其毡帽，毡帽配有蓝色帽罩，有时还会扎着红色的腰带。总的来说，比军的非洲部队往往装备着那些早已过时的装具（也有从英国或南非供应商那里购买的装具）。

意大利

意大利并没有做好进行大规模战争的准备，而且在战前不久与奥斯曼帝国的冲突中就花费了大部分军事预算。尽管受到极大限制，它最终还是在1915年5月派出了一支规模相当庞大的军队，并在1917年的黑暗时期中（当时整个意大利陆军都处在哗变和可能解散的边缘）幸存下来——但也仅此而已了。

▼ 一名意大利准将，1917年。图中的意大利将军穿着一件M1909式制服，但这些高级军官使用的制服往往采用了更精细的布料，款式也更时髦。他所戴的帽子同样制作精良，配有由皮革制成的帽舌，帽顶为圆形且透气良好，不会被汗水润湿。

处在战争的风口浪尖

到1909年，意大利步兵已经装备了深蓝色大衣和黑色平顶筒帽。而且就在这一年，整个陆军都开始装备一种灰绿色制服上衣（比灰色更绿一些）。1911年和1912年在利比亚的战斗证明了这个决定的正确性，但新制服的产量一直严重不足——这就意味着二线部队成员不得不穿着老式的蓝色制服奔赴前线。

意军的步兵部队可以被分为线列步兵团（可简称为"步兵团"，截至战争爆发时共有146个），12个轻步兵团（Bersaglieri，即著名的狙击兵团），以及8个山地团（Alpini，即山地步兵团）和本土民兵部队。其中，线列步兵团里还包含有一个掷弹兵团。

线列步兵

线列步兵于1909年配发的灰绿色制服上衣采用立领、无外部口袋和隐藏式纽扣设计。这些设计很时髦，也很实用。该上衣肩部配有可卷曲的肩带（可防止步枪的枪带或肩带打滑），并且两侧衣领上都缝有一枚布制领章。领章的颜色五花八门，不同颜色被用来表示佩戴者所隶属的相应旅。其中，掷弹兵团成员佩戴红色领章，领章上有银色滚边。大多数线列步兵团成员佩戴着制作简单的彩色领章，并在两侧领章最靠里

的地方各戴了一枚萨伏伊之星（一个图案内容为五角星的标志），外端各配有一枚纽扣。代表某个旅的那种颜色一般为单色，但也有一些旅是条纹色；士兵所在的团则可通过他制服上的纽扣或军帽上的团番号加以识别。

线列步兵们通常戴着一种带皮革帽舌的平顶帽，帽上有王冠图案，王冠下面为团编号。在他们装备过的平顶帽中，M1909式平顶帽相对最硬也最圆，而M1915式有一个比较宽松的帽顶；军官们则使用了一种更为笔挺的平顶帽。其中，将军戴的平顶帽上有一枚鹰徽，以及红色和银色的纹饰。阿德里安头盔于1915年10月开始配发意军，最初印着法军的帽徽。意军对这些头盔进行加工，去掉了法军的（浮雕型）帽徽；随后，他们将自己的部队徽章直接画在头盔上，或者把团番号腊印在一张棕绿色头盔罩上。意大利也有本国自产的头盔，是以法国头盔为模板，经改造后定型生产的；它采用一体铸造成形，取代了法国的铆接工艺。

意军步兵配发的大衣采用了向下倾斜的衣领，衣领处配有萨伏伊之星；此外，部分士兵还使用着一种较为轻便

▼ 一队骑着自行车的意大利侦察兵聚集在山路上。

▲ 图为在营地里休息的意大利狙击兵，注意他们使用的独特圆边帽。

▼ 第115步兵团的一名下士，1915年。为防止装具滑落，意军制服外衣的肩部位置均配有布制肩带。

◀ 第33步兵团的一名中士，1917年。M1912式斗篷在意军中很受欢迎——它的衣领可以竖起来，斗篷本身可以用前襟纽扣系紧。

山地步兵

意军阿尔卑斯山地步兵（Alpini）穿着与步兵相同的制服，但佩戴的是绿色领章。他们戴着一种用毛毡制作的独特狩猎帽，该帽采用圆帽顶和宽帽边（两侧和背面通常向上翘起）的设计，帽上插有一根羽毛。这些山地步兵所戴军帽的帽徽图案为一支军号和两支交叉步枪，其上还有一只展翅的雄鹰。他们通常穿着一种高腰山地靴，这种靴子配有护踝，并搭配着布制绑腿或长筒袜使用。

到战争后期，意军成立了一支特别突击部队（arditi，因此也被称为阿尔迪蒂突击队）。他们穿着开领上衣，也就是黑色或卡其色的高领毛衫（polo-neck），在两侧衣领上均佩戴黑色燕尾形领章（领章上依然是萨伏伊之星）。另外，该部队成员会在自己左袖上方佩戴一枚由花环围绕一柄罗马短剑所组成的徽章（徽章底色为黑色，图案内容为银色）；军官则在他们的军帽上佩戴着带燃烧手榴弹图案的帽徽。

狙击兵

意军精锐部队——狙击

的斗篷——衣领处同样添加了萨伏伊之星。由于意大利与奥匈帝国之间的战斗主要发生于崎岖的高寒山区，因此这些士兵所穿的灰绿色马裤都有一个在膝盖以下地方可以扣紧的设计。另外，绑腿和短靴也是他们的首选装备。

意军步兵最早使用的那套个人装具可以追溯到1907年。它采用皮革制作，通常被涂成绿色，包括一根皮带和四个共可容纳96发子弹的弹夹包，以及一个灰绿色背包——它还可容纳另外12发子弹以及士兵的私人物品。通常，这些步兵还会携带防毒面具、水壶和干粮袋。

兵戴着一种由防水毛毡制成的独特圆边帽，帽上插有一撮黑色公鸡羽毛（从帽子的右侧垂下）。通常，他们的圆边帽带有一枚含意大利国家三色——红白绿色的帽徽，以及一枚由军号和交叉步枪图案组成的徽章。但狙击兵们会用一张帽罩覆盖自己的圆顶帽（帽罩上配有蜡印的帽徽）。有时，他们也会戴一种红色土耳其毡帽。该部队成员所穿的制服上衣与线列步兵相同，但在上衣上佩戴着红棕色燕尾形领章。另外，在狙击兵中，M1912式斗篷要比大衣更受欢迎。

骑兵

在战争开始时，意军共有30个骑兵团，所有这些骑兵团都以地名作为自己的团名（步兵团也是如此）。

意军骑兵穿着灰绿色外套，其设计与步兵相似。他们也佩戴了彩色领章，以此来区分各团。和其他国家不同的是，意军是把战列骑兵、轻骑兵及枪骑兵放到一起编号的。前4个骑兵团是战列骑兵团，分别佩戴粉红色、红色、黑色和黄色饰带（衣领、军帽、袖口和肩带的滚边也采用相应颜色）。第5至第10骑兵团以及第25和第26骑兵团为枪骑兵团。其中，第5骑兵团佩戴白色饰带；第6骑兵团为红色；第7骑兵团为粉红色；第8骑兵团为浅绿色；第9骑兵团为橙色；第10骑兵团为黄色；第25骑兵团为黑色；第26骑兵团为浅蓝色。战列骑兵团成员的军帽上配有含燃烧手榴弹图案的帽徽；枪骑兵帽徽的图案为两根交叉

长矛，其上有一项王冠，背景是圆圈中的团编号；轻骑兵的帽徽图案是一支猎号。意军轻骑兵的领章比较特殊，呈燕尾形，而且其领章和衣领分别采用了不同颜色，具体如下（领章/衣领）：第11团黑色/红色；第12团黄色/黑色；第13团粉色/黑色；第14团橙色/黑色；第15团黑色/红色；第16团黑色/白色；第17团红色/黑色；第18团黑色/浅绿色；第19团白色/浅蓝色；第20团白色/黑色；第21团黑色/粉红色；第22团橙色/黑色；第23和第24团红色/白色；第27团白色/粉红色；第28团红色/浅蓝色；第29团浅绿色/白色；第30团红色/黄色。

意大利骑马军事警察，即宪兵（carabinieri），佩戴带有白色滚边的黑色领章，还保留了他们独特的双角帽（bicorne）。此外，意军司号员在他们袖子上佩戴带有猎号图案的徽章，神枪手则佩戴带有猎枪图案的臂章。

意军骑兵们下身穿马裤，脚上穿配有马刺的马靴或短靴，并搭配皮制绑腿。他们还携带了一条以对角线方式固定在身上的弹药背带（M1897型弹药背带）；此外，卡宾枪配用的额外弹药经常会被挂在马脖子上。

在战争初期，意军战列骑兵部队成员戴着那种传统的带顶饰的阅兵用头盔（有时会覆盖一张盔罩），但很快就改用了灰绿色船形帽（它的

▲ 突击部队——第23步兵团的一名二等兵，1918年。图中这名士兵戴着一顶由其本国制造的头盔，盔上覆盖着一张帆布盔罩。值得注意的是，意大利生产的头盔是一体成形的，因此也比法制头盔更坚固。但意军中也有一些头盔是由法国制造，援助给他们的。

前后都是翘起的）；不过后者也于1916年被弃用，最终装备部队的是阿德里安头盔（配有蜡印的盔徽）。有时，这些骑兵也会戴配有蜡印骑兵帽徽的步兵用平顶帽。他们通常穿披肩，而不是制服大衣。士官们在上衣上佩戴黑色V形臂章；军官们的制服袖口处配有刺绣的星形图案，军帽上有银色金属花边，领章采用单一的（某一种）装饰色。

从1916年开始，大多数意军骑兵

都开始下马作战，他们既可作为步兵战斗，也能在中队数大大减少后的骑兵部队中继续服役，但从这时起已经被当做后备力量（而不是主力）使用了。

炮兵和技术兵种

意军炮兵成员穿着一种设计与步兵相同的制服，但领章不是后者那样的标准长方形，而是在此之上额外带了一个小尾巴（这个小尾巴的后部弯曲成了一定角度）。其中，野战炮兵使用黑色领章，上有黄色滚边；工兵使用的是黑

▼ **第3山地步兵团的一名二等兵，1916年。** 毡帽是意大利山地步兵的一个显著特征——其前部配有一枚带黑色号角图案的帽徽。图中士兵携带的是于1907年首次配发部队的标准型单兵装备。

色领章，上有红色滚边（1915年时，意军共有6个工兵团）。架桥连在宽阔大河众多的战线上有力保障了部队的交通顺畅。该部队成员的特征是使用黑色领章，上有粉红色滚边；另外，他们的帽徽图案为一颗带有团编号的燃烧手榴弹，其下有一对交叉船锚。山地炮兵成员在制服上佩戴着与山地步兵相同的领章。值得一提的是，意军各类炮兵部队及工兵部队成员使用的帽徽均不相同。其中，野战炮兵的帽徽图案为交叉炮管，以及一颗在其上方的燃烧手榴弹；工兵是交叉斧头，在此之上也有一颗燃烧手榴弹；山地炮兵是交叉炮管和上方的一支军号，以及一只展翅的雄鹰。军官们戴的军帽质地较硬，帽上绣有鹰徽和额外纹饰；此

外，他们在自己的两侧袖口处都佩戴了星形徽标。

意军成立了一些机枪团，并通过以下方面进行区分：第1机枪团使用白色领章，上有一条红色垂直条纹；第2机枪团使用红色领章，上有白色条纹；第3机枪团使用绿色领章，上有蓝色条纹；第4机枪团使用蓝色领章，上有绿色条纹。此外，意军还有一些独立的机枪部队，该部队成员分别佩戴着红色（使用菲亚特重机枪）、蓝色（使用圣埃蒂安重机枪）和绿色（使用马克沁重机枪）的领章；他们的领章均配有三条白色垂直条纹，且袖子上配有带银色机枪图案的臂章。意军飞行员们通常穿着自己原部队的制服，但会在袖子上佩戴翼形徽章。

▼ **第17骑兵团的一名二等兵，1915年。** 图中士兵所戴的帽子配有皮制帽舌和代表轻骑兵的彩色滚边。注意这名士兵的卡宾枪子弹是用皮制弹药背带随身携带的。

塞尔维亚和蒙特内哥罗

塞尔维亚是开战后第一个遭到入侵的国家，在战争中蒙受了沉重打击。蒙特内哥罗是其邻国，一直支持塞族人，因此也在被奥匈帝国占领后付出了巨大代价。

塞尔维亚军队

虽然在巴尔干战争中获得胜利，但塞尔维亚军队已经因为多年的战争变得筋疲力尽，不论制服还是弹药都相当短缺。这就导致士兵们不得不穿着各式各样的制服，并携带五花八门的步枪（包括1914年夏天时，由俄国提供的毛瑟或莫辛–纳甘步枪）。但军官可以私下从经过批准的制造商手中购买左轮手枪。另外，塞军的机枪也很少。大多数士兵都拥有一件制服外套和一顶帽子，有人甚至得到了一件额外的军大衣。除此之外，塞军还严重缺乏皮革装具（包括皮制弹药袋和肩带），单兵使用的背包同样如此——于是，大多数士兵都把自己的私人物品塞进了毯子卷。

根据推测，塞军在1908年使用过一种新制服。其所用布料呈灰绿色，但就算是同一步兵团里的两件制服，它们的实际色调也可能有所不同。步兵们戴着一种质地柔软的帽子，帽顶前后均有一个V形缺口。军官的帽子配有一个皮制帽舌和一枚代表王家的王冠帽徽（王冠下面有西里尔字母"P"），但也有人戴着一种与俄军军官相似的帽子。

这套于1908年采用的制服上衣有一个搭配彩色领章的立领，可通过领章识别使用者的具体所属部队；它还配有卷曲的肩带，可用来支撑枪带。塞军装备的大衣为双排扣设计，衣领处配有领章，并兼用向上折叠的袖口。军官们使用着带有俄国风格的银色或金色肩章，它含有代表这名军官服役部队类型的滚边，用来表示军衔等级的金属星星，以及团数字编号；他们的领章通常由天鹅绒制成。一些军官还会在当值时佩戴一

条用红蓝色绳子装饰的银色饰带。士官们也在肩带上佩戴星星，但还是很难从制服上将他们与士兵区分开来。

夏季时，塞军通常会配发一种灰色制服上衣。不过，他们在1908年制服改革前穿的一些蓝色外套和裤子此时也仍在使用，尤其是二线部队。

塞军民兵一般只能得到一支步枪，但军官还能获得制服外套和军帽。

◀ 一名塞尔维亚第12步兵团的二等兵，1914年。图中的士兵头戴一顶塞尔维亚传统军帽（被称为"shikatch"）。他所穿制服于1912年巴尔干战争期间引入，但它（制服）本身是根据1908年10月颁布的着装条例进行生产和使用的。

▶ 一名塞尔维亚第2步兵团的二等兵，1916年。塞尔维亚军队与法军在萨洛尼卡并肩作战，图中的塞军士兵也因此装备着法式头盔及装备。

▲ 塞尔维亚军队的个人装具。
1. 一根带有两个弹夹包的皮制腰带，基于俄军相关装备的样式生产；2. 帆布挎包；3. 配有塞尔维亚帽徽的阿德里安头盔；4. 一支于1910年生产的毛瑟步枪；5. 刺刀；6. 一款旧型号水壶；7. 于1916年引进的新水壶。

自1915年末从阿尔巴尼亚撤退后，残余的塞尔维亚军队重新装备了法国和英国的制服及装具。他们得到了一些卡其色大衣，以及地平线蓝色或卡其色的制服上衣和裤子，就连个人装具也按法式或英式风格进行装备。军官和部分士官还获得了带塞尔维亚鹰徽的阿德里安

头盔。尽管军官们喜欢穿靴子，但他们有时也裹着绑腿（一种用棕色皮带固定的白色裹腿布，被称为"navoii"），但它在作战条件下只能使用三个月。另外，也有不少塞尔维亚人打着赤脚作战。

区分塞军各兵种的方法如下：步兵佩戴深红色领章，骑兵为深蓝色，炮兵为黑色，工兵为粉红色，行政人员为灰色。军官们的帽子、肩章和裤子都配有滚边；宪兵穿蓝色上衣，搭配红色饰带和肩章，下身穿深蓝色马裤；骑兵可以通过他们的深红色马裤（使用时）来识别。

蒙特内哥罗

塞尔维亚的盟友——蒙特内哥罗曾派出约35000名士兵（装备有25000支莫辛-纳甘步枪）支援前者。1910年时，该国的步兵穿着一种绿色制服。军官的穿戴风格几乎与俄军一样，比如在帽子和纽扣处搭配王家徽章（图案）；其肩章也采用俄式风格，上有代表服役部队类型的滚边（步兵为红色，机枪手为浅蓝色，工程兵为绿色，炮兵为黄色），配有金线或银线刺绣，以及表示军衔等级的星星；此外，他们还戴了一条表示服役部队类型的

▼ 图为1915年，贝尔格莱德保卫战中的塞尔维亚军队。

▲ 一名蒙特内哥罗第4步兵团的下士，1915年。图中士官所穿的制服样式简单，他的步枪由俄国提供，其他装备则是私人购买补充的。

饰带。士官和士兵穿着一种样式简单的上衣，上面没有任何用于区分单位或部队类型的标志。他们还戴着绿色的碉堡帽，帽上有根据不同等级而发生变化的帽徽。军官们一般扎着黑色的皮带，携带左轮手枪和没有护手的俄式军刀。这些步兵的个人装具很简单，通常只包含一条卷成筒的毯子，一个水壶和一只背包；另外，他们使用的弹夹包基本也是由俄国生产的。

罗马尼亚

罗马尼亚在1916年夏天决定加入战争，这完全是一种出于机会主义的考量——它旨在利用俄军的成功攻势和奥匈帝国的明显弱点来攫取领土。然而，罗军并没有做好战斗准备，其军费和装备都严重不足。于是，该国先是在1916年战败，随后在1917年丧失了大部分领土——这些都是不可避免的。

早期制服

刚参战时，罗军使用着一种灰绿色制服，它于1912年初投入使用。之前步兵穿的深蓝色上衣、炮兵穿的棕色上衣以及骑兵穿的红色或蓝色斗篷都逐渐被这种新制服所取代。然而，鉴于罗军不容乐观的后勤系统，这些旧制服直到1916年都还能见到。这种灰绿色制服的设计与奥匈帝国军队制服类似，就连军帽也是如此（但罗军军帽的帽顶前部配有一个隆起的帽尖）。军官的帽子还配有用黑色皮革制作的帽舌；此外，他们的军帽带有团番号或一枚含国家三色的帽徽，并根据所属部队类型搭配了不同颜色的滚边。

罗军的制服上衣有一个立领，并根据相应所属部队配有不同的领章，肩章上也带有颜色各异的滚边（肩带上有团番号）；另外，步兵所穿马裤的裤线上也配有与他们肩章颜色相同的滚边。骑兵和炮兵通常穿着一种黑色马裤，脚上穿骑兵靴；步兵则打着不同颜色的绑腿，穿各种军用或民用的靴子。

最初，军官们戴着一种笔挺的军帽，上面配有带国家三色（蓝、黄、红）的帽徽以及由皮革制成的帽舌和下颚带，肩带上有金属条纹；罗马尼亚参战后，他们还在领章边缘处添加了若干排金色的花边纹饰。若是当值，这些军官有时会佩戴一种由互相交织的红蓝绳装饰的金色饰带。此外，士官的一个重要识别特征就是他们肩带上的饰条。

步兵通常穿着灰色大衣，骑兵则使用了一种更长的版本。这两种大衣都采用向下倾斜的衣领，衣领上配有彩色领章，以此表示所属部队类型。步兵的个人装具相对较少，大多数人携带了毛毯、干粮袋、水壶，有时会带背包（主要由德国生产）。大部分步兵使用曼利夏（Mannlicher）步枪，并用棕色弹夹

◀ *第6步兵团的一名中尉，1916年。到1918年，许多罗马尼亚军官仍然穿着法国的地平线蓝制服，但这种布料的供应已经时断时续了。图中军官所穿的这件制服是1916年时配发部队的青蓝色款式；此外，罗马尼亚军队也使用过不少由英国人提供的卡其布军服。值得一提的是，当时的罗军将军也穿着类似本图的制服，但他们下身穿的是黑色马裤。注意图中军官帽徽采用的是其蓝、黄、红国家色。*

▶ *第10骑兵团的一名二等兵，1916年。在冬季，罗军骑兵一般穿着长大衣，其两侧衣领处各有一个箭头标志。他的靴子底部带有凹口，这是轻骑兵的一个传统设计风格；通常情况下，这双靴子还配有圆形花饰和马刺。*

◀第4炮兵团的一名二等兵，1917年。图中士兵戴着一顶颇有奥匈军队风格的帽子，上面配有黑色滚边，但没有部队番号。罗马尼亚炮兵以及一些骑兵部队的成员都喜欢穿一种黑色马裤（如图）。

的战斗力。这些骑兵可被分为龙骑兵（rosiori，罗马尼亚最古老的城市之一）和轻骑兵（calarasi，罗马尼亚城市，位于该国与保加利亚边境附近）。其中，龙骑兵兵力雄厚，达10个团，成员穿红色上衣；轻骑兵有8个团，成员一般穿蓝色上衣。龙骑兵佩戴黑色领章，上面带滚边；轻骑兵则佩戴红色领章（配有黑色滚边）。龙骑兵通常携带着长矛（一种由德国生产的钢矛），以及军刀和卡宾枪，后两者同时也是轻骑兵的装备。这些骑兵军官有时会穿黑森靴（Hessian boots），披着一种黑色斗篷，并使用金色的肩绳。

炮兵们依然穿着棕色夹克，虽然配有黑色领章（工兵的领章还带有红色滚边）的灰绿色制服早就该取代它们了。他们的军帽配有所在团编号，编号下方是交叉炮管图案。炮兵军官们穿着一种黑色大衣，并为其搭配金色饰带。飞行员一般穿工兵的制服，但制服上配有翼形臂章，他们的肩带和帽子上都绘有用于表示本部队的字母"Av"。

新发展

1914年到1916年间，罗马尼亚一直被国际社会所孤立，其国内资源严重短缺。但在1916年末，一些法制装备被送入该国。法国经由俄国为罗军提供了一批带罗马尼亚国王花押盔徽（即表示斐迪南的字母"F"）的阿德里安头盔，罗军在1917年到1918年间使用了这些装备；除此之外，俄国和法国还为罗军直接提供了不少制服，意大利也为其提供了一些布料。

不可避免地，罗军制服的颜色发生了巨大变化，特别是在1918年，他们将协约国盟友提供给俄国的援助物资截留并自行使用后。1917年到1918年间，地平线蓝色制服已在罗军军官中相当常见。在1918年，罗军还使用过地平线蓝色大衣（以及英国的卡其色外套和裤子）。事实上，在战争的最后几个月里，法式装备已经在罗军装备体系中占据了主导地位；1919年时，在驻匈牙利的罗马尼亚军队里就经常可以看到阿德里安头盔、法式大衣及英式网布装具。

包（皮带扣两侧各有一个）容纳它的子弹。另外，他们大部分装具的最早配发时间都足以追溯到19世纪90年代。

步兵以红色领章和滚边来表示自己。来复枪兵佩戴绿色领章和滚边，肩带上有营编号；其军帽也配有营编号，在此（营编号）之上还有一个带猎角图案的帽徽。

罗军骑兵的机动性很强，并且训练有素，不管是上马还是下马作战都表现得非常英勇。他们是精锐部队，不论身处哪个战场都能极大增强当地罗军

▶第5步兵团的一名二等兵，1917年。图中士兵戴着一顶尖顶帽（被称为"卡佩拉帽"）。这是罗马尼亚军队的一个独特标志，其步兵、骑兵和炮兵都可以戴（这种帽子）。另外，这名士兵的卡佩拉帽带有红色团番号。他幸运地为自己的曼利夏M1893式步枪配备了M1891式弹夹包——毕竟罗军当时是相当缺乏装备的。

希腊

1917年到1918年，希腊军队宣布并一直支持着协约国，加入了在巴尔干半岛爆发的战争；随后，它继续在安纳托利亚与奥斯曼进行了一场恶战。

混乱的开端

希腊在巴尔干战争中获得了巨大收益。1914年初，它还从《伦敦条约》中获得了55000平方公里（212300平方英

▲ 1915年，萨洛尼卡（Salonika），一队行进的希腊骑兵。他们戴着软帽，穿着配有深红色滚边的制服。

里）的额外领土奖励——当时的希腊已经成了一个区域性大国。然而，当国内的政治争议演变成一场内乱时，它也失去了最佳的发展机会。最终，希腊国内反对同盟国的政治派别在1917年获胜，随后于当年6月（向同盟国）宣战。

1913年到1917年间，希腊国内的混乱局面也在很多方面影响到了军队。部分军队忠于总理埃莱夫塞里奥斯·韦尼泽洛斯（Eleftherios Venizelos），并支持他的亲同盟国政策。但大部分军队仍然忠于君主，他们认为希腊即使不与同盟国开战，也应该保持中立，反正不能站到同盟国那边去。后来在1917年，随着协约国的援助和对它的重新装备，大规模的希腊军队开始被动员起来。

希腊王家军队的制服受到了当时丹麦军脉的启发（于1913年去世的希腊国王乔治一世拥有丹麦血统）；1908年时，他们还引入了一种绿色卡其布制服。大多数士兵穿着一款与英军风格相近的上衣，但军官们选择了一种带有奥

匈军风格的上衣。这种上衣（士兵用）采用单排扣设计，衣领周围配有滚边，肩带为彩色。军官上衣的肩带配有金属花边和代表部队类型的滚边，并用六角星数量表示军衔等级。士官在他们肘部下方佩戴着V形臂章（步兵士官佩戴的V形臂章为金色，配有红色滚边）。

在夏季，希腊军队通常使用一种棉质制服，它没有肩带，搭配的裤子也较轻；到冬季，他们一般穿棕色大衣，这种大衣为单排扣，其袖口、领子以及彩色肩带处都配有滚边。一种在希腊军队中被广泛使用的绑腿方式被称为"农民绑腿"（方式和风格类似于塞军）。

在丹麦风格的影响下，希腊军队一般戴大檐帽。其中，士官和士兵军帽的帽舌为布制，军官的则是皮制，还配有一条下颚带。代表部队类型的滚边围绕着帽子顶部，帽子正中位置有一枚带希腊国家色（蓝色和白色）的帽徽，帽徽上方有一个王冠图案。军官的大檐帽帽墙配有卡其色纹饰（连级指挥官最多配三条窄纹，校级军官则有一条宽纹和一到三条窄纹）；将军们的军帽上则配有金色纹饰。

◀ 第5步兵团的一名上校，1917年。图中的军官用大檐帽取代了较之更高的法式平顶帽。不过在战争初期，希腊军官中仍然有人戴着平顶帽。这名上校的肩带上配有三颗星（中校配两颗，少校则只有一颗）。

◀ 第2埃夫佐尼营的一名二等兵，1918年。参战时，这些希腊精锐步兵穿着白色马裤，头戴一种被称为"法里赞"（farizan）的绿色毡帽。但（当他们）在前线执行任务时，这种军帽通常会被更为实用且防护性能更好的阿德里安头盔所取代。

▶ 第2步兵团的一名中士，1916年。图中的希腊步兵扎着一根M1908式皮带，皮带上挂着配用于曼利夏M1903式步枪的皮制弹夹包。

们于1917年使用过一套独特制服。这些步兵穿着一种较长的上衣（配有折叠式衣领），滚边和饰带均为红色，并用柔软的绿色"法里赞"（farizan）毡帽取代了普通大檐帽，这种帽子的左耳边垂有一条黑色流苏；他们还穿着传统的白色马裤或紧身裤（膝盖以下绑着黑色或蓝色吊袜带），再加上白色的苏格兰短裙（后来换成了标准的卡其布马裤和绑腿）；另外，该部队成员通常会使用一种由黑色或天然皮革制成的皮鞋，鞋尖处有一个绒球——但同样的，这些皮鞋后来在战场上都被换成了更实用的型号。

一些民兵部队成员一直穿着旧式的蓝色上衣和白色长裤。到战争即将结束时，希腊军队中已经充斥着大量法式装备，包括阿德里安头盔（盔徽图案为在王冠下方的一个十字架），不过他们一般会把这些头盔涂成卡其色。另外，也有很多人穿着由英国卡其布（棕色）制成的军服。

步兵

如上文所述，希腊步兵穿着一种带立领的上衣，戴大檐帽，穿长裤和短靴——后来被打着绑腿的裤子所取代。他们的个人装具脱胎于德国的M1895型，包括一条棕色的天然皮革带，上面可悬挂3个弹夹包，还有一个背包、一只水壶和一个干粮袋。肩带通常也是用天然皮革制作的。他们佩戴着红色肩章，肩章上配有滚边以及金色的金属组扣。

希腊军队中有一支名为"埃夫佐尼"（Evzones）的精锐步兵部队，他

骑兵和技术兵种

希腊骑兵穿着马裤和马靴，他们弃用了步兵的大多数装备，转面使用弹药背带和帆布背包。这些骑兵佩戴的滚边和肩带均为紫色，制服纽扣（还有代表军衔等级的V形臂章）则为银色。炮兵佩戴黑色肩章和滚边，其制服与步兵相同；但他们的制服纽扣和V形臂章都是银色的，工兵也是如此（配蓝色饰带和滚边）。火车部队成员一般使用绿色饰带及滚边。

个人装具

希腊军队的单兵装具与当时欧洲大部分军队的装具相同——包括一条棕色腰带，上面悬挂着两个弹夹包，腰带后面还可以挂一个备用袋（可容纳60发子弹）；刺刀通常被插入黑色刀鞘中，并用棕色皮挂悬挂在腰带上。于1907年开始使用的日本有坂步枪（又被称为"三八式步兵铳"）是希腊军队中最常见的步兵武器，骑兵和炮兵也在使用它的卡宾枪型号。有坂三八式步枪产量极大，曾销售到了俄国和英国。

日本

日本打了一场成功的战争，一跃成为一个区域性大国——它占领了位于太平洋的大量（德属）岛屿，在这个地区发挥着巨大影响力。

制服

日俄战争后，日军进行了一系列改革，深蓝色上衣和裤子逐渐被淘汰，并开始物色一种更实用的制服。1912年，他们选择了一种新制服——因当时正值明治四十五年，所以被称为"四五式军服"——随后进行了换装。四五式军服包括一件黄绿色上衣（夏季版本采用棉布制作，颜色为淡黄；冬季版本用羊毛制作，颜色较深），它带有一个立领，前襟由五枚黄色金属纽扣固定，纽扣上没有图案。

这种上衣有两个胸袋，袖口处有滚边，肩部没有肩带，但肩部两侧末端各有一枚彩色的标签式肩章（立式，通过纽扣固定）。肩章上带有兵种色，以及表示军衔等级的星形图案。其中，士官和军官佩戴的肩章中间有一条金黄色条纹，而且可以在肩章任意一侧的边缘添加新条纹，以表示（更高的）军官衔级，直到最高指挥官。少佐和大佐（分别对应少校和上校）佩戴的肩章底色为红色，中间带一条金色条纹，分别有一枚和三枚金星。军官马裤的裤线上配有滚边（颜色为马裤使用者的兵种色）。他们喜欢携带佩剑和手枪，通常穿长靴，而不是像士兵那样打着绑腿。

在上衣里面，日军官兵一般穿着白色或卡其色的衬衫，或者在夏天只穿衬衫；到冬季，他们会穿上大衣（配有肩章）。但一种裁剪简单的雨衣往往更受青睐——它配有一个兜帽，虽然比大衣短，在寒冷天气里的保暖效果不佳，但

▲ 一名野战炮联队的大尉，1914年。日本军官喜欢穿马靴，但有时也打独特的浅黄色绑腿并穿帆布鞋。图中这名军官携带了一副德制双筒望远镜。他身披的大衣是防水的，大衣后面通常配有一个兜帽。有时，这些军官还会在大衣的肩部缝上表示自己军衔等级的肩章。

▲ 第72步兵联队的一名军曹，1918年。图中这名军曹装备着日本自产的有阪三八式步枪。该步枪根据有坂成章中将的设计制成，其结构与毛瑟步枪相似，于1905年正式被日军采用。有阪三八式步枪的产量极大，甚至被大量出口到国外。图中的军曹携带了两个弹夹包，每个都可容纳30发子弹，还有另外60发子弹被装在他的背包里。

还是很受欢迎。在战场上，士兵们通常会把大衣卷成卷，并将其和一条棕色田野毯一起绑到背包顶部。

四五式军服的上衣配有领章（燕尾形），上面带有用金线缝制（也有领章用卡其色丝线缝制，或直接用黄色油漆涂写）的团番号。

帽子

日军使用着一种配有黑色皮革帽舌和下颚带的大檐帽。它有一个彩色帽墙，用来表示佩戴者兵种，帽顶周围配有滚边；在彩色帽墙的中间位置，有一颗被用作帽徽的金色五星。他们通常会用一张朴素的布制帽罩覆盖自己的军帽，帽罩上没有任何识别标志。

部队徽标

日军步兵佩戴红色领章、肩章、袖口和军帽的滚边颜色与之相同；骑兵以绿色作为兵种色；炮兵佩戴黄色领章、肩章

和滚边；工兵（包括当时规模尚小的航空部队）最初以深红色作为兵种色，但由于深红与步兵的红色太过相似而改成了深棕；火车部队以淡蓝色作为兵种色。

被派往俄国远东地区的日军部队（1918 年）

第 14、第 24、第 47、第 72 步兵联队
第 12 骑兵联队
第 12 野战炮联队
中型火炮大队
第 12 工兵大队
第 1 战地信号分队
第 1 无线电分队
第 1 航空分队（装备 9 架飞机）
第 1 铁道分队
测绘支队
医疗支队

▶ 第2步兵联队的一名二等兵，1914年。图中这名士兵穿着一件长大衣，其制服上衣立领处佩戴的联队番号也被大衣所遮挡。他的军帽上配有红色滚边，但在战斗中，这些彩色滚边通常会被摘除，红色的帽墙也会被覆盖上一张卡其色或棕色的布罩——这使日军的制服看起来相当简单和朴素。

德国

　　像其他许多欧洲大国那样，德国是在20世纪初的多次战争中逐渐塑造而成的。即便如此，1914年的德国人也足以对自己的强大武装力量感到由衷自豪。军队在德意志第二帝国中拥有相当大的权力，德国19世纪在欧洲的扩张以及对世界各地的殖民掠夺更是强化了这一点。然而，它并非铁板一块——这个国家由于统一时间较晚，因而显得过于年轻；其国内各个地区都有自己的独特习俗和特权，这些也可能会形成统治阶层内部的紧张和敌意。

协约国防线	德军发起的攻势及其代号
比军防线	3月4日至4月21日，"圣米迦勒"攻势
法军防线	4月9日至29日，"若尔热特"攻势
英军防线	5月27日至6月4日，"布吕歇尔"攻势
美军防线	6月9日至12日，"格奈森瑙"攻势
	7月15日至17日，"马恩河-兰斯"攻势

▲ 西线局部战场手绘示意图。德军在1918年春天发动其最后一次大规模攻势，这也是他们为打破西线堑壕战僵局所做的最后一次努力——利用潜心钻研的新战术和从俄国前线调回来的有生力量，这次最后的攻势几乎就（但事实上没有）成功了。

◀ 几名德军炮手正在操作他们的37毫米高射炮，随时准备向协约国军战机开火。这种高射炮利用左侧的弹鼓供弹，每分钟可发射300发具有相当威力的炮弹。在德军部队中，该型高炮通常被用来保护观察气球；另外，他们还开发了一些口径较大的高射炮，比如88毫米高炮，其作战目的是阻止敌军战机靠近地面。

一个军国主义国家

对德国战前诸多方面的分析是由战后进行的思想追溯所决定的。20世纪初的德意志帝国被认为是一个极富侵略性和军国主义色彩的国家，由热衷于发动战争的保守贵族所主导。然而，真实情况要复杂得多——德国作为一个整体确实存在着军国主义，但仅仅给它强行贴上这么一个简单的标签是显然不全面的。

普鲁士人的传统

将德国视为一个军国主义社会很大程度上是因为欧洲人对普鲁士的印象如此。腓特烈（Frederick）大帝曾热衷于将他自己的意愿强加给欧洲，因此有人说："普鲁士不是一个拥有军队的国家，而是一支拥有国家的军队。"当时的欧洲人对普鲁士普遍持有这样的观点——这个国家除了战争工业，就再也没有其他的民族工业了。这个观点在普鲁士于解放战争中

▲ 图为1912年的柏林，德国皇帝威廉二世（此照片骑马者中居左者）在一场阅兵结束后，返回途中所拍的照片。当时他被皇家卫队士兵围绕，后者所穿制服充分展现了他们上个（19）世纪的风格。

战胜拿破仑，以及在19世纪相继击败奥地利、丹麦和法国之后再次得到了印证。但是，1914年的德意志帝国并不仅仅是普鲁士，而普鲁士本身也早已不再是那个18世纪50年代的国家了。

德国之所以能在欧洲接连获胜，并非完全因为它是一个热衷于战争的国家，

▼ 德国军队长期在其军事生活的各个方面保持着严格训练，这种做法甚至早于战争爆发。图中的情景拍摄于1910年，当时第2禁卫步兵旅的军官们正在观摩一场游泳比赛；与此同时，他们的嘴上都紧叼着一个汤匙，汤匙里放了一个鸡蛋——这是一场比拼平衡感的比赛。

而是由于普鲁士和后来的德国找到了一条赢得战争的秘诀——现代化。那些一味指责德国（存在）军国主义的人忽略了这样一个事实，即现代战争本就需要一定程度的军国主义来说服那些应征入伍者面对机关枪、铁丝网和精准步枪的威胁。为此，法国依靠爱国主义达到了这个目标，德国凭借的则是坚持不懈的长期训练。

传统让位于现代化

德国军方对新技术表现出了相当大的兴趣，虽然在当时的欧洲，能不断开发新战术并协调好战争与工业之间关系的国家并非只有德意志。但是，它在思想和技术领域的创新氛围要比其他国家浓郁得多。当法国保守派还在捍卫士兵的红色裤子时，德国上下已经一致认为他们能从现代化中获益，而且内部几乎没有出现过反对声浪。

诚然，德国社会中的某些元素可以被称为军国主义，但这些都是孤立个体，既没有统一的组织，也没有采取一致的政策。德国拥有一个勤奋工作的总参谋部，一场关于军事理论的激烈辩论和一位自称为"士兵皇帝"的领导者——威廉二世。这位皇帝经常会说些豪言壮语，还将大量资金投入海军的建设，但他并不能代表整个德国。此外，德军的各个衔级中都充斥着志愿者——这似乎是军国主义的明证，但这些志愿者中有很多是技术学校的学生，他们本来就已被免除了兵役（但自愿加入军队）。而且，其他国家也同样培养了大量参军志愿者（比如法国境内的意大利人或澳大利亚人）。

在德国国内，许多反对党成员认为陆军是一支维持现状的力量——它是保守主义势力所依仗的武装，并随时准备扼杀任何自由元素——仅从这一点就可以看出当时德国的政坛相当不稳定。议会中的社会民主党人致力于推动改革，他们的措施改善了国内相当多人口的健康状况，增加了国民财富，也增强了德国陆军的实力。总体而言，德国社会正在飞速前进着。

▲ 1914年，一些德军预备役部队成员正乘坐汽车奔赴前线。在德国，乃至整个欧洲，都有大批狂热的志愿者被送到前线。

▼ 腓特烈·威廉·维克多·阿尔伯特·冯·霍亨索伦是德意志第二帝国的末代皇帝和普鲁士王国的末代国王（1888年6月15日—1918年11月9日在位）。在协约国方面，他被称为德皇或德皇比尔。

身为德国人

德国陆军也加入了进步行列——这是一支现代化的武装力量，致力于使自己的新兵或新雇员接受新教育，接触新观点并学会新技术。军队把来自各地的应征者聚集在一起，并借此摧毁了一些国内大部分地区都存在的典型的地方主义壁垒。征兵也影响到了相当多的男性。比如在巴登（Baden）的小城弗赖堡（Freiburg）里，有大约249名男子在1913年参军入伍；作为义务兵服役一段时间后，他们将转入预备役继续服役，然后进入各种各样的民兵组织。当然，这套程序到战时会有所不同——在战争期间，这座小城将会输送大约2万人进入军队。

但德军也不是毫无缺陷。他们缺少士官，因为这个职位不但薪酬低，个人前景还很黯淡；此外，军官阶层也在不断发生着变化；再者，到1918年，其国内社会的反战情绪已经异常高涨。事实上，即便

是在1914年，德国国内的文化也与欧洲大多数国家没什么区别——只不过因为最终战败，这才成了它被指责的借口。从这种文化中衍生出的一个观点就是将短期战争视为达成目的的一种手段，但这些国家并不知道一场世界大战最终带来的是什么。

公众舆论

德国虽然看起来是个军国主义国家，但其国内的公众舆论在1914年的参战问题上却的的确确存在分歧。许多农村群体极力反对这场战争；然而，在1914年夏天的德国城镇中，一群群年轻的中产阶级对开战消息欢呼雀跃，这使农民们的蔑视也变得黯然失色。

值得一提的是，德国有自己的和平运动组织，其国内各个党派也并非团结一致地支持战争（事实上，战争还使社会党发生了分裂）；而且，德国国内也有个人和平主义者，甚至和英国、法国或俄国一样普遍。对不同阶层的德国人来说，他们在1914年面对战争时的心态也是不同的——有人走上街头，加入到欢呼的人群当中；有人则在家里呆坐着，感到闷闷不乐甚至烦躁。

普鲁士与德国的其他邦国

尽管德国人普遍拥护统一，但他们也对自己的地方政权表示忠诚，并遵循当地的方言、习俗和传统。在《威斯特伐利亚和约》签订前后（1648年），现今的德国由当时大约300个小国和地方政权组成。拿破仑战争大大减少了它们的数量，并确保了普鲁士的崛起——这是一个主导德国北部，并在莱茵河流域逐渐站稳脚跟的国家。

联合一致

德国终于在普法战争后团结起来，但作为一个联合帝国，其内部的各个地方政权仍然保有一定独立性。德意志第二帝国的领土由4个王国和21个较小邦国组成（还包括三个自由市，以及从法国割来的阿尔萨斯和洛林两大帝国直辖领地）。这些邦国在帝国立法机构中驻有代表，但帝国中央机构掌控着武装力量和外交方向，以及帝国财政和全国铁路

▼ 1914年的德意志第二帝国是一个年轻的国家，不可避免地，它的各个邦国在地方事务和金融运作方面仍然保留有一些自主权。另外，皇室和贵族也在帝国境内的各个地区占据着主导地位。

（在紧急时期）；一些邦国甚至有权向外国派遣大使，只是需要经过柏林的审查和批准。

德国也可以按照语言区域进行划分。那时的德意志领土范围囊括现今的波兰北部、波罗的海沿岸直至梅梅尔（现今立陶宛的克莱佩达）、以及法国部分地区。因此，德国国内语言种类繁多也就不足为奇了。在当时，其境内有300万波兰人，他们主要生活在西里西亚（Silesia）和波森（Poznan，即现今波兰的波兹南）；还有12万立陶宛人和14万丹麦人。德属殖民地由外交部下辖的一个部门进行管理，不过中国青岛（当时为德国殖民地）归海军部直接管辖。

德国军队

德国的武装力量基本是由普鲁士总参谋部进行统一指挥。但即便这样，它（总参谋部）在使用军队这个"国之利器"方面也受到诸多限制。普鲁士逐渐将小邦国军队纳入了自己的体系，并按照普鲁士军队旧例，使用了以团为基本单位的编号体系。萨克森

▲ 1917年，萨克森国王腓特烈·奥古斯特三世正在检阅驻扎于罗马尼亚的萨克森军队。在成为国王之前，腓特烈·奥古斯特曾在萨克森王家军队中服役，后来晋升为陆军元帅。他于1918年11月13日退位。

王国（Saxony）于1866年放弃自己的独立军队，巴登大公国（Baden）、符腾堡王国（Württemberg）和黑森大公国（Hesse）也于1871年效仿萨克森放弃了军队。自然而然地，将其他邦国军队纳入普鲁士军队体系后，这些步兵团（邦国军队）也就会同时拥有两个番号了。

巴伐利亚王国（Bavaria）显然更自信些，它保持着更大程度的独立性。尽管巴伐利亚军队也在1873年统一了自己的军衔等级和相关徽标以符合普鲁士军队的标准，但它还是保留着自己的制服，并至少在表面上独立指挥部分军队（包括航空兵）。实际上，巴伐利亚国王本就有权指挥自己的军队，只是必须经过德国皇帝威廉二世允许而已。

其他来自邦国的军队，比如前萨克森王国或巴登大公国的军队，往往被集中在某支特定的军级部队中，以表明其共同的"国籍"。

德国陆军各步兵团的团名要么是该团征兵地区名（尽管征兵区域并不是完全固定的，有时还会涉及邻近地区，比如

地图标注（德意志帝国及周边）：

瑞典、丹麦、北海、波罗的海、柯尼斯堡、基尔、吕贝克、罗斯托克、什末林、不来梅哈芬、易北河、不来梅、德意志帝国、维斯瓦河、明斯特、汉诺威、马格德堡、柏林、埃森、多特蒙德、卡塞尔、哈雷、科特布斯、沙俄帝国、杜塞尔多夫、科隆、爱尔福特、莱比锡、德累斯顿、波恩、科布伦茨、茨维考、威斯巴登、美茵河畔的法兰克福、荷兰、比利时、卢森堡、特里尔、曼海姆、乌兹堡、纽伦堡、卡尔斯鲁厄、雷根斯堡、奥匈帝国、斯图加特、多瑙河、阿尔萨斯、奥格斯堡、慕尼黑、法国、瑞士

▲ 路德维希三世（1845—1921年）是巴伐利亚王国最后一任国王，图为他在1917年，一次检阅军队时所拍的照片。另外，路德维希也是德意志帝国中第一个被废黜的君主。

阿尔萨斯），要么是由于历史原因被授予的荣誉称号。有的团是以某个（征兵）地区的名字来命名的，但在没有改变团名的情况下，其征兵地点也可能会转移到其他地区。1914年，来自德国各地的大量志愿者涌入军队，这一命名规则也因此受到了影响。

国土防卫军（即国内部队）下辖的各团也分别从特定地区招募新兵。比如第77国土防卫团就在奥斯纳布吕克（Osnabrück）招募士兵，但这并不意味着第77步兵团的士兵同样来自此处。

德军这样编制部队的好处就是给每个步兵团成员都带来了地域方面的认同感（就像英军的伙伴部队那样，其鼓励士兵和他们的家人与朋友一起加入同一个步兵团）。但缺点也很明显——当这个步兵团遭受重创时，整个当地社会（该团兵源地）都会随之遭到破坏。

地区差异

除团名外，德军还保留着一些独特的徽标，以说明每个团来自何处。这方面以巴伐利亚军队最为明显，他们通过多种方式来表明自己的身份。德军步兵头戴独特的尖顶盔（pickelhaube），这些头盔的正面均配有盔徽（wappen）——通常以各邦国的国徽作为图案。比如普鲁士军队的盔徽是一只雄鹰；巴登大公国军队的盔徽是一只狮鹫；巴伐利亚王国和符腾堡王国以王室纹章作为盔徽；萨克森王国使用星形标志作为盔徽；黑森大公国的盔徽是一只站立的雄狮。此外，来自其他17个邦国的士兵在尖顶盔和不戴头盔时所用的布制军帽（包括野战帽和大檐帽）上也都佩戴着帽徽或帽章。来自不同邦国军队成员的制服纽扣图案也分别采用了不同元素。

不可避免地，来自德国不同地区的部队成员也都带有其明显的家乡特色——据说东普鲁士人和勃兰登堡人（Brandenburger）是勇敢而坚定的士兵，而萨克森人就表现得不怎么自律了。

▼ 在战争最开始几个月的一天里，巴伐利亚军队的士兵和应征新兵正共同前往军营。

战时的发展

1914年，德国在战场上投入了一支令人印象深刻的强大军队，但很快就不得不面对这样一个事实——战争已经陷入到一场旷日持久的拉锯战中。

战前的德国军队很快就在1914年夏季被迫进行的大扩军中变得面目全非。在短时间内，德军就将自己打造成了一支适应现代战争的武装力量，但这也造成了很多问题——大量志愿者的涌入给军事训练带来了压力，通常情况下，德军是没有足够的士官或军官（尤其在预备役部队）来解决这个问题的。另外，前线部队虽然将手上的装备使用到了极致，但他们仍然面临着物资短缺的状况；国土防卫军成员在被派往前线时仍然穿着于19世纪90年代配发的蓝色外套，他们不得不用老式有檐平顶筒帽代替尖顶盔，甚至从消防队借来了一些头盔。维持对前线的补给也是一大难题，为此，德军在很早开始就使用了替代材料（特别是用合金取代了铜和钢）。

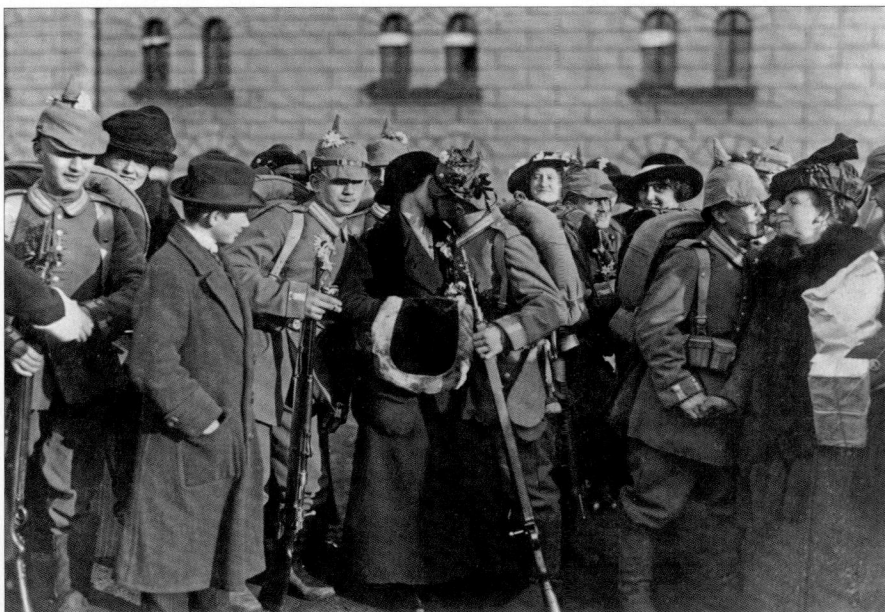

▲ 一支载有各种物资的德军补给车队正在驶往前线，其中大部分是马车。对一支军队而言，后勤补给线至关重要——德军就以极高的效率为前线部队输送了大量物资。

▼ 德国国内某地，妻子和母亲们正在向她们的丈夫或儿子告别，因为后者即将奔赴前线。这些于1914年进入军队的新兵穿着一身全新的制服。

战争对后方的压力

协约国的封锁更是加剧了这一问题——尽管德国已经小心翼翼地利用资源，并在生产、合成替代产品方面表现得极其出色。即使这样，物资短缺也对德军的外观形象以及他们使用的装备和武器质量造成了不良影响。从染料到汽油的各种资源都日趋告罄，这让德军军需部门感到万分头痛，而且从新占据领土上搜刮的原材料也没能解决这一根本问题。实际上，真正的问题就出现在战线后方——当后方都已经开始挨饿时，前线战壕里士兵的士气自然也急剧下降了。

德国的人力资源也一直处于短缺状态，这不仅是因为前线的巨大伤亡，更是由于战争工业对劳动力的需求在不断上升。德国只能通过招募劳力（从波兰招来了800000名工人）或强迫俘虏（比如大量俄军战俘）来从事工作。但这些措施都没能根本解决问题，军队还是被迫将本应派往前线的人送去从事了大量农业或工业工作。到1918年，连罢工工人都被派往前线，但这个举措显然无助于提升国内工人和前线士兵的士气。

盟友造成的压力

还有一些其他因素消耗着德国的人力和物力。在1914年之前，德国曾向盟友和潜在的伙伴提供军事援助（包括提供顾问、训练设施和教官），以及用于购买武器装备的贷款；它尤其得缓慢但又绵延不绝地支持自己最亲密的盟友——奥匈帝国，包括派遣部队与之并肩作战，或根据哈布斯堡帝国的需求调整进攻时机。就这样，随着战争持续下去，这些担子也变得越来越重。

不久后，德军还开始负责在战场上指挥奥匈帝国军队——后者于1915年入侵塞尔维亚时，德军也采取过此类措施——但现在，德国人已经完全接管了整条东部战线。另外，越来越多的德国顾问被派去帮助奥斯曼帝国军队，德军技术部队也被源源不断地派去支援他们（德军多支技术部队都在巴勒斯坦和叙利亚作战）。各种补给品也被大量发放给多个盟友。就连战役取得胜利后，德军也需要派遣相当数量的兵力去占领并巩固新领土——这就导致其兵力被进一步分散了。

高效的组织结构

尽管存在着各种局限，德军仍是一支组织良好且战力不俗的武装力量，特别是在防守阵地时，其防线简直固若金

▼ 由于德国国内男性严重短缺，位于柏林的德国中央政府下辖的所有部门都不得不雇佣女性职员。图中这张照片展示了柏林战争部一个下属部门的日常工作场景，该部门主要负责汇编并更新被协约国军队俘虏的德军人员名单。

汤。他们拥有一些非同寻常的能力，比如迅速适应新的战场环境并据此制定新战术。他们设立的防线坚固严密，还很快就推出了一种利用小股精锐部队突破敌军堑壕阵地，且以此作为更大规模进攻先导的"小规模渗透突击战术"，这些被称为"暴风突击队"的精锐部队将

▲ 图中照片摄于萨洛尼卡或马其顿，1915年。这两个区域都位于德军新开辟的战线上，他们在这条战线上布置的阵地可谓坚如磐石，直到战争结束也保持着相对稳定的状态。

在1918年证明自己的价值。和战争中的其他国家军队一样，德军也大幅扩充了自己的炮兵、技术兵种及补给部队，骑兵则遭到大规模削减。

德军充分利用了自己的空中力量，但最终还是屈服于协约国军在飞行员和战机数量上的巨大优势。他们的高射炮部队最初是临时组建的，但经过不断扩充和换装，从1914年仅装备18门反气球炮的小部队起家，最终成为一支配备新型高射炮和专业炮手的大规模防空力量。虽然德国人接受坦克的速度比较慢，但他们手里的潜艇却让协约国经济几乎陷入困境。然而，当海上战争的范围逐渐扩大至全球后，德国人的冷酷无情导致美国参战，因此可以这么说，正是他们在海上的肆无忌惮引发了美国的毁灭性回应——实行所谓"总体战"并不是没有后果的。

将军和参谋人员

德国将军们穿着私人定制的制服。尽管这些制服看上去过于时髦，但同样具有很强的实用性，特别是于1914年之后使用的版本。通常，将军们穿着制服上衣（即常服，被称为"Waffenrock"，他们的礼服更为华丽），它于1910年配发部队。来自巴登、巴伐利亚、黑森、梅克伦堡、普鲁士、萨克森和符腾堡的将军们制服上衣的裁剪方式基本相同，但存在着一些细微差别。1910年配发的制服上衣带有向

德国将军肩章丝线的颜色	
所属邦国	**丝线颜色**
巴登大公国	黄和红
巴伐利亚王国	浅蓝
黑森大公国	红
梅克伦堡－什末林大公国	蓝和红
普鲁士王国	黑
萨克森王国	绿
符腾堡王国	黑和红

下倾斜的衣领，衣领处有红色滚边，衣上的长方形领章底色也为红色。

普鲁士将军佩戴的领章带有金色刺绣图案，被称为"阿尔特-拉瑞什"（Alt-Larisch），即传统的红底金色矢车菊领章；梅克伦堡将军的领章图案是银色橡叶；巴伐利亚将军的领章图案则是银色月桂树叶。另外，他们的上衣配有两个带兜盖的胸袋，前襟和袖口处均配有红色滚边。

这些德国将军穿着一种原野灰裤子，裤线附近有三条被称为"兰帕森"（1ampassen）的红色条纹，但他们通常在出席正式场合时才使用（这些条纹）。他们的脚上一般穿着黑色或棕色的靴子。

肩章

来自巴伐利亚、萨克森和符腾堡的军队（普通成员）使用着代表其国王的徽标。但对于来自不同邦国的将军们来说，他们最主要的区别还是各自所用的颜色不同的领章滚边和肩章丝线（肩章

上的配饰通常由金属丝线交织而成）。所有这些将军佩戴的肩章底部有一个猩红色底板，其两端呈半圆形，通过金色或银色纽扣被固定在制服上衣的肩部；这些肩章通常配有金色和银色刺绣，而且有一根颜色（以地区进行划分）如本页表格所示的彩色金属丝线。

德国陆军元帅（一战中共有6人晋升至此军衔）的肩章上配有交叉权杖图案标志；各兵种上将（generaloberst，同大将）的肩章上有三颗星；上将有两颗

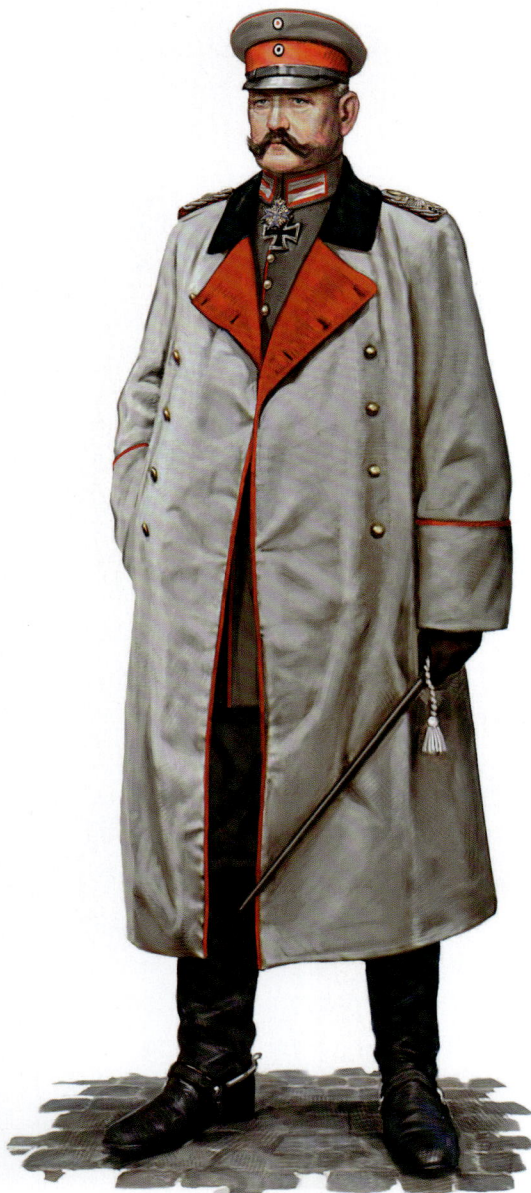

◀ 一名德国陆军元帅，1917年。图中所示的保罗·冯·兴登堡元帅穿着一件将军式大衣，衣上配有猩红色的装饰性翻领和袖口滚边。兴登堡于1905年晋升为将军，并于1911年退役，但在1914年重新服役。作为一名陆军元帅，他穿着一件第3禁卫步兵团的制服上衣，并佩戴着在该团获得的荣誉军衔。

▶ 一名总参谋部的少校，1915年。图中这名参谋军官虽然戴着一顶浅灰色的大檐帽，但他的标准军帽其实是一项龙骑兵式的尖顶盔。德军军官所戴的大檐帽通常配有丝绸或人造丝的衬里，以及一个由皮革制成的帽圈，后者具有支撑帽形和吸收汗水的功能。注意这名军官马裤上配的是深红色滚边。

▲ 图为亚历山大·亨利希·鲁道夫·冯·克鲁克将军（前排中）与他幕僚的合影。1914年，由克鲁克率领的德军第1集团军在马恩河被协约国军击败。在当时欧洲各国的军队中，尚无有关军官胡须长短的强制规定，因此照片中有不少人都蓄着胡须。

星；中将有一颗星；少将的肩章上没有配饰。他们的肩章纽扣通常呈金色，但巴伐利亚和梅克伦堡的将军（或元帅）使用银色纽扣；不久后，所有这些将军（或元帅）都改用了灰色纽扣。

德军将军们一般戴着M1910式军官野战帽（一种大檐帽），帽上有两枚帽章（分别为帝国帽章和邦国帽章），以及红色滚边、红色帽墙和皮革帽舌。另外，他们也可以戴尖顶盔，但通常会用盔罩将其覆盖；通常，将军们所戴的尖顶盔为龙骑兵样式，但也有人戴步兵（样式）的。

这些将军通常穿着于1903年配发的浅灰色版本大衣，配有肩章和深蓝色的可折叠衣领（巴伐利亚将军的衣领为浅蓝色，萨克森将军的衣领只配有蓝色滚边）。另外，这种大衣的前襟和袖口处有红色滚边，其翻领也为红色。

许多将军喜欢穿他们原先所在步兵团的制服，再配上自己的军衔等级标志。比如著名的保罗·冯·兴登堡（Paul von Hindenburg）将军就喜欢穿第3禁卫步兵团的制服；普鲁士王储也不喜欢穿符合自己相应级别的制服，而是穿着一件他所赞助步兵团的制服。此外，

一些将军于1914年退役，但被要求继续保留自己的军衔——他们通常使用着一套略显过时的制服，包括蓝色外套上衣和大衣。不当值时，德军将军们经常穿裁剪方式各不相同的双排扣束腰上衣，它也被称为"军服上衣"（litewka）。

装具

这些将军通常携带着一把手枪（标准的鲁格1908年型），平时将其放入棕色的手枪皮套，并携带地图包和双筒望远镜。他们也可以带1889年型军官佩剑或骑兵军刀，并搭配相应的剑结；但后来，将军们用刺刀替换了这些华而不实的佩剑和军刀。另外，他们通常会在衣领（颈授）和制服上衣的前襟（襟授）处佩戴自己的勋章和奖章。

随着战争的持续，德军将军的外观形象也发生了些许改变，包括引入钢盔，使用防毒面具，并减少了自己制服上的彩色滚边。

总参谋部军官

隶属于总参谋部的军官们承担着非常重要的职责。他们的制服与普通将军

▶ 一名德国中将，1915年。图中这名将军在衣领上佩戴的领章被称为"阿尔特-拉瑞什"式领章，这个名字最初是普鲁士陆军中一个步兵团的团名，后来被引申为该领章的名称。这名将军穿着一件于1915年新配发的制服上衣，在其皮带的带扣上配有德皇威廉二世的花押图案。

大致相同——其领章为深红色（但没有任何图案），制服上衣的滚边、裤线上的条纹以及肩章上的军衔等级标志也均为深红。这些军官通常戴着大檐帽（军官用），帽上配有猩红色滚边和帽墙；如果戴头盔的话，他们一般会选择龙骑兵版本的尖顶盔（但巴伐利亚军官更喜欢步兵的版本）。

这些军官还会在自己右肩处佩戴一条带银色丝线的彩色饰绪，通过饰绪的颜色表示其所在邦国，就像肩章上的丝线那样。但是，现役军官也常常用臂带来代替饰绪，身处前线的步兵参谋军官还经常根据自己的实际需要对上述制服徽标进行改良。

禁卫军

德国帝国禁卫军的制服主要脱胎于其前身——普鲁士禁卫军的制服，这些部队（后者）会被集中到某些特定的师级部队中。来自其他邦国的禁卫军则被编入了普通步兵部队。

禁卫步兵

1914年时，禁卫军成员使用的通常是尖顶盔，这些头盔上一般蒙着一张纯棕色或卡其色的盔罩。他们的制服上衣为原野灰色，配有向下倾斜的衣领（军官的衣领更硬，而且更挺直些）和金色或银色的纽扣（禁卫军成员的制服组扣由黄铜或镍制成）。这种上衣的袖口为瑞典式或勃兰登堡式（禁卫步枪兵使用法式袖口），其前襟、领边及原野灰裤子的裤线均配有红色滚边。该部队成员的领章使用了各种颜色的底板作为背景，并配有条形纹饰；此外，士兵的肩带滚边和军官的肩章底板颜色也与各自的领章背景色相同。领章的条形纹饰大部分是白色（但第3伊丽莎白女王禁卫掷弹兵团采用黄色）或银色（军官）的，且图案大多为两根“丽森”（lizen，即所谓罗马柱标志）式直杠加一条红色的中心线（但第5禁卫步兵团和第5禁卫掷弹兵团使用着旧式普鲁士领章）。禁卫步兵的肩带上配有特定颜色的滚边，不过没有用以区分各部的标志；但禁卫掷弹兵的肩带上配有红色的交织文字图案（用以识别不同部队）。

1915年，禁卫军成员开始穿一种新的“布鲁斯”（bluse）制服上衣/夹克。它非常宽松，保留了之前制服上衣肩带上的彩色滚边，但去除了领章。

禁卫轻步兵部队由一个猎兵团和一个步枪兵营组成。他们身穿类似于禁卫步兵的制服，但制服颜色为灰绿色，衣领上配有领章。其中，猎兵团成员的制服配有绿色滚边，步枪兵营成员的制服则是黑色滚边；另外，这两支部队成员的肩带上都只有滚边，没有交织字母标志。禁卫轻步兵通常使用一种由黑色皮革制成的有檐平顶筒帽，帽上有星形帽徽，有时会用一张颜色朴素的盔罩将其覆盖；军官们则戴着一种配有绿色或黑色帽墙的大檐帽。

技术兵种

禁卫军中的工兵身穿与其步兵同行

◀ **第1禁卫步兵团的一名上尉，1914年。** 德军禁卫步兵的尖顶盔配有其独特的普鲁士鹰徽和星形标志，但通常会用一张风格朴素的盔罩将其覆盖。

▲ **第4禁卫步兵团的一名二等兵，1914年。** 图中这名禁卫步兵所戴的尖顶盔配有一条皮制内衬，在盔钉底部还设有多个通风口，以保持头部凉爽。

相同的制服，但他们领章的底板由黑色天鹅绒制成，带有红色滚边（领章）；另外，他们通常使用尖顶盔。德国禁卫军还包含了4个禁卫野战炮兵团和1个禁卫步炮团，其成员的肩带上配有手榴弹标志和猩红色滚边（但第3禁卫野战炮兵团的滚边为黄色，禁卫步炮团的滚边为白色）。另外，禁卫野战炮兵团成员采用瑞典式袖口，禁卫步炮团成员则采

德军禁卫骑兵团识别标志

团名	滚边颜色	制服纽扣颜色
第1禁卫重骑兵团	猩红	银
禁卫胸甲骑兵团	蓝	银
第1"大不列颠和爱尔兰女王维多利亚"（柏林）禁卫龙骑兵团	红	金
第2"沙俄亚历山大皇后"（柏林）禁卫龙骑兵团	红	银
卫戍禁卫轻骑兵团（波茨坦）	猩红	灰
第1"波茨坦"禁卫枪骑兵团	白	银
第2"柏林"禁卫枪骑兵团	红	金
第3禁卫枪骑兵团	黄	银

用勃兰登堡式袖口。禁卫军中机枪分队（共两支）成员的制服与禁卫猎兵相同，但其领章条纹为黄色，领章的底板和滚边均为红色。

禁卫骑兵

作为精锐中的精锐，禁卫骑兵装备精良。禁卫骑兵团成员大都身穿普通制服外套，但轻骑兵和枪骑兵（ulans）例外，他们分别穿着带有绳结饰的"阿提拉"（attila）上衣和胸部带有驳头（一种装饰性布面）的"乌兰卡"（ulanka）上衣。禁卫骑兵成员的制服上衣配有一条立领（可在此处佩戴带彩色底板的领章）、瑞典式袖口和代表各骑兵团的彩色滚边。其中，第1禁卫重骑兵团

▼ 第3禁卫枪骑兵团的一名中尉，1914年。德军枪骑兵的独特之处在于他们在制服上衣右侧佩戴的勋章和奖章。

成员以及其他禁卫重骑兵团成员肩带滚边的内侧边缘有一根白线，除此之外肩带上没有任何徽标；龙骑兵的肩带上则配有红色交织字母。

德军禁卫轻骑兵部队成员通常披着一种灰色斗篷，斗篷正面配有灰色的装饰性布圈，肩章上配有饰结（禁卫轻骑兵的饰结通常为红色）。他们还戴着灰色的轻骑兵毛皮帽（busbies），下身穿马裤和马靴。禁卫枪骑兵团成员一般穿着他们的"乌兰卡"式上衣，这种上衣配有一条立领（在上面佩戴带彩色底板的领章，其中第2禁卫枪骑兵团成员的领章条纹为黄色），它的胸部带有装饰性驳头，衣上还配有代表士兵所属骑兵团的彩色滚边。禁卫枪骑兵们使用着独特的方顶盔（tschapka），但军官更喜欢戴大檐帽，且他们帽上配有代表各自所属团的彩色帽墙。

步兵

1910年，德军为步兵引入了原野灰制服，这种制服非常实用和耐磨，甚至到1918年都不需要进行什么大的修改。

士兵

德军为所有步兵团都配发了一种标准的"菲尔德洛克"（feldrock，意为常服上衣）式制服上衣。这种上衣既宽松合身，穿着也很舒适，由八枚镍制纽扣系紧，在下摆附近配有两个带兜盖的口袋。它有一条向下倾斜的衣领（曾属于前邦国禁卫军部队的成员会在衣领上佩戴两条直杠，包括第89、第100、第101、第109、第115、第119和第123步兵团；各掷弹兵团成员在衣领上佩戴一条直杠），衣领和前襟处均配有红色滚边。根据所属步兵团不同，这些步兵制服上衣的袖口样式也各不相同（分别采用了瑞典式、萨克森式以及勃兰登堡式袖口），肩带也是如此。肩带的彩色滚边最初代表着佩戴者所属的步兵团，但后来统一改成了白色。不过，巴伐利亚第2、第3、第4、第11、第13、第15和第19步兵团成员的肩章滚边为红色；巴伐利亚第3（部分）、第5、第6、第16和第17步兵团为黄色；巴伐利亚第7、第8、第18和第20步兵团为浅蓝色；巴伐利亚第21步兵团为浅绿色。步兵们的肩带上还配有红色（少数部队为黄色）的数字番号或交织字母。

德军步兵的肩带通过一枚纽扣与制服上衣的肩部相连，肩带上的纽扣标有这名士兵所在连的番号或表示隶属于"卫戍团"（Leib regiment）的字母"L"（Leib意为卫戍，是一些精锐部队和曾被授予"禁卫"称号的部队所使用的头衔，与"帝国禁卫军"相似）。士官上衣的领口和袖口处均配有饰边，其两侧衣领处各有一枚较大的纽扣，纽扣上绘有代表该士官所属邦国的纹章图案（巴伐利亚是一只狮子，其他邦国是一顶王冠）。另外，

第73和第79步兵团成员在他们的右袖口上佩戴着一个浅蓝色袖标，袖标上用黄色字母标有"直布罗陀"（Gibraltar）字样。第92步兵团的军官和士官在他们布制军帽的两枚帽章之间佩戴着一枚银色的骷髅图案徽章。

1914年时的德军步兵通常穿着原野灰色裤子（M1907式），裤线上有一条红色滚边，并穿一种由天然皮革制成的皮靴作为搭配。从1914年12月开始，他们也开始使用绑带式短靴和布制绑腿。

◀ 第113步兵团（巴登步兵团）的一名中士，1914年。图中士官所穿的制服上衣由羊毛制成，配有红色的羊毛滚边，衣领为圆形，肩带可以拆卸。

▶ 第93步兵团（安哈尔特步兵团）的一名中士，1914年。许多德军士兵在1914年时被图中这种沉重的背包所压垮，它由牛皮制成，于1895年首次配发部队。

▲ 第135步兵团（第3洛林步兵团）的一名二等兵，1914年9月。德军步兵使用的盔罩上通常配有腊印或刺绣的红色部队番号，但此时已经被改为绿色；到1916年，他们完全去除了盔罩上的番号标志。图中士兵的肩带上配有花押字母，尖顶盔上配有团番号。步兵使用的这种头盔盔罩于1892年引入，可以把它挂在头盔的后部或前部（来使用）。

到冬季，这些步兵通常会穿一种灰色大衣，衣上配有红色领章（第150步兵团的大衣领章为黄色；第151步兵团为浅蓝色；以下各步兵团为白色：第146、第148、第152、第154、第156、第158、第160、第162、第164、第166、第171、第173和第175步兵团）。另外，这种彩色的大衣领章于1915年停止使用。

德军步兵团识别标志

团名	袖口类型	肩带佩戴数字或交织字母	肩带滚边颜色
前 12 个团为掷弹兵团			
第 1 "王储"掷弹兵团（第 1 东普鲁士掷弹兵团）	勃兰登堡	交织字母	白
第 2 "腓特烈·威廉四世国王"掷弹兵团（第 1 波美拉尼亚掷弹兵团）	勃兰登堡	交织字母	白
第 3 "腓特烈·威廉一世国王"掷弹兵团（第 2 东普鲁士掷弹兵团）	勃兰登堡	交织字母	白
第 4 "腓特烈大帝"掷弹兵团（第 3 东普鲁士掷弹兵团）	勃兰登堡	交织字母	白
第 5 "腓特烈一世国王"掷弹兵团（第 4 东普鲁士掷弹兵团）	勃兰登堡	交织字母	黄
第 6 "克莱斯特·冯·诺伦多夫伯爵"掷弹兵团（第 1 西普鲁士掷弹兵团）	勃兰登堡	数字	黄
第 7 "威廉一世国王"掷弹兵团（第 2 西普鲁士掷弹兵团）	勃兰登堡	交织字母	黄
第 8 "腓特烈·威廉三世国王"卫戍掷弹兵团（第 1 勃兰登堡掷弹兵团）	勃兰登堡	交织字母	红
第 9 "格奈瑟瑙伯爵"科尔伯格卫戍掷弹兵团（第 2 波美拉尼亚掷弹兵团）	勃兰登堡	数字	白
第 10 "腓特烈·威廉二世国王"掷弹兵团（第 1 西里西亚掷弹兵团）	勃兰登堡	交织字母	黄
第 11 "腓特烈三世国王"掷弹兵团（第 2 西里西亚掷弹兵团）	勃兰登堡	交织字母	黄
第 12 "普鲁士亲王卡尔"掷弹兵团（第 2 勃兰登堡掷弹兵团）	勃兰登堡	数字	红
第 13 "赫瓦瑟·冯·比滕费尔德"步兵团（第 1 威斯特伐利亚步兵团）	勃兰登堡	数字	浅蓝
第 14 "什末林伯爵"步兵团（第 3 波美拉尼亚步兵团）	勃兰登堡	数字	白
第 15 "尼德兰亲王腓特烈"步兵团（第 2 威斯特伐利亚步兵团）	勃兰登堡	数字	浅蓝
第 16 "斯帕雷男爵"步兵团（第 3 威斯特伐利亚步兵团）	勃兰登堡	数字	浅蓝
第 17 "巴尔费伯爵"步兵团（第 4 威斯特伐利亚步兵团）	勃兰登堡	数字	浅绿
第 18 "冯·格罗尔曼"步兵团（第 1 波森步兵团）	勃兰登堡	数字	浅蓝
第 19 "冯·科比耶尔"步兵团（第 2 波森步兵团）	勃兰登堡	数字	黄
第 20 "维滕堡伯爵陶恩齐恩"步兵团（第 3 勃兰登堡步兵团）	勃兰登堡	数字	红
第 21 "冯·波尔克"步兵团（第 4 波美拉尼亚步兵团）	勃兰登堡	数字	黄
第 22 "基思"步兵团（第 1 上西里西亚步兵团）	勃兰登堡	数字	黄
第 23 "冯·文德斐"步兵团（第 2 上西里西亚步兵团）	勃兰登堡	数字	黄
第 24 "梅克伦堡－什末林"步兵团（第 4 勃兰登堡步兵团）	勃兰登堡	数字	红
第 25 "冯·吕措"步兵团（第 1 莱茵兰步兵团）	勃兰登堡	数字	浅蓝
第 26 "安哈尔特－德绍亲王利奥波德一世"步兵团（第 1 马格德堡步兵团）	勃兰登堡	数字	红
第 27 "普鲁士亲王路易·斐迪南"步兵团（第 2 马格德堡步兵团）	勃兰登堡	数字	红
第 28 "冯·戈本"步兵团（第 2 莱茵兰步兵团）	勃兰登堡	数字	浅蓝
第 29 "冯·霍恩"步兵团（第 3 莱茵兰步兵团）	勃兰登堡	数字	浅蓝
第 30 "韦尔德伯爵"步兵团（第 4 莱茵兰步兵团）	勃兰登堡	数字	黄
第 31 "博泽伯爵"步兵团（第 1 图林根步兵团）	勃兰登堡	数字	白
第 32 步兵团（第 2 图林根步兵团）	勃兰登堡	数字	红
第 33 团到第 40 团为燧发枪手团			
第 33 "罗恩伯爵"燧发枪手团（第 1 东普鲁士燧发枪手团）	勃兰登堡	数字	白
第 34 "瑞典皇后维多利亚"燧发枪手团（第 1 波美拉尼亚燧发枪手团）	勃兰登堡	交织字母	白
第 35 "普鲁士亲王海因里希"燧发枪手团（第 1 勃兰登堡燧发枪手团）	勃兰登堡	数字	红
第 36 "陆军元帅布卢门塔尔伯爵"燧发枪手团（第 1 马格德堡燧发枪手团）	勃兰登堡	数字	红
第 37 "冯·斯坦梅茨"燧发枪手团（第 1 西普鲁士燧发枪手团）	勃兰登堡	数字	黄
第 38 "毛奇伯爵"燧发枪手团（第 1 西里西亚燧发枪手团）	勃兰登堡	数字	黄
第 39 "上莱茵"燧发枪手团	勃兰登堡	数字	蓝
第 40 "卡尔－安东·冯·霍亨索伦侯爵"燧发枪手团（第 1 霍亨索伦燧发枪手团）	勃兰登堡	数字	浅蓝
第 41 "冯·博恩"步兵团（第 5 东普鲁士步兵团）	勃兰登堡	数字	白
第 42 "安哈尔特－德绍亲王莫里茨"步兵团（第 5 波美拉尼亚步兵团）	勃兰登堡	数字	白
第 43 "梅克伦堡公爵卡尔"步兵团（第 6 东普鲁士步兵团）	勃兰登堡	数字	白
第 44 "登霍夫伯爵"步兵团（第 7 东普鲁士步兵团）	勃兰登堡	数字	白
第 45 步兵团（第 8 东普鲁士步兵团）	勃兰登堡	数字	白
第 46 "基希巴赫伯爵"步兵团（第 1 下西里西亚步兵团）	勃兰登堡	数字	黄
第 47 "巴登国王路德维希三世"步兵团（第 2 下西里西亚步兵团）	勃兰登堡	交织字母	黄
第 48 "冯·史图尔普纳格"步兵团（第 5 勃兰登堡步兵团）	勃兰登堡	数字	红
第 49 步兵团（第 6 波美拉尼亚步兵团）	勃兰登堡	数字	白
第 50 步兵团（第 3 下西里西亚步兵团）	勃兰登堡	数字	黄 ▶

第 195 页续表

团名	袖口类型	肩带佩戴数字或交织字母	肩带滚边颜色
第 51 步兵团（第 4 下西里西亚步兵团）	勃兰登堡	数字	黄
第 52 "冯·阿尔文斯莱本"步兵团（第 6 勃兰登堡步兵团）	勃兰登堡	数字	红
第 53 步兵团（第 5 威斯特伐利亚步兵团）	勃兰登堡	交织字母	蓝
第 54 "冯·戈尔茨"步兵团（第 7 波美拉尼亚步兵团）	勃兰登堡	数字	白
第 55 "德里维兹伯爵比洛"步兵团（第 6 威斯特伐利亚步兵团）	勃兰登堡	数字	浅蓝
第 56 "沃格尔·冯·法尔肯施泰因"步兵团（第 7 威斯特伐利亚步兵团）	勃兰登堡	数字	蓝
第 57 "不伦瑞克公爵斐迪南"步兵团（第 8 威斯特伐利亚步兵团）	勃兰登堡	数字	浅蓝
第 58 步兵团（第 3 波森步兵团）	勃兰登堡	数字	黄
第 59 "盖尔特林根男爵希勒"步兵团（第 4 波森步兵团）	勃兰登堡	数字	浅蓝
第 60 "边境总督卡尔"步兵团（第 7 勃兰登堡步兵团）	勃兰登堡	数字	浅绿
第 61 "冯·马尔维茨"步兵团（第 8 波美拉尼亚步兵团）	勃兰登堡	数字	黄
第 62 步兵团（第 3 上西里西亚步兵团）	勃兰登堡	数字	黄
第 63 步兵团（第 4 上西里西亚步兵团）	勃兰登堡	数字	黄
第 64 "腓特烈·卡尔"步兵团（第 8 勃兰登堡步兵团）	勃兰登堡	数字	红
第 65 步兵团（第 5 莱茵兰步兵团）	勃兰登堡	数字	浅蓝
第 66 步兵团（第 3 马格德堡步兵团）	勃兰登堡	数字	红
第 67 步兵团（第 4 马格德堡步兵团）	勃兰登堡	数字	黄
第 68 步兵团（第 6 莱茵兰步兵团）	勃兰登堡	数字	浅蓝
第 69 步兵团（第 7 莱茵兰步兵团）	勃兰登堡	数字	浅蓝
第 70 步兵团（第 8 莱茵兰步兵团）	勃兰登堡	数字	浅绿
第 71 步兵团（第 3 图林根步兵团）	勃兰登堡	数字	红
第 72 步兵团（第 4 图林根步兵团）	勃兰登堡	交织字母	红
第 73 "普鲁士的阿尔布雷希特"燧发枪手团（第 1 汉诺威燧发枪手团）	勃兰登堡	数字	白
第 74 步兵团（第 1 汉诺威步兵团）	勃兰登堡	数字	白
第 75 "不莱梅"步兵团（第 1 汉萨同盟步兵团）	勃兰登堡	数字	白
第 76 "汉堡"步兵团（第 2 汉萨同盟步兵团）	勃兰登堡	数字	白
第 77 步兵团（第 2 汉诺威步兵团）	勃兰登堡	数字	白
第 78 "不伦瑞克的腓特烈·威廉"步兵团（第 1 东弗里斯步兵团）	勃兰登堡	数字	白
第 79 "冯·福伊格茨－雷茨"步兵团（第 3 汉诺威步兵团）	勃兰登堡	数字	白
第 80 "冯·戈尔德多尔夫"燧发枪手团（第 1 黑森燧发枪手团）	勃兰登堡	交织字母	浅蓝
第 81 "黑森－卡塞尔的腓特烈一世"步兵团（第 1 黑森步兵团）	勃兰登堡	数字	浅蓝
第 82 步兵团（第 2 黑森步兵团）	勃兰登堡	数字	红
第 83 "冯·维蒂希"步兵团（第 3 黑森步兵团）	勃兰登堡	数字	红
第 84 "冯·曼施泰因"步兵团（第 1 石勒苏益格步兵团）	勃兰登堡	数字	白
第 85 "荷尔斯泰因公爵"步兵团（第 1 荷尔斯泰因步兵团）	勃兰登堡	数字	白
第 86 "女王"燧发枪手团（第 1 石勒苏益格－荷尔斯泰因燧发枪手团）	勃兰登堡	交织字母	白
第 87 步兵团（第 1 拿骚步兵团）	勃兰登堡	数字	浅蓝
第 88 步兵团（第 2 拿骚步兵团）	勃兰登堡	交织字母	浅蓝
第 89 "第一梅克伦堡－伊斯舍"掷弹兵团	勃兰登堡	交织字母	白
第 90 "第一梅克伦堡－伊斯舍"燧发枪手团	勃兰登堡	交织字母	白
第 91 奥尔登堡步兵团	勃兰登堡	交织字母	白
第 92 不伦瑞克步兵团	勃兰登堡	交织字母	白
第 93 安哈尔特步兵团	勃兰登堡	交织字母	红
第 94 "萨克森的强力王"步兵团（第 5 图林根步兵团）	勃兰登堡	交织字母	红
第 95 步兵团（第 6 图林根步兵团）	勃兰登堡	交织字母	红
第 96 步兵团（第 7 图林根步兵团）	勃兰登堡	数字	红
第 97 步兵团（第 1 上莱茵步兵团）	勃兰登堡	数字	浅绿
第 98 梅斯步兵团	勃兰登堡	数字	黄
第 99 步兵团（第 2 上莱茵步兵团）	勃兰登堡	数字	红
第 100 "卫戍掷弹兵"掷弹兵团（第 1 萨克森掷弹兵团）	萨克森	交织字母	白
第 101 "威廉二世的掷弹兵"掷弹兵团（第 2 萨克森掷弹兵团）	萨克森	交织字母	白
第 102 "巴伐利亚国王路德维希三世"步兵团（第 3 萨克森步兵团）	萨克森	数字	白
第 103 步兵团（第 4 萨克森步兵团）	萨克森	数字	白 ▶

▲ 一个德军步兵团配用的剑节，1915年。
上排剑节，从左至右分别由该团第1营下辖的第1到第4连配用；中排剑节，从左至右分别由该团第2营下辖的第1到第4连配用；下排剑节，从左至右分别由该团第3营下辖的第1到第4连配用。

军官

军官制服上衣用的布料更为精细，它有一条位置较高的领子，以及金色的制服纽扣（但很快就被涂成了黑色或灰色）。军官们佩戴的肩章使用了彩色底板，其（肩章）本身采用银色的金属丝线交织而成，上面配有代表所属部队的番号或交织字母；另外，肩章上还有用来表示军衔等级的星形图案。

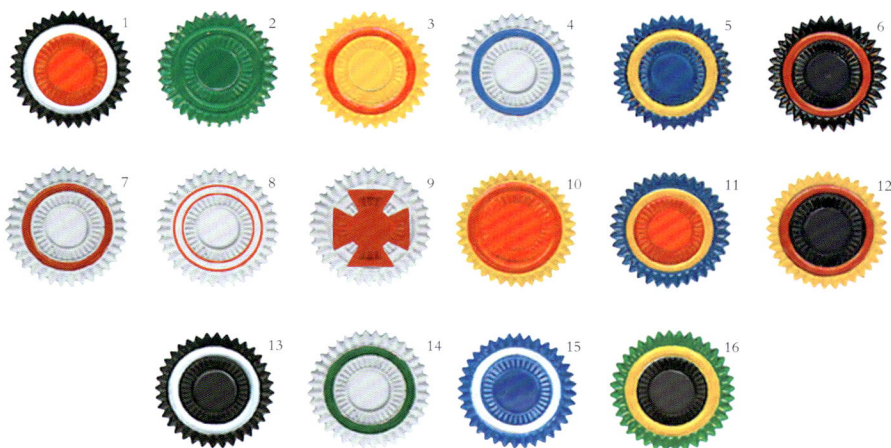

并根据士兵所隶属的不同连或营搭配不同颜色的剑结。其中，士官佩剑的剑结为白色（往往配有剑穗，采用了表示该士官邦国的颜色）。

这些步兵一般使用着一种带支撑带的小牛皮背包，还在1913年装备了它的棕色棉制版本。通常，他们会把自己的大衣卷成卷，然后捆绑在背包上，还经常在背包两侧挂着各种各样的罐子，而且这些罐子通常会被涂成黑色。步兵们一般会把水壶装在毛毡或棉布护套里，再将其绑到背包后面，面包袋也是如

军帽和装具

德军步兵戴着他们著名的尖顶盔（pickelhaube）。其中，巴伐利亚步兵使用M1896式尖顶盔，其他邦国步兵则使用M1895式尖顶盔。这些尖顶盔由黑色皮革制成，前后均配有帽檐，正面有金属帽徽，帽徽图案通常是各邦国的国徽。步兵们一般会为自己的尖顶盔覆盖一张盔罩（用灰色棉布制作），盔罩上印有红色的团数字番号。从1914年9月起，德军开始使用绿色的团数字番号（预备团成员的盔罩上除番号还有字母"R"）。军官们戴着一种做工更精良的

▼ 这张照片为我们展示了一条构造合理的德军战壕，它是士兵们在地上（往下）挖出来的。该照片摄于1917年2月，西线。

▲ 德军所用的表示帝国/邦国的帽章。
1. 德意志帝国帽章（1897年后开始使用）；2. 安哈尔特公国帽章；3. 巴登大公国帽章；4. 巴伐利亚王国帽章；5. 不伦瑞克公国帽章；6. 符腾堡王国帽章；7. 不莱梅自由市帽章（黑森军队有时也会在布制军帽上佩戴此帽章）；8. 黑森大公国帽章（仅限在头盔上使用）；9. 汉堡和吕贝克自由市帽章；10. 利珀亲王国帽章；11. 梅克伦堡大公国帽章；12. 瓦尔德克和罗伊斯亲王国帽章；13. 普鲁士王国帽章；14. 萨克森王国帽章；15. 施瓦茨堡-鲁多尔斯塔特亲王国帽章；16. 萨克森-魏玛大公国帽章。

的尖顶盔或大檐帽。其中，步兵军官的大檐帽为灰色，带红色滚边和帽墙，以及黑色的帽舌和下颚带；其帽顶处有一枚帝国帽章（从外向内分别为黑、白、红三色），帽墙上有一枚邦国帽章。通常，这些大檐帽会搭配着一张灰色的帽罩使用。

德军步兵的个人装具包括一条由天然皮革制成的腰带，腰带带扣上配有所谓的"国家徽章"，即一个皇冠标志和文字"上帝与我们同在"（GOTT MIT UNS）。来自普鲁士的士兵和士官都装备有这种带扣。这种步兵用的腰带一般能挂三个弹夹包，后者同样由天然皮革制成，刺刀也可悬挂在腰带上。这种刺刀通常配有白色剑绳，

▶ 一名巴伐利亚卫戍步兵团的中士，1915年。这名标准的旗手在脖子上系着一个挂牌，挂牌上配有镀金的巴伐利亚王室纹章；他头戴的尖顶盔的前部也配有这个纹章（被盔罩覆盖）。

此；另外，他们也经常将掘壕工具悬挂在背包两侧。在步兵部队中，士官们一般携带手枪和佩剑。军官们最初扎着一种银色腰带，腰带上配有代表其所在邦国的彩色饰绳；他们通常携带佩剑、手枪、双筒望远镜盒及地图包。

堑壕战装备

为适应堑壕战这种新的战场环境，德军很快就采取了一系列措施，以减低己方制服的可视度。他们给制服纽扣刷了一层油漆，换用由天然皮革制成的腰带，并把自己的皮带扣涂成黑色。另外，他们还发放了配有可拆卸盔钉和暗灰色帽徽的尖顶盔，盔罩上不再印有团

番号；1915年9月，军方进一步下令，要求不得再佩戴盔钉。到这时，德军使用的裤子为石灰色，上面不再配有红色滚边。1915年，去除了彩色领章的大衣逐渐装备部队，带灰色纽扣的简化版制服上衣也于此时开始使用。但德军最重要的变化还是引入了一种宽松的新式"布鲁斯"制服夹克，此后，军官、士官和士兵都开始使用这种夹克。其色调偏暗，配有一条向下折叠的衣领，内衬为绿色（最初，巴伐利亚步兵所穿原野灰制服的领子边缘配有独特的灰色镶边，军官和边境部队成员的衣领镶边分别为银色和蓝色。但在1917年，这些镶边都被缩小成了两条

▲ 第24步兵团（第4勃兰登堡步兵团）的一名二等兵，1915年。图中这名士兵戴着一顶配有可拆卸盔钉的尖顶盔。这些盔钉使得士兵们的轮廓太明显——这在1915年初被视为一种对他们生存的巨大威胁。另外，军方还将步兵装备中容易反射光线的金属配件进行了化学氧化处理，以降低其可见度。

◀ 第17步兵团（第4威斯特伐利亚步兵团）的一名中士，1915年。图中这名士官戴着一顶野战帽（krätzchen）。这种帽子最初带有一个彩色帽墙，但后来步兵们为了在战场上达到更好的隐蔽效果，遂统一将其改成了灰色。不过，他们的帽章依然没有被覆盖（如图）。

▶ 第128步兵团（但泽步兵团）的一名二等兵，1916年。图中这名士兵隶属于一支突击部队，为了在混乱的战况中方便敌我识别，他们通常会在袖子上扎一条白色臂带。

小布带）。

一些部队的成员依然佩戴着领章；同时，他们的肩带变得越来越小，样式也越来越简单。此时，大多数步兵使用着白色的肩带滚边（但第114步兵团成员的肩带滚边为浅绿色；第7、第11和第118步兵团为黄色；第117步兵团为紫色；第145步兵团为浅蓝色；第8、第115和第168步兵团为红色），以及以前的红色部队番号或交织字母。他们穿的"布鲁斯"夹克可用六枚锌制纽扣系紧，夹

▼ *第94步兵团（第5图林根步兵团）的一名上尉，1916年。图中这名军官扎着一对皮革绑腿，而没有穿标准的M1866型步兵靴。他装备有一把鲁格P08手枪和相应的皮制枪套。*

第 196 页续表

团名	袖口类型	肩带佩戴数字或交织字母	肩带滚边颜色
第 104 "王储" 步兵团（第 5 萨克森步兵团）	萨克森	交织字母	红
第 105 "符腾堡国王威廉二世" 步兵团（第 6 萨克森步兵团）	萨克森	数字	红
第 106 "格奥尔格国王" 步兵团（第 7 萨克森步兵团）	萨克森	交织字母	红
第 107 "约翰·格奥尔格亲王" 步兵团（第 8 萨克森步兵团）	萨克森	数字	红
第 108 "萨克森的格奥尔格亲王" 步兵团（身穿猎兵制服）	瑞典	数字	绿
第 109 "卫戍掷弹兵" 掷弹兵团（第 1 巴登掷弹兵团）	瑞典	交织字母	白
第 110 "德皇威廉一世" 掷弹兵团（第 2 巴登掷弹兵团）	勃兰登堡	交织字母	白
第 111 "路德维希·威廉侯爵" 步兵团（第 3 巴登步兵团）	勃兰登堡	交织字母	红
第 112 "威廉亲王" 步兵团（第 4 巴登步兵团）	勃兰登堡	数字	浅绿
第 113 步兵团（第 5 巴登步兵团）	勃兰登堡	数字	蓝
第 114 "弗雷德里希三世皇帝" 步兵团（第 6 巴登步兵团）	勃兰登堡	交织字母	浅绿
第 115 "卫戍禁卫" 步兵团（黑森第 1 禁卫步兵团）	勃兰登堡	交织字母	红
第 116 "威廉大帝" 步兵团（黑森第 2 禁卫步兵团）	勃兰登堡	交织字母	白
第 117 "大公卫戍团" 步兵团（黑森第 3 禁卫步兵团）	勃兰登堡	交织字母	蓝
第 118 "卡尔亲王" 步兵团（黑森第 4 禁卫步兵团）	勃兰登堡	数字	黄
第 119 "奥尔加皇后" 掷弹兵团（第 1 符腾堡掷弹兵团）	瑞典	交织字母	红
第 120 "威廉皇帝" 步兵团（第 2 符腾堡步兵团）	勃兰登堡	交织字母	红
第 121 "符腾堡最高" 步兵团（第 3 符腾堡步兵团）	勃兰登堡	数字	红
第 122 "弗朗茨·约瑟夫皇帝" 燧发枪手团（第 4 符腾堡燧发枪手团）	勃兰登堡	数字	红
第 123 "卡尔国王" 掷弹兵团（第 5 符腾堡掷弹兵团）	瑞典	交织字母	红
第 124 "威廉一世国王" 步兵团（第 6 符腾堡步兵团）	勃兰登堡	交织字母	红
第 125 "德国皇帝及普鲁士国王腓特烈" 步兵团（第 7 符腾堡步兵团）	勃兰登堡	交织字母	红
第 126 "巴登大公腓特烈" 步兵团（第 8 符腾堡步兵团）	勃兰登堡	数字	红
第 127 步兵团（第 9 符腾堡步兵团）	勃兰登堡	数字	红
第 128 但泽步兵团	勃兰登堡	数字	黄
第 129 步兵团（第 3 西普鲁士步兵团）	勃兰登堡	数字	黄
第 130 步兵团（第 1 洛林步兵团）	勃兰登堡	数字	黄
第 131 步兵团（第 2 洛林步兵团）	勃兰登堡	数字	浅绿
第 132 步兵团（第 1 下阿尔萨斯步兵团）	勃兰登堡	数字	红
第 133 步兵团（第 9 萨克森步兵团）	萨克森	数字	红
第 134 步兵团（第 10 萨克森步兵团）	萨克森	数字	红
第 135 步兵团（第 3 洛林步兵团）	勃兰登堡	数字	黄
第 136 步兵团（第 4 洛林步兵团）	勃兰登堡	数字	红
第 137 步兵团（第 2 下阿尔萨斯步兵团）	勃兰登堡	数字	浅绿
第 138 步兵团（第 3 下阿尔萨斯步兵团）	勃兰登堡	数字	浅绿
第 139 步兵团（第 11 萨克森步兵团）	萨克森	数字	白
第 140 步兵团（第 4 西普鲁士步兵团）	勃兰登堡	数字	黄
第 141 库尔梅步兵团	勃兰登堡	数字	黄
第 142 步兵团（第 7 巴登步兵团）	勃兰登堡	数字	红
第 143 步兵团（第 4 下阿尔萨斯步兵团）	勃兰登堡	数字	黄
第 144 步兵团（第 5 洛林步兵团）	勃兰登堡	交织字母	黄
第 145 "国王们" 步兵团（第 6 洛林步兵团）	勃兰登堡	数字	浅蓝
第 146 步兵团（第 1 马祖里步兵团）	勃兰登堡	数字	浅蓝
第 147 步兵团（第 2 马祖里步兵团）	勃兰登堡	数字	浅蓝
第 148 步兵团（第 5 西普鲁士步兵团）	勃兰登堡	数字	浅蓝
第 149 步兵团（第 6 西普鲁士步兵团）	勃兰登堡	数字	白
第 150 步兵团（第 1 瓦尔米亚步兵团）	勃兰登堡	数字	浅蓝
第 151 步兵团（第 2 瓦尔米亚步兵团）	勃兰登堡	数字	浅蓝
第 152 "德国勋章" 步兵团（第 1 阿尔萨斯步兵团）	勃兰登堡	数字	红
第 153 步兵团（第 8 图林根步兵团）	勃兰登堡	交织字母	红
第 154 步兵团（第 5 下西里西亚步兵团）	勃兰登堡	数字	黄
第 155 步兵团（第 7 西普鲁士步兵团）	勃兰登堡	数字	黄
第 156 步兵团（第 3 西里西亚步兵团）	勃兰登堡	数字	黄 ▶

第 199 页续表

团名	袖口类型	肩带佩戴数字或交织字母	肩带滚边颜色
第 157 步兵团（第 4 西里西亚步兵团）	勃兰登堡	数字	黄
第 158 步兵团（第 7 洛林步兵团）	勃兰登堡	数字	浅蓝
第 159 步兵团（第 8 洛林步兵团）	勃兰登堡	数字	浅蓝
第 160 步兵团（第 9 莱茵兰步兵团）	勃兰登堡	数字	浅蓝
第 161 步兵团（第 10 莱茵兰步兵团）	勃兰登堡	数字	浅蓝
第 162 "吕贝克"步兵团（第 3 汉萨同盟步兵团）	勃兰登堡	数字	白
第 163 石勒苏益格－荷尔斯泰因步兵团	勃兰登堡	数字	白
第 164 步兵团（第 4 汉诺威步兵团）	勃兰登堡	数字	白
第 165 步兵团（第 5 汉诺威步兵团）	勃兰登堡	数字	红
第 166 黑森－洪堡步兵团	勃兰登堡	数字	浅绿
第 167 步兵团（第 1 上阿尔萨斯步兵团）	勃兰登堡	数字	红
第 168 步兵团（第 5 黑森禁卫步兵团）	勃兰登堡	数字	红
第 169 步兵团（第 8 巴登步兵团）	勃兰登堡	数字	红
第 170 步兵团（第 9 巴登步兵团）	勃兰登堡	数字	浅蓝
第 171 步兵团（第 2 上阿尔萨斯步兵团）	勃兰登堡	数字	红
第 172 步兵团（第 3 上阿尔萨斯步兵团）	勃兰登堡	数字	红
第 173 步兵团（第 9 洛林步兵团）	勃兰登堡	数字	黄
第 174 步兵团（第 10 洛林步兵团）	勃兰登堡	数字	红
第 175 步兵团（第 8 西普鲁士步兵团）	勃兰登堡	数字	白
第 176 步兵团（第 9 西普鲁士步兵团）	勃兰登堡	数字	白
第 177 步兵团（第 12 萨克森步兵团）	萨克森	数字	白
第 178 步兵团（第 13 萨克森步兵团）	萨克森	数字	白
第 179 步兵团（第 14 萨克森步兵团）	萨克森	数字	红
第 180 步兵团（第 10 符腾堡步兵团）	勃兰登堡	数字	红
第 181 步兵团（第 15 萨克森步兵团）	萨克森	数字	红
第 182 步兵团（第 16 萨克森步兵团）	萨克森	数字	白
巴伐利亚王国军队			
卫戍步兵团	瑞典	交织字母	白
第 1 "国王"步兵团	勃兰登堡	交织字母	白
第 2 "王储"步兵团	勃兰登堡	交织字母	白
第 3 "巴伐利亚的卡尔亲王"步兵团	勃兰登堡	交织字母	白
第 4 "符腾堡国王威廉"步兵团	勃兰登堡	数字	红
第 5 "黑森大公恩斯特·路德维希"步兵团	勃兰登堡	数字	红
第 6 "德国皇帝及普鲁士国王威廉"步兵团	勃兰登堡	交织字母	黄
第 7 "利奥波德亲王"步兵团	勃兰登堡	数字	黄
第 8 "巴登大公腓特烈二世"步兵团	勃兰登堡	数字	红
第 9 "弗雷德"步兵团	勃兰登堡	数字	红
第 10 "国王"步兵团	勃兰登堡	交织字母	黄
第 11 "冯·德·坦恩"步兵团	勃兰登堡	数字	黄
第 12 "阿努尔夫亲王"步兵团	勃兰登堡	数字	白
第 13 "奥地利皇帝弗朗茨·约瑟夫一世"步兵团	勃兰登堡	数字	黄
第 14 "哈特曼"步兵团	勃兰登堡	数字	黄
第 15 "萨克森国王腓特烈·奥古斯特"步兵团	勃兰登堡	数字	白
第 16 "托斯卡那大公斐迪南"步兵团	勃兰登堡	数字	红
第 17 步兵团	勃兰登堡	数字	黄
第 18 "路德维希·斐迪南亲王"步兵团	勃兰登堡	数字	红
第 19 "意大利国王维托里奥·伊曼纽尔三世"步兵团	勃兰登堡	交织字母	黄
第 20 "弗朗茨·林道亲王"步兵团	勃兰登堡	数字	白
第 21 "梅克伦堡大公腓特烈·弗朗茨四世"步兵团	勃兰登堡	数字	黄
第 22 "威廉·冯·霍亨索伦侯爵"步兵团	勃兰登堡	数字	红
第 23 "保加利亚国王斐迪南"步兵团	勃兰登堡	交织字母	红
第 155 步兵团（第 7 西普鲁士步兵团）	勃兰登堡	数字	黄
第 156 步兵团（第 3 西里西亚步兵团）	勃兰登堡	数字	黄

▲ 第22步兵团（第1上西里西亚步兵团）的一名二等兵，1918年。由于物资短缺，德军用来生产制服的染料颜色极不稳定——从绿色到灰色经历了多次变化——图中士兵所穿的制服上衣是在战争初期生产的款式，但进行过重新染色和修复处理。

克上共有两个外口袋和五个内口袋。

这时，士官们已不再于自己的领口和袖口处佩戴饰边，而是简化成在衣领的领口处佩戴V形标志。其中，技术军士（Feldwebels，相当于中士）在他们的衣袖上佩戴着一道V形臂章（黄色或白色）。军官们所使用的"布鲁斯"夹克的衣领更硬，所处位置也稍高一些。

1917年，德军重新引入灰色长裤，但在战场上还是可以看到身穿灰色、黑色或棕色等各种色调长裤的人。此时，他们大多穿着短靴，但由于制成这些短靴的皮革质量极差，因此反而更喜欢使用缴获自敌人的靴子。到战争末期，这些德军士兵还使用了大量来自敌人的布制绑腿，他们通常会把这些绑腿染成灰色；军官们则穿着马裤（stiefelhose）和长筒靴。

此时德军的大衣由与夹克材质相同的布料制成，配有一条浅绿色衣领（巴伐利亚步兵的衣领上还有灰色镶边）。这种大衣没有配领章，但士官们会在上面佩戴一些表明自己身份的标志。

步兵的个人装具也随战况发展产生了一些变化。最初，他们将自己的防毒面具装在一个帆布包里，然后挂到脖子

▶ 第79步兵团（第3汉诺威步兵团）的一名二等兵，1918年。图中士兵穿着一件标准的公配大衣，其衣领底下缝有纽扣，可以用纽扣将衣领竖起来或保持折叠状态。该团成员在制服上衣的右侧袖口处佩戴着一条标有"直布罗陀"字样的蓝色袖标，这是他们的前辈在汉诺威时期赢得的战斗荣誉——该战役发生于18世纪，英军也有部队参与其中。

上；但后来，他们改用一个圆柱形容器容纳自己的防毒面具。军官们也不再携带佩剑，他们现在更喜欢带的是刺刀或匕首。

军帽的发展

在不戴尖顶盔时，步兵军官们更喜欢戴一种大檐帽，并在多数时候用一张灰色的帽罩将其覆盖；士官和士兵一样，戴着一种无舌野战帽（feldmütze）。1915年9月21日，德军引入一种可拆卸盔钉的尖顶盔，但一款更新而且性能更好的钢盔很快就取代了它。实际上，在1915年更早的时候，他们就尝试研制过一种钢盔（即冯·盖德式钢盔），但其产量极其有限。

1915年12月，德军为前往巴尔干半岛的部队发放了少量由压制毛毡制成的头盔（一些驻守在法国的部队也得到了这种头盔）。它用带有部队番号的金属卷轴取代了尖顶盔上的帽徽，因此也被称为"卷轴头盔"。为保护自己的颈部不被炽热的阳光晒伤，在该地区（巴尔干半岛）作战的士兵通常还会戴一条护颈布帘（nackenshutz）。

1915年11月，德军著名的M1916式钢盔（stahlhelm，由施韦尔德和比尔共同发明）通过测试，并于1916年开始大量生产。它有五种尺寸，且大部分产品都没有配下颚带（有些下颚带是从尖顶盔上拆下来，并直接铆接在仓库中的M1916式钢盔上的）。不久后，德军在钢盔的皮制内衬上（而不是在盔

◀ 第79步兵团（第3汉诺威步兵团）的一名中尉，1917年。图中军官所戴的钢盔于1916年生产，其每侧均带有一个凸耳，以支撑钢制面罩并提供一定的通风。这种钢盔在1915年冬季进行了测试，并于1916年1月首次配发部队。

体上）普遍安装了下颚带；到1917年，他们似乎还使用过一些由棉布制成的下颚带。1918年，德军推出一款经过略微改动的钢盔版本，即M1918式露耳钢盔。它的耳部配有锯齿形缺口（显然是为了消弭遭到炮击时，旧式钢盔产生的振铃效应）。但这型钢盔并没有在战时广泛装备部队（在战争结束后反而被大量使用）。大多数步兵不得不继续使用M1916式钢盔，有时会为其涂上迷彩伪装，但它们中的大部分仍是深灰色的。通常，步兵们还会用一张浅棕色、白色或卡其色的盔罩将其覆盖。

殖民部队的制服

从19世纪末到1918年，德军编练了一支被称为"殖民地守卫部队"（Schutztruppe）的非洲土著部队。与其他欧洲殖民部队相似，德属殖民地守卫部队的委任和非委任军官，还有医疗及兽医军官均由欧洲白人志愿者担任，大部分士兵则是在当地招募的非洲土著居民。此外，德军派去协助土耳其人的部队或在巴尔干地区作战的部队有时也会使用殖民军的制服。

德属东非

德国在东非的防御力量主要由各殖民地守卫连组成，后者则由来自德国本土的军官和士官以及当地（殖民地）土著士兵所组成。军官和士官一般穿着卡其色制服上衣和裤子，衣裤上均配有蓝色滚边。其中，军官在肩章上佩戴自己的军衔等级标志，士官佩戴的则是V形臂章（分别以1至4枚倒V形标志来表示具体衔级，欧洲士官为蓝底白色字母，土著士官为红色字母且无底色）。

该部队成员大多戴着一种特制的殖民地头盔。它由软木制成，呈半球形，士兵们通常会用一张卡其布将其覆盖（有时也会用白色布料）。这种头盔配有一枚帝国帽章（殖民地部队成员不佩戴邦国帽章），盔体下方缠着两股互相交织的唱绳。这枚帽章由帝国三色所组成，即黑色、白色（军官为银色）和红色。殖民地守卫连成员通常穿长筒靴，不过绑腿和短靴这一搭配也颇受欢迎。部队中的非洲土著士兵（askaris）戴着卡其色土耳其毡帽，为其搭配了一枚帝国鹰徽（但后来这些鹰徽基本都被移除），他们的制服上衣、长裤和绑腿也都是卡其色的。为节省资源，殖民地守卫连一般使用着缴获自敌人的装备，但会给这些装备添加帝国鹰徽；此外，他们的制服纽扣上也配有帝国鹰徽图案。

德属西南非洲

为保护自己在西南非洲的殖民地，

德国派遣了一支白人殖民地守卫部队，其军官、士官和士兵均为欧洲白人。他们穿着由棉布制成的卡其色标准型号上衣，其衣领、袖口和前襟下方都配有蓝色滚边。军官使用的长裤裤线上也配有蓝色滚边（由棉布或更耐用的绳索制成），他们一般穿皮靴；其肩带上绣有含帝国三色的彩条（军官用银色替代了白色），但士官仍用V形臂章来表示自己的衔级（代理下士用位于领子的纽扣来表示军衔）。与驻扎在东非的殖民

◀ 一名德属西南非洲殖民地守卫部队的二等兵，1914年。图中士兵的肩带上配有红、黑、白帝国三色的图案。他头戴的军帽类似于宽边软帽，可以卷成一团当做枕头使用。

▶ 一名德属东非土著部队的士兵，1914年。图中非洲土著士兵所戴的土耳其毡帽上有时会搭配装饰性的帽徽或羽毛。随着冲突爆发，图中所示整洁统一的制服也逐渐被各种民用衣物所取代。

▲ 本图所示照片拍摄于耶路撒冷，展示了一群隶属于奥斯曼帝国军队的德国顾问与几名奥斯曼军官一起研究地图的情景。这些德国顾问穿着标准的德式军官制服，但也有人穿的是奥斯曼式军服（colcols）。站立者中从右往左数的第三名军官很可能是德国飞行员格哈特·费尔米，他穿着一件自己购买的白色热带上衣。

色相同的帽绳。另外，他们的军衔等级标志与其本土的同行基本一样。该部队成员穿着一种卡其色裤子，但也有不少人打绑腿。在寒冷天气里，他们通常会改穿本土部队的标准制服。少量被派往马其顿的德军部队成员穿着卡其色制服上衣和马裤，头戴殖民地热带头盔、用稻草制作的圆边草帽或卷轴头盔（一种于1915年配发，由压制毛毡制成的圆形头盔）。那些在中国服役的德军部队则主要由海军下辖的步兵营组成。

▼ 德国亚洲军团第701步兵营的一名二等兵，1917年。在图中士兵所属部队刚抵达巴勒斯坦时，其成员穿着一套棕色的制服；然而，这导致他们与英军步兵的外观形象相混淆，不利于敌我识别。因此，该部队在不久后就换装了原野灰制服。

地守卫部队喜欢使用热带头盔所不同的是，西南非洲的德军部队成员更喜欢戴一种著名的宽边软帽。这种帽子呈灰色，帽边周围有蓝色滚边，帽子右侧通常会翘起一个边，帽顶有一枚皇家帽章。此外，该部队的军官有时还会戴一种大檐帽。它同样是灰色的，配有蓝色帽墙和滚边，帽上有一枚帝国帽章。

驻在此地的德军官兵通常使用骑兵装具。士兵们使用弹夹包或弹药背带，军官们则经常使用从敌人那里缴获的山姆·布朗腰带。士兵们还携带着刺刀，刺刀上配有彩色剑结，剑结的颜色就是代表他们所属连的相应颜色。

少数布尔人自愿为德国打仗，他们组成了所谓的"自由军团"（Freikorps）。这些人穿着平民的服装，所用的装具则来自德军（他们头戴的宽边软帽配有代表南非的帽徽）。

西非

和东非的德军一样，德属西非部队的核心也是来自其本土的军官和士官，再由他们指挥非洲土著士兵。西非殖民地守卫部队成员身穿卡其色上衣，

并搭配有蓝色滚边。他们一般戴宽边软帽、大檐帽或热带头盔。其中，宽边软帽配有红色滚边，大檐帽为红色帽墙及滚边。该部队的成员一部分骑马作战，另一部分徒步战斗。隶属于这支部队的非洲土著士兵穿着一种配有红色滚边的卡其色上衣，搭配有风格朴素的肩带。他们通常戴着红色的土耳其毡帽（一般会用一张卡其色帽罩将其覆盖），毡帽上有一枚鹰徽和一条黑色流苏。

中东战线

与土耳其人并肩战斗的德军部队成员最初穿着标准的原野灰制服，但进行了略微调整（比如改用热带头盔）。后来，于1917年前往中东战线的德军装备了一些专门的制服（为此生产的棕色衬衫后来在20世纪20年代被纳粹党成员购买并使用，组成了臭名昭著的"褐衫军"）。这种卡其色制服上衣通常由棉布制成，带有一条向下倾斜的领子和卡其色的肩带（其中，步兵的肩带上配有白色滚边；骑兵配有红色滚边；炮兵使用带黑色滚边的红色肩章），制服组扣上带有鹰徽图案。这些在中东战线作战的德军部队成员通常使用带单个帽章的卡其色布制军帽；其热带头盔的右侧也搭配有这个帽章，且盔上缠着与肩章滚边颜

猎兵和山地部队

德军轻步兵基本保留着他们传统的绿色制服,即使其他大部分部队都更换为原野灰制服后,这个传统也得以延续下去。但巴伐利亚人是个例外,他们的2个猎兵营均改用了原野灰制服。

猎兵和步枪兵

1914年时,德军除禁卫猎兵(jägers)团外还有14个猎兵营,以及1个步枪兵(Schützen)团和1个禁卫步枪兵营。由于历史原因,步枪兵团被编入了普通步兵部队的序列,成为第108步枪兵团。此外,巴伐利亚也有2个猎兵营。德军猎兵营成员通常穿着灰绿色制服上衣,其衣领周围和瑞典式袖口处均配有绿色滚边,肩带上带有红色的数字番号。第12和第13猎兵营成员的肩带上除了带数字番号,还配有红色的猎号图案;步枪兵团成员的制服与猎兵相似,但他们使用的是黑色滚边而非绿色。第14猎兵营成员的衣领和袖口处配有条形纹饰,第10猎兵营成员佩戴着"直布罗陀"袖标(其圆筒帽帽徽上还配有该营在历史上获得过的战斗荣誉)。萨克森猎兵的制服配有银色纽扣,其他猎兵部队则使用金色金属纽扣。这些猎兵通常穿着灰绿色马裤。他们的个人装具采用天然皮革制作,并通过皮带扣上的徽标来表示自己原先所属的邦国。

德军猎兵通常戴着由皮革制成的圆筒帽(M1895式),其前后均配有帽舌,帽上有帝国帽徽和一条下颚带,下颚带被铆接在圆筒帽下端两侧。大多数猎兵的圆筒帽顶部配有一枚由黑白两色组成的帽徽(外侧为白色,内侧为黑色)。不过,第14猎兵营佩戴梅克伦堡的帽徽;第7猎兵营佩戴绍姆堡-利珀(Schaumburg–Lippe)的帽徽;第12和第13猎兵营佩戴萨克森的纹章;巴伐利亚猎兵则佩戴他们由浅蓝色和白色所组成的传统帽徽。通常,德军猎兵

◀ 第4猎兵营(马格德堡猎兵营)的一名二等兵,1914年。图中这名猎兵戴着一顶圆筒帽,其前后均配有帽舌,在它两侧与下颚带相连的地方还配有两枚邦国帽章。这种圆筒帽是大多数德军猎兵部队成员的标准装备。只有萨克森猎兵使用着一种更为敦实的军帽,但它从外观上看更像是布制军帽而非圆筒帽;另外,这种军帽只有顶部和边缘是用皮革制作,其余部分均由压制毛毡制成。

▲ 一名符腾堡山地来复枪营的二等兵,1915年。图中这名士兵戴着一顶颇具独创性的滑雪(山地)帽,它的两侧配有折叠式帘幕,放下后可覆盖颈部和耳朵。另外,他所穿的上衣配有独特的绿色耸肩,该设计是对以往设计风格的回归——1859年时符腾堡猎兵使用的制服上衣就配有类似耸肩。符腾堡滑雪部队的士官也穿着一种类似的制服,但他们的领章周围配有金色刺绣纹饰。

会用一张帽罩来覆盖自己的圆筒帽,但位于帽子中部的帽徽还是会露在外面,这些帽罩上有时还印着绿色的营番号。

德军猎兵营所用圆筒帽帽徽

营名	帽徽图案
第 1"瓦滕堡伯爵约克"猎兵营（东普鲁士猎兵营）	雄鹰和椭圆形徽章（外白内黑）
第 2"俾斯麦侯爵"猎兵营（波美拉尼亚猎兵营）	雄鹰和椭圆形徽章（外白内黑）
第 3 勃兰登堡猎兵营	雄鹰
第 4 马格德堡猎兵营	雄鹰
第 5"冯·诺依曼"猎兵营（第 1 西里西亚猎兵营）	雄鹰和椭圆形徽章（外白内黑）
第 6 猎兵营（第 2 西里西亚猎兵营）	雄鹰和椭圆形徽章（外白内黑）
第 7 威斯特伐利亚猎兵营	普鲁士之鹰，以及在其上方的绍姆堡纹章
第 8 莱茵兰猎兵营	雄鹰
第 9 劳恩堡猎兵营	雄鹰
第 10 汉诺威猎兵营	雄鹰，以及该营在滑铁卢战役、伊比利亚半岛战役和文塔德尔波佐战役中获得的荣誉横幅
第 11 黑森猎兵营	雄鹰
第 12 猎兵营（第 1 萨克森猎兵营）	萨克森纹章
第 13 猎兵营（第 2 萨克森猎兵营）	萨克森纹章
第 14 梅克伦堡禁卫猎兵营	星形标志
"路德维希亲王"猎兵营（第 1 巴伐利亚猎兵营）	巴伐利亚纹章
猎兵营（第 2 巴伐利亚猎兵营）	巴伐利亚纹章

值得一提的是，萨克森猎兵所用圆筒帽的后部没有配帽舌。

1915 年，在引入"布鲁斯"夹克后，德军猎兵营成员仍在肩带上佩戴着绿色滚边；在随后的 1916 年，钢盔很快就取代圆筒帽，成了他们的新装备。

山地部队

13 世纪时，欧洲军队中首次出现了使用滑雪设备的山地部队（因其主要机动方式也被称为滑雪部队）。在战时，滑雪部队所能达到的速度和攻击距离与轻骑兵部队相当。一战期间，巴伐利亚派出 4 个滑雪营，符腾堡州也派了 1 个滑雪连——后者于 1915 年 10 月被扩编为符腾堡山地营。这些部队主要在孚日山脉对抗法国人，或在东线的喀尔巴阡山脉同俄国人交战；此外，他们还在罗马尼亚与意大利（加入协约国后）进行战斗。

来自巴伐利亚和符腾堡的滑雪部队成员身穿一种绿色夹克（skilitewkas），搭配马裤、绑腿和靴底镶满鞋钉的短靴（有时也穿山地袜）。巴伐利亚滑雪兵所用的夹克上没有肩带，但符腾堡滑雪兵的制服上衣通常配有绿色的翼状耸肩，以防止装备滑落。

符腾堡滑雪兵通常佩戴绿色领章，领章的纽扣上配有其所属连番号（后来被带有邦国纹章的纽扣所取代）；巴伐利亚人在他们的绿色领章上缝了一个深绿色字母"S"。以上两类部队士官的衣领末端都缝有银色刺绣。

德军滑雪部队所有成员都戴着著名的大檐山地帽（skimütze）。这种绿色的军帽配有浅绿色滚边和折叠式布帘，布帘放下后可覆盖使用者的颈部和耳朵——从这一方面看，它类似于奥匈帝国步兵的野战帽。这顶山地帽的侧面通常别有一枚雪绒花徽章，或代表帝国和邦国的帽章，两侧各一枚（两枚雪绒花徽章或帝国和邦国帽章各一枚）。此外，他们有时也会戴钢盔。这些滑雪兵一般不穿大衣，而是使用各种斗篷和防水夹克，或是穿一种白色或灰色的防水工作服。他们需要自己带滑雪板、绳索、弹药和个人物品，一般会把这些东西塞入一个背包里随身携带。值得一提的是，护目镜在滑雪兵中是颇受欢迎的。

▶ 第 5 猎兵营（第 1 西里西亚猎兵营）的一名中尉，1916 年。图中军官戴着一顶由铬镍合金钢制成的钢盔，盔体刷有绿色涂层。注意系在他下巴的下颚带是从老式尖顶盔上直接拆下来的，并通过金属环和金属支座连接到他的钢盔上。这名军官穿着 1915 年配发的"布鲁斯"夹克，它比德军在 1914 年使用的那款制服更为实用。猎兵们的肩带上通常配有浅绿色滚边，作为中尉，这名军官还有权在自己的肩带上添加一颗星星。他携带着一把左轮手枪，在参加阅兵游行时还可再带一把 M1889 式军官佩剑。随着战争的持续，这些佩剑大多被留在了战线后方，由刺刀或匕首取代。

暴风突击队

德军试图打破堑壕战的僵局，但因为主要采用常规进攻手段而难以取得突破。为达到目的，他们投入了一支训练有素的志愿者部队，即所谓"暴风突击队"（stormtroop）。在战场上，这支部队为自己赢得了巨大荣誉，并在德军于1918年春季发动的排山倒海的进攻中充当着开路先锋。

起源

当堑壕战才刚成为西线战场持续的基调时，德军就已经开始研究突破敌军堑壕的有效方法了。1915年，他们为此组建了一支专业化部队，不过当时欧洲的大多数军队也呈现出了这一趋势。实际上，派遣精挑细选的志愿者发动猛烈进攻以突破敌军防线的想法并不新颖，这是一种在欧洲古罗马时代就已经被采用的战术。在德军中，威利·罗尔（Willy Rohr）少校是突击群战术最主要的倡导者，他在1915年时领导着一支被称为"冲锋队"（Sturmabteilung）的特殊部队，其他拥有相同战术思想的军官也正在组建此类部队。1916年，在德军部署到西线的17个军中，每个军都组建了自己的暴风突击营（从1916年到1917年共成立17个暴风突击营，罗尔支队是其中第5个）；到1917年，隶属于各军的暴风突击队员已经在制服和装备方面越来越趋向统一化。

在这些暴风突击营中，第5营成员主要由突击步兵和工兵组成；第3营成员主要来自猎兵部队；第6和第15营由巴伐利亚人组建而成。大多数暴风突击营都下辖有一个火焰喷射连，其成员主要来自禁卫军预备役中的工兵部队。火焰喷射连成员佩戴黑色领章，领章配有红色滚边和条形纹饰；从1918年夏天起，他们还将一枚带有骷髅和交叉腿骨图案的徽章缝到了自己左袖上（骷髅露出了白色牙齿，显得相当可怕）。

▲ 德军暴风突击队员们在一名军官催促下，正从一团浓厚的光气云层中冲出，他们的目的是突破对面的英军堑壕阵地。

▼ 德军突击队员所用的防护装备，1916年。
1. 包括一具胸甲在内的一整套身体护甲。这些钢制甲片由织物连接，并配有用毛毡制作的内衬，德军曾大量生产这型装备。2. 由狙击手使用的头部防护盔。3. 一种于1916年生产的钢盔，其前部配有一张特殊的防护钢板或狙击手装甲板。这张钢板以钢盔两侧的凸耳作为支撑，可以保护佩戴者免受轻武器伤害（标准的公配钢盔无法承受一发直接命中的子弹所带来的破坏力，从而导致盔体被击穿）。

▶ 第17步兵师所辖暴风突击连的一名二等兵，1918年。图中这名士兵挎着一条由帆布制成的弹药背带，其内部可容纳70发子弹。

制服特点

最初，突击队员们穿着自己原部队的制服。得到进攻命令后，他们会冲在全军最前方，因此不需要带背包（其大衣被包裹在帐篷帆布里，并系在身体上）。但是，为携带额外的手榴弹，他们通常会挎一个手榴弹袋，还随身带着匕首、棍棒和斧头，以及剪线钳和手枪。值得一提的是，突击队员们往往更喜欢较短的卡宾枪而非步兵的标准型步

枪；他们也更喜欢使用工兵专用的那些工具，而不是步兵（该部队从兵种上来说属于步兵）版本的标准挖掘工具。

为降低自己的可见度，突击队员们将纽扣和皮带扣都涂成了黑色。他们穿的长裤也被马裤或攀岩马裤（可以用皮带加固，膝盖以下能用扣子系紧）所取代，或是在普通长裤的膝盖位置安装皮革衬垫（制服上衣的肘部也加装有皮革衬垫，以增强该部位的耐磨性）。这些突击队员通常使用原野灰色、钢灰色或绿色的裤子，搭配山地袜或绑腿加靴子

（山地部队成员使用的铆钉靴也在暴风突击营中极受欢迎）。与大多数步兵所穿的长筒靴相比，绑腿可以让该部队士兵在攀爬或奔跑时感觉更舒服些。

武器装备

这些突击队员有时携带麦德森（Madsen）轻机枪，有时则是伯格曼（Bergmann）自动步枪或伯格曼冲锋手枪——后者实际上是一种作战效能极高的冲锋枪，但在战争末期才装备部队。他们使用的手榴弹大部分是长柄手榴弹，这种武器于1915年首次在战场上亮相。它最常见的外形是一个圆柱形头部，再加上一个木制手柄。部分长柄手榴弹采用撞击爆炸式引信，但大多数采用的还是在拉动引火绳6秒后就会爆炸的延时引信。

变革

1917年2月，军方试图统一暴风突击队员的制服和徽标样式，以增强他们的荣誉感。在当时，大多数突击队员都穿着自己原先部队的制服，有时还会在制服上衣的胸部佩戴一枚小型金属徽章，或在衣袖上佩戴一枚非官方臂章。从1917年开始，军方规定他们穿一种在肩带上配有白色滚边和红色营番号的步兵制服；负责操作火焰喷射器的突击工兵使用配红色滚边的黑色肩带（肩带上没有营番号，因为他们来自禁卫军工兵）；负责操作堑壕迫击炮的炮手穿与步兵相同的制服，但其肩带上的字母标志为红色"MW"；隶属于暴风突击营的炮兵使用红色肩带，他们肩带

上配有黄色的燃烧手榴弹标志和黄色营编号。暴风突击营机枪手在衣袖上方佩戴了一枚含机枪图案的臂章，一些专业掷弹兵也在衣袖上佩戴着一种带长柄手榴弹图案的臂章。不过，罗尔少校麾下的士兵并没有遵守这些规则，他们仍然使用着类似于突击工兵的制服和徽标。

除暴风突击营外，许多德国步兵师也组建了自己的突击部队、进攻特遣队和猎兵连。这些部队有时会使用自己设计的非官方徽章，但大多数人使用的还是标准的突击装备和步兵制服。

◄ **一名暴风突击营的二等兵，1917年。**图中的突击队员携带了一把M1822型掘壕铲，他将铲头插入一个单独的皮套，并将铲柄用一根布带系在自己的肩带上。突击队员们可以用掘壕铲在短时间内挖出一条战壕，以便在空旷地带制造掩体；除此之外，它（掘壕铲）也是一种相当实用的近战兵器。

▶ **一名暴风突击营的二等兵，1918年。**图中的突击队员将额外的手榴弹存放在他肩部下方的手榴弹袋中。该部队使用的手榴弹大多是于1915年首次配发的长柄手榴弹，这型手榴弹在拉动引火绳6秒后就会爆炸。德军用这种延时引信取代了之前采用的撞击式引信，后者需要移除一根保险针，并在受到撞击后才会爆炸。

国土防卫军

德国的民兵部队被称为"国土防卫军"（Landwehr，从字面意思理解就是专门负责保卫本土的部队）。他们一般作为一线部队的补充力量，负责在后方执行守卫、护送等任务，但偶尔也会被派往前线直接参与作战。那些年龄太大或不适合服役的人将前往"国土突击队"（Landsturm），这是一支经常承担支援性任务的二级民兵部队。

后备部队中的预备役人员

德军的预备役人员通常会被编入各后备步兵团，每个后备步兵团均对应一个一线步兵团。愈发严重的物资短缺导致这支部队的装备水平极差，而且随着前线人员遭受重大伤亡，他们还常被用来填补空缺。后备步兵团成员一般穿着他们所对应的一线步兵团成员的制服，但会在自己圆筒帽或尖顶盔的盔罩上添加一个字母标志"R"和团番号（当时还年轻的奥地利人阿道夫·希特勒就在第16巴伐利亚后备步兵团中服役）。国土防卫军可以被视为这些后备步兵团的补充力量。这支部队从反拿破仑的所谓"解放战争"开始发展到一战，此时又回到了那种"全民皆兵"的创建初衷。那些因年龄太大而无法在一线部队服役的人都会被塞进国土防卫军（如果他们还未满39岁的话）。

国土防卫军制服

1914年时，国土防卫军一共下辖96个步兵团，他们的装备很差，但制服与一线部队基本相同。该部队中步兵的最明显特征就是他们所戴的皮制圆筒帽（其中最常见的是由轻步兵使用的M1895式）。国土防卫军成员佩戴的椭圆形帽徽带有十字架图案（1915年时，这种帽徽通常为灰色），在这个十字架上方有一枚邦国帽章，且圆筒帽两侧各有一枚帝国帽章——下颚带的两端就固定在这两枚帽章上。军官们一般使用尖

顶盔，以及带有字母标志"L"和部队番号的盔罩（头盔本身配有一枚含国土防卫军十字和雄鹰图案的帽徽）；有时，为节省制造盔罩的布料，一些头盔也会直接被涂成灰色。由于物资短缺，一些国土防卫军部队只能使用改装过的消防员头盔；直到1917年，一线部队开始大规模装备钢盔后，他们中的大部分人才得到了自己的圆筒帽，但仍有些部队使

◀ 第82国土防卫军步兵团的一名二等兵，1914年。图中这名士兵可以通过调节位于制服后腰位置的松紧带来收紧上衣。

▶ 第5巴伐利亚国土突击队步兵营的一名中士，1914年。国土突击队成员戴着各式各样的军帽，从1813年该部队首次使用的油布帽到与前者一样过时的M1860式皮革圆筒帽都有。其中，他们所用的圆筒帽帽罩下端有一个传统的国土突击队十字标志。在1916年全面配发尖顶盔之前，该部队大多数成员都只能使用一些过时的军帽——比如来自猎兵部队仓库、早已被他们淘汰的猎兵圆筒帽。

▲ 第5符腾堡国土突击队步兵营的一名二等兵，1916年。图中这名士兵穿着一件带毛皮内衬的精致民用大衣。在大衣里面，他还穿了一件配有萨克森式袖口的M1910式原野灰上衣——他非常幸运，因为国土突击队一些成员甚至到现在（1916年）都还穿着一身在1910年之前配发部队的深蓝色制服。

用着那种于1813年首次配发的大檐软帽。物资短缺使许多国土防卫军部队成员穿着过时的蓝色制服外套和带红色滚边的黑色马裤前往战场；到1914年，一些人甚至仍在使用一款老式黑色大衣。

国土防卫军部队成员通常携带着过时的步枪和劣质的个人装具。他们中的许多人都装备着旧型号的背包和弹夹包，比如用黑色皮革制作的M1895式弹夹包，或M1889式弹药盒——其内部只能容纳30发子弹。

国土突击队

德军国土突击队成员都是一些过于年轻或年龄太大的人，他们往往执行看守囚犯、驻防要塞（远离前线的那种）等任务，以及作为在比利时或乌克兰的占领军。该部队成员通常戴M1813式大檐帽（帽子通常是黑色的，以油布帽罩加以覆盖，有时也会用一种由灰色布料制成的帽罩）或皮制圆筒帽。其中，圆筒帽的正面从上到下分别配有一枚邦国帽章和一枚椭圆形帽徽（其内部有一个较大的白色或银色十字）。军官们则更喜欢戴尖顶盔，且盔体的正前方一般配有一枚带国土突击队十字和雄鹰图案的帽徽。

国土突击队成员穿着原野灰制服上衣（制服纽扣上通常有皇冠图案标志），搭配蓝色肩带（巴伐利亚人为浅蓝色，炮兵为猩红色，步炮兵为黄色），而且肩带上不含滚边或部队番号。但不是每名国土突击队队员都能得到这种标准制服，在整场战争中，要在这支部队里找到穿老式立领蓝色上衣的人绝对不会太难。值得一提的是，萨克森国土突击队成员使用的肩带末端是尖的。这些国土突击队成员在衣领上同时佩戴着两种部队番号，分别是代表所属军的罗马数字和代表所属步兵营的阿拉伯数字，且两个番号紧挨在一起。1916年，他们将自己的制服从标准的军常服（feldrock）换成了"布鲁斯"夹克，但仍然保留了上述特殊徽标（实际上有些部队只使用了部分徽标，还有些部队根本就没用）。该部队成员穿着各种各样的裤子，从配有红色滚边的黑色长裤到棕色的民用马裤以及原野灰色的步兵长裤都可以发现。

当涉及武器装备的问题时，国土突击队再次陷入了困境。他们的优先级是德军所有部队中最低的，因此只能使用过时的栓动步枪或从敌人那里缴获的枪支，以及其他任何自己可以搜集到的武器。他们的个人装具问题也完全由自己解决（包括民用背包、陈旧的弹夹包以及由私人购买的靴子和腰带）。国土突击队还组建了一些骑兵中队，该部成员与他们所对应的一线部队成员穿着同样的制服，但在军帽上佩戴着国土突击队的十字标志。

▼ 第18国土突击队步兵营的一名二等兵，1917年。图中士兵的领章上带有表示其军番号的数字（罗马数字13）和代表营番号的数字（阿拉伯数字18）。由于国土突击队仿照暴风突击队成立了不少突击排，这名士兵实际上在该营中担任的就是突击队员。另外，这类部队（国土突击队）中仍有大量成员使用着老旧的1888式委员会步枪。

骑兵

德军骑兵在1914年发挥了重要作用；但随着战争持续下去，其作用和价值也与日俱减；到1918年，他们已完全沦为一支边缘力量。

1914年时，德军仍然保留着两支历史悠久的骑兵部队，即重骑兵/胸甲骑兵（直到这时他们依然扮演着自己的传统角色，即在战场上发动骑兵冲锋以突破敌军防御，就像他们曾在19世纪70年代所做的那样）和轻骑兵，而且这两种骑兵仍被用来执行他们以前的那些任务。此外，德军还保有其传统的龙骑兵——但通常作为后备力量使用，以及骠骑兵、枪骑兵和骑马猎兵。另外，侦察骑兵也是他们一个重要的骑兵种类——该部队主要执行探索和侦察任务，德军大部队就是在其引导下进攻比利时的；1914年到1915年间，他们还在波兰做过同样的事

情。德军枪骑兵被协约国军队认为是无处不在的，好像永远都保持着充沛的精力和顽强的意志力——形成这种印象的实际原因是德军多支骑兵部队均装备有长矛，因而也被误认成了枪骑兵。

重骑兵

德军重骑兵/胸甲骑兵部队成员穿着原野灰制服上衣，它配有一条立领、瑞典式袖口和肩带。其中，肩带（内侧饰有白色花边）配有彩色滚边，滚边颜色代表了这名骑兵所隶属的骑兵团；另外，在制服上衣的前襟上部，以及制服的边缘和袖口处也都配有同一颜色的滚边（但军官的衣领和袖口没有滚边，萨克森重骑兵团成员的衣领也没有）。重骑兵们会在自己衣领和袖口上佩戴表示其所属部队的花边，有些成员的肩带上

德军龙骑兵团识别标志

团名	滚边颜色	制服纽扣颜色
第1 "普鲁士亲王阿尔布雷希特" 龙骑兵团（立陶宛龙骑兵团）	红	金
第2 龙骑兵团（第1勃兰登堡龙骑兵团）	黑	金
第3 "冯·德弗林格男爵" 乘马掷弹兵团（诺伊马克龙骑兵团）	粉红	银
第4 "冯·布雷多夫" 龙骑兵团（第1西里西亚龙骑兵团）	沙色	银
第5 "冯·曼陀菲尔男爵" 龙骑兵团（莱茵兰龙骑兵团）	红	银
第6 马格德堡龙骑兵团	黑	银
第7 威斯特伐利亚龙骑兵团	粉红	金
第8 "腓特烈三世国王" 龙骑兵团（第2西里西亚龙骑兵团）	黄	金
第9 "罗马尼亚国王卡洛伊一世" 龙骑兵团（第1汉诺威龙骑兵团）	白	金
第10 "萨克森国王阿尔伯特" 龙骑兵团（东普鲁士龙骑兵团）	白	银
第11 "冯·维德尔" 龙骑兵团（波美拉尼亚龙骑兵团）	深红	金
第12 "冯·阿尼姆" 龙骑兵团（第1勃兰登堡龙骑兵团）	深红	银
第13 石勒苏益格-荷尔斯泰因龙骑兵团	红	金
第14 科尔马克龙骑兵团	黑	金
第15 龙骑兵团（第3西里西亚龙骑兵团）	粉红	银
第16 龙骑兵团（第2汉诺威龙骑兵团）	黄	银
第17 龙骑兵团（第1梅克伦堡龙骑兵团）	红	金
第18 龙骑兵团（第2梅克伦堡龙骑兵团）	黑	银
第19 奥尔登堡龙骑兵团	白	银
第20 卫戍龙骑兵团（第1巴登龙骑兵团）	红	银
第21 龙骑兵团（第2巴登龙骑兵团）	黄	银
第22 "卡尔亲王" 龙骑兵团（第3巴登龙骑兵团）	黑	银
第23 卫戍龙骑兵团（第1黑森龙骑兵团）	红	银
第24 卫戍龙骑兵团（第2黑森龙骑兵团）	白	银
第25 "奥尔加皇后" 龙骑兵团（第1符腾堡龙骑兵团）	白	金
第26 "国王" 龙骑兵团（第2符腾堡龙骑兵团）	黄	银

▲ 第20枪骑兵团的一名二等兵，1914年。如果移除位于图中骑兵所戴方顶盔顶端的方顶，它的外形就与步兵使用的尖顶盔基本一样了。为保护自己的头盔，这名骑兵为其覆盖了一张盔罩。

还配有团番号。第1、第2、第6、第8和第9重骑兵团成员的肩带上有花押图案；巴伐利亚重骑兵则只使用一种带红色滚边的朴素风格肩带，上面没有任何数字

德军胸甲骑兵和重骑兵团识别标志

团名	滚边颜色	制服纽扣颜色
第1"大选帝侯"卫戍重骑兵团（西里西亚重骑兵团）	黑	金
第2"国王"重骑兵团（波美拉尼亚重骑兵团）	深红	银
第3"兰格尔伯爵"重骑兵团（东普鲁士重骑兵团）	浅蓝	银
第4"冯·德里森"重骑兵团（威斯特伐利亚重骑兵团）	猩红	银
第5"符腾堡公爵腓特烈·欧根"重骑兵团（西普鲁斯重骑兵团）	粉红	金
第6"俄国沙皇尼古拉一世"重骑兵团（勃兰登堡重骑兵团）	蓝	金
第7"冯·塞德利茨"龙骑兵团（第4马格德堡龙骑兵团）	黄	银
第8"格斯勒伯爵"重骑兵团（莱茵兰重骑兵团）	浅绿	金
第9萨克森"德累斯顿"禁卫重骑兵团	矢车菊蓝	金
第10萨克森"卡宾枪"重骑兵团	矢车菊蓝	金
巴伐利亚重骑兵		
第1"巴伐利亚亲王卡尔"重骑兵团	猩红	银
第2"奥地利大公弗朗茨·斐迪南"重骑兵团	猩红	金

▼ 第17轻骑兵团（不伦瑞克轻骑兵团）的一名二等兵，1915年。图中轻骑兵所戴的传统毛皮帽由海豹皮制成，其内部配有竹制框架。

或字母（即花押）。

重骑兵/胸甲骑兵部队成员通常戴着一种黑色的尖顶盔（M1889式），盔上配有一个较长的护颈和一枚邦国帽章，以及一枚代表其所属邦国的帽徽（其中萨克森人的帽徽采用星形图案）。通常，他们会用一张浅绿色的盔罩覆盖头盔；从1914年9月开始，盔罩上还会添加一个绿色的团数字番号。巴伐利亚重骑

兵戴的头盔更类似于该邦国步兵所用的型号。另外，德军重骑兵有时也会使用大檐帽，其帽墙的颜色与制服滚边颜色相同，具有表示所属部队的作用。他们所穿的马裤为灰色，经常用黑色皮革进行加固，裤上没有滚边。这些重骑兵通常穿着长筒马靴（可以保护膝盖），但有时也穿一种用天然皮革制作的马靴。到1914年末，他们开始使用一种经过简化的制服上衣；紧接着，他们于1915年换装了"布鲁斯"夹克，它带有白色肩

▼ 一名萨克森禁卫重骑兵团的二等兵，1915年。德军重骑兵所戴的钢盔均配有一个较长的护颈。

德军轻骑兵团识别标志

团名	代表本团的颜色	肩绳颜色
第1卫戍禁卫轻骑兵团	黑	白
第2"普鲁士王后维多利亚"卫戍轻骑兵团	黑	白
第3"冯·齐腾"轻骑兵团（勃兰登堡轻骑兵团）	猩红	白
第4"冯·希尔"轻骑兵团（第1西里西亚轻骑兵团）	棕	黄
第5"瓦尔施塔特亲王布吕歇尔"轻骑兵团（波美拉尼亚轻骑兵团）	红	白
第6"戈岑伯爵"轻骑兵团（第2西里西亚轻骑兵团）	绿	黄
第7"国王威廉一世"轻骑兵团（第1莱茵兰轻骑兵团）	灰蓝	黄
第8"沙皇尼古拉二世"轻骑兵团（第1威斯特伐利亚轻骑兵团）	蓝	白
第9轻骑兵团（第2莱茵兰轻骑兵团）	矢车菊蓝	黄
第10马格德堡轻骑兵团	绿	黄 ▶

带（肩带上配有用来表示穿衣者所属骑兵团的彩色滚边）。

龙骑兵

龙骑兵最初是骑马的步兵，但到了19世纪末期，军方的意图和做法都使其逐渐转变成了重骑兵。他们穿着原野灰制服上衣，衣上配有一条立领（立领配有用来表示使用者所属团的彩色滚边），以及瑞典式袖口（配有与衣领滚边颜色相同的滚边）；另外，他们的肩带上也配有表示其所属部队的彩色滚边（军官肩章的底板颜色与此相同），以及红色的团数字番号或花押字母。拥有花押字母的部队包括第3、第8、第9、第10、第17、第18、第23、第24、第25和第26龙骑兵团。

第23和第25龙骑兵团成员在其衣领和袖口处佩戴着白色条形纹饰。1914年时，德军所有龙骑兵团都换装了步兵式尖顶盔，其正面带有表示邦国的帽徽（其中第1和第3龙骑兵团成员佩戴的帽徽图案为禁卫军之鹰），两侧与下颚带相连的地方还各有一枚邦国帽章。第9和第16龙骑兵团成员头盔的帽徽上有他们的滑铁卢战役荣誉横幅；第9团还在帽徽上佩戴了其伊比利亚半岛战役荣

誉横幅和格赫尔德战役荣誉横幅。龙骑兵们使用的大檐帽带有彩色帽墙，其中第2团成员还在两枚帽章的中间佩戴了一枚雄鹰徽章。1915年，龙骑兵换装"布鲁斯"夹克，其肩带为浅蓝色，上面配有代表各团的彩色滚边；另外，他们从1916年开始佩戴钢盔。

轻骑兵

直到1914年，德军轻骑兵依然保留着自己颇具历史传统的独特制服。他们穿着"阿提拉"上衣（M1909式），它基于传统的骑兵斗篷改良而成，上衣正面带

有黑色和灰色（萨克森轻骑兵为绿色）的绳结饰，背面配有刺绣。另外，轻骑兵们还装备了一种独特的肩绳，这种肩绳由多条彩色的绳索相互交织而成。每个轻骑兵团都有自己独特的肩绳编织方式和肩绳颜色（也有重复的情况），如本页表格所示（军官的肩带采用其所属团的颜色，但他们肩带滚边和肩绳的颜色是一样的）。

轻骑兵们通常戴着传统的高筒毛皮帽（busbies），并在帽顶佩戴一枚邦国帽章，即使在使用帽罩时，帽章也会露在外面；此外，这种毛皮帽还配有下颚带。他们一般会用一条配有绿色团番号的灰色帽罩来覆盖自己的毛皮帽。这些轻骑兵有时也戴大檐帽，帽上配有代表各团的彩色帽墙（其中，第1、第2和第17轻骑兵团成员会在两枚帽章之间佩戴一

▶ 第1巴伐利亚"德国皇帝和普鲁士国王威廉二世"枪骑兵团的一名二等兵，1917年。图中这名骑兵利用两根黑色的皮革背带携带着多个弹夹包，这种骑兵装具于1909年首次配发部队。

团名	代表本团的颜色	肩绳颜色
第11轻骑兵团（第2威斯特伐利亚轻骑兵团）	绿	白
第12图林根轻骑兵团	矢车菊蓝	白
第13"意大利国王翁贝托"轻骑兵团（第1黑森轻骑兵团）	矢车菊蓝	白
第14"黑森-洪堡公爵腓特烈三世"轻骑兵团（第2黑森轻骑兵团）	蓝	白
第15"荷兰女王威廉明娜"轻骑兵团（汉诺威轻骑兵团）	蓝	白
第16"奥地利皇帝和匈牙利国王弗朗茨·约瑟夫"轻骑兵团（石勒苏益格-荷尔斯泰因轻骑兵团）	矢车菊蓝	白
第17不伦瑞克轻骑兵团	黑	黄
第18"国王阿尔伯特"轻骑兵团（第1萨克森轻骑兵团）	矢车菊蓝	黄
第19轻骑兵团（第2萨克森轻骑兵团）	矢车菊蓝	白
第20轻骑兵团（第3萨克森轻骑兵团）	矢车菊蓝	白

巴伐利亚侦察骑兵团识别标志

团名	滚边颜色
第1"俄国沙皇尼古拉"侦察骑兵团	深红
第2"塔克西斯"侦察骑兵团	深红
第3"卡尔·特奥多尔公爵"侦察骑兵团	橙色
第4"国王"侦察骑兵团	红
第5"奥地利大公腓特烈"侦察骑兵团	红
第6"普鲁士亲王阿尔布雷克特"侦察骑兵团	橙色
第7"阿尔方斯亲王"侦察骑兵团	白
第8侦察骑兵团	白

枚骷髅徽章）。他们还穿着一种配有绳结饰和刺绣的马裤，并以此搭配马靴。1915年时，部分轻骑兵（团）装备了"布鲁斯"夹克，但也有不少团保留着自己的"阿提拉"上衣。

巴伐利亚侦察骑兵

巴伐利亚有8个侦察骑兵团，其成员通常穿着原野灰色的"乌兰卡"制服上衣，衣上配有瑞典式袖口和向下倾斜的衣领。该部队成员所佩戴的滚边如本页右表所示。他们一直使用着带有巴伐利亚纹章帽徽的尖顶盔；从1916年起，这些骑兵才开始换装钢盔。

骑马猎兵

德军共有13个骑马猎兵团，其成员穿着一种带立领和瑞典式袖口的绿灰色制服上衣。其中，第1和第8团成员的衣领和袖口处配有白色滚边；第2和第9团为红色；第3和第10团为黄色；第4和第11团为浅蓝色；第5和第12团为黑色；第6和第13团为蓝色；第7团为粉红色。他们的肩带通常配有红色的团数字番号，且只有第1团成员佩戴字母花押。另外，骑马猎兵将尖顶盔一直用到了1916年。

枪骑兵

德军枪骑兵所穿的制服可以被视为波兰传统制服的一个改良版本。他们通常戴着一种相当敦实的方顶盔，穿"乌兰卡"制服上衣（其灵感来自于波兰的"库尔特卡"——"kurtka"夹克），它

▼ 第2巴伐利亚"塔克西斯"侦察骑兵团的一名中士，1918年。图中士官手持的长矛上配有巴伐利亚双色（白、蓝）燕尾旗，萨克森骑兵的长矛上则配有绿白双色燕尾旗；德军其余（类似）部队一般使用黑白双色燕尾旗。

配有驳头和椭圆形肩带（其中，第2、第4、第5、第8、第9、第10、第11、第12、第14、第15、第17、第18和第21枪骑兵团成员的肩带上带有红色团番号）。另外，他们制服上衣的周围、袖口以及肩带上均配有滚边。"乌兰卡"上衣通常有一条立领，但巴伐利亚枪骑兵的上衣除外，而且他们使用了波兰式尖角形袖口。从1915年3月起，德军所有枪骑兵开始使用一种经过简化的制服上衣，它带有表示使用者所属团的彩色肩章，肩章上配有猩红色滚边。

炮兵

德军炮兵受到了军方的高度重视，他们在战场上也表现得非常熟练和专业。在整个西线、东线以及中东战场，炮兵部队都为其友军提供了持久且有效的火力支援。

野战炮兵

德军野战炮兵通常穿着标准的原野灰制服上衣（feldrock），其衣领、袖口和上衣后部周围均有黑色滚边，但前襟滚边为红色（实际上，他们前襟滚边的颜色从粉红色到深紫红色不等）。这种上衣的袖口一般为萨克森式，但也有一些团采用瑞典式袖口（包括第12、第28、第32、第48、第64、第68、第77、第78、第115、第245和第246野战炮兵团）；上衣按钮由黄色金属制成（前襟有八枚，两侧肩带各有一枚，每个兜盖上均有一枚，下摆后部有六枚，两侧袖口各有三枚）。该部队成员的肩带上配有彩色滚边。其中，来自萨克森（包括第12、第28、第32、第48、第64、第68、第77和第78野战炮兵团）和巴伐利亚（第12野战炮兵团）的野战炮兵团成员使用红色的肩带滚边。其他各团成员所配的肩章滚边颜色根据其所隶属的军而采用相应颜色——第3、第4、第11、第13、第14、第15和第19军下辖的野战炮兵团采用猩红色；第1、第2、第9和第10军下辖的野战炮兵团采用白色；第5、第6、第16和第17军下辖的野战炮兵团采用黄色；第7、第8、第18和第20军下辖的野战炮兵团采用蓝色；第21军下辖的野战炮兵团采用绿色。

另外，第25和第61野战炮兵团成员的肩带配有红色滚边。其中，第25野战

▲ 1918年3月23日，一队德军炮兵正在被打得布满弹坑的土地上艰难地拖曳着一门战壕炮。

炮兵团的情况比较特殊——这是一支来自黑森大公国的部队，其成员在衣领和袖口上佩戴着银色条形纹饰，制服上衣上还有两边为黄色，中间为白色的花边纹饰。德军野战炮兵团成员的肩带上通常标有表示其所属团的红色数字番号，番号上方有燃烧手榴弹图案标志。

炮兵们通常穿着配有红色滚边的原野灰长裤（但这些滚边很快就被弃用了），该部队中的司机则使用配有皮革内衬的骑兵式马裤。

这些野战炮兵一般戴步兵式头盔，但用球顶取代了前者所用的尖顶（不过巴伐利亚炮兵仍然使用尖顶），盔上配有邦国帽章及帽徽。在战争最初的几个月里，他们通常用配有团番号的灰色或浅棕色帽罩覆盖着自己的头盔。这些炮兵有时也戴大檐帽，它带有黑色帽墙，帽顶配有红色滚边。

1915年，德军野战炮兵引入"布鲁斯"夹克，它带有红色肩带。从1916年起，他们开始使用钢盔。

在奥斯曼帝国和巴尔干战线服役的德军野战炮兵有时穿着卡其色的棉质制服上衣和裤子，并使用带德国特色的肩带。他们通常会用热带头盔或卡其色大檐帽替代自己在欧洲时戴的球顶盔或军帽。

◀ 第30野战炮兵团（第1巴登野战炮兵团）的一名中士，1914年。图中士官戴着一顶炮兵式球顶盔，帽上覆盖着一张盔罩。注意炮兵头盔的前部看起来远没有步兵尖顶盔那样浑圆。

▲ 第27野战炮兵团（拿骚野战炮兵团）的一名中尉，1916年。这名炮兵军官所戴的大檐帽配有黑色帽墙和红色滚边。他携带了一具M1908型双筒望远镜，这是德军军官所用望远镜的标准型号。注意这名军官在自己腰带上悬挂的望远镜皮盒，皮盒里面附有关于如何使用双筒望远镜的说明书。

步炮兵

德军共有20个步炮团，他们所穿的制服与野战炮兵非常相似。全体步炮团成员的制服上都配有勃兰登堡式袖口和白色肩带滚边（但第12和第19步炮团成员使用红色滚边）。在这20个团中，有3个团来自巴伐利亚。在引入"布鲁斯"夹克后，这些步炮兵通常佩戴黄色肩带，肩带上配有团番号和一个交叉炮弹

的图案标志（巴伐利亚步炮兵除外）。他们主要负责操作大口径火炮，大部分是重型榴弹炮。其中，有一些是威力极其强大的远程火炮，其足以在安全的战线后方直接轰击巴黎。除此之外，那些（相对而言）口径较小的战壕炮则主要由步兵或工兵操作。

装具

野战炮兵和步炮兵一般都使用炮兵背包，携带一种特制的长管手枪（鲁格P08炮兵型或毛瑟驳壳枪），并将其插在腰带上的棕色枪套内。军官们最初携带着一种带剑挂和剑结的佩剑，但后来刺刀成了他们的首选（不过通常仍会保留着佩剑的剑结）；他们还带着地图包、双筒望远镜和防毒面具罐。这些炮兵所穿的大衣配有蓝色（萨克森人为绿色）衣领，其中军官大衣的衣领上还配有红色滚边；另外，他们还在大衣上佩戴黑色领章（第25野战炮兵团成员的大衣领章上带红色滚边，萨克森炮兵则在其领章上搭配灰色滚边）。

▲ 意大利北部城市乌迪内（Udine）附近，一队德军士兵正在检查一门被匆忙撤退的意军所遗弃的重型火炮。

山地炮兵

1914年底，德军在孚日山脉和意大利共计部署了5个山地炮兵营。来自符腾堡和巴伐利亚的山地炮兵迅速换装了类似于滑雪部队的制服，包括山地帽和绿色夹克。其军帽和上衣均使用黑色滚边，肩带配有含手榴弹图案的徽章（该徽章也被佩戴在帽子的某个侧边）。

炮兵辎重部队

德军炮兵辎重部队成员穿着一种类似于野战炮兵的制服，但采用了瑞典式袖口和浅蓝色滚边。他们通常戴着一种配有蓝色帽墙及帽顶滚边的大檐帽，肩带配有蓝色的滚边和营番号。1915年时，该部队引入"布鲁斯"夹克，它同样以蓝色肩带作为搭配，并在肩带上标有黄色的营数字番号。

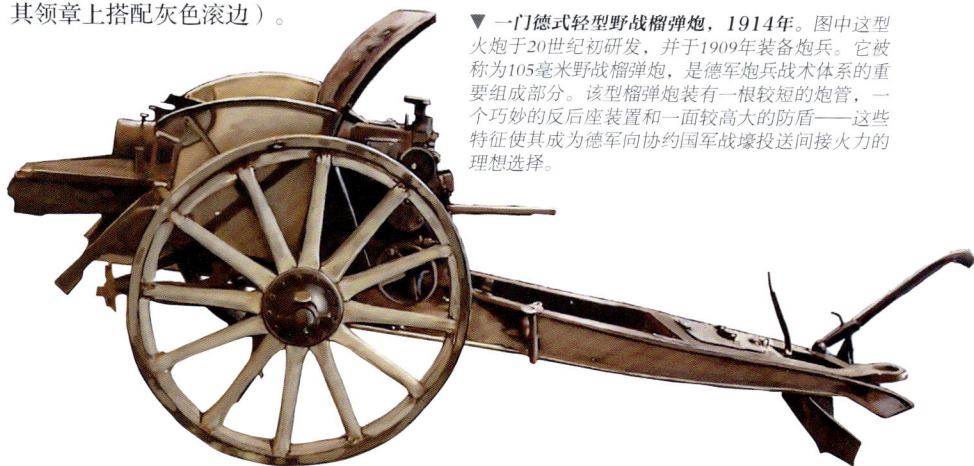

▼ 一门德式轻型野战榴弹炮，1914年。图中这型火炮于20世纪初研发，并于1909年装备炮兵。它被称为105毫米野战榴弹炮，是德军炮兵战术体系的重要组成部分。该型榴弹炮装有一根较短的炮管，一个巧妙的反后座装置和一面较高大的防盾——这些特征使其成为德军向协约国军战壕投送间接火力的理想选择。

技术兵种

德军得到了强有力的技术部队的大力支持，后者囊括了当时从野战工兵到飞行员在内的诸多兵种。相对而言，德国人只对唯一一种新战术是反应迟钝的——即大规模使用坦克的战术。

机枪手和坦克兵

1914年时，德军一共拥有8个独立的机枪分队，以及1个巴伐利亚机枪分队。该部队成员通常穿着一种灰绿色猎兵制服，其衣领周围、前襟和袖口处均

▲ 一种旱期型号的坦克——德国A7V型，本图所示的这辆德军坦克由协约国军队在法国的维莱尔-布勒通诺缴获。

配有猩红色滚边。他们头上戴着一种用皮革制作的圆筒帽，帽子配有由棕色皮革制成的帽舌以及一种用绿色布料制作的圆筒形帽顶。另外，他们制服的肩带配有红色的分队编号以及黄色的金属纽扣。不久后，德军组建了大量的独立机枪分队 其中一些精锐分队的成员佩戴着一枚黄色或金色的椭圆形臂章，臂章带有一个含马克沁重机枪图案的标志。

坦克兵通常穿一种灰色的工作服或皮革制服上衣，头戴配有护目镜或遮阳板的皮帽。他们被编入了"重型车辆分队"，不久后该部队改名为"重型突击车辆分队"。汽车运输分队成员的肩带带有字母标志"K"，他们穿着黑色的皮革工作服、大衣和紧身裤。

工兵

德军一共拥有35个工兵营，包括4个巴伐利亚工兵营和2个萨克森工兵营。战争期间，他们还组建了大量独立工兵

◀ 第16工兵营的一名二等兵，1915年。德军工兵部队的军官主要负责制订工程计划，挖掘和建造（或拆除）工事的体力工作则由士兵完成。与其炮兵同行不同的是，工兵在1916年之前一直都使用着尖顶盔。值得一提的是，德军第16工兵营成员是在洛林招募的。

▶ 第2航空营的一名上尉，1914年。图中这名军官扎着一套罕见的由银色和灰色金属丝线编织而成的腰带。他头戴的飞行头盔是民用厂家生产的。许多飞行员都会在头盔顶部添加一撮马鬃毛，以提供额外的防护——防止头部遭到磕碰和撞击。

连。这些工兵通常穿着炮兵制服，但制服的金属纽扣是银色或白色的，且采用了瑞典式袖口设计；制服肩带的底板和滚边均为红色，上面通常配有两根交叉铁镐图案的标志（但萨克森工兵肩带上的图案为交叉铁铲）。他们头戴尖顶盔，一般还会用配有红色营番号的布制盔罩将其覆盖。在引入"布鲁斯"夹克后，工兵们开始使用配有红色滚边的黑色肩带，肩带上的图案标志也被改成了红色的；另外，军官所用夹克的衣领上还带有额外花边。通常，铁路工兵会在

◀ *红男爵，1917年。* 德军著名战斗机飞行员曼弗雷德·冯·里希特霍芬是整场战争中最成功的王牌。图中，他穿着自己前部队——第1枪骑兵团的军官上衣。

▶ *第2轰炸机集群的一名飞行员，1916年。* 德军飞行员经常穿着民用外套或自己前部队的大衣（经过了一些改装）。图中飞行员所穿的大衣配有铝制框架和毛皮衬里——防止皮肤和金属冻结在一起。

服的肩带上佩戴着字母标志"V"。

信号部队成员一般穿工兵制服，肩带上配有一个字母标志"T"和所在营的番号。1917年，他们换装了"布鲁斯"夹克，随后开始在夹克上使用配有红色滚边的浅绿色肩带。

劳动营成员通常穿着原野灰制服上衣，他们通过臂带内容表明自己的身份——此处还配有红色营番号。扫雷连成员也穿工兵制服，但他们肩带上的图案标志为交叉铁锤（巴伐利亚扫雷兵的交叉铁锤呈蓝色）。

陆军航空兵

最初，德国陆军航空兵主要包括飞艇及观察气球部队。他们通常穿着一种军官式的制服上衣或由士兵使用的常服上衣，肩带上配有浅灰色滚边（军官的肩章底板、上衣的黑色衣领以及袖口的滚边均为此颜色）。这些航空兵一般戴圆筒帽。军官上衣的肩章配有金色的螺旋桨标志，士兵也在肩带上佩戴此标志(但螺旋桨为红色)。此外，军官上衣衣领处配有禁卫军花边，而士兵上衣只搭配了一些简单的花结。地勤人员经常使用一种配有营番号的臂带。值得一提的是，飞行员们在制服和徽标方面拥有相当大的自由选择度。很多人穿着自己原先部队的制服，但佩戴飞行员专用的肩章，比如大名鼎鼎的红男爵——曼弗雷德·冯·里希特霍芬（Manfred von Richthofen）就常穿着他原先所属，即枪骑兵部队的制服。

1915年，这些航空兵开始换装"布鲁斯"夹克，并将老制服上面的识别标志转移到了新制服上，包括浅灰色的肩带、红色或金色的螺旋桨标志，以及营番号（由士兵使用）或字母标志"L"

自己的肩带上添加一个字母标志"E"。出于作战需要，这些工兵往往都携带了一些额外的装备。

工兵也负责操作迫击炮。工兵迫击炮部队的军官们会在自己肩章上添加字母标志"MW"；士兵们除了佩戴这个字母标志，还在肩带上戴着自己所在营的数字番号。1915年，军方推出了一种椭圆形的臂章，上面带有不同的字母标志"SMW""MMW"和"LMW"，分别适用于重型、中型及轻型迫击炮连，以及所属连的番号。禁卫工兵以操作火焰喷射器等装备而闻名于世。那些承担开发和测试新武器（包括毒气弹和毒气钢瓶）任务的工兵部队成员在他们工兵制

（由气球部队成员使用）。其中，第1至第4观察气球营成员分别使用白色、红色、黄色和蓝色作为自己肩章滚边的颜色。另外，航空兵们通常会佩戴一枚带有营或大队番号的椭圆形臂章。

这些飞行员的个人装备包括皮制头盔、护目镜、各种皮革或毛皮大衣、紧身裤、手套和围巾，通常还有一把随身携带的手枪。他们在左胸处佩戴着一枚飞行证章，其图案由围绕着一架飞机的橡叶花环及一顶皇冠所组成；但巴伐利亚飞行员与此不同，他们证章的图案为由橡叶花环围绕的一个四等分正方形（正方形内蓝色和白色相互交替），以及在此之上的一顶巴伐利亚王冠。

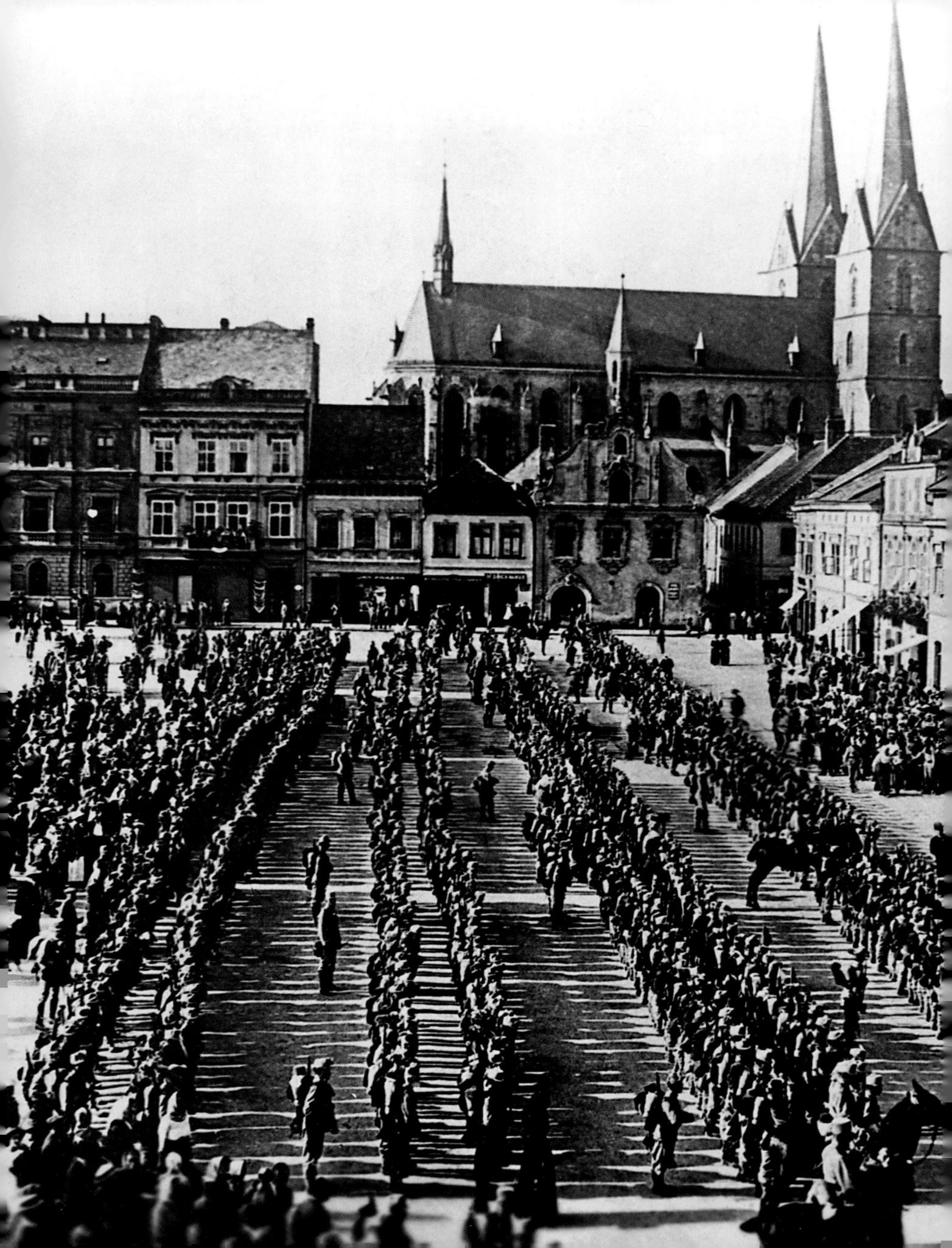

奥匈帝国和德国的其他盟友

奥匈帝国自认是中欧地区的主导力量，但它到1914年时已经严重没落——竞争对手甚至盟友都在挑战其影响力，帝国内部的预算严重不足，政府机构因为无钱可用而争吵不断。尽管这个帝国在表面上建立了一支拥有令人羡慕的历史传统和可敬声誉的军事力量——然而，它必须同时在东边对抗沙俄，在南边与塞尔维亚对峙，甚至在1915年后，还要在西南方向同意大利交战。对于一支对现代化怀有抵触情绪的军队来说，这个挑战难免过于严峻了（但在德国支持下，奥匈帝国军队的总体表现仍然是相当出色的）。保加利亚也是如此，它被巴尔干战争和同奥斯曼帝国的争端所拖累，在当时欧洲众多国家中的存在感相当薄弱。

▲ 一战局部战场手绘示意图。奥匈帝国与意大利之间进行了长达三年的血腥战争，战斗经常发生在崎岖山区和恶劣的气候环境中。尽管表现不俗，但奥匈军队于1917年秋天在卡波雷托取得的惊人胜利最终还是被它在维托里奥·维内托的失败所掩盖。

◀ 奥匈帝国国防军第98步兵团主要由捷克人组成。图为1914年夏天，该团成员在波希米亚的上米托进行的阅兵游行，随后他们就奔向了前线。

哈布斯堡君主治下的国家

在这个中央集权国家或联邦制帝国叱咤风云的时代里，奥匈帝国就是个与之格格不入的"时代错误"。对这个国家来说，仅仅是因为哈布斯堡皇帝本人，那些毫不相关、为数众多的国家和地区才被拼合到一起——1914年时，这个帝国的君主拥有一系列值得他骄傲和自豪的头衔，包括奥地利皇帝、匈牙利国王、波希米亚国王、特兰西瓦尼亚大公、萨尔茨堡公爵、摩拉维亚（Moravia）侯爵及塞尔维亚大总督等。

在1866年的普奥战争中，当时的奥匈帝国败于普鲁士手下。此后，改革派在维也纳的权力走廊中逐渐变得不再受欢迎；这也导致了1867年，该国统治阶层对国内反对势力的极大妥协——奥匈帝国的领土一分为二，从此变成奥地利帝国和匈牙利王国。

当时，奥匈皇帝统治着包括帝国西部的德语地区、匈牙利（以匈牙利王国国王的名义）、加利西亚（波兰南部）、特兰西瓦尼亚及克罗地亚等广袤领土。因此，这个帝国境内的民族构成也相当混乱——截至1910年，24%的国民是德裔，20%是匈牙利人，17%是捷克人或斯洛伐克人，18%是波兰人或乌克兰人，11%是塞尔维亚人或克罗地亚人，还有6%是罗马尼亚人（以及其他民族的少量人口）。

根据帝国的政治体制，位于维也纳和布达佩斯的议会都可以直接对全国发布命令（而不是与各地代表讨论商议）。但各地的政治实体拥有相当大的自治权，中央政府只掌控着帝国的外交方向和武装力量（并不是总能控制全国的财政和金融）；波斯尼亚和黑塞哥维那是帝国新近占领的领土，也是由设在萨拉热窝的总督府，而非中央政府负责管理。

动荡的内部

捷克人试图将奥匈这个二元制帝国变成三元制，以获得更大的自主权，但该尝试在19世纪70年代失败；另外，由

▲ 直到于1916年去世，弗朗茨·约瑟夫皇帝总共统治了哈布斯堡帝国长达68年的时间，这是欧洲有史以来名列第三的君主在位时长。

▼ 战前奥匈帝国民族分布手绘示意图。1914年的奥匈帝国由使用不同语言的多个民族拼合而成，其领土范围与图中所示的族群聚居地域并不完全相符。总的来说，这仅仅是一个凭借强大的历史传统才将众多民族整合到一起的国家。

于匈牙利地主的横征暴敛，南斯拉夫人普遍对其心怀不满，同时试图得到更多自由，不过这个运动也被扼杀了。对少数民族的压迫导致他们越发不满，特别是那些居住在与由相同民族所组成国家相接壤地区的人。

奥匈帝国治下的特兰西瓦尼亚生活着大量罗马尼亚人，蒂罗尔也有很多意大利少数民族人口，斯拉沃尼亚（Slavonia）和波斯尼亚则包含了不少塞尔维亚人。这样的情况很可能引起奥匈政府对那些少数民族的猜忌甚至直接与邻国爆发冲突——比如它曾经对乌克兰、波兰还有阿尔巴尼亚的干涉。因此，奥匈帝国高层希望这种紧张的民族关系会在赢得一场战争后有所缓和。当然，前提是他们是以这样一个角度来看待南斯拉夫人问题的：与塞尔维亚进行的一场总清算能够震慑帝国内部，诸如波斯尼亚、克罗地亚及斯拉沃尼亚等不安分的少数民族。

军事组织

奥匈帝国国内的复杂政治局势

地图图例：
俄国
捷克
德国
乌克兰
斯洛伐克
奥地利
匈牙利
斯洛文尼亚
多瑙河
克罗地亚和塞尔维亚
波斯尼亚
意大利
亚得里亚海

图例：
- 德裔
- 匈牙利人
- 罗马尼亚人
- 斯拉夫人
- 波兰人
- 意大利人
- 匈牙利王国国境线
- 各斯拉夫民族之间的划分

也在其陆军部队的结构上有所体现。这个帝国拥有一支常备军，它被称为"皇家和王家国防军"（Kaiser lichund Königlich，英文简称为KuK，中文简称则是帝国国防军），直接向联合战争部部长负责。此外，奥地利拥有"奥地利地方防卫军"（landwehr，注意不要将其与德国民兵部队相混淆），对奥地利战争部部长负责；匈牙利也拥有类似的"匈牙利地方防卫军"（honvéd）。隶属于奥地利地方防卫军的各步兵团被称为"皇家和王家地方防卫军"（Kaiserlich Königlich，简称为KK），匈牙利地方防卫军下属的各步兵团则被称为"王家匈牙利地方防卫军"（Königlich Ungarisch，简称为KU）。除上述三支军队外，奥地利陆军还包含了克罗地亚地方防卫军（domobran），它是根据1868年匈牙利与克罗地亚签署的一个协定而建立的。

语言与交流

不可避免地，奥匈帝国自身的多民族（构成）特征也在军队中体现得淋漓尽致。1910年时，帝国国防军的民族构成（其兵力分为183000名步兵、57000名骑兵及79000名炮兵）如下表所示。

该用何种语言进行交流——这在奥匈军队中是一个敏感的问题，而且在运作迟缓的官僚体制中变得越来越复杂（1914年时的战争动员令共计发布了15个语言版本）。在这支军队里，大多数军官为德裔，想被任命成军官，会说德语就是一项至关重要的标准——因为发布命令和讨论军事行动时都会使用这门语言（技术术语也是德文形式的）。然而，各步兵团招募的新兵往往只会说自己家乡的语言。因此，一名专业的军官也必须同时懂得他麾下士兵所说语言的意思，但战争时期的军官并非总能达到这个标准。一些少数民族士兵的忠诚度也为军队高层所怀疑（后者习惯于将后勤补给不足或自身指挥能力差所导致的问题统统归咎于民族关系不和睦）。捷克人和鲁塞尼亚人（即乌克兰人）很快就被打上了"不可靠"的标签，罗马尼亚人被认为不适合在东线服役，意大利人则必须前往东线或巴尔干战区。

预算的束缚

更为严重的一个问题是，奥匈政府能为帝国国防军投入的资金也相当少。事实上，该帝国的军费支出简直与其竞争对手或邻居无法相比——俄国的军费开支在1871年到1914年间增长了两倍，而它同期的军费增长还不到一倍；1911年，奥匈帝国的国防开支勉强达到了6.5亿克朗，但德国同年的军费支出高达18亿克朗；另外，奥匈军队军费中的绝大部分都被海军所消耗（虽然提升了现代化水平，但由于地理位置所限，海军只能在亚德里亚海海域活动）。在以上因素影响下，帝国国防军前线部队连武器装备的供应也难以得到保障。就算与俄国人相比，奥匈步兵师（平均）装备的机枪数量也远远不如；在野战炮方面，奥匈军每个步兵师的装备数量为42门，而俄军步兵师（平均）装备了48门。另外，奥匈炮兵不仅是所用的武器陈旧落后，就连制服和个人装具的供应也时常告急。尽管德国人慷慨地送来了援助，以及从俄军那里缴获了大批装备——这帮助奥匈军队渡过了1914年到1915年间的难关，但从长远来看，这样的举措显然无法支撑一场旷日持久的战争。

新兵的招募

由于受到匈牙利议会极力限制，奥匈帝国国防军的规模一直很小——前者由匈牙利的大地主阶层操纵，他们不希望推行任何能增强中央集权的政策。根据法律规定，帝国国防军每年只能招募103100名新兵，并且这个数值不会随着国内人口的增长而上升。在重重桎梏下，国防军每年只能对占全国0.29%的人口进行军事训练，而法国的相关比例为0.75%，意大利为0.37%。如果战争进展不顺或规模大于预期，帝国就只能把规模很小的增援部队派往战场，而且只有极少数训练有素的部队可供前线补充和替换。到1912年，军方终于将改革提上日程，但这时已经为时过晚了。

▼ 奥匈帝国军队招募的新兵正准备前往军营。该照片拍摄于加利西亚地区的普热梅希尔（此地位于现今的波兰境内），1904年。

帝国国防军的民族构成 *	
民族（国家）	所占百分比（%）
德国	25.2
匈牙利	23.5
捷克和斯洛伐克	16.5
波兰	7.9
乌克兰	7.6
塞尔维亚和克罗地亚	9.0
斯洛文尼亚	2.4
罗马尼亚	7.0
意大利	1.3

*表中数据之和不等于100%，但原表即是如此。

奥匈帝国的将军和参谋人员

奥匈帝国的军队结构也反映出了它的政治体制。这个帝国以所谓"二元君主制"（Dual Monarchy）闻名于世，国内的两个政治实体虽然同意以帝国国防军作为帝国的主要军队，但也都保留着自己的军事力量。即使在帝国国防军内部，也有身穿德国风格制服的步兵团和采用匈牙利传统风格制服的步兵团之分，两者之间同样存在着较大差别。

将军们

经过长时间讨论，奥匈军队于1908年推出一款青灰色（hechtgrau）的新制服——实际上，它的色调包括了从灰色到类似法军地平线蓝色的多种颜色。将军们就穿着这款青灰色的制服上衣，它配有隐藏式纽扣和扇形兜盖。这些制服都是私人定制的，相较于低级军官所穿的那些，它们的质量要好得多。

将军们通常穿着马裤，并以此搭配黑色骑兵靴或短靴，以及一种皮革材质的绑腿——因为他们经常会骑马视察前线。通常，这些将军穿的马裤不会搭配滚边，但匈牙利将军所用的马裤常常配有黄色和黑色的匈牙利结，以表明其"国籍"。这些将军（匈牙利）扎着一种金色和黑色的腰带，但因为它在骑马时过于显眼，所以很快就被弃用了；另外，他们所用佩剑的剑柄上也配有金色和黑色的剑结。

奥匈帝国将军的一个重要识别特征就是他们经常戴的一种质地较硬的平顶帽（即经过缩短的圆筒帽），它于1871年被引入部队，共有黑色和青灰色两个版本，配有皮制帽舌和黑色或青灰色的下颚带。将军们往往在这种被戏称为"人造大脑"的平顶帽上佩戴着皇室花押（包括代表弗朗茨·约瑟夫皇帝的字母"F.I"，表示自己国别属于匈牙利

▲ 奥匈帝国陆军参谋长弗朗茨·康拉德·冯·赫岑多夫将军赞成在1914年发动战争，并主张对塞尔维亚采取激进政策。他被认为是一位伟大的将军，但不得不经常面对平庸的部下和不情愿的德国盟友。

的"IFJ"，以及于1916年后出现，代表卡尔一世皇帝的"K"），并以花押加上一个金色圆圈作为帽徽；另一个重要的识别特征则是他们在自己立领处佩戴的领章。

在奥匈陆军中，元帅佩戴一对猩红色领章，上面配有金色橡树叶图案（由金色丝线刺绣而成）；兵种上将（同大将）的领章底色也是猩红，配有金色的之字形花边、一个银色的月桂花环以及三颗星星；步兵和骑兵上将们佩戴着与兵种上将相似的领章，但领章上没有月桂花环；中将领章上的星星数降成了两颗，少将则只有一颗。

参谋军官

参谋军官们穿着一套与普通校级军官极其相似的制服，包括一件配有立领的制服上衣，上面配有用黑色丝绸制作的领章，领章带有金色的之字形花边和银色星星，其边缘为红色。此外，他们也有权使用佩剑剑结和腰带（金色和黑色），但后来腰带被弃用了。

◀ 身穿奥匈陆军将军制服的卡尔一世，1914年。奥匈帝国的皇帝和将军们通常戴着一种配有帽徽和环饰，外观笔挺的平顶帽。卡尔是弗朗茨·约瑟夫的侄孙，他在弗朗茨·斐迪南遭到暗杀后成了皇位继承人。1918年，卡尔一世的意大利妻子利用她的关系开辟了向协约国传达和平意愿的通道。本图中，卡尔的制服展示出了陆军元帅使用的特殊领章，这种军衔等级章于1915年9月正式推出。他脖子上的精美勋章（即领章）名为金羊毛勋章。

奥匈帝国步兵

除轻步兵、专业部队（他们是奥匈军队中的精英）和各类外国志愿者部队外，奥匈帝国的常备军（即帝国国防军）还包含以下三种步兵团，即德裔步兵团（包含多个族裔）、匈牙利步兵团，以及于1914年组建的4个波斯尼亚和黑塞哥维那（以下简称波黑）步兵团。

新制服

于1908年引入的青灰色制服虽然改善了奥匈帝国步兵的外观形象，但这并不是一个涉及核心问题的变革。事实上，在19世纪时，帝国军队中的部分成员就已经开始使用灰色制服，比如轻步兵和技术部队。传统的白色外套（其实当时也不是纯白，而是浅灰色的）很早就被军队淘汰，步兵在1908年前也已经使用过一套深蓝色的制服上衣、帽子和大衣。在战争中，虽然有人仍穿着于1908年之前配发的制服，但已经不是前线部队而是民兵才会这样做了。

帝国国防军中的三种步兵团成员都

装备了带隐藏式纽扣的新式青灰色制服上衣。它的冬季版由一种较厚的布料制成，配有六枚锌制纽扣和一条立领（士兵们通常会在脖子上系一条青灰色的围颈布带或围脖）；夏季版的裁剪方式与前者相同，但采用亚麻布制作，配有一条横翻领。值得注意的是，奥匈军队中通常只有那些在亚德里亚海沿岸战斗以及被派往奥斯曼帝国的专业兵种才会使用夏季制服。这种青灰色制服上衣（士兵用）配有肩带，有时还配有一对呈卷

▲ *1914年8月，一些来自帝国国防军所属步兵团的奥地利士兵正在维也纳向各自的爱人告别。*

曲状的独特肩带，以支撑步枪枪带或装具背带；不过由军官使用的上衣版本通常都不会添加肩带。

在这三种步兵团中，德裔步兵团成员通常穿着一种直筒裤，它可以通过位于脚踝处的纽扣加以收紧；波黑步兵团成员穿的是一种灯笼裤，其所采用的设计呈现出如下特点——膝盖上方比较宽松，膝盖下方则相对紧致；匈牙利步兵团成员穿着一种独特的紧身裤，它配有黄色和黑色的匈牙利结，裤线处配有滚边。然而，随着战争的持续，这三种步兵团中的大多数人最终都把自己的裤子换成了一种更宽松的型号，并搭配布制绑腿来使用。他们一般穿着一双由天然皮革制成的棕色短靴，但物资短缺也就意味着可以在这些部队里看到不同型号以及多种颜色的鞋子。

制服的识别标志

奥匈帝国步兵团成员的识别标志包括领章颜色和制服上金属纽扣的颜色（只有两种，即黄色和白色）。帝国国

▼ *蒂罗尔猎兵团部分成员的合影，摄于1915年。南蒂罗尔州素有培养志愿神枪手部队的悠久历史传统。*

▲ *1914年至1917年，奥匈帝国步兵使用的全套个人装具*。1. 由马皮制成的背包，上面捆着卷成卷的帐篷帆布，与之搭配的腰带上还悬挂着弹夹包；2. 帆布干粮袋，也有灰色的型号；3. 掘壕工具；4. 压于破坏带刺铁丝网的剪切钳；5. 防毒面具（Gumm.mask）；6. 由步兵随身携带，可用于盛汤的水壶。

◀ *第14步兵团的一名二等兵，1914年*。图中士兵所穿的这种制服于1908年正式配发部队，注意他扎着一双由德军步兵普遍使用的系扣式绑腿。

速识别。因此，那些身处战场的奥匈步兵团成员经常通过向下折叠围颈布带来遮掩自己的领章——让它只露出一点点彩色布料。

步兵们装备的大衣采用双排扣设计，上面同样配有彩色领章，但大衣上的"帕罗利"（paroli）领章呈箭头形状。那些拥有神枪手专业技能的士兵通常还会佩戴一条红色勋索。

帽子

还有一个重要的识别标志——这

▼ *第92步兵团的一名二等兵，1914年末*。图中士兵携带的重型背包不仅可以容纳他的全部个人物品，还能额外装入80发子弹。

防军所辖的102个步兵团使用了颜色种类繁多的领章，如第231页表格所示（该表还说明了这102个步兵团属于德裔步兵团还是匈牙利步兵团，以及各团兵员主要来自哪个民族）。需要补充的是，4个波黑步兵团未被编入此序列（及表格），他们佩戴的是一种深红色领章。

除了表示自己所属的部队外，步兵们佩戴的领章还具有（通过图案）说明军衔等级的功能：军士以下只佩戴白色星星（其中，准下士佩戴1颗，下士佩戴2颗，中士佩戴3颗）；军士除佩戴白色星星，其领章边缘还配有黄色花边；军官佩戴白色或黄色的星星（与该团制服纽扣颜色相同），且领章上配有金色或银色的刺绣。1915年3月，那些自愿服役的士官生还在领章上添加了一枚纽扣（其颜色与该士官生所隶属步兵团的制服纽扣颜色相同）。由于领章上蕴含的信息一目了然，不论盟友还是敌人都可以做到快

些步兵戴的军帽。不论德裔还是匈牙利步兵都戴着一种青灰色的布制野战帽，它配有一个黑色帽舌（采用皮革制作时），以及一条设计精巧的折叠式布帘。这条布帘平时由两枚纽扣（与士兵所属团制服纽扣的颜色相同）固定在军帽前部，到冬季时放下以遮住脖子和耳朵；两枚纽扣的上方是一枚配有皇室花押的帽徽（1916年后为字母标志"K"；在此之前，匈牙利部队为"IFJ"，德裔部队为"FJI"）。

波黑步兵的特征是其头戴的由羔羊

▼ 第29步兵团的一名二等兵，1914年。图中士兵裤子上所搭配的匈牙利结是匈牙利步兵团的一个重要识别特征。

奥匈步兵团的识别标志

团编号	团名/民族	团类型（德国或匈牙利）	领章颜色	制服纽扣颜色（金或银）
1	"皇帝"/德	德	深紫红	金
2	"俄国沙皇亚历山大一世"/匈牙利	匈	黄	金
3	"卡尔大公"/捷克	德	蓝	银
4	"至高无上的德意志国王"/德	德	蓝	金
5	"冯·克洛布男爵"/匈牙利	匈	粉红	金
6	"罗马尼亚国王卡尔一世"/德	匈	粉红	银
7	"克芬许勒伯爵"/德	德	棕	银
8	"卡尔·斯特凡大公"/捷克	德	草绿	金
9	"克勒法伊特伯爵"/乌克兰	德	苹果绿	金
10	"瑞典国王古斯塔夫五世"/波兰	德	绿	银
11	"萨克森亲王约翰·格奥尔格"/捷克	德	灰	金
12	"帕尔马尼"/匈牙利	匈	棕	金
13	"容克·斯塔尔赫姆堡"/波兰	德	粉红	金
14	"黑森大公恩斯特·路德维希"/德	德	黑	金
15	"冯·格奥基男爵"/乌克兰	德	鲜红	金
16	"冯·吉斯男爵"/克罗地亚	匈	硫黄色	金
17	"冯·米尔德骑士"/斯洛文尼亚	德	铁锈色	银
18	"利奥波德·萨尔瓦托大公"/捷克	德	深紫红	银
19	"弗朗茨·斐迪南大公"/匈牙利	匈	蓝	银
20	"普鲁士亲王海因里希"/波兰	德	龙虾红	银
21	"阿森伯格与特劳恩伯爵"/捷克	德	海藻绿	金
22	"冯·拉齐伯爵"/克罗地亚	德	黄	银
23	"巴登边境总督"/匈牙利	匈	樱桃红	银
24	"冯·库默尔骑士"/乌克兰	德	灰	银
25	"埃德勒·冯·波科尔尼"/匈牙利	匈	海藻绿	银
26	"施赖伯"/匈牙利	匈	黑	金
27	"比利时国王阿尔贝一世"/德	德	黄	金
28	"意大利国王维托里奥·伊曼纽尔三世"/捷克	德	草绿	银
29	"冯·劳登男爵"/克罗地亚	匈	浅蓝	银
30	"斯科豪德勒尔"/乌克兰	德	青灰	金
31	"普赫尔纳"/罗马尼亚	匈	黄	银
32	"玛丽娅·特蕾莎女王"/匈牙利	匈	蓝	金
33	"利奥波德二世皇帝"/罗马尼亚	匈	灰	银
34	"德皇威廉一世"/匈牙利	匈	鲜红	银
35	"冯·斯特内克男爵"/捷克	德	龙虾红	金
36	"布劳恩帝国伯爵"/捷克	德	粉红	银
37	"约瑟夫大公"/匈牙利 & 罗马尼亚	匈	猩红	金
38	"西班牙国王阿方索十三世"/匈牙利	匈	黑	银
39	"冯·康拉德男爵"/匈牙利	匈	猩红	银
40	"冯·皮诺骑士"/波兰	德	浅蓝	金
41	"欧根大公"/罗马尼亚	德	硫黄色	银
42	"坎伯兰郡的恩斯特·奥古斯特"/德	德	橙色	银
43	"巴伐利亚王储鲁普雷希特"/德	匈	樱桃红	金
44	"阿尔布雷希特大公"/匈牙利	匈	鲜红	金
45	"约瑟夫·斐迪南大公"/波兰 & 乌克兰	德	猩红	金
46	"冯·费耶尔瓦里男爵"/匈牙利	匈	绿	金
47	"冯·贝克–鲁兹科夫斯基伯爵"/德	德	青绿	银
48	"罗尔"/匈牙利	匈	青绿	金
49	"冯·赫斯男爵"/德	德	青灰	银
50	"巴登大公腓特烈"/罗马尼亚	匈	绿	银
51	"冯·博罗维奇"/罗马尼亚	匈	灰	金

▶

续表

团编号	团名/民族	团类型（德国或匈牙利）	领章颜色	制服纽扣颜色（金或银）
52	"腓特烈大公"/匈牙利	匈	深紫红	金
53	"丹克尔"/克罗地亚	匈	深紫红	银
54	"至高无上的施塔勒姆贝格"/捷克	德	苹果绿	银
55	"蒙特内哥罗国王尼古拉一世"/乌克兰	德	铁锈色	金
56	"道恩伯爵"/波兰	德	青绿	金
57	"萨克森－科堡－萨尔费尔德亲王"/波兰	德	粉红	金
58	"路德维希·萨尔瓦托大公"/乌克兰	德	黑	银
59	"赖纳大公"/德	德	橙色	金
60	"冯·齐格勒骑士"/匈牙利	匈	青绿	银
61	"冯·弗兰克骑士"/德 & 罗马尼亚	匈	草绿	金
62	"巴伐利亚国王路德维希三世"/匈牙利 & 罗马尼亚	匈	草绿	银
63	"冯·彼特里希伯爵"/罗马尼亚	匈	橙色	银
64	"冯·奥芬伯格骑士"/罗马尼亚	匈	橙色	金
65	"路德维希·维克多大公"/匈牙利	匈	粉红	金
66	"彼得·斐迪南大公"/斯洛伐克	匈	粉红	银
67	"克雷男爵"/斯洛伐克	匈	龙虾红	银
68	"冯·赖歇尔男爵"/匈牙利	匈	铁锈色	金
69	"冯·莱特纳"/匈牙利	匈	青灰	银
70	"埃德勒·冯·阿佩尔团"/克罗地亚	匈	海藻绿	金
71	"加尔戈齐"/斯洛伐克	匈	龙虾红	金
72	"冯·大卫男爵"/斯洛伐克	匈	浅蓝	金
73	"符腾堡公爵阿尔布雷希特"/德裔	德	樱桃红	金
74	"冯·舍奈希男爵"/捷克	德	鲜红	银
75	-/捷克	德	浅蓝	银
76	"萨利斯－索利奥男爵"/德	匈	青灰	金
77	"符腾堡公爵菲利普"/乌克兰	德	樱桃红	银
78	"杰尔巴"/克罗地亚	匈	铁锈色	银
79	"杰拉埃奇"/克罗地亚	匈	苹果绿	银
80	"萨克森公爵"/乌克兰	德	猩红	银
81	"冯·瓦尔茨特滕男爵"/捷克	德	深红	银
82	"冯·施维策男爵"/匈牙利	德	深红	银
83	"斯奇科夫斯基"/匈牙利	匈	棕	银
84	"冯·博尔弗拉斯男爵"/德	德	深红	金
85	"冯·高德纳克"/乌克兰 & 罗马尼亚	匈	苹果绿	金
86	"冯·施泰宁格男爵"/匈牙利	德	紫红	金
87	"冯·苏库华迪男爵"/斯洛文尼亚	德	海藻绿	银
88	-/捷克	德	深紫红	银
89	"冯·阿尔博里男爵"/乌克兰	德	深紫红	金
90	"埃德勒·冯·霍塞茨基"/波兰	德	紫红	金
91	"冯·契布尔卡男爵"/德	德	绿	金
92	"埃德勒·冯·霍恩施泰因"/德	德	白	银
93	"摩拉维亚－勋伯格"/德	德	棕	金
94	"冯·科勒男爵"/德	德	白	金
95	"冯·凯沃斯"/乌克兰	德	紫红	银
96	"罗马尼亚国王斐迪南"/克罗地亚	匈	深红	金
97	"冯·瓦尔茨特滕"/斯洛文尼亚	德	粉红	金
98	"冯·朗姆梅尔"/捷克	德	淡褐	银
99	-/德裔	德	硫磺色	金
100	"冯·施泰因斯贝尔格"波兰	德	淡褐色	金
101	"冯·德拉施密特男爵"/匈牙利	匈	硫磺色	银
102	"波蒂雷克"/捷克	德	深绿	金

编号在102之后的奥匈步兵团成员使用浅蓝色领章和银色制服袖口。
编号从第103到第139的步兵团是新组建的部队。
第28步兵团在1915年4月28日解散，后于1916年3月重新组建。
第36步兵团于1915年7月解散。
本表"团名/民族"一项中，"克罗地亚"也包含了塞尔维亚人。

毛制成的土耳其毡帽。它们原本是深红色的，但为了降低可见度，步兵们往往会在战场上戴另一种灰色毡帽。此外，他们戴的毡帽配有一条黑色或灰色的流苏，这条流苏可通过一个花结与毡帽相连接；军官毡帽上的流苏是用丝绸制作的，但如果他们喜欢，也可选择戴一种普通野战帽（而不是毡帽）。值得一提

▼ **第4波黑步兵团的一名二等兵，1914年。** 图中的波斯尼亚步兵戴着一项红色的土耳其毡帽——但到达战场后他们通常会改用一项灰色毡帽。几个世纪以来，波斯尼亚一直是奥匈帝国与奥斯曼帝国之间的战场前线。正是如此，它为奥匈帝国提供了不少令人敬畏的部队，其中大多数部队的成员都是伊斯兰教信徒。

武器和个人装具

奥匈步兵的负载相当沉重。他们通常扎着一条棕色腰带，上面配有一个黄铜（后来改成了灰色合金）带扣，士兵的带扣配有双头鹰图案，军官带扣则配有皇室花押。步兵们一般把弹夹包系在腰带上，每人携带4个棕色弹夹包，共可容纳40发子弹。他们主要装备曼利夏M1895型步枪以及与这种步枪配套的刺刀，后者在不使用时通常会被挂到腰带上。另外，他们腰带上通常还挂着一根掘壕铲。这些步兵一般把个人物品放入一个异常坚硬和沉重的马皮背包内，并在背包上部铺一条灰色或棕色的毯子，以及卷成卷的大衣或帐篷布，背包下方有时还会挂着一个额外的弹药袋。此外，他们也随身携带着自己的水壶和面包袋，从1915年开始还多带了一个防毒面具盒。

沉重的马皮背包在前线极不受欢迎，步兵们往往会改用一种帆布背包，不过它最初是配发给山地部队的。这种帆布背包有多种样式和颜色，配有两条帆布背带。事实上，由于物资短缺的问题持续存在着，帆布似乎已经取代皮革，成了制作大多数奥匈步兵所用装具的主要材料。

▲ 第45步兵团的一名二等兵，1914年冬季。图中的奥匈步兵戴着一顶布制野战帽。它配有布帘，放下时能保持颈部和耳朵温暖，在天气晴朗的时候可通过纽扣折叠固定到帽子前部。士兵们通常会在军帽上别着各种各样的徽章或纪念章作为装饰。

▶ 第8步兵团，一名配备有突击装备的突击工兵，1918年。图中的突击工兵身穿一件经过简化的外套，它于1917年配发部队，有时也会被染成绿色。他戴的钢盔是由奥地利本国生产的"伯恩道夫"式钢盔，由伯恩道夫·克虏伯工厂于1916年制造，它配有一条布制下颚带。这名突击工兵使用一张（棕色）帆布盔罩覆盖了自己的钢盔，实际上，盔体本身也经常会被涂成棕色。

的是，奥匈步兵们的野战帽上经常会出现许多非官方的徽章和配饰，其中最引人注目的就是他们于1914年别到军帽上的橡树嫩枝（上面通常饰有橡叶）。

▼ 第20步兵团的一名二等兵，1916年。此时，奥匈步兵在1914年使用过的彩色领章（该团成员曾在1914年时佩戴龙虾红领章）已经被彻底淘汰，但他们仍然在衣领上佩戴着军衔等级标志。图中士兵携带的武器是奥匈陆军使用的标准型斯泰尔-曼利夏步枪。

给了一线部队（除此之外，奥匈军队还理所应当地使用了从意军那儿缴获的制服）。1917年，奥匈军队全面淘汰原先的彩色领章，并采用了一种以灰色作为底色，以蓝色团番号作为内容的新领章（其中，在波黑步兵团成员佩戴的领章上，团番号左边还带有"bh"的字母标志）。另外，这种团数字番号的图案也被缝到了肩带以及野战帽的侧面上。

对步兵来说，有关他们的另一项重大革新就是引入了钢盔。最初，奥匈军队使用的钢盔都是从德国进口的，但很

快就换成了由本国制造的"伯恩道夫"（Berndorfer）式钢盔。它比德式钢盔更宽，通常被涂成棕色或浅黄色。

轻步兵

帝国国防军在蒂罗尔州（Tyrol）招募了4个皇家猎兵（kaiserjäger）团，以及29个战地猎兵（feld-jäger）营（后来还组建了一个波黑猎兵团）。猎兵们佩戴着一种配有金色纽扣的草绿色领章（波黑猎兵的领章纽扣为银色）。在军官们戴的军帽上，由皇室花押组成的帽

▲ 第3皇家猎兵团的一名中尉，1914年末。图中军官在其军帽上佩戴的橡树嫩枝是奥匈帝国军队的一种传统标志。

与当时欧洲的其他军队一样，奥匈帝国的军官们也只配备了最低限度的个人装具，包括地图包、水壶、双筒望远镜和手枪枪套。

变革

1915年秋季时，奥匈军方打算用德式原野灰制服来全面取代之前装备的青灰色制服。这种原野灰制服上衣配有一条横翻领，领子上有一条很窄的用来代表所属部队的彩色布标。然而，这个计划并没有完全实现，军方后来被迫采用了荨麻绿制服。另外，他们生产了大约4000件卡其布制服，并很可能将其配发

▼ 一名加利西亚来复枪团的二等兵，1917年。乌克兰步兵通常被称为"西奇来复枪兵"，他们都是自愿参军入伍的。事实上，乌克兰军团不但接纳男性成员，同时也招募女兵。值得一提的是，这个军团的部分成员在1918年时脱离了奥匈，转而为新成立的乌克兰国家服役。

▼ 一名阿尔巴尼亚军团的二等兵，1916年。图中这名士兵穿着传统的巴尔干羊皮紧身裤。另外，由于奥匈军方不得不照顾该军团的民族主义情绪，因此允许了他们佩戴由黑色和红色组成的阿尔巴尼亚帽徽（如图所示）。

▲ 第92步兵团，一名来自暴风突击队的中士，1917年。图中这名士官携带着额外的手榴弹，它们被分别装进了他悬挂在衣领两侧的手榴弹袋里。注意这名士官的腰带上还别着一个剪线钳。

徽之下还有一枚带有猎号图案的青铜徽章；士兵使用的军帽则只配有营番号。

这些猎兵通常穿着一种山地及膝袜，并搭配使用铆钉靴。他们喜欢在军帽上佩戴各式各样的徽章和配饰，从羽毛到橡树嫩枝都有。草绿色领章在1917年被淘汰，此后，猎兵们开始佩戴一种配有蓝色字母标志——包括"TJ"（皇家猎兵）、"BHJ"（波黑猎兵）或"J"——以及营番号的新领章。

外籍部队

为对抗沙俄，奥匈帝国在短时间内招募了大量的波兰和乌克兰部队（前者在1914年11月时就已经准备好作战了）。波兰步兵身穿青灰色制服上衣（一些部队不久后换装了原野灰上衣），它配有一条横翻领。他们头戴一种带有波兰白鹰帽徽的独特方帽（同时也使用着一款更为平坦和浑圆的贝雷帽）。另外，如果需要佩戴领章，波兰第1军团成员的领章为红色，第2军团为绿色。波兰部队中军官和士官的识别标志主要是位于其领章上的之字形花边及花结（1916年时，该图案在前线将士的反对下被改为星星，后来完全废除，由银色或金色的刺绣所取代）。该军团于1917年解散，但人员大多被转移到了新组建的皇家波兰陆军（Royal Polish Army）中去。乌克兰部队（被称为乌克兰军团或"西奇来复枪"军团）的情况与此相似，其成员大多是从鲁塞尼亚和乌克兰志愿者中招募的。该军团成员最初穿着青灰色制服上衣，它配有一条立领，立领上配有浅蓝色领章。不久后，他们将制服改成了原野灰制服上衣（配有一条向下倾斜的衣领），在此之后又换装了带有浅蓝色和黄色领口条形纹饰的荨麻绿制服。乌克兰军团成员通常戴着大檐帽，其帽顶有一个V形缺口，正面有一枚帽徽，侧面有黄色和蓝色的花结（在1917年，乌克兰步兵用一枚带有雄狮图案的金属徽章取代了这些花结）。军官的领章上带有花边，以及用来表示军衔等级的花结。1917年时，该部队开始使用钢盔，以此取代了之前的大檐帽。

1916年，奥匈成立了一个阿尔巴尼亚军团，它主要负责维持阿尔巴尼亚当地治安，并将协约国军挡在亚得里亚海之外。他们通常穿着原野灰制服上衣，头戴白色或红色的土耳其毡帽（采用羔羊毛制作），帽上带有含阿尔巴尼亚国家色（红色和黑色）的帽徽。大多数阿尔巴尼亚步兵穿着一种农民用的紧身裤，并携带一些早已过时的个人装具。

突击营

与其德军同行一样，这些专门负责突破敌军堑壕阵地的精锐步兵营最初是以特别方式组建的。到战争结束时，奥匈军队共拥有65个突击营（其中有10个属于奥地利地方防卫军，有11个属于匈牙利地方防卫军）。这些精锐的步兵穿着一套与步兵相同的制服，但通常不携带背包或太多的个人装具（他们用手榴弹袋、战壕刀和钢丝钳等装备取代了那些更常见的步兵所用的个人物品），并戴着钢盔。该部队成员的识别标志是一些位于其前胸或衣袖上的金属徽章，它们的图案内容大多为骷髅。

▼ 第11突击营的一名二等兵，1918年。图中这名突击队员在自己胸前佩戴着一枚徽章，徽章上面的图案包括一个头戴钢盔的骷髅，以及位于它下方的两枚相互交叉的手榴弹。

奥匈帝国骑兵

对奥匈帝国军方来说，说服历史悠久的骑兵部队接受新制服需要花（比其他部队）更长的时间。因此，直到1914年，哈布斯堡麾下这些骑兵的穿着打扮仍是光鲜亮丽的。

龙骑兵

龙骑兵们戴着制作精美的头盔（盔上带有双头鹰图案徽章，但通常会用灰色盔罩将其覆盖），穿浅蓝色制服上衣，领口和袖口处配有代表其所属团的彩色布边；此外，他们披着一种浅蓝色的毛皮披风，并以黑色的毛皮领子和红色马裤作为搭配。开战后，这些传统制服不可避免地被一些更实用的新制服所取代——龙骑兵们很快就改用了配有领章和肩带的青灰色制服上衣，并将头盔换成了步兵野战帽的无帽舌版本，野战帽配有一枚蓝色的字母标志"D"以及所属团番号。

轻骑兵

轻骑兵通常戴着一种彩色圆筒帽，并搭配黑色或浅蓝色的带绳结饰的"阿提拉"（attilas）上衣，衣上配有黄色绳结饰；他们还穿着红色的马裤，裤上配有匈牙利传统花边；在战场上，这些轻骑兵通常会用一种白色帽罩覆盖自己的头盔。1915年，该部队换装原野灰制服；不久后，他们在新制服上添加了一对灰色领章，上面配有一个蓝色的字母标志"H"以及所属团番号。

▼ 第13龙骑兵团的一名军士长，1914年。图中士官所穿的这件夹克配有用羔羊毛制作的内衬，它（夹克）通常会被当做斗篷披在使用者肩上。

▼ 第9轻骑兵团的一名二等兵，1914年。图中这名骑兵戴着一顶装饰精美的轻骑兵圆筒帽，而且一般会用一张灰色的布制盔罩将其覆盖。

▼ 第1波兰枪骑兵团的一名中尉，1915年。图中这名骑兵军官所戴的方顶高筒帽为波兰式（风格），但他携带的马刀是标准的奥匈骑兵装备。

奥匈枪骑兵团的识别标志

团编号	团名	民族	圆筒帽 / 领章颜色（1915 年）	制服纽扣颜色（金或银）
1	"冯·布鲁德曼骑士"	波兰	黄	金
2	"施瓦岑贝格侯爵"	波兰	绿	金
3	"卡尔大公"	波兰	鲜红	金
4	"皇帝"	乌克兰	白	金
5	"俄国沙皇尼古拉二世"	克罗地亚	浅蓝	金
6	"冯·布鲁德曼骑士"	波兰	黄	银
7	"弗朗茨·斐迪南大公"	乌克兰	绿	银
8	"奥尔施佩格伯爵"	波兰	鲜红	银
11	"俄国沙皇亚历山大二世"	捷克	樱桃红	银
12	"冯·布鲁德曼骑士"	克罗地亚	深蓝	金
13	"冯·柏姆－厄尔默利"	乌克兰	深蓝	银

奥匈龙骑兵团的识别标志

团编号	团名	民族	领章颜色	制服纽扣颜色（金或银）
1	"弗朗茨皇帝"	捷克	红	银
2	"帕尔伯爵"	捷克	黑	银
3	"萨克森国王腓特烈·奥古斯特"	德	红	金
4	"斐迪南皇帝"	德	绿	银
5	"俄国沙皇尼古拉一世"	斯洛文尼亚	橙	银
6	"梅克伦堡－什未林大公"	捷克	黑	金
7	"洛林公爵"	德 / 捷克	硫磺色	银
8	"蒙特卡罗伯爵"	捷克	猩红	金
9	"阿尔布雷希特大公"	罗马尼亚	绿	金
10	"列支敦士登侯爵"	捷克	硫磺色	金
11	"第 11 德皇"	捷克	猩红	银
12	"俄国亲王尼古拉"	捷克	橙色	金
13	"萨瓦亲王欧根"	捷克	鲜红	银
14	"温迪施—格雷茨侯爵"	捷克	鲜红	金
15	"约瑟夫大公"	捷克	白	金

奥匈轻骑兵团的识别标志

团编号	团名	圆筒帽颜色	制服上衣 / 披风颜色	制服纽扣颜色（金或银）
1	"皇帝"	深蓝	深蓝	金
2	"普鲁士的腓特烈·利奥波德"	白	浅蓝	金
3	"冯·哈迪克伯爵"	白	深蓝	金
4	"康诺特公爵阿图尔"	红	浅蓝	银
5	"拉德茨基伯爵"	红	深蓝	银
6	"符腾堡国王威廉二世"	灰	浅蓝	金
7	"德国皇帝威廉二世"	浅蓝	浅蓝	银
8	"冯·特尔兹特亚尼斯基"	红	深蓝	金
9	"纳达斯蒂伯爵"	白	深蓝	银
10	"腓特烈·威廉三世"	浅蓝	浅蓝	金
11	"保加利亚国王斐迪南一世"	灰	深蓝	银
12	–	白	浅蓝	银
13	"威廉王储"	深蓝	深蓝	银
14	"冯·科洛索夫"	红	浅蓝	金
15	"弗朗茨·萨尔瓦托"	灰	深蓝	金
16	"乌克斯库尔伯爵"	灰	浅蓝	银

枪骑兵

　　枪骑兵戴着一种具有波兰风格的方顶盔，盔上配有用马鬃毛制作的帽缨。方顶盔的盔顶是彩色的，具体颜色就是使用者所属部队的代表色。此外，他们穿着浅蓝色的"乌兰卡"制服上衣，披着浅蓝色的"佩尔祖兰卡"（pelzulanka）毛皮披风，下身还穿着红色马裤。不久后，枪骑兵同样换装了原野灰制服（后来对这套制服进行了改进，主要是取消了彩色领章）。全部换装（原野灰制服）后，各枪骑兵团之间的识别标志就改成了在他们领章上佩戴的蓝色字母标志"U"以及团番号。

▼ *第9轻骑兵团的一名中尉，1918年*。图中这名军官用钢制的"伯恩道夫"式头盔取代了优雅的轻骑兵圆筒帽。

奥地利地方防卫军和匈牙利地方防卫军

除帝国国防军外，奥地利和匈牙利也各自派出了大量部队。这些部队是由上述两个政治实体单独负责补给和装备的，囊括了步兵、骑兵及炮兵等兵种。

奥地利地方防卫军（Landwehr）

尽管"国土防卫军"（Landwehr）这个词在德国军队中是指那些由二线人员组成的二线步兵部队，但奥地利地方防卫军（Landwehr）和匈牙利地方防卫军（Honvéd）却与之大不相同。在奥匈军队中，被冠以"地方防卫军"称谓的部队与帝国国防军普通部队的人员和装备标准是一样的，其国土突击队（Landstrum）才是由年龄较大的人和不适合服役的新兵所组成的部队。

1914年时，奥地利地方防卫军所辖的步兵共被编成37个步兵团（大部分由捷克和德裔士兵组成，但也有少量波兰人和克罗地亚人）。他们所穿的制服与帝国国防军步兵颇为相似，但也带有明显的自身特色——包括浅绿色领章和白色或银色的金属制服纽扣。

奥地利地方防卫军制服的变革轨迹与帝国国防军大致相同。1917年4月，当一些部队被改编为所谓的"步枪兵团"时，其成员大多身穿原野灰制服，并在衣领上佩戴绿色或灰色领章（其中，灰色领章配有绿色团番号）。

值得一提的是，奥地利地方防卫军有2个步兵团（第4和第27团）经过特殊训练后成了山地部队。1917年时，两团被正式命名为山地（Gebirgsschützen）团。这两个团成员所穿的制服上衣配有一条向下倾斜的衣领，衣领两侧各配有一枚雪绒花徽章；他们下身穿着一种可以在脚踝处扣紧的马裤，并搭配一双铆钉靴，头戴的军帽上插着一根黑色羽毛；此外，这些山地部队的成员还携带有登山装备，比如护目镜（及其他装备）。

奥地利地方防卫军下辖的另外3个步兵团被改编成了"地方步枪兵团"

（不久后还获得了"皇家步枪兵团"称号）。他们穿着与普通地方防卫军步兵样式相同的制服，但该部队的军官制服较为独特——制服肩膀处配有肩带（一般是配有银色滚边的绿色肩带，上面绘有皇室花押的图案标志）。步枪兵团成员通常都佩戴着一根配有金色丝线和绿色羊绒球的神枪手勋索。此外，奥地利还组建了一些志愿轻步兵（standchützen）团。最初，该部队成员扎着臂带，或穿着步兵大衣

◀ **奥地利地方防卫军第6步兵团的一名下士，1918年**。图中这名下士携带的佩剑在他抵达前线后很快就被丢弃了，因为它在战壕里简直毫无用处，大多数奥匈军官（或士官）用一把与斯泰尔–曼利夏步枪搭配的M1886式刺刀取代了它。注意，这名下士的佩剑上带有黄色和黑色（即帝国代表色）的剑结。

▶ **奥地利地方防卫军第21步兵团的一名二等兵，1918年**。图中这名步兵除装备了标准的公配武器外，还使用着一根自制的战壕狼牙棒；此外，他还背着一个崭新的帆布背包，它从1916年开始就逐渐取代了之前的标准马皮背包。

◀ 奥地利地方防卫军第21步兵团的一名中士，1917年。图中这名士官穿着一件配有毛皮衣领的半长大衣。这款大衣相当实用，可以在不妨碍腿部做出动作的同时保持上半身温暖。1917年4月，该团被改编为地方步枪兵团。

在其肩带和军帽上佩戴着绿色的交叉炮管图案标志，以及相应的团数字番号。

匈牙利地方防卫军（Honvéd）

1914年时，匈牙利地方防卫军共下辖32个匈牙利步兵团。他们通常穿着一种类似于普通步兵的制服，但使用灰色领章和黄色制服纽扣。1915年，这些步兵换装原野灰制服，不过又在1917年换成了一种荨麻绿色的制服。此时（1915年），匈牙利地方防卫军所剩部队的领章为粉红色（有4个匈牙利地方防卫军所属步兵团在这一年向俄军投降，因而没有进行制服改革，分别是第2、第5、第7和第8团）。但不久后，他们淘汰了这种彩色领章，改为通过在灰色肩带和军帽上佩戴粉红色的团番号来区分及识别各团。1917年4月，所有匈牙利地方防卫军下辖的团都被改编成了步兵团，其中的大多数成员都装备有钢盔。

匈牙利地方防卫军的骑兵部队包括10个轻骑兵团，他们的制服与帝国国防军轻骑兵非常相似，但前者的"阿提拉"上衣和毛皮披风搭配的是红色绳结饰。匈牙利轻骑兵通常戴着一种红色无檐帽，帽上配有王室花押"IFJ"。然而，这些制服很快就显得过时了。1915年，他们换装了原野灰制服，它配有灰色肩带，肩带上有粉红色的团番号，以及一个字母标志"H"——这使得该部队的制服色调终于得以统一和完善。匈牙利地方防卫军炮兵成员的肩带上配有粉红色团番号，以及交叉炮管图案的标志。

▶ 一名匈牙利地方防卫军的二等兵，1914年。图中士兵在自己的左肩上佩戴着一条红色的神枪手勋索，猎兵则通常佩戴绿色的（神枪手勋索）。这种勋索有时会被佩戴者用一枚资格证章固定在胸部（资格证章一般是圆形的，用金属制作，由狙击手，比如图中这名士兵佩戴）。

国土突击队

奥匈帝国国土突击队，也被称为"国土民兵部队"，由那些能力较差，被认为无法达到在奥地利地方防卫军中服役要求的新兵所组成。该部队成员最初穿着过时的蓝色制服上衣和大衣，并使用一些陈旧的步枪和皮革装具，深蓝色军帽在他们中间也很常见。然而，到战争结束时，国土突击队步兵已经与其他部队的步兵在外观形象上没有什么明显区别了。通常，他们的肩带和帽子上都配有白色团番号。国土突击队下辖的其他部队成员一般穿民用服装，只有一条臂带能表明他们的身份，并且一般只携带步枪（无其他装备）。

进行战斗；直到1916年，他们才装备了一种更为标准的制服，并开始佩戴绿色领章，领章上配有一枚鹰徽。作为一支志愿部队，该部队军官有权在自己领章上佩戴花结而不是星星——而且不同寻常的是，他们的花结都是金色的。

奥地利地方防卫军骑兵到战争结束时仍穿着一种与普通帝国国防军骑兵相似的制服。他们戴着普通的野战帽，制服上配有灰色肩带，肩带和军帽上配有代表枪骑兵的绿色字母标志"U"或代表蒂罗尔骑兵团的绿色字母"RTS"，或是代表达尔马提亚骑兵团的字母"RDS"。奥地利地方防卫军炮兵成员

奥匈帝国技术兵种

奥匈帝国军队的技术兵种在技术能力方面享有盛誉，特别是炮兵——他们拥有悠久且优秀的服役历史及传统（在普奥战争时期表现得极为出色）。

炮兵

奥匈军队的炮兵部队以野战炮兵（包括步炮兵和骑乘炮兵）、山地炮兵和要塞炮兵的形式划分。其中，步炮兵成员通常穿着一种类似于步兵的制服，它配有红色的领章和黄色的制服纽扣；骑乘炮兵则表现出了对骑兵装备的偏爱，比如他们更喜欢使用弹药背带而不是弹夹包。1917年，奥匈炮兵淘汰了原先的彩色领章，改为在肩带和军帽上佩戴布标以区分不同部队。这些布标配有蓝色的交叉炮管标志和使用者的所属团番号。其中，野战炮兵所用的番号只有数字，而山地炮兵使用的数字番号外还围绕着一个圆圈；另外，要塞炮兵成员除佩戴交叉炮管标志，其布标上还带有字母标志"FsR"和所属团番号。担负后勤补给职责的"火车连"成员在战争初期使用的是浅蓝色领章和银色制服纽扣；到战争即将结束时，他们也已经与其他部队一样了——在肩带和军帽上佩戴标准的布标，布标上配有蓝色的字母标志"T"，或是这个字母标志"T"再加上其所属连数字番号。

那些被派去协助土耳其人的奥匈部队成员一般穿着一种用棉布或亚麻布制作的卡其色制服。军官和士官们经常戴遮阳盔（士官所戴的遮阳盔有的配有盔徽，有的则没有）；士兵们则通常戴着一种与他们制服颜色相同的大檐帽，不过也有部分人幸运地得到了遮阳盔。此类部队中的许多成员被派到了加里波利，他们在那里一般穿着冬季用的大衣以及原野灰制服上衣。

工兵

奥匈军队工兵部队中军官所穿的制服配有樱桃红领章和金色制服纽扣；士兵们则佩戴灰色领章，使用金色制服纽扣，通常还携带着一把铲子和一把鹤嘴锄。普通工兵一般承担建造桥梁的任务，坑道工兵则主要负责挖掘土方工程和战壕，以及设立防御工事。上述两类工兵部队的成员通常都穿短靴，并搭配一种深色长裤。到1917年，坑道工兵弃用了原先的彩色领章，开始在他们肩带上和军帽侧面佩戴一种蓝色的"S"字母标志以及所属营番号；普通工兵则在他们的肩带和帽子上佩戴蓝色的字母标志"P"以及营番号。值得一提的是，工兵部队还包含有一个特殊的"架桥火车营"，其成员在自己肩带和军帽上佩戴字母标志"Br"以及营番号。另外，奥匈军队中电报部队、信号部队和铁路部队成员也都佩戴着代表自己部队的徽章（其中，铁

◀ **一名骑乘炮兵部队的二等兵，1914年。** 图中这名士兵装备着一把M1904式骑兵军刀。

路部队成员使用绿色的领章和金色的制服纽扣）。

空中力量

奥匈军队航空部队的成员通常穿着炮兵用的制服（其中，观察气球分队是要塞炮兵部队的一个分支），并在衣领上佩戴一个含气球图案的标志。该部队中的很多成员都会穿自己原先部队的制服，并搭配使用这个气球徽章。

与当时欧洲其他国家的军队一样，奥匈军飞行员也穿着各式各样的制服。他们不但普遍使用私人定制的制服上衣和军帽，就连裤子和飞行靴也是如此。由于不需要进行特别伪装，原来隶属于骑兵的军官们在成为飞行员后都保留着

▲ 在意大利战线某处崇山峻岭中作战的奥地利士兵。

自己在1914年时所穿的鲜艳制服。他们在飞行过程中通常穿皮夹克，搭配私人购买的飞行头盔和护目镜。1913年，奥匈军方推出了一款飞行员证章，由那些通过飞行考核的人佩戴在自己前胸右侧。它由用绿色珐琅制作的花环和用青铜制作的飞鹰（通常会进行黑化处理）所组成。从1915年起，这种证章被奖励给完成10次出击任务的飞行员，并且不再颁发给只是通过了飞行考核的人；随后，在1916年，军方进一步作出规定——飞行员证章的有效期为一年（也就是说，一名飞行员每年必须执行至少10个架次的出击任务才能保留该证章）。除此之外，这些飞行员还佩戴了一些中队徽章，他们将其缝在制服上衣的袖子，或是大衣和夹克上。

医疗部队

那些在医疗队工作的奥匈军人在1914年时佩戴着茜草红色的领章，使用金色的制服纽扣。该部队的大多数人员在1917年使用过红色十字标志和蓝色连

番号（通常位于肩带和军帽上）。外科医生的制服类似于军官。担架手（有时就是从部署在当地的步兵部队中抽调出来的战斗人员）一般会扎上一条红十字臂带，并携带着急救包。

◀ 一名野战炮兵团的军士长，1917年。图中这名士官所穿的马裤是他私人定制的，采用了骑兵军官马裤的裁剪风格。

▶ 一名野战炮兵团的中校，1914年。图中这名军官用一条棕色的皮制腰带取代了常见的黄色和黑色腰带。

奥斯曼帝国

▲ 在罗马尼亚康斯坦萨的街道上，保加利亚、德国和奥斯曼的士兵正在一起巡逻。该图摄于1915年。

虽然奥斯曼帝国幅员辽阔，但其政权组织架构却相当涣散。该国军队也是如此，尽管它从1909年以来就一直致力于进行现代化改革，却因为在1912年和1913年的巴尔干战争中连续两次战败而士气低落。

步兵

巴尔干半岛领土的丢失使奥斯曼帝国的控制范围缩减成了君士坦丁堡周围一隅，这不仅导致它被剥夺原来最富庶的地区之一，更是失去了不少优良步兵的产地。此外，战争的失败给帝国财政带来了极大的难题，枪支和装备的大量损失更是严重降低了军队的战斗力。

在巴尔干战争爆发前，奥斯曼军队经历了一个戏剧性的改革期。1908年，在军方大力支持下，"青年土耳其党"上台执政。出于投桃报李的心理，后者随即向陆军和海军注入了大量资金，以推动军方正在进行的现代化改革。然而，他们的改革一直停留在表面，从未触及过深层次的问题。在军队里，大多数军官缺乏训练，合格的士官严重短缺，武器装备也普遍不足（某些经过了重重挑选的部队除外）。奥斯曼军队拥

有的机枪极少，而且只有少量技术人员才懂得如何正确使用现代化装备。

1909年，奥斯曼步兵弃用之前的海军蓝制服，并引入了一种新的卡其色制服，其样式与同时期巴尔干诸国采用的新制服基本一致。他们使用的卡其色实际上是棕绿色，并采用这一色调布料制造了大量制服上衣和裤子。其中，制服上衣采用单排扣设计（共六枚纽扣），配有一条向下倾斜的衣领和多个内口袋；裤子在膝盖上方较为宽松，不过在膝盖以下的地方被一对卡其色绑腿牢牢固定着。按照条例要求，这些步兵应该穿短靴，但鉴于鞋子普遍短缺，他们中的很多人只

能打赤脚或穿凉鞋。此外，奥斯曼步兵还装备了一种绿褐色大衣。它采用双排扣设计（两侧均有六枚纽扣），配有一条横翻领，背部通常带有一个兜帽（该设计特别适用于高加索战线），以及一条用于收紧大衣的腰带。

步兵的识别标志

奥斯曼步兵一般不佩戴用以表示自己所属团或专业技能的标志，但军官会在他们肩带上佩戴军衔等级徽章。这些

▶ 一名尼沙姆步枪团的二等兵，1916年。图中士兵戴着一顶没有配流苏的土耳其毡帽。奥斯曼军队在战争初期就受到后勤补给不足的负面影响，因此被迫使用了一些物品作为替代，尤其是在头盔、背包和弹夹包方面。老式的红色土耳其毡帽早在1908年就被军队淘汰，但由于船形帽不足，官兵们在不执勤时仍然只能使用这种毡帽。

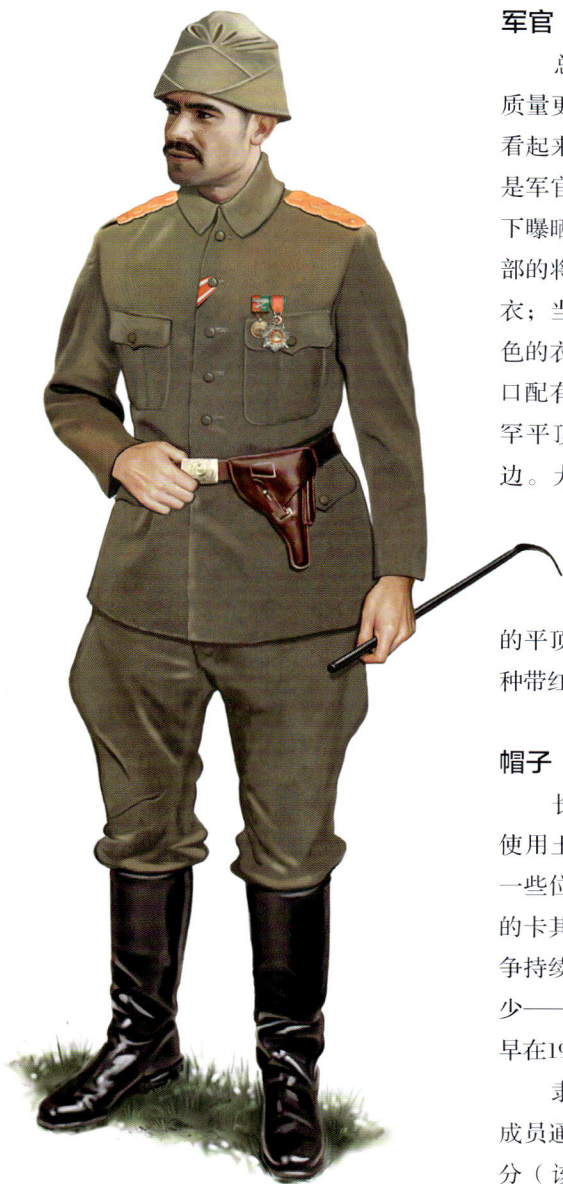

▲ 一名奥斯曼将军，1915年。奥斯曼将军的礼服包括一顶黑色的阿斯特拉罕平顶筒帽和一件配有红色滚边的深蓝色上衣——不过野战制服就相对朴素不少了，比如包含在内的一种独特头盔。青年土耳其党在军方于1908年进行的现代化改革中取消了红色土耳其毡帽，这也让将军们的制服在整体上看起来更加现代化。注意图中这名将军佩戴在胸前的是他获得的战争奖章。

军衔徽章通常是布制的，其背面为红色底板，正面带金银丝线刺绣，并根据佩戴者的军衔等级配有相应数量的星星标志（比如上尉佩戴两颗星星）。士官一般会在自己袖口附近的位置佩戴V形臂章。除此之外，奥斯曼军队还组建了一些来复枪团，此类部队的成员通常在他们制服上衣衣领和大衣衣领上佩戴着绿色的标签式领章。

军官

总的来说，奥斯曼军官会穿一种质量更好的制服，而且他们制服的色调看起来比普通士兵更绿（但不论士兵还是军官所用的制服，只要在强烈的阳光下曝晒过久就会褪色）。隶属于总司令部的将军们通常穿着一种蓝色的制服上衣；当他们身着礼服时，会为其搭配红色的衣领和袖口。另外，将军制服的袖口配有金色纹饰，他们头戴的阿斯特拉罕平顶筒帽也配有红色帽顶和金色花边。大多数奥斯曼将军都穿着一种配有红色滚边的黑色长裤。参谋人员一般穿步兵用的那种绿色军服，它配有红色的衣领，他们的平顶筒帽也配有红色帽顶，并穿着一种带红色滚边的马裤。

帽子

长期以来，奥斯曼帝国军队一直使用土耳其毡帽（fez）作为军帽，但一些位于战区的部队也使用过一种较短的卡其色毡帽（没有配流苏）。随着战争持续下去，使用毡帽的人变得越来越少——事实上，这种红色的土耳其毡帽早在1908年就过时了。

隶属于奥斯曼帝国的阿拉伯部队成员通常扎着头巾。但到1915年，大部分（该部队）人员都换装了一种名为"卡巴拉卡"（kabalak）或"恩维里恩"（Enverieh）的布制头盔（以其所谓的发明者恩维尔帕夏的名字命名）。这种头盔由用稻草制作的框架以及一条包在框架外的头巾所组成。其中，军官的头盔显得更为笔挺，不过他们（军官）更喜欢戴的是黑色或灰色的阿斯特拉罕平顶筒帽（比毡帽更宽，材质也更浓密），它配有红色和金色的帽顶；另外，军官们有时还会用一张卡其色或绿色的帽罩来覆盖自己的平顶筒帽。

到战争末期，德国专门为奥斯曼军队生产了一种钢盔，它在耳朵两侧上方的金属边缘处都带有一个缺口。然而，事实上，除了能在1919年的自由军团里看到这种钢盔，在奥斯曼其他部队中都是很难发现的。

个人装具

奥斯曼军队进行的现代化改革耗费了大量资金，而这些资金中的绝大部分都被用在了购买德制装备上。他们的绝大多数个人装具也购自德国——包括一种可以悬挂6个弹夹包（采用黑色皮革或天然皮革制作）的皮制腰带（部分腰带

▼ 第35步兵团的一名上尉，1915年。图中的军官携带着一把由德国制造的鲁格P08型手枪和一把于1889年首次配发部队的步兵式军刀，还戴了一顶配有红色帽顶和滚边的阿斯特拉罕平顶筒帽——除此之外，骑兵军官的帽顶为钢蓝色；工兵军官为淡蓝色；炮兵军官为深蓝色。

的带扣上配有新月图案徽章），以及背包（上面通常绑着一条帐篷帆布或一件卷成卷的大衣）；除此之外，他们一般还携带着一种德式掘壕铲。

奥斯曼步兵装备的毛瑟步枪也是由德国人授权他们进行生产——事实上，其中也有一部分是在德国制造的（悬挂于他们腰带上的步枪刺刀同样如此）。这些步兵往往随身携带着面包袋和水壶（水壶多为木制，部分由位于该部队所

在地的厂家进行生产），并将一面用于洗涤的铁盘绑在背包后面。军官们一般带一把佩剑、一支手枪、德制地图包及双筒望远镜；他们的腰带扣通常由黄色金属制成，上面配有新月图案徽章。

专业部队

1916年，一些奥斯曼部队在加利西亚被德军和奥匈军队训练成了滑雪部队，但他们发挥的实际作用极其有限。1917年，还有一些该国部队被选中，仿照德军暴风突击队进行训练；随后，奥斯曼成立了本国的突击连。该部队成员大多装备由德国设计的钢盔，并给它涂上了浅棕色或绿色的伪装色；他们通常还佩戴着一条臂带，上面带有该突击连所隶属步兵师的识别标志。这些突击队员一般手持手榴弹、刀或步枪，他们于1917年到1918年间在巴勒斯坦和叙利亚作战，遭受了极为惨重的伤亡。

阿拉伯部队

奥斯曼军队麾下的大部分其他民族部队成员都与其正规步兵团（成员）互不相容，因此前者一般会被编进工兵部队或劳工连。他们通常穿着制服上衣和裤子，戴各式各样的帽子，而且装备很落后。奥斯曼有大量阿拉伯部队或非正规部队在阿拉伯和巴勒斯坦服役。他们中的大多数人穿着当地的服装，装备了弹药带和毛瑟步枪。

骑兵

奥斯曼骑兵（即所谓线列骑兵）穿着一种与步兵非常相似的制服上衣，但通常使用的是弹药背带和一种独特的帽子。他们所戴的军帽与"卡巴拉卡"头盔相似，但前者搭配有一条松散的布带，可以用来包裹下巴。军官们一般穿着一种绿色的制服上衣，它配有灰蓝色衣领，还经常披一种同样带有灰蓝色衣领的大衣和斗篷；另外，他们喜欢戴那种配有灰蓝色和金色帽顶的阿斯特拉罕平顶筒帽。这些军官的肩带正面大多为银色，配有金色星星标志；肩带背面为灰蓝色，他们下身所穿的马裤（通常配有皮革内衬）也多为这个颜色。君士坦丁堡由一支枪骑兵部队负责守卫，他们一般穿着配

▼ 一名巴勒斯坦突击连的二等兵，1917年。1917年时，奥斯曼军队效仿德军组建了一些突击部队，其成员通常装备有德制钢盔和毛瑟步枪。他们被部署到了巴勒斯坦战线上，也有部分人于1918年在高加索地区参与作战。图中这名士兵右臂所夹的帆布包可用来容纳手榴弹。

▶ 一名骑兵团的二等兵，1917年。图中骑兵所戴的头盔配有折叠式布带，可以把它放下来系在下巴上。他肩膀上斜挎着一支M1905型毛瑟卡宾枪（通常还携带有一把M1909式马刀）。除图中所示的线列骑兵外，奥斯曼骑兵部队还包括库尔德骑兵和阿拉伯辅助骑兵。

有红色领章的蓝色枪骑兵制服。骑马宪兵部队成员穿着一种与线列骑兵非常相似的制服，但使用猩红色领章和黄色制服组扣。非正规的库尔德（Kurdish）骑兵使用着各式各样的服装组合——比如卡其色制服上衣加白色或米黄色长裤。另外，奥斯曼骑兵部队中的军官、士官和士兵通常都穿着一种配有马刺的马靴。

其他部队

奥斯曼军队炮兵的制服风格与步兵非常相似。不过，炮兵军官上衣通常搭配的是深蓝色衣领和滚边，他们的平顶筒帽则搭配蓝色和金色的帽顶；另外，这些军官所用大衣的衣领也是深蓝色的。士兵们

▲ 一队奥斯曼炮兵戴着即将被淘汰的红色土耳其毡帽，正在君士坦丁堡（现伊斯坦布尔）参加一场阅兵游行。该图摄于1914年10月30日。

所用大衣的衣领上配有深蓝色的标签式领章，部分人的制服上衣还配有蓝色肩带。工兵穿着一种与炮兵相似的制服，但上述识别标志（衣领、滚边、领章）均为浅蓝色。军官们大多喜欢使用金色制服组扣，但也有人喜欢黑色的（纽扣）。

炮兵主要装备克虏伯野战炮和施奈德山炮，勉强可以适应现代战争；但他们（奥斯曼军队）在其他一些技术兵种方面就显得乏善可陈了——比如其

机枪和运输车辆的数量就一直严重不足（1912年时，整个奥斯曼帝国只拥有300辆机动车，这甚至包含了该国外交官所用的汽车）。火车部队成员穿着一套与炮兵相同的制服，但使用红色领章。值得一提的是，德国向奥斯曼提供的技术援助也包括使用汽车进行公路运输（主要由奥匈或德国提供驾驶员）。

奥斯曼还有一支小规模航空部队，其成员在德国接受训练，主要装备了一些相当陈旧的老式德制飞机。此外，阿塞拜疆于1918年到1919年间组建的军队也主要使用了奥斯曼军队制服。

◄ 一名奥斯曼炮兵团的上尉，1914年。图中军官所用的盔罩通常配有深蓝色滚边，他的制服上衣的衣领以及大衣衣领也都是深蓝色的。

▼ 一门德制77毫米野战炮，1916年。德国曾将此型火炮大量提供给奥斯曼帝国；另外，奥斯曼也自行生产了一些火炮，但多为该型火炮的改进型号。

保加利亚

保加利亚人于1913年在第二次巴尔干战争中败北——为了复仇，他们在1915年时决定加入德国人的阵营。

步兵

保加利亚步兵通常穿着一套棕色制服（包括制服上衣和裤子）。他们中大多数人的制服都配有红色肩带（带有用黄色丝线缝制或直接用黄色油漆喷绘而成的团数字番号），以及一条红色的立领，袖口和裤线的滚边也均为红色。不过，有10个所谓的"皇家步兵团"各自采用了代表本部队的独特袖口、肩带、帽顶及裤线滚边颜色（同一使用者所用衣裤的这四处滚边颜色相同），包括第1皇家步兵团（猩红色）、第4皇家步兵团（黄色）、第6皇家"斐迪南"步兵团

▲ 保加利亚非正规军部队的几名成员正在休息，他们通常被称为"非正规军团"（Comitadjis）。该图摄于1915年，马其顿。

（白色）、第8皇家步兵团（浅蓝色）、第9皇家步兵团（蓝色）、第17皇家步兵团（鲜红色）、第18皇家步兵团（白色）、第20皇家步兵团（蓝色）、第22皇家步兵团（浅绿色）、第24皇家步兵团（橙色）。上述各皇家步兵团成员的肩带上运配有皇室花押，他们制服大衣的红色立领上也均配有花边。这些步兵（包括皇家步兵团成员）所用的大檐帽最初配有蓝色和红色的帽墙，但其中的大多数（帽墙）都会被他们用一种棕色帽罩所覆盖。

保军军官们通常穿着一种绿色制服，戴具有俄国风格的大檐帽，帽子及制服肩带的底板均配有滚边。另外，肩带上还配有用金属丝线编织的花边、团数字番号或花押，以及表示军衔等级的菱形标志。他们使用的大檐帽一般带有一个绿色的帽舌，帽上有一枚带保加利亚国家三色（绿色、红色和白色）的椭圆形帽徽（一般为金属材质）。这些军官有时会扎腰带，其中最常见的是黑色或银色腰带。他们所用的大衣通常为浅

灰色，搭配有深蓝色衣领和红色的标签式领章。另外，士官们的肩带上一般配有金色或黄色的条形纹饰。

1915年时，保军大多数步兵都得到了原野灰制服。在这套制服中，上衣衣领和肩带均配有红色滚边，部分上衣的前襟也配有相同颜色（红色）的滚边，肩带上的团数字番号同样为红色。值得一提的是，在装备原野灰制服后，大多数皇家步兵团成员就弃用了他们之前用来表示所属团的彩色识别标志。到夏天，大部分保军步兵都会穿一种浅蓝色衬衫，并为之搭配一种棕色的长裤。

保军步兵的个人装具通常采用棕色天然皮革制作，包括腰带、弹夹包、德式背包和水壶。在战前，他们严重缺少大衣；因此，军方于1913年特地向俄国订购了30万件大衣和25万双靴子。

在1916年到1917年间，保军步兵装备着数量有限的德式钢盔。它们通常会被涂成棕色或铁灰色，盔上不带任何盔徽或图案标志。到战争末期，这些步兵混穿着各式各样的制服，尤其是民兵和

◀ 第1步兵团的一名上尉，1915年。图中这名保加利亚步兵军官穿着一套橄榄绿制服——作为一名精锐部队（即该团）的成员，他的肩带上还带有本团皇室赞助人的花押。

肩带上配有字母标志"K";山地炮兵团成员为西里尔字母标志"P";海岸炮兵成员为字母标志"B"。所有炮兵部队的军官通常都穿一种绿色的制服上衣及马裤,他们所用的军帽也为绿色,帽上带有黑色帽墙和红色滚边。

保军工兵穿着一种与炮兵相似的制服,但使用银色的制服纽扣。工兵军官的制服通常是蓝色的,士官和士兵则为棕色。炮兵部队成员的制服纽扣上一般带有交叉炮管的图案标志。另外,保军一些专业部队的成员往往穿着工兵的制服。其中,架桥部队成员的肩带上配有船锚图案标志,信号部队成员肩带上的标志则是一道闪电。

▼ 第2炮兵团,一名身穿冬季制服的中士,1915年。图中这名士官携带着一把史密斯威森左轮手枪,他把枪插在皮制枪套里,并用一根红色枪绳把枪套的一端与自己脖子相连——这种连接(携带)方式在保军部队中颇受欢迎。

▲ 第14步兵团的一名二等兵,1917年。皮靴在保军士兵中相当少见——整场战争中,他们使用得更多的是一种羊皮绑腿。

▲ 第27步兵团的一名二等兵,1916年。图中士兵所用的背包于1898年首次引入保军,但它的装备数量严重不足。因此,步兵们一直大量混用着分别由奥匈和德国生产的背包。

由马其顿人组成的非正规部队;就连一线部队不少成员也在此时遭遇了严重的物资短缺,因而被迫打赤脚,并且穿着他们的破衣烂衫进行战斗。

骑兵和炮兵

保军骑兵一般穿着一种绿色外套(但有时也穿蓝色或棕色的),并搭配蓝色马裤;他们的制服上衣配有红色领章,而且不论士兵还是军官都使用银色制服纽扣。除普通部队外,保军骑兵还下辖有4个皇家骑兵团。他们戴着配有红色帽墙的军帽,使用红色肩带(含相应的皇室花押),肩带上配有通过不同颜色来表示相应骑兵团的滚边——第1(斐迪南)皇家骑兵团为白色;第2皇家骑兵团为猩红色;第3皇家骑兵团为黄色;第

4皇家骑兵团为白色。在所有骑兵中,不论军官还是士兵通常都穿着一种灰色大衣,并在衣领上佩戴彩色的标签式领章。值得一提的是,有一个驻扎在该国首都索菲亚(Sofia)的禁卫骑兵团。他们穿着蓝色的制服(配有白色肩章)和马裤,戴红色军帽。另外,保军骑兵一般使用着一套白色的皮革装具。

保军炮兵通常穿着一种棕色制服,它带有一条黑色衣领,衣领上配有红色滚边,戴一种配有黑色帽墙和红色滚边的大檐帽。他们的制服肩带同样为黑色,配红色滚边,带有黄色的团数字番号(其中第3和第4炮兵团成员的肩带还配有皇室花押)。第3炮兵团的花押图案为西里尔字母"B",第4炮兵团为西里尔字母"F")。另外,要塞炮兵团成员的

术语解释

阿德里安钢盔（Adrian helmet）： 以其发明者命名的法制头盔。

副官（Aide de Camp）： 供职于总参谋部的军官，主要工作是协助将军处理军务。他们通常负责传递命令或电讯。

肩绳（Aiguillette）： 一根佩戴在左肩或右肩上的绳子，用来表示特殊的身份或职务（或战斗荣誉）。

军用靴（Ammunition boots）： 特指一种镶嵌鞋钉的短靴。

澳新军团（ANZAC）： 澳大利亚和新西兰陆军军团的首字母缩略词。

非洲土著士兵（Askari）： 从非洲本土居民中招募的部队，通常被其宗主国用于进行当地（殖民地）的防御。

配有绳结饰的轻骑兵制服上衣（Attila）： 由德语国家轻骑兵所穿的一种紧身制服上衣的名称，它由匈牙利轻骑兵使用的土耳其式斗篷演变而来。

子弹背带（Bandolier）： 一种佩戴于肩膀的皮制弹夹包，内部可容纳若干发子弹。

矮人营（Bantam）： 英军中一类

部队的名称，其成员都是身高低于正常服役标准的男性。

弹幕射击（Barrage）： 在某个特定时间点对某特定区域进行炮火覆盖。

连在大衣上的防寒兜帽（Bashlyk）： 一种布制兜帽，由俄军士兵在冬季使用。

营（Battalion）： 一级编制的名称，下辖若干连，通常有600名士兵。

本土（Blighty）： 印地语意为"另一块土地"，由英国人在印度使用，它通常被用来指代不列颠群岛或故乡。

"布鲁斯"夹克（Bluse）： 主要由德军使用的一种宽松制服上衣。

德国鬼子（Boche）： 法国人对德军的蔑称。这个词源于巴黎俚语"caboche"，其含义为"笨蛋"。

马裤（Breeches）： 由骑兵部队成员或其他多个兵种的军官使用的一种形状奇特的裤子。

布罗迪式钢盔（Brodie helmet）： 由英国生产的一款经典的圆形头盔，以其发明者的名字命名。

水壶（Canteen）： 用木头或金属制作的盛水容器。

卡宾枪（Carbine）： 经过缩短的步枪，主要由骑兵或骑乘炮兵使用。

法国猎兵（Chasseur）： 法军特有的一个轻骑兵或步兵兵种——最初被用于进行小规模战斗。

侦察骑兵（Chevauxleger）： 一个被用来表示轻骑兵的法国术语，一些德意志邦国也用它表示自己的轻骑兵。

下颚带（Chinscales）： 配有金属板的皮制带子，用来将头盔固定在头部。

帽徽/帽章（Cockade）： 佩戴在帽上的花饰或徽章，通常含有代表其国家的颜色（即国家色）。

帽缨（Comb）： 一种安装在头盔顶部的垂直装饰物，通常配有装饰性的羽毛或鬃毛。

哥萨克（Cossack）： 一种由志愿者所组成的轻骑兵部队，其成员大多从沙俄帝国边界地区的居民中招募（其实他们就是为维护边境安定而被派往当地的定居者）。1914年时，俄军哥萨克作为机动性极强的轻骑兵和轻型炮兵部队，也开始被用于进行小规模遭遇战和侦察行动。

纹章冠饰（Crest）： 包括一枚徽章或盾形纹章，以及佩戴在头盔顶部的一块动物毛皮或一束马鬃毛。

（有时甚至连这两种装备都不使用）。

胸甲骑兵（Cuirassier）：原本指的是那种骑在高头大马上，全身披挂铠甲的重型骑兵。到1914年，虽然胸甲骑兵仍属重骑兵序列（并且依然是军中精锐），但他们已经只装备头盔和胸甲了（有时甚至连这两种装备都不使用）。

花押（Cypher）：一种装饰性的字母，通常是某皇室成员姓氏的首字母。它经常被用于装饰盔徽和臂章，也被佩戴在肩带或肩章上。

方顶盔（Czapka）：一种最早由波兰骑兵使用的方顶盔，后来在各国枪骑兵都很受欢迎。

骑兵式长外套（Dolman）：一种最初由轻骑兵使用的贴身上衣，配有装饰性的花边和绳结饰。

龙骑兵（Dragoon）：最初是骑马的步兵，但到1914年时也被当成标准的线列骑兵使用。

工兵（Engineer）：一个参与防御工事、桥梁的构建，以及维护部队通讯联络的兵种。

肩章（Epaulettes）：一种搭配有装饰性垂穗的肩带。

替代材料（Ersatz）：即德语"替

图中排成队列行进的是一支美国军队，他们正在苏格兰城市佩斯举行胜利大游行。

图为1919年，美军著名的第369黑人步兵团回到纽约时的场景。

换"，实际上就是由德国生产的一系列包含军用和民用，被用于替代稀缺自然资源而人工制造的材料。

钉马掌铁匠（Farrier）：专门负责给马匹钉马蹄铁的人。

原野灰（Feldgrau）：德军使用了多种不同色调的原野灰作为自己制服的颜色。

常服上衣（Feldrock）：主要由德军步兵使用的外套上衣。

土耳其毡帽（Fez）：一种没有帽舌的圆形军帽，通常由波黑军队和奥斯曼部分军队使用。其中大部分毡帽为红色，配有一条流苏。

自由军团（Free Corps）：一种由志愿者组成的部队，其成员均为自愿参军入伍者。

剑挂（Frog）：一种用于把剑鞘固定在身体（制服）上的绑带组合。

礼服（Full dress）：为游行阅兵和正式场合所配备的制服。它通常比野战服或常服更为华丽，色彩也更加丰富。

燧发枪手（Fusiliers）：最初指的是那种装备轻型滑膛枪的士兵。到1914年，它也被用来表示标准步兵部队，但能得到这个称号的往往都是精锐。

鞋罩（Gaiters）：一种被绑在小腿上的布料或帆布罩，通常位于鞋子上方，可阻挡泥或砂砾进入鞋内。

山地兵（Gebirgsschützen）：德语国家中对山地部队的称呼。

掷弹兵（Grenadier）：最初指的是那种训练有素，专门负责投掷手榴弹的士兵，后来也代指精锐步兵部队。

轻步兵（Grenzer）：特指边境守备部队。

"灰背"（Greyback）：一句俚

语，特指英国军队使用的那种灰蓝色法兰绒衬衫。

"格鲁立西卡"式上衣（Gymnastiorka）： 一种由俄军使用，外形酷似衬衫的制服上衣。它通常采用棉布制作，有些配有外口袋，有些则没有。

匈牙利地方防卫军（Honvéd）： 由匈牙利王国组建并维持运转的军队。

轻骑兵（Hussar）： 最初特指匈牙利轻骑兵，但后来泛指所有装备匈牙利传统风格制服的轻骑兵。

德军猎兵（Jägers）： 由德语国家使用，关于猎兵的术语名称，指专门进行小规模战斗的轻步兵。

卡其色（Khaki）： 即褐绿色，被许多国家的军队作为自己制服的主色调。这个专有称呼源自印地语中的"尘埃"一词。

几维（Kiwi）： 原指一种新西兰产的无翼鸟，后来作为俚语代指新西兰人。

国土突击队（Landsturm）： 德语国家的民兵部队或本土守备部队。

奥地利地方防卫军或德国国土防卫军（Landwehr）： 在奥匈帝国，这种部队是由奥地利组建并维持运转的军队，而不是常备军的一部分；在德国，这种

▲ 在法国城市布伦，一些无名战士的遗体正经由此地装船运回英国。

部队属于常备军中的二三线部队，经常承担护送物资和驻守某地等任务。

勋索（Lanyard）： 一种使用彩色丝线编织而成的绳索，在奥匈军队中表示佩戴者获得了神枪手的资格认证。除此之外，英军骑兵也会使用勋索。

炮架车（Limber）： 一种协助马匹拖曳野战炮的特殊连接车辆，它可以提供一定的储物空间并存放部分弹药。

轻步兵（Light infantry）： 最初泛指行装简单的步兵，后来特指那种训练有素，并且单兵作战能力强的步兵部队，尤其擅长小规模作战。

线列步兵（Line infantry）： 最初指的是排成整齐队列进行作战的步兵，但它在1914年（及之后）成了标准步兵部队的通用名称。

少校（Major）： 校级军官中的一个军衔等级，通常负责指挥一个营。

马克沁机枪（Maxim）： 一种重机枪，以其发明者的名字命名。

机枪（MG）： 英语中"Machine Gun"的首字母缩写。

米尼斯（Minnies）： 一句俚语，指德军装备的短程战壕迫击炮/掷雷器。

伙伴营（Pals）： 英军中由来自某个特定地区的志愿者所组成的部队。

帕帕克皮帽（Papakha）： 一种俄式毛皮帽，有的配有护颈布帘和耳罩。

尖顶盔（Pickelhaube）： 一种军用头盔，由皮革制成（大部分），带有可拆卸的盔钉（在后来一次改良中添加此设计）。实际上，它在19世纪的许多欧洲军队中就能见到，但后来成了德军的代名词。

突击工兵（Pioneers）： 即工兵，是一个负责建造防御工事，挖掘战壕并保障道路通畅的兵种。

滚边（Piping）： 一根总体狭长的布绳或编织绳，被佩戴在衣领、袖口、

▼ 在一座为纪念维米岭战役中牺牲的加拿大军队而建造的公园里，昔日的战壕上已经长出了茂密的树林。

折叠式袖口、翻领或肩带上，其颜色通常与制服采用的主色调不同并因此形成鲜明对比。

驳头（Plastron）：枪骑兵所用制服上衣上的一种特殊翻领或布面，即在上衣前部，以编织的滚边形成的翻领轮廓，构成轮廓内部布料的颜色有时与制服其余部分的色调不同，并因此形成鲜明对比。

俄式肩章（Pagoni）：由俄军佩戴的一种质地坚硬的肩章，通常含有佩戴者所属团番号、服役部队的类型，以及军衔等级等信息。它并不受前线部队欢迎，于1917年被临时政府下令弃用。但在不久后的苏俄内战中，一些白军部队的成员仍然佩戴着这种肩章。

"毛茸茸的人"（Poliu）：对法军步兵退伍军人的俚语称呼，早在19世纪30年代就成了对法军老兵的特有称谓。

绑腿（Puttees）：一种绑在小腿上的布条（其原型是一种印度教教徒使用的布制绷带），它被用来保护裤子，还可以让人在跑步时更舒适。

红军（Reds）：对苏俄于1917年创建的布尔什维克军队的特有称谓（社会主义者传统上采用红色作为自己的徽章底色，因此布尔什维克使用了红色横幅、红色臂章以及"红军"作为自己的象征）。

坑道工兵（Sapper）：经过特殊训练后能使用专业设备，以在战场上执行挖掘战壕或坑道等任务的部队。

美国佬（Sammie）：一个关于美国士兵的法语昵称，源自将美国国家人格化后的形象"山姆大叔"。

步枪兵（Schützen）：在德语里是"神枪手"的意思，通常作为轻步兵参与小规模战斗。

军常服（Service dress）：军队在战场、野外，以及值勤时所穿的制服。

平顶筒帽（Shako）：一种圆柱形军帽，由黑色皮革制成，其前部通常带有帽舌（也可以选择配置在后部）。

肩部名称条（Shoulder titles）：一种佩戴在肩带上方或下方的徽章，通常标有使用者所属团团名。英军步兵团成员使用的肩部名称条大多由金属制成，但禁卫军成员为布制。

斯帕希（Spahi）：法军中一种由北非土著骑兵组成的部队。

M1916式钢盔（Stahlhelm）：一种主要由德军使用的钢盔。

暴风突击队（Stormtroopers）：即突击步兵，经过特殊训练并装备专门的武器，以对敌人的堑壕阵地发动有限攻势。

奥匈帝国和德国都组建了此类部队。

本土军（Territorial Force）：本土军是英国扩军后的产物，实际上起着后备军的作用。该部队主要从志愿者中招募成员，最初只是为了保护英国本土的安全而成立。

法兰西猎兵（Tirailleur）：法语意为"神枪手"，主要指代那些由法军组建，以法属殖民地土著士兵为主要兵源的步兵团。

遮阳帽（Topi）：沃尔斯利热带树髓头盔的别称。

枪骑兵（Ulan）：在德语中意为"持矛骑兵"，其成员通常穿着一种波兰式制服，携带长矛和其他武器。

盔徽（Wappen）：位于德军尖顶盔正前方，较大的装饰性金属徽章。

白军（Whites）：原本特指苏俄内战中保皇党势力所拥有的那些军队，但也经常被用来泛指所有反对布尔什维克的俄军部队。

法军轻步兵（Zouave）：法军的一种步兵部队，由生活在北非的法国公民所组成，他们通常穿着一种带有北非风格的制服。

译者跋

第一次世界大战是人类历史上一次史无前例的浩劫，然而，与有关二战那些汗牛充栋的研究资料相比，人们对前者的认识通常只能基于极其有限的资料和一些零星的名字。但事实上，如果没有爆发第一次世界大战，就不会有希特勒在1918年后成为"德国的救世主"，那么第二次世界大战也将无从谈起。人们如果没有对1914年到1918年的这段历史形成正确认识，自然就难以理解生活在20世纪初的那些人所经历的种种政治及社会巨变了。

尤其是在我国国内，有关一战的读物大多局限于对宏观场面的描述，尚无一本从微观和细节角度进行研究的著作。从某种意义上讲，此书的面世即可填补这个空白。本书主要的研究范畴——制服、徽章和个人装具在以往书籍中都是被人忽略的题材。但它们其实也同样是军事历史里的重要一环，是各国军事传统集中、浓缩的体现之处，即所谓"细微之处见真知"；而且，也只有通过这些媒介，才能让现今的读者与这段历史建立直接和易于理解的联系，从而便于他们更加形象地认识和解读历史。况且，本书的内容绝不仅限于此，书中还利用很大的篇幅详细叙述了一战的重大战役和各国军队的编制发展，甚至对主战武器也有所涉及。因此，尽管本书书名中只提到"军服""徽标""武器"，但其涉猎范围已经囊括了一战的方方面面，就算将其称为"一战百科全书"也丝毫不为过。另外，译者还想强调一点，本书包含了大量图片，其中既有历史照片，也有彩色手绘插图——在CG技术大行其道的今天，后者尤其难能可贵，甚至可以称得上艺术品。就连译者看到这些手绘彩图时，也不禁为它们的精美和丰富由衷赞叹，相信广大军事历史爱好者和军服控也能大快朵颐！

在翻译本书的过程中，译者得到了指文公司编辑们的大力支持和耐心指导，首先对他们表示由衷的感谢。译者还要感谢家人一如既往的鼓励，特别是译者的妻子盛明，没有他们支持，译者也很难完成这本好书的翻译。另外，译者还要对提供帮助的朋友，尤其是军品收藏界的各位专业人士表达感激之情。

由于译者水平有限，文中出现一些错漏在所难免，敬请广大读者批评指正。

现在，请读者们翻开书页，与译者一起开启这场时光之旅，共同感受一战军服带来的魅力吧！

刘萌
跋于辽宁昌图寓所

致谢名单

首先感谢安尼斯（Anness）出版社的专业团队，尤其是乔安妮·里平（Joanne Rippin，一个很有耐心且乐于助人的项目编辑），还有海伦·苏代尔（Helen Sudell）、乔伊·沃顿（Joy Wotton）和乔安娜·洛伦兹（Joanna Lorenz）。

我还要感谢迪格比·史密斯（Digby Smith）、凯文·基利（Kevin Kiley）和亚历山大·米卡贝利（Alexander Mikaberidze），以及杰里米·布莱克（Jeremy Black）和唐纳德·萨默维尔（Donald Sommerville）所提供的有益评论和他们的敏锐眼光。伦敦图书馆的工作人员不仅在我采购稀缺资料时提供了巨大帮助，还为我直接提供了不少资料，许多杂志和在线论坛也对我帮助颇大。我非常感谢法语杂志《Militaria》的编辑团队为这个广泛主题的方方面面所提供的内容详尽且富有原创性的文章，还有俄语杂志《Zeughaus》的责任编辑们。为本书创作插图的艺术家包括彼得·布尔（Peter Bull）、汤姆·克罗夫特（Tom Croft）、吉姆·米切尔（Jim Mitchell）、卡洛·莫利纳里（Carlo Molinari）、西蒙·史密斯（Simon Smith）、塞利士·萨科拉（Sailesh Thakrar）和马修·文斯（Matthew

▼ 在战争开始后，由奥地利生产的格拉芙–施蒂夫特汽车颇受高级军官欢迎。事实上，奥匈帝国和德国的皇室成员也经常使用这型汽车——弗朗茨·斐迪南大公以及他的夫人就是在乘坐它于萨拉热窝街头巡视时被人刺杀的，这场战争也因此爆发。

Vince）。他们在处理令人难以理解的资料和解释说明方面的能力特别值得赞扬，我由衷感谢他们，以及那些勤奋的编辑和校对员。

最后，我还要感谢我的家人，尤其是我的妻子伊芙吉尼娅（Evgenia）和儿子亚历山大（Alexander）。我的岳父瓦西尔·基洛夫（Vasil Kirov）为我提供了不少资料，我的父母也给予了我大力支持。创作这本书的过程是一条漫长的道路，但我也从中学到了很多东西。

图片的出处

本书中所有照片和插图均为安尼斯出版社的私有财产。

本书作者和出版商应感谢以下照片持有人提供下列照片的使用许可：

科尔维斯（Corbis）：4页上、6页上、7页上、7页下、8页上、8页下、9页上、9页下右、10页上、10页下、11页上、11页下、12页下、12页上、13页上左、13页上右、13页下、14页下、14页上、15页上左、15页上右、15页下、16页上、16页下、17页上、17页下、19页上左、19页上右、20页上、21页、22页、23页上、23页下、24页下、25页上、26页下、27页上左、27页上右、28页下、28页上、29页下、30页上、30页下、32页、35页上、36页下、37页上、37页下、43页下、45页下右、50页下、52页下、76页、78页下、78页上、79页上、79页下、80页上、80页下、81页上、81页下、82页上、84页上、87页下右、89页上、92页上中、93页下右、94页下、96页上、99页上、100页上、103页下、107页上、108页上、110页上、112页上、114页、116页下、117页上、117页下、118页下、119页下、119页上、120页上、132页上、135页上、137页上、145页上、147页上、150页、152页下、152页上、153页上左、153页上右、153页下、154页上、154页下、155页上、155页下、156页上、157页上、160页上、161页上、163页上、167页上、169页上、170页下右、171页上、172页下、175页下、178页上、182页、184页上、184页下、185页上、185页下、186页上、187页上、187页下、188页上、188页下、189页上、189页下、191页上、197页下左、203页上、206页上、214页上、215页上、216页上、218页、220页上、221页、222页上、223页上、223页下、235页上、236页上、239页上、240页上、242页上、242页下、243页上、243页下、244页上、244页下。

布里奇曼艺术图书馆（Bridgeman Art Libary）：4页下、5页上、5页下、6页下、9页下左、18页下、18页上、19页下、24页上、34页上、34页下、35页下、36页上、53页上。

▲ 美国海军陆战队第6陆战团的一名二等兵，1918年。

世界军服图解百科丛书

HTTP://ZVENBOOK.COM

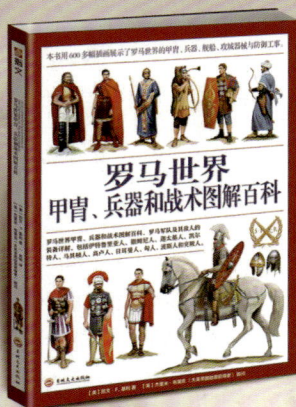

《罗马世界甲胄、兵器和战术图解百科》

★军事史视角下的部落与帝国，西方冷兵器时代的视觉盛宴。

★超过600幅精美彩色手绘插画及历代地图、布阵图、油画、雕塑、遗址照片，打造出罗马军事历史的百科全书。

★包括罗马人、伊特鲁里亚人、撒姆尼人、迦太基人、凯尔特人、马其顿人、高卢人、日耳曼人、匈人、波斯人与突厥人等民族，全面展现古代地中海世界的军事传统与战争艺术。

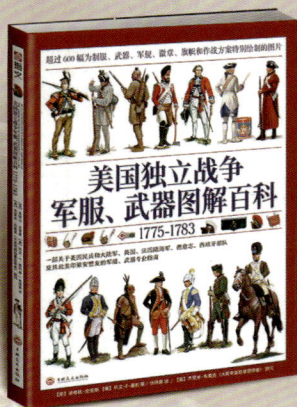

《美国独立战争军服、武器图解百科1775—1783》

★美国独立战争，北美殖民地革命者奋起反抗剥削的战争，这是一场激烈的斗争，这是一个国家的锻造。

★超过600幅为制服、武器、军舰、徽章、旗帜和作战方案所特别绘制的彩图。

★一部关于美国民兵和大陆军，英国、法国陆海军，德意志、西班牙部队及其北美印第安盟友的军服、武器专业指南。

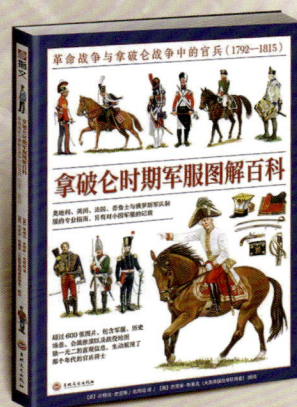

《拿破仑时期军服图解百科》

★600多幅高清插图（制服、装备、历史场景、作战图），50多张表格（各团制服的区别）。

★以图文结合的方式展示了奥地利、大不列颠、法兰西、普鲁士、俄国、美国和其他相关部队制服和徽章的细节。

★简明扼要地描述了拿破仑战争的进程，分析了政治背景、具有里程碑意义的交战。

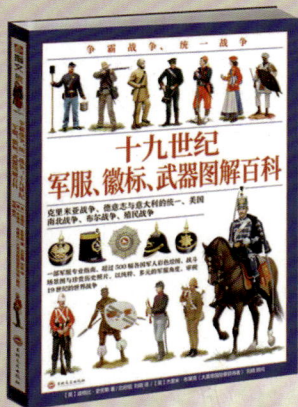

《十九世纪军服、徽标、武器图解百科》

★列强争霸时代的艺术之花，各国史实军备的图文解读。

★超过500幅精美彩色手绘插画，展现克里米亚战争、德国与意大利统一战争、美国南北战争、布尔战争与殖民战争中各国军队的细节。

★包括英国、法国、俄国、普鲁士、奥地利、意大利、美国、非洲、印度、中国等，展示19世纪的多元军事文化。

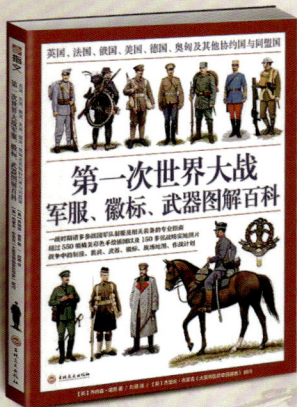

《第一次世界大战军服、徽标、武器图解百科》

★一战时期诸多参战国制服及相关装备的专业指南。

★超过550幅精美彩色手绘插画及150多张战场实地照片。

★战争中的制服、装具、武器、徽标、战场地图、作战计划。

★20万字精心制作，力求在百年之后重新还原战争的点点滴滴，为你勾勒出英、法、俄、美、德、奥匈、奥斯曼等诸多参战国军队当年的风采。

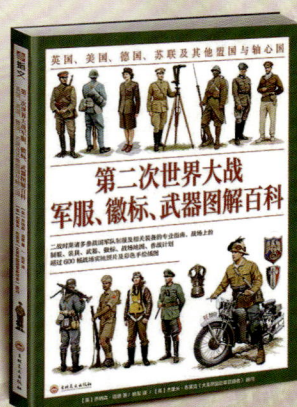

《第二次世界大战军服、徽标、武器图解百科》

★二战时期各主要参战国军队的制服及相关装备，从细节上再现人类历史上规模最大的全球战争。

★超过600幅精美彩色手绘插画及照片，精心还原战争中的军服、徽标、武器。

★囊括盟国与轴心国两大阵营，涉及英、美、德、苏、中、法、日等多国军队。